ଅନନ୍ୟ ମହାକାବ୍ୟ
ଶ୍ରୀଗୀତଗୋବିନ୍ଦ

ଅନନ୍ୟ ମହାକାବ୍ୟ
ଶ୍ରୀଗୀତଗୋବିନ୍ଦ

ସଂପାଦନା ଓ ଆଲୋଚନା:
ପ୍ରଫେସର ଡକ୍ଟର ପ୍ରେମାନନ୍ଦ ମହାପାତ୍ର

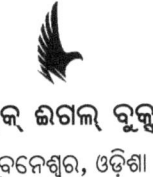

ବ୍ଲାକ୍ ଇଗଲ୍ ବୁକ୍ସ
ଭୁବନେଶ୍ୱର, ଓଡ଼ିଶା

BLACK EAGLE BOOKS
Dublin, USA

ଅନନ୍ୟ ମହାକାବ୍ୟ ଶ୍ରୀଗୀତଗୋବିନ୍ଦ

ସଂପାଦନା ଓ ଆଲୋଚନା: ପ୍ରଫେସର **ଡକ୍ଟର ପ୍ରେମାନନ୍ଦ ମହାପାତ୍ର**

ବ୍ଲାକ୍ ଈଗଲ୍ ବୁକ୍ସ : ଭୁବନେଶ୍ୱର, ଓଡ଼ିଶା • ଡବ୍‌ଲିନ୍, ଯୁକ୍ତରାଷ୍ଟ୍ର ଆମେରିକା

BLACK EAGLE BOOKS

USA address:
7464 Wisdom Lane
Dublin, OH 43016

India address:
E/312, Trident Galaxy, Kalinga Nagar,
Bhubaneswar-751003, Odisha, India

E-mail: info@blackeaglebooks.org
Website: www.blackeaglebooks.org

First International Edition Published by
BLACK EAGLE BOOKS, 2023

ANANYA MAHAKAVYA SHRIGITAGOVINDA
Compiled and Edited by **Prof. Dr. Premananda Mahapatra**

Copyright © **BEB**

All rights reserved. No part of this publication may be reproduced, stored in a retrieval system, or transmitted, in any form or by any means, electronic, mechanical, photocopying, recording or otherwise without the prior permission of the publisher.

Cover & Interior Design: Ezy's Publication

ISBN- 978-1-64560-438-9 (Paperback)

Printed in the United States of America

ସମର୍ପଣ
ମୋର କନିଷ୍ଠା ଭଗ୍ନୀ
ସତ୍ୟଶାନ୍ତି ମହାପାତ୍ର (ଟିକି)
ଓ
ଦିବଂଗତ ଭଗ୍ନୀପତି
ସତ୍ୟନାରାୟଣ ପଣ୍ଡା (ଟୁଲୁ)ଙ୍କୁ
ସମର୍ପିତ....

— କୁନୁଭାଇ

ନିଜକଥା

ଭାରତୀୟ ସଂସ୍କୃତ ସାହିତ୍ୟ ଧାରାରେ 'ଶ୍ରୀଗୀତଗୋବିନ୍ଦ' ଏକ ଅନବଦ୍ୟ ସୃଷ୍ଟି। ଶ୍ରୀଗୀତଗୋବିନ୍ଦ ଗ୍ରନ୍ଥର ପଟାନ୍ତର ନାହିଁ। ନୃତ୍ୟ, ସଙ୍ଗୀତ, ଅଭିନୟଯୁକ୍ତ, ରସଚର୍ଯ୍ୟା, ପ୍ରକୃତି ବର୍ଣ୍ଣନା ଏବଂ ଲଳିତ କାନ୍ତ କୋମଳ ସରଳ ପଦାବଳୀରେ ପରିପୂର୍ଣ୍ଣ 'ଗୀତଗୋବିନ୍ଦ' ଗ୍ରନ୍ଥ ପ୍ରତ୍ୟେକ ରସଗ୍ରାହୀ, କାବ୍ୟାମୋଦୀ ସହୃଦୟର ଅତି ଆଦରର ଗ୍ରନ୍ଥ।

ପରମ ପୁରୁଷ ଭଗବାନ କୃଷ୍ଣଚନ୍ଦ୍ର ଏବଂ ପ୍ରେମର ପରମସାର ମହାଭାବରୂପା ଶ୍ରୀରାଧାଙ୍କର ଅମର ପ୍ରେମକୁ ଉପଜୀବ୍ୟ କରି ରଚିତ ହୋଇଥିବା 'ଶ୍ରୀଗୀତଗୋବିନ୍ଦ' କାବ୍ୟ ଏକ କାଳଜୟୀ ସର୍ଜନା। ଶୃଙ୍ଗାର ରସ ହେଉଛି ରସସାର। 'ଶ୍ରୀଗୀତଗୋବିନ୍ଦ' ଶୃଙ୍ଗାର ରସର ଏକ କମନୀୟ ଆଲେଖ୍ୟ। 'ଗୀତଗୋବିନ୍ଦ' ଗ୍ରନ୍ଥ ଏକ ଉଚ୍ଚକୋଟୀର ରସମୟ ରଚନା। ଏହି ଗ୍ରନ୍ଥଟି ବାସ୍ତବିକ୍ ଜୟଦେବଙ୍କ ପାଇଁ ଆଣି ଦେଇଛି ସର୍ବଭାରତୀୟ ପ୍ରସିଦ୍ଧି।

ପୁରୀ ଶ୍ରୀମନ୍ଦିରରେ 'ଗୀତଗୋବିନ୍ଦ'ର ନିତ୍ୟପାଠର ବ୍ୟବସ୍ଥା ରହିଛି। ସେହିପରି କଣ୍ଟିଲୋ ନୀଳମାଧବ ମନ୍ଦିରରେ ମଧ୍ୟ ଗୀତଗୋବିନ୍ଦ ନିତ୍ୟପାଠର ବ୍ୟବସ୍ଥା ରହିଛି।

ଗୀତଗୋବିନ୍ଦ ଦ୍ୱାଦଶ ସର୍ଗ ବିଶିଷ୍ଟ ଏକ ଉତ୍କୃଷ୍ଟ ରଚନା। ପ୍ରତ୍ୟେକ ସର୍ଗର ନାମକରଣ କରିଛନ୍ତି କବିରାଜ ଜୟଦେବ। ଯେପରି - ପ୍ରଥମ ସର୍ଗ - ସାମୋଦ ଦାମୋଦର, ଦ୍ୱିତୀୟ ସର୍ଗ - ଅକ୍ଲେଶ କେଶବ, ତୃତୀୟ ସର୍ଗ - ମୁଗ୍ଧ ମଧୁସୂଦନ, ଚତୁର୍ଥ ସର୍ଗ - ସ୍ନିଗ୍ଧ ମଧୁସୂଦନ, ପଞ୍ଚମ ସର୍ଗ - ସାକାଙ୍‌କ୍ଷ ପୁଣ୍ଡରୀକାକ୍ଷ, ଷଷ୍ଠ ସର୍ଗ - ଧୃଷ୍ଟ ବୈକୁଣ୍ଠ, ସପ୍ତମ ସର୍ଗ - ନାଗର ନାରାୟଣ, ଅଷ୍ଟମ ସର୍ଗ - ବିଲକ୍ଷ ଲକ୍ଷ୍ମୀପତି,

ନବମ ସର୍ଗ - ମୁଗ୍ଧ ମୁକୁନ୍ଦ, ଦଶମ ସର୍ଗ - ଚତୁର ଚତୁର୍ଭୁଜ, ଏକାଦଶ ସର୍ଗ - ସାନନ୍ଦ ଦାମୋଦର, ଦ୍ୱାଦଶ ସର୍ଗ - ସୁପ୍ରୀତ ପୀତାମ୍ବର ।

ଅତି ଆନନ୍ଦର କଥା 'ଅନନ୍ୟ ମହାକାବ୍ୟ ଶ୍ରୀଗୀତଗୋବିନ୍ଦ' ଗ୍ରନ୍ଥଟି ମୂଳପାଠ ଓ ସମ୍ପାଦନା ସହିତ ବ୍ଲାକ୍ ଇଗଲ୍ ପ୍ରକାଶନୀ ସଂସ୍ଥା ଦ୍ୱାରା ପ୍ରକାଶିତ ହେବାକୁ ଯାଉଛି । ଏହି ପୁସ୍ତକଟିର ପ୍ରଚାର ଓ ପ୍ରସାର ପାଇଁ ମୁଁ ମହାପ୍ରଭୁ ଶ୍ରୀଜଗନ୍ନାଥଙ୍କ ନିକଟରେ ପ୍ରାର୍ଥନା କରୁଛି ।

ମୋର ପ୍ରେରଣାଦାତା ଶ୍ରୀଯୁକ୍ତ ପ୍ରଦୀପ କୁମାର ରଥ, ଆଇ.ଏ.ଏସ୍. (ଅବସରପ୍ରାପ୍ତ), ଶ୍ରୀଯୁକ୍ତ ଗୋସ୍ୱାମୀ ଗୋଲାମ ଦେବତା, ଆଇ.ଏ.ଏସ୍. (ଅବସରପ୍ରାପ୍ତ), ଶ୍ରୀଯୁକ୍ତ ଆଲୋକ କୁମାର କର, ଆଇ.ଏ.ଏସ୍., ଶ୍ରୀଯୁକ୍ତ ରଂଜନ କୁମାର ଦାସ, ଆଇ.ଏ.ଏସ୍. ଶ୍ରୀମନ୍ଦିର ମୁଖ୍ୟ ପ୍ରଶାସକଙ୍କୁ ଏହି ଅବସରରେ ଗଭୀର କୃତଜ୍ଞତା ଜ୍ଞାପନ କରୁଛି ।

ଏହି ପୁସ୍ତକଟିର ଡି.ଟି.ପି. ଭାର ବହନ କରିଥିବା ଶ୍ରୀ ଅଶୋକ କୁମାର ସାହୁ ଏବଂ ଶ୍ରୀ ପ୍ରସନ୍ନ କୁମାର କରଙ୍କୁ ସାଧୁବାଦ ଜଣାଉଛି । ପୁସ୍ତକଟିର ପ୍ରଚ୍ଛଦଶିଳ୍ପୀ ଅଙ୍କନ କରିଥିବା ଶ୍ରୀ ତନୁଜ ମଲ୍ଲିକଙ୍କୁ ମଧ୍ୟ ସାଧୁବାଦ ଜଣାଉଛି । ଏହି ଗ୍ରନ୍ଥଟିର ପ୍ରକାଶନ ଭାର ବହନ କରିଥିବା ମାନନୀୟ ସତ୍ୟ ପଟ୍ଟନାୟକଙ୍କୁ ଅଶେଷ କୃତଜ୍ଞତା ଜ୍ଞାପନ କରୁଛି । ପରିଶେଷରେ ମୋର ପୂଜ୍ୟ ନନା, ଶିକ୍ଷକ କୁଳର ଗୌରବ ତଥା ସାହିତ୍ୟାନୁରାଗୀ ଶ୍ରୀଯୁକ୍ତ ତ୍ରିନାଥ ମହାପାତ୍ରଙ୍କୁ ଭକ୍ତି ଅର୍ଘ୍ୟ ନିବେଦନ କରୁଛି ।

ଭଗବାନ ଶ୍ରୀକୃଷ୍ଣଚନ୍ଦ୍ର ଓ ଶ୍ରୀରାଧା ଠାକୁରାଣୀଙ୍କୁ ହୃଦୟର ଭକ୍ତି କୁସୁମ ଅର୍ପଣ କରି ରହୁଛି । ଜୟ ଶ୍ରୀରାଧେ ! ଜୟ ଶ୍ରୀକୃଷ୍ଣ ।

- ଓଁ ଶ୍ରୀହରି ଶରଣମ୍ -

ଭୁବନେଶ୍ୱର
ପବିତ୍ର ଜନ୍ମାଷ୍ଟମୀ, ୨୦୨୩

ବିନୟାବନତ
ପ୍ରେମାନନ୍ଦ ମହାପାତ୍ର

ସୂଚୀ

ଅଧ୍ୟାୟ		ବିଷୟ	ପୃଷ୍ଠା
ପ୍ରଥମ ଅଧ୍ୟାୟ	:	କବିରାଜ ଶ୍ରୀଜୟଦେବଙ୍କ ସାରସ୍ୱତ ଜୀବନୀ	୭
ଦ୍ୱିତୀୟ ଅଧ୍ୟାୟ	:	କାଳଜୟୀ ପ୍ରତିଭା: କବିରାଜ ଜୟଦେବ	୩୫
ତୃତୀୟ ଅଧ୍ୟାୟ	:	ଶ୍ରୀଗୀତଗୋବିନ୍ଦରେ କବିଙ୍କ ସର୍ଜନଶୀଳ ପ୍ରତିଭା ଓ ଭକ୍ତି ଭାବନା	୫୧
ଚତୁର୍ଥ ଅଧ୍ୟାୟ	:	ସଂସ୍କୃତ କାବ୍ୟାଧାରରେ ଶ୍ରୀଗୀତଗୋବିନ୍ଦ	୬୯
ପଞ୍ଚମ ଅଧ୍ୟାୟ	:	ପରମ ପ୍ରେମମୟ ରାଧିକେଶ ଶ୍ରୀକୃଷ୍ଣ	୧୦୪
ଷଷ୍ଠ ଅଧ୍ୟାୟ	:	ବୃନ୍ଦାବନେଶ୍ୱରୀ ପ୍ରେମମୟୀ ଶ୍ରୀରାଧା	୧୧୬
ସପ୍ତମ ଅଧ୍ୟାୟ	:	ଶ୍ରୀଗୀତଗୋବିନ୍ଦର ମୂଳପାଠ (ଓଡ଼ିଆ ଅର୍ଥ ସହିତ)	୧୨୫
		ପ୍ରଥମଃ ସର୍ଗଃ -ସାମୋଦ ଦାମୋଦରଃ	୧୨୫
		ଦ୍ୱିତୀୟ ସର୍ଗଃ - ଅକ୍ଳେଶ କେଶବଃ	୧୪୩
		ତୃତୀୟ ସର୍ଗଃ - ମୁଗ୍ଧ ମଧୁସୂଦନଃ	୧୫୧
		ଚତୁର୍ଥଃ ସର୍ଗଃ - ସ୍ନିଗ୍ଧ ମଧୁସୂଦନଃ	୧୫୬
		ପଞ୍ଚମଃ ସର୍ଗଃ - ସାକାଙ୍‌କ୍ଷ ପୁଣ୍ଡରୀକାକ୍ଷଃ	୧୬୬
		ଷଷ୍ଠଃ ସର୍ଗଃ - ଧୃଷ୍ଟ ବୈକୁଣ୍ଠଃ	୧୭୫
		ସପ୍ତମଃ ସର୍ଗଃ -ନାଗର ନାରାୟଣଃ	୧୭୯
		ଅଷ୍ଟମଃ ସର୍ଗଃ -ବିଲକ୍ଷ ଲକ୍ଷ୍ମୀପତିଃ	୧୯୩
		ନବମଃ ସର୍ଗଃ - ମୁଗ୍ଧ ମୁକୁନ୍ଦଃ	୧୯୭
		ଦଶମଃ ସର୍ଗଃ - ଚତୁର ଚତୁର୍ଭୁଜଃ	୨୦୧
		ଏକାଦଶଃ ସର୍ଗଃ - ସାନନ୍ଦ ଦାମୋଦରଃ	୨୦୯
		ଦ୍ୱାଦଶଃ ସର୍ଗଃ - ସୁପ୍ରୀତ ପୀତାମ୍ବରଃ	୨୨୧
		ସହାୟକ ଗ୍ରନ୍ଥସୂଚୀ	୨୩୨

ପ୍ରଥମ ଅଧ୍ୟାୟ

କବିରାଜ ଶ୍ରୀଜୟଦେବଙ୍କ ସାରସ୍ୱତ ଜୀବନୀ

"ଅପାରେ କାବ୍ୟ ସଂସାରେ କବିରେବ ପ୍ରଜାପତିଃ ।"

ଶାସ୍ତ୍ରରେ ଉଲ୍ଲେଖ ରହିଛି ଯେ ଅପାର କାବ୍ୟ ସଂସାରରେ କବି ହେଉଛନ୍ତି ପ୍ରଜାପତି, ଦ୍ୱିତୀୟ ଈଶ୍ୱର । ଏହି ଦୃଷ୍ଟିରୁ କବିରାଜ ଜୟଦେବଙ୍କ ଜୀବନୀ ବିଚାର୍ଯ୍ୟ ।

ପବିତ୍ର ଭାରତଭୂମିରେ ବହୁ ସାଧୁସନ୍ଥ, ମୁନିଋଷି, ଦାର୍ଶନିକ ଓ କବିକୋବିଦ ଜନ୍ମଗ୍ରହଣ କରି ନିଜସ୍ୱ ସାଧନା ଓ ଭାବନା ବଳରେ ଭାରତୀୟ ମନୀଷାକୁ ସମୃଦ୍ଧ କରିଛନ୍ତି । ଭାରତୀୟ ସଂସ୍କୃତ ସାହିତ୍ୟ ଜଗତରେ କବିରାଜ ଜୟଦେବଙ୍କ ସ୍ଥାନ ଅନନ୍ୟ । ତାଙ୍କର ମହିମ୍ନ ସୃଷ୍ଟି 'ଶ୍ରୀଗୀତଗୋବିନ୍ଦ' ସଂସ୍କୃତ କାବ୍ୟଜଗତରେ ଏକ ଅମୂଲ୍ୟଗ୍ରନ୍ଥ । ସଂସ୍କୃତ ସାହିତ୍ୟକୁ ଓଡ଼ିଶାର ଅବଦାନ ଉଲ୍ଲେଖଯୋଗ୍ୟ । ସଂସ୍କୃତ ସାହିତ୍ୟକୁ ଓଡ଼ିଶାର ଯେଉଁ ଅବଦାନ ରହିଛି, ତନ୍ମଧ୍ୟରେ ତିନିଗୋଟି ଗ୍ରନ୍ଥ ପ୍ରଧାନ । ଏହି ଗ୍ରନ୍ଥତ୍ରୟ ହେଉଛନ୍ତି ସାମନ୍ତ ଚନ୍ଦ୍ରଶେଖରଙ୍କ ପ୍ରଣୀତ 'ସିଦ୍ଧାନ୍ତ ଦର୍ପଣ', ବିଶ୍ୱନାଥ କବିରାଜଙ୍କ 'ସାହିତ୍ୟ ଦର୍ପଣ' ଏବଂ ଜୟଦେବଙ୍କ କୃତ 'ଶ୍ରୀଗୀତଗୋବିନ୍ଦ' ।

ଗୀତଗୋବିନ୍ଦ ଏକ ଅପୂର୍ବ କାବ୍ୟଗ୍ରନ୍ଥ । ଏହାର ଲୋକପ୍ରିୟତାର ପଟାନ୍ତର ନାହିଁ । ଏପରି ଗ୍ରନ୍ଥ ପୂର୍ବରୁ ନଥିଲା କି ପରେ ନୋହିବ । ପଦର ଲାଳିତ୍ୟ ଓ ମଧୁରତା ସହିତ କୃଷ୍ଣଭକ୍ତି ଭାବନା ଓ କୃଷ୍ଣପ୍ରୀତି ବିଷୟକ ଏହି ମନୋଜ୍ଞ ରସାଳ କାବ୍ୟ ପ୍ରତ୍ୟେକ ରସଗ୍ରାହୀ ବିଜ୍ଞଜନର ପରମ ସମ୍ପଦ । ଏହି ପରମପାବନ ଗ୍ରନ୍ଥ ସମ୍ପର୍କରେ କୁହାଯାଇଛି-

"ଯଦି ହରିସ୍ମରଣେ ସରସଂ ମନୋ
ଯଦି ବିଳାସକଳାସୁ କୁତୂହଳମ୍ ।
ମଧୁରକୋମଳ କାନ୍ତପଦାବଳୀଂ
ଶୃଣୁତଦା ଜୟଦେବସରସ୍ୱତୀମ୍ ।"

ଅର୍ଥାତ୍ କବି ଜୟଦେବ ଉଲ୍ଲେଖ କରିଛନ୍ତି ଯେ, ଯଦି ହରିରସକଥା ସ୍ମରଣରେ ମନକୁ ସରସ କରବାକୁ ଚାହୁଁଥାଅ, ଯଦି ବିଳାସକଳା ପ୍ରତି କୌତୁହଳ ସୃଷ୍ଟି ହୋଇଛି, ତେବେ ମଧୁର କୋମଳକାନ୍ତ ପଦାବଳୀରେ ରଚିତ ଜୟଦେବଙ୍କର ବାଣୀ ଅର୍ଥାତ୍ 'ଗୀତଗୋବିନ୍ଦ'କୁ ଶ୍ରବଣ କର। ବାସ୍ତବିକ୍ ଏହା ସର୍ବକାଳୀକ ସତ୍ୟ।

କବି ଜୟଦେବ ଥିଲେ ପରମ ବୈଷ୍ଣବ। କାଳିନ୍ଦୀକୂଳୀୟା, କଦମ୍ବମୂଳୀୟା, କାଇଁଚମାଳୀୟା, ଗୋକୁଳସୁନ୍ଦର, ଜଗଦାନନ୍ଦ, ଆନନ୍ଦକନ୍ଦ ଶ୍ରୀକୃଷ୍ଣଚନ୍ଦ୍ରଙ୍କର ସେ ପରମ ଭକ୍ତ ଥିଲେ। ସେ ଥିଲେ କୃଷ୍ଣ ପ୍ରାଣଗତ। କୃଷ୍ଣ ସଚ୍ଚିଦାନନ୍ଦଙ୍କର ଦିବ୍ୟଚିନ୍ତନରେ ସେ ନିଜକୁ ସମ୍ପୂର୍ଣ୍ଣ ରୂପେ ହଜାଇ ଦେଇଥିଲେ। ସମଗ୍ର ପରିଦୃଶ୍ୟମାନ୍ ଜଗତକୁ ସେ କୃଷ୍ଣଜ୍ଞାନରେ ବିଚାର କରୁଥିଲେ। ଜଣେ ବୈଷ୍ଣବର ପରିଚୟ କ'ଣ ସେ ବିଷୟରେ ଶାସ୍ତ୍ରରେ ଉଲ୍ଲେଖ ରହିଛି -

"କୃଷ୍ଣପ୍ରେମାମୃତେନାତ୍ମା ଦେହଃ ପ୍ରେମାଶ୍ରୁବାରିଭିଃ
ଯସ୍ୟା ଭିଷିଚ୍ୟତେ ନିତ୍ୟଂ ବିଷ୍ଣୁଭକ୍ତଃ ସ ଉଚ୍ୟତେ।
କୃଷ୍ଣାନନ୍ଦେନ ପୂର୍ଣ୍ଣାତ୍ମା କୃଷ୍ଣାନନ୍ଦେନ ପୂର୍ଣ୍ଣଧୀଃ
କୃଷ୍ଣାନନ୍ଦମୟଂ ସର୍ବଂ ଯଃ ପଶ୍ୟତି ସ ବୈଷ୍ଣବଃ।"

ନାୟକ ଶିରୋମଣି ଶ୍ରୀକୃଷ୍ଣ ଓ ନାୟିକା ଶିରୋମଣି ଶ୍ରୀରାଧାଙ୍କ ମଧୁର ପ୍ରେମଲୀଳାକୁ ଉପଜୀବ୍ୟ କରି କବିରାଜ ଜୟଦେବ ଗୀତଗୋବିନ୍ଦ ରଚନା କରିଛନ୍ତି। କୃଷ୍ଣକେଶବ ସ୍ୱୟଂ ଜଗଦୀଶ୍ୱର। ସେ ତ୍ରିତାପ ବିନାଶକାରୀ। ଆଧ୍ୟାତ୍ମିକ, ଆଧିଦୈବିକ ଓ ଆଧିଭୌତିକ ତାପର ତ୍ରାଣକର୍ତ୍ତା । ଚତୁର୍ବର୍ଗ ପ୍ରଦାନ କରିବାରେ ସେହିଁ ସମର୍ଥ। ତେଣୁ ବୈଷ୍ଣବମାନେ ଉଚ୍ଚାରଣ କରିଥାନ୍ତି -

"କୃଷ୍ଣକେଶବ କୃଷ୍ଣକେଶବ କୃଷ୍ଣକେଶବ ପାହିମାମ୍
କୃଷ୍ଣକେଶବ କୃଷ୍ଣକେଶବ କୃଷ୍ଣକେଶବ ରକ୍ଷମାମ୍"

ଶ୍ରୀକୃଷ୍ଣ ସ୍ୱୟଂ ଭଗବାନ। ସେ ଷୋଳକଳାର ଅଧିକାରୀ। ଶ୍ରୀମଦ୍‌ଭଗବତ ଗୀତାରେ କୁହାଯାଇଛି ଯେ ଶ୍ରୀକୃଷ୍ଣ ଷଡ଼ଐଶ୍ୱର୍ଯ୍ୟର ଅଧିକାରୀ। ଷଡ଼ ଐଶ୍ୱର୍ଯ୍ୟ ସମ୍ପର୍କରେ ଉଲ୍ଲେଖ ରହିଛି -

"ଏଶ୍ୱର୍ଯ୍ୟସ୍ୟ ସମଗ୍ରସ୍ୟ ବୀର୍ଯ୍ୟସ୍ୟ ଯଶସଃ ଶ୍ରିୟଃ
ଜ୍ଞାନ ବୈରାଗ୍ୟୟୋଶ୍ଚୈବ ଷଣ୍ଣାଂ ଭଗଇତି ସ୍ମୃତମ୍।"

ଅର୍ଥାତ୍ ସମଗ୍ର ଏଶ୍ୱର୍ଯ୍ୟ, ବୀର୍ଯ୍ୟ, ଯଶ, ଶ୍ରୀ, ଜ୍ଞାନ ଓ ବୈରାଗ୍ୟ - ଏହି ଛଅଟିକୁ ଭଗ ବା ଐଶ୍ୱର୍ଯ୍ୟ କୁହାଯାଏ। ଏହି ଛଅଗୋଟି ଭଗ ଯାହାଙ୍କଠାରେ ଅଛି, ସେ ଭଗବାନ।

କୃଷ୍ଣ ଭଗବାନ ସତ୍, ଚିତ୍ ଓ ଆନନ୍ଦର ପରିପ୍ରକାଶ। ସେ ହେଉଛନ୍ତି ଅନାଦି ଏବଂ ସକଳର ଆଦିକାରଣ। ତେଣୁ କୁହାଯାଇଛି -

"ଈଶ୍ୱରଂ ପରମଃ କୃଷ୍ଣଃ ସଚ୍ଚିଦାନନ୍ଦ ବିଗ୍ରହଃ
ଅନାଦିରାଦି ଗୋବିନ୍ଦଃ ସର୍ବକାରଣ କାରଣମ୍।" (ବ୍ରହ୍ମସଂହିତା)

ସେହିପରି 'ଶ୍ରୀମଦ୍ ଭାଗବତ' ଗ୍ରନ୍ଥରେ ଶ୍ରୀକୃଷ୍ଣଙ୍କୁ ଭଗବାନ ଭାବରେ ବର୍ଣ୍ଣନା କରାଯାଇଛି -

"ଏତେଚାଂଶକଳାଃ ପୁସଃ କୃଷ୍ଣସ୍ତୁ ଭଗବାନ ସ୍ୱୟମ୍
ଇନ୍ଦ୍ରାରିବ୍ୟାକୁଳଂ ଲୋକଂ ମୃଡୟନ୍ତି ଯୁଗେ ଯୁଗେ।"

ସେହି ଭଗବାନ କୃଷ୍ଣଚନ୍ଦ୍ର ଲୀଳାମୟ ପୁରୁଷ। ସେ ମତ୍ସ୍ୟ, କଚ୍ଛପ, ବରାହ, ନୃସିଂହ, ବାମନ ପ୍ରଭୃତି ଦଶାବତାର ଧାରଣ କରି ବିବିଧଲୀଳାକୁ ପ୍ରକଟନ କରିଥାନ୍ତି। ଧର୍ମ ସଂସ୍ଥାପନା ପାଇଁ ସେ ଧରାବତରଣ କରନ୍ତି। ଗୀତାଶାସ୍ତ୍ର କହନ୍ତି -

"ଯଦା ଯଦାହି ଧର୍ମସ୍ୟ ଗ୍ଳାନିର୍ଭବତି ଭାରତ।
ଅଭ୍ୟୁତ୍ଥାନମଧର୍ମସ୍ୟ ତଦାତ୍ମାନଂ ସୃଜାମ୍ୟହମ୍ ॥
ପରିତ୍ରାଣାୟ ସାଧୂନାଂ ବିନାଶୟ ଚ ଦୁଷ୍କୃତାମ୍।
ଧର୍ମ ସଂସ୍ଥାପନାର୍ଥାୟ ସମ୍ଭବାମି ଯୁଗେ ଯୁଗେ ।"

କବିରାଜ ଜୟଦେବ ଭଗବାନ ଶ୍ରୀକୃଷ୍ଣଙ୍କ ମହିମାକୁ ବର୍ଣ୍ଣନା କରିବାକୁ ଯାଇ କହିଛନ୍ତି -

"ବେଦାନୁଦ୍ଧରତେ ଜଗନ୍ନିବହତେ ଭୂଗୋଳମୁଦ୍‌ବିଭ୍ରତେ
ଦୈତ୍ୟଂ ଦାରୟତେ ବଳିଂ ଛଳୟତେ କ୍ଷତ୍ରକ୍ଷୟଂ କୁର୍ବତେ।
ପୌଲସ୍ତ୍ୟଂ ଜୟତେ ହଳଂ କଳୟତେ କାରୁଣ୍ୟମାତନ୍ୱତେ
ମ୍ଳେଚ୍ଛାନ୍ ମୂର୍ଚ୍ଛୟତେ ଦଶାକୃତିକୃତେ କୃଷ୍ଣାୟ ତୁଭ୍ୟଂ ନମଃ।"

କବିରାଜ ଜୟଦେବ ଦ୍ୱାଦଶ ଶତାବ୍ଦୀରେ ଆବିର୍ଭୂତ ହୋଇଥିଲେ ବୋଲି ଗବେଷକମାନେ ନିର୍ଣ୍ଣୟ କରିଛନ୍ତି। ଜୟଦେବ ଭାରତରେ ବହୁଚର୍ଚ୍ଚିତ କବି। ତାଙ୍କର ଜନ୍ମସ୍ଥାନକୁ ନେଇ ବହୁ ବିବାଦୀୟ ମତ ପରିଲକ୍ଷିତ ହୁଏ। କବି ଜୟଦେବ ସ୍ୱୀୟ 'ଗୀତଗୋବିନ୍ଦ' ଗ୍ରନ୍ଥରେ ସୂଚନା ଦେଇଛନ୍ତି -

"ବର୍ଣ୍ଣିତଂ ଜୟଦେବକେନହରେରିଦଂପ୍ରଣତେନ
କେନ୍ଦୁବିଲ୍ୱ ସମୁଦ୍ରସମ୍ଭବ ରୋହିଣୀରମଣେନ।" (ତୃତୀୟ ସର୍ଗ)

ଅର୍ଥାତ୍ ସମୁଦ୍ରରୁ ଜାତ ରୋହିଣୀକାନ୍ତ ଚନ୍ଦ୍ର ସଦୃଶ କେନ୍ଦୁବିଲ୍ୱ ଗ୍ରାମରେ ଜନ୍ମ ନେଇଥିବା ଚନ୍ଦ୍ରତୁଲ୍ୟ ପଦ୍ମାବତୀ ରମଣ କବି ଜୟଦେବଙ୍କ ଦ୍ୱାରା ହରିକଥା ବର୍ଣ୍ଣିତ ହେଲା।

କବି ଜୟଦେବଙ୍କ ସୂଚିତ ଏହି କିନ୍ଦୁବିଲ୍ୱ (କେନ୍ଦୁବିଲ୍ୱ) ଗ୍ରାମକୁ ନେଇ ବହୁ ବାଦବିସମ୍ବାଦ ଦେଖାଦେଇଥିଲା। କେତେକଙ୍କ ମତ ଯେ, କବି ଜୟଦେବ ବଙ୍ଗଳାର ବୀରଭୂମି ଜିଲ୍ଲାର ଅଜୟ ନଦୀ କୂଳସ୍ଥିତ କେନ୍ଦୁଲି ଗ୍ରାମରେ ଜନ୍ମଗ୍ରହଣ କରିଥିଲେ। ପୁନଶ୍ଚ ସେମାନଙ୍କ ମତ ଏହି ଯେ, ଜୟଦେବ ବଙ୍ଗଳାର ରାଜା ଲକ୍ଷ୍ମଣ ସେନ୍‌ଙ୍କ ସଭାକବି ଥିଲେ। ଏହା ସତ୍ୟ । କବିରାଜ ଜୟଦେବ ବଙ୍ଗର ରାଜା ଲକ୍ଷ୍ମଣ ସେନ୍‌ଙ୍କର ସଭା କବି ଥିଲେ । କବିରାଜ ଧୋୟୀ ଲକ୍ଷ୍ମଣ ସେନ୍‌ଙ୍କ ଦରବାରୀ କବି ଥିଲେ । ରାଜା ଲକ୍ଷ୍ମଣସେନ୍ ମଧ୍ୟ କବି ଥିଲେ ଏବଂ କବିମାନଙ୍କର ପୃଷ୍ଠପୋଷକ ଥିଲେ । ଐତିହାସିକ ପ୍ରଫେସର Provatansu Maiti ଲେଖିଛନ୍ତି- "Lakshamanasen was not only a brave soldier : He was a great poet and patron of arts and letters. Some of the verses composed by him found place in the Saduktikarnamrita. He completed his father's unfinished text Adbhutasagar. His court was graced by the famous poets like Jayadev, the author of Geeta Govind : Dhoyi : the author of Pavandutta, and the scholars like Halayudh, Sridhar Das. He was a great Vaishnav." ଏହା ହୁଏତ ହୋଇପାରେ ଯେ, ରାଜା ଲକ୍ଷ୍ମଣସେନ ଜୟଦେବଙ୍କ କବି ପ୍ରତିଭାରେ ମୁଗ୍ଧ ହୋଇ ତାଙ୍କୁ ତାଙ୍କର ଦରବାରକୁ ନିମନ୍ତ୍ରଣ କରାଇ ସମ୍ମାନିତ କିମ୍ବା ପୃଷ୍ଠପୋଷକତା କରାଇପାରିଥାନ୍ତି। ତେଣୁ ଲକ୍ଷ୍ମଣସେନଙ୍କ ଆହ୍ୱାନକ୍ରମେ ସେ କିଛି ଦିନ ବଙ୍ଗ ରାଜଦରବାରରେ ଅବସ୍ଥାନ କରିଥାଇପାରନ୍ତି। କାରଣ ସେହି ସମୟରେ 'ଗୀତଗୋବିନ୍ଦ'ର ପ୍ରସିଦ୍ଧି କେବଳ ଓଡ଼ିଶା କାହିଁକି ଓଡ଼ିଶା ବ୍ୟତୀତ ସମଗ୍ର ବଙ୍ଗପ୍ରଦେଶ ଏବଂ ଅନ୍ୟାନ୍ୟ ରାଜ୍ୟକୁ ମଧ୍ୟ ପ୍ରସାରିତ ହୋଇସାରିଲାଣି।

ଜୟଦେବ ଜାତୀୟସ୍ତରରେ କବିପ୍ରସିଦ୍ଧି ଲାଭ କରିଛନ୍ତି। ତେବେ ସେ ଉତ୍କଳର କବି - ଏକଥା ସର୍ବାଦୌ ସ୍ୱୀକୃତ। ପୁରୀ ଜିଲ୍ଲାର ପ୍ରାଚୀନଦୀ ତଟରେ ଅବସ୍ଥିତ କେନ୍ଦୁଲୀ (କେନ୍ଦୁବିଲ୍ୱ / କିନ୍ଦୁବିଲ୍ୱ) ଶାସନଟି ଭକ୍ତକବି ଜୟଦେବଙ୍କର ଜନ୍ମସ୍ଥାନ ଭାବରେ ନିର୍ଣ୍ଣିତ। କେନ୍ଦୁ ଓ ବିଲ୍ୱ ବୃକ୍ଷମାନଙ୍କରେ ପରିପୂର୍ଣ୍ଣ ଥିବାରୁ ଏହି ଗ୍ରାମକୁ 'କେନ୍ଦୁବିଲ୍ୱ' ନାମରେ ନାମିତ କରାଯାଇଛି ବୋଲି ଅନୁମେୟ। ଐତିହାସିକ କେଦାରନାଥ ମହାପାତ୍ରଙ୍କ ମତରେ - "ପୂର୍ବକାଳରେ ଦେବତା, ରାଜା, ରାଣୀ, ରାଜପୁରୁଷ, ନଦୀ, ଦୁର୍ଗ, ପର୍ବତ, ବୃକ୍ଷଲତା, ଫୁଲ ପ୍ରଭୃତିର ନାମାନୁସାରେ ସାଧାରଣତଃ ମାନବବସତିର ନାମକରଣ ହେଉଥିଲା। ଆଲୋଚ୍ୟ କେନ୍ଦୁବିଲ୍ୱ ନାମକ ବ୍ରାହ୍ମଣ ଗ୍ରାମରେ କେନ୍ଦୁ ଓ ବିଲ୍ୱ (ବେଲଗଛ) ବହୁତ ସଂଖ୍ୟାରେ ଥିବାରୁ ଏହି ଗ୍ରାମ କେନ୍ଦୁବିଲ୍ୱ

ନାମରେ ଅଭିହିତ ହୋଇଥିଲା । ମହାପୁରୁଷ ଶ୍ରୀଜୟଦେବଙ୍କ ଜୀବନକାଳରେ ଏହି ଗ୍ରାମର ପ୍ରସିଦ୍ଧି ବୃଦ୍ଧିଲାଭ କରିଥିଲେ ମଧ୍ୟ ଏହାର ପୂର୍ବନାମ ପରିବର୍ତ୍ତିତ ହୋଇନଥିଲା ।" ପ୍ରଫୁଲ୍ଲ କୁମାର ତ୍ରିପାଠୀଙ୍କ ମତରେ- "The village Kendubilva is located in Prataparudrapur gramapanchayat that comes under Balianta Police station in the district of Puri. The river Prachi, revered as the Ganga in Odisha flows on the north and the river Kusabhadra of mythological importance flows on the south of Kendubilva. These two rivers besides making the soil fertile accentuate the holiness of the place. The vast extensive shady groves of Kendu and Bilva trees streching along the village boundary justify the name Kendubilva. The village is divided into three parts, namely Kenduli, Kendulipatna and Kenduli Sasan." ଏହି କେନ୍ଦୁଲୀ ବା କେନ୍ଦୁବିଲ୍ୱ ଗ୍ରାମ ହେଉଛି ଜୟଦେବଙ୍କ ଜନ୍ମପୀଠ । ଜୟଦେବ ଏତେ ଲୋକପ୍ରିୟ କବି ଥିଲେ, ଯାହା ଫଳରେ ବିଭିନ୍ନ କବିବୃନ୍ଦ କବିରାଜ ଶ୍ରୀଜୟଦେବଙ୍କୁ ଉଲ୍ଲେଖ କରିବାରେ ନିଜକୁ ଗୌରବାନ୍ୱିତ ମନେ କରିଛନ୍ତି ।

ଉତ୍କଳୀୟ କବିମଣ୍ଡଳୀରୁ ପ୍ରଥମେ ବୈଷ୍ଣବ କବି ମାଧବ ପଟ୍ଟନାୟକଙ୍କୁ ବିଚାରକୁ ନିଆଯାଇପାରେ । ପଞ୍ଚସଖା କବିମାନଙ୍କର ସମସାମୟିକ ଖଣ୍ଡପଡ଼ାର ଏହି କବି ଶ୍ରୀକ୍ଷେତ୍ରରେ ଅବସ୍ଥାନ କରି ଶ୍ରୀଚୈତନ୍ୟ ମହାପ୍ରଭୁଙ୍କ ସଖ୍ୟ ଲାଭ କରିଥିଲେ । ଓଡ଼ିଶାର ତତ୍କାଳୀନ ଗଜପତି ପ୍ରତାପରୁଦ୍ରଦେବଙ୍କ ୪୮ ଅଙ୍କ ଅର୍ଥାତ୍ ୧୫୩୬ ସାଲରେ ଲିଖିତ "ବୈଷ୍ଣବ ଲୀଳାମୃତ" ଗ୍ରନ୍ଥରେ କବି ମାଧବ ପଟ୍ଟନାୟକ ଜୟଦେବଙ୍କୁ ଓ କେନ୍ଦୁଲୀ ଗ୍ରାମର ନାମୋଲ୍ଲେଖ କରିଛନ୍ତି । କବି ଲେଖିଛନ୍ତି -

"ବିପ୍ର ସେ ଜୟଦେବ ନାମ । କ୍ଷେତ୍ରବରକୁ ଆଗମନ ॥
କେନ୍ଦୁଲି ଶାସନ ତା ଗ୍ରାମ । ପ୍ରାଚୀନଦୀର ତଟେ ପୁଣ ॥
ନିଆଳି ମାଧବ ସୀମପେ । ଭକତି କଲା ନାନା ରୂପେ ॥
ଶାସ୍ତ୍ର ପୁରାଣେ ବିଚକ୍ଷଣ । କବିତ୍ୱ ମାର୍ଗେ ତାର ମନ ॥
ଗୀତ ସେ ରଚିବି ବୋଇଲା । କ୍ଷେତ୍ରବାସକୁ ମନ ଦେଲା ॥
ଶ୍ରୀଜଗନ୍ନାଥର ସମୀପେ । ଶୁଦ୍ଧ ସାତ୍ତ୍ୱିକ ମତି ଭାବେ ॥ x x x
ଗୀତ ଗୋବିନ୍ଦ ନାଟ ସେବା । ମନ୍ଦିରେ ପ୍ରତ୍ୟେହ ହୋଇବା ॥
ରାଜା ସେ ସେବା ଭିଆଇଲା । କେନ୍ଦୁଲୀ ଶାଢ଼ି ଯୋଗାଇଲା ॥

ଶ୍ରୀଗୀତଗୋବିନ୍ଦ ରାସ ଏ । ଶ୍ରୀଜଗନ୍ନାଥଙ୍କ ପ୍ରିୟ ଏ ॥
ବୋଲି କଲାକ ଏ ଭିଆଣ । ଭଗତେ ହେଲେ ତୋଷ ମନ ॥"

(ବୈ.ଲୀ - ଦ୍ୱିତୀୟ ଅଧ୍ୟାୟ)

ଅନ୍ୟତମ ଓଡ଼ିଆ କବି ରାମଦାସ 'ଦାର୍ଢ୍ୟତା ଭକ୍ତି' ଗ୍ରନ୍ଥର ରଚୟିତା । 'ଦାର୍ଢ୍ୟତା ଭକ୍ତି' ଗ୍ରନ୍ଥର ପ୍ରଥମ ଭାଗ ଗଜପତି ବୀରକେଶରୀ ଦେବଙ୍କ ୪୨ ଅଙ୍କ ଅର୍ଥାତ୍ ୧୭୮୬ - ୬୯ ଖ୍ରୀଷ୍ଟାବ୍ଦରେ ଏବଂ ଦ୍ୱିତୀୟ ଭାଗ ୧୭୯୯ - ୧୮୦୦ ଖ୍ରୀଷ୍ଟାବ୍ଦରେ ରଚିତ ହୋଇଥିଲା । ଏହାର ଶେଷ ଅଧ୍ୟାୟରେ ଶ୍ରୀଜୟଦେବଙ୍କ ଚରିତ ବର୍ଣ୍ଣିତ ହୋଇଛି । 'ଦାର୍ଢ୍ୟତାଭକ୍ତି' ଗ୍ରନ୍ଥରେ କବି ରାମଦାସ ଲେଖିଛନ୍ତି -

"ଜନମ କେନ୍ଦୁବିଲ୍ୱ ଗ୍ରାମେ । ବ୍ରାହ୍ମଣ ଜୟଦେବ ନାମେ ॥
ମହାପଣ୍ଡିତ ବିଷ୍ଣୁ ଭକ୍ତ । ଜିତ ଇନ୍ଦ୍ରିୟ ସୁବିନୀତ ॥
ବିରକ୍ତ ନିଃସଙ୍ଗ ଉଦାସୀ । ଶ୍ରୀକ୍ଷେତ୍ରେ ପରବେଶ ଆସି ॥
ଏକ ବୃକ୍ଷର ତଳେ ଥାଇ । ଶ୍ରୀଜଗନ୍ନାଥଙ୍କୁ ସେବଇ ॥

X X X

ସେ କନ୍ୟା ନାମ ପଦ୍ମାବତୀ । ପଦ୍ମିନୀ ଗୁଣବତୀ ସତୀ ॥

X X X

ଗୋଟିଏ କୁଟୀର ନିର୍ମାଣି । ତହିଁ ରହିଲା ଭାର୍ଯ୍ୟାଘେନି ॥
ଶ୍ରୀରାଧା ମାଧବ ଠାକୁରେ । ଆଣି ସ୍ଥାପିଲା ସେହିଠାରେ ॥
ଶ୍ରୀପଦ ସେବିବା କାରଣ । ପଦ୍ମାକୁ କଲା ସମର୍ପଣ ॥

X X X

ରଚିଲା ଅପୂର୍ବ ପ୍ରବନ୍ଧ । ନାମ ଯା' ଶ୍ରୀଗୀତଗୋବିନ୍ଦ ॥
ଶୁଣନ୍ତି ଆଜିଯାଏ ନିତ୍ୟ । ତ୍ରିକାଳେ ଯାହା ଜଗନ୍ନାଥ ॥"

ବଙ୍ଗଳାର ବୈଷ୍ଣବ କବି କୃଷ୍ଣଦାସ କବିରାଜଙ୍କ କୃତ 'ଶ୍ରୀଶ୍ରୀ ଭକ୍ତମାଳ' (୧୯୨୨ ଖ୍ରୀଷ୍ଟାବ୍ଦରେ ମୁଦ୍ରିତ) ଗ୍ରନ୍ଥରେ ଜୟଦେବ, କେନ୍ଦୁବିଲ୍ୱ ଏବଂ ପୁରୁଷୋତ୍ତମ କ୍ଷେତ୍ରର ପ୍ରସଙ୍ଗ ବର୍ଣ୍ଣନା ରହିଛି । ଗ୍ରନ୍ଥକାର ଲେଖିଛନ୍ତି -

"କେନ୍ଦୁବିଲ୍ୱ ନାମେ ଗ୍ରାମ ସାଗର ହଇତେ
ଶ୍ରୀମାନ୍ ଜୟଦେବ ଦ୍ୱିଜ ହଇଲ ବିଦିତେ ।
ଶ୍ରୀଲ - ପୁରୁଷୋତ୍ତମ ମହାକାଶ ଗିୟା ।

X X X

ଜୟଦେବ ମହାଶୟ ମହାନ୍ ମାନୁଷ

ଶ୍ରୀପୁରୁଷୋତ୍ତମ କ୍ଷେତ୍ରେ ବୃକ୍ଷତଳେ ବାସ।
ଅଗାଧ ପାଣ୍ଡିତ୍ୟ ହୟ ଅତୁଲ ଭକ୍ତିମାନ୍
ଶ୍ରୀଜଗନ୍ନାଥ ପ୍ରଭୁର କୃପାର ଭାଜନ।

x x x

ଝୋପଡ଼ା ବାନ୍ଧିୟା ଏକ ସେବା ପ୍ରକାଶିଲା
ଶ୍ରୀରାଧାମାଧବ ନାମ ଠାକୁରେର ହୈଲା
ତାର ପରିଚର୍ଯ୍ୟାୟ ପଦ୍ମାରେ ନିୟୋଜିଲା।

x x x

ପୁସ୍ତକ ରଖିୟା ସାଧୁ ସ୍ନାନ କରିବାରେ
ଗମନ କରିଲା ତେବେ ସାଗରେର ନୀରେ।

x x x

'ଦେହିପଦ ପଲ୍ଲବ ମୁଦାରମ' ଇତି
ଲିଖିଲା ଚଲିଲା ହରି ଅତି ଦ୍ରୁତଗତି।"

ସେ ସମୟରେ ବୈଷ୍ଣବ କବିମାନଙ୍କର ଏକ ତାଲିକା ପ୍ରସ୍ତୁତ କରିବାର ପ୍ରୟାସ ସମଗ୍ର ଭାରତବର୍ଷରେ ପ୍ରଚଳିତ ଥିବାର ଅନୁମାନ କରାଯାଉଛି। ୧୬୪୨ ବିକ୍ରମ ସମ୍ବତ୍ ବା ୧୫୮୫ ଖ୍ରୀଷ୍ଟାବ୍ଦରେ ରାଜସ୍ଥାନର ନାଭାଦାସ ନାମକ ଜନୈକ ବୈଷ୍ଣବ "ଭକ୍ତମାଳା" ଶୀର୍ଷକ ଗ୍ରନ୍ଥରେ ଶ୍ରୀଗତଗୋବିନ୍ଦକାର ଜୟଦେବଙ୍କ ସମ୍ବନ୍ଧରେ ଉଲ୍ଲେଖ କରିଛନ୍ତି। ସେହିପରି ୧୭୬୯ ବିକ୍ରମ ସମ୍ବତ୍ ବା ୧୭୧୨ ଖ୍ରୀଷ୍ଟାବ୍ଦରେ ପ୍ରିୟାଦାସ ନାମକ ଅନ୍ୟତମ ପ୍ରସିଦ୍ଧ ଗ୍ରନ୍ଥ ନାଭାଜୀଙ୍କ "ଭକ୍ତମାଳା" ଉପରେ ଏକ ଟୀକାଗ୍ରନ୍ଥ ରଚନା କରିଥିଲେ ଯହିଁରେ କିନ୍ଦୁବିଲ୍ୱ ଗ୍ରାମ, ଜୟଦେବ ଓ ଜଗନ୍ନାଥଙ୍କର ଉଲ୍ଲେଖ ରହିଛି।

୧୭୬୨ ଖ୍ରୀଷ୍ଟାବ୍ଦରେ ମହାରାଷ୍ଟ୍ରର ପ୍ରସିଦ୍ଧ ସନ୍ଥ ମହୀପତି "ଭକ୍ତ ବିଜୟ" ନାମକ ଏକ ଗ୍ରନ୍ଥ ରଚନା କରିଥିଲେ। ଏହି ଗ୍ରନ୍ଥରେ ମଧ୍ୟ କିନ୍ଦୁବିଲ୍ୱ ଗ୍ରାମ, ଜଗନ୍ନାଥ କ୍ଷେତ୍ର, ଜୟଦେବ କବି ଏବଂ ଗୀତଗୋବିନ୍ଦ ଗ୍ରନ୍ଥର ସୂଚନା ରହିଛି। ନାଭା ଦାସଙ୍କ "ଭକ୍ତମାଳା" ଗ୍ରନ୍ଥ ଦ୍ୱାରା ଅନୁପ୍ରାଣିତ ହୋଇ ମୈଥିଳୀ ପଣ୍ଡିତ ଚନ୍ଦ୍ରଦତ୍ତ "ଭକ୍ତମାଳା" ନାମକ ଏକ ସଂସ୍କୃତ ଗ୍ରନ୍ଥ ରଚନା କରିଥିଲେ। ଏହି ଗ୍ରନ୍ଥରେ ଚନ୍ଦ୍ରଦତ୍ତଜୀ ଲେଖିଛନ୍ତି-

"ଜଗନ୍ନାଥ ପୁରୀପ୍ରାନ୍ତେ ଦେଶେ ଚୈବୋତ୍କଳାଭିଧେ
କିନ୍ଦୁବିଲ୍ୱ ଇତି ଖ୍ୟାତୋ ଗ୍ରାମେ ବ୍ରାହ୍ମଣ ସଙ୍କୁଳଃ ॥

ତତ୍ରୋତ୍କଳେ ଦ୍ୱିଜୋ ଜାତୋ ଜୟଦେବ ଇତିଶ୍ରୁତଃ
ବିଦ୍ୟାଭ୍ୟାସରତଃ ଶାନ୍ତଃ ପୁରୁଷୋତ୍ତମ ପୂଜକଃ ॥

X X X

ନିର୍ମାୟ ଗୀତଗୋବିନ୍ଦଂ ପୁସ୍ତକଂ ପୁରୁଷୋତ୍ତମେ
ନିବେଦ୍ୟ କୃତ କୃତ୍ୟୋଽଭୂଜୟଦେବ ମହାମନାଃ ॥"

ଏସବୁ ସତ୍ତ୍ୱେ ହରେକୃଷ୍ଣ ମୁଖୋପାଧ୍ୟାୟ, ଏସ୍.କେ.ଚାଟାର୍ଜୀ ଓ ପି.କେ.ଦାସଗୁପ୍ତା ପ୍ରମୁଖ ବଙ୍ଗୀୟ ଲେଖକଗଣ ପଶ୍ଚିମବଙ୍ଗର ବୀରଭୂମ ଜିଲ୍ଲାର ଅଜୟ ନଦୀ ତୀରବର୍ତ୍ତୀ କେନ୍ଦୁବିଲ୍ୱ ଗ୍ରାମକୁ ଜୟଦେବଙ୍କ ଜନ୍ମସ୍ଥାନ ଭାବରେ ଅଭିହିତ କରିବାକୁ ଚେଷ୍ଟା କରିଛନ୍ତି । ଏପରିକି, Dr. A.L. Basham ତାଙ୍କର "The wonder that was India" ଗ୍ରନ୍ଥରେ ମଧ୍ୟ ଲେଖିଛନ୍ତି "In a class of its own is Jayadeva's "Songs of the Cowherd" (Gita Govinda). written in Bengal in the 12th century. This is a series of dramatic lyrics intended for singing, and describes the love of Krisna for Radha and the milkmaids". ଏପରିକି କେତେକ ଗବେଷକ ଜୟଦେବ କବିଙ୍କୁ ବିହାର ପ୍ରଦେଶର ତୀରହୁଟ ଅଞ୍ଚଳର ବୋଲି ଉଲ୍ଲେଖ କରୁଛନ୍ତି । କିନ୍ତୁ ଏହାର ସତ୍ୟତା ନାହିଁ ।

ଡକ୍ଟର ସୁକୁମାର ସେନ, ଗବେଷକ କେଦାରନାଥ ମହାପାତ୍ର, ଆଶୁତୋଷ ଭଟ୍ଟାଚାର୍ଯ୍ୟ, ବଳଦେବ ଉପାଧ୍ୟାୟ, ପରଶୁରାମ ଚତୁର୍ବେଦୀ, ଏଚ.ହୀରାଚାନ୍ଦ, ଡକ୍ଟର ବନମାଳୀ ରଥ, ଡକ୍ଟର ପ୍ରଫୁଲ୍ଲ କୁମାର ତ୍ରିପାଠୀ, ପଣ୍ଡିତ ନୀଳମଣି ମିଶ୍ର, ଭଗବାନ ପଣ୍ଡା, ଥୋମାସ୍ ଡୋନାଲ୍‌ସନ୍ ପ୍ରମୁଖ ଗବେଷକବୃନ୍ଦ ଓଡ଼ିଶାର ପୁରୀ ଜିଲ୍ଲା ଅନ୍ତର୍ଗତ ପ୍ରାଚୀ ନଦୀ କୂଳର କେନ୍ଦୁବିଲ୍ୱ - ଶାସନକୁ ହିଁ ଜୟଦେବଙ୍କ ଜନ୍ମସ୍ଥାନ ରୂପେ ସ୍ୱୀକାର କରିଛନ୍ତି ।

ଏ ପରିପ୍ରେକ୍ଷୀରେ ଓଡ଼ିଶାର ବିଶିଷ୍ଟ ବିଦ୍ୱାନ ଡକ୍ଟର ବନମାଳୀ ରଥଙ୍କ ପ୍ରୟାସ ପ୍ରଣିଧାନଯୋଗ୍ୟ । ଡକ୍ଟର ରଥ ଗୋପବନ୍ଧୁ ଶ୍ରାଦ୍ଧବାର୍ଷିକୀ - ୧୯୮୬ ସଂଖ୍ୟା ସମାଜରେ "ଓଡ଼ିଶାର କବି ଜୟଦେବ" ଶୀର୍ଷକ ପ୍ରବନ୍ଧ ପ୍ରକାଶ କରିଥିଲେ । ଏହା ପୂର୍ବରୁ ୧୯୭୨ ମସିହାରେ ଭାରତ ସରକାର ଓ ୟୁନେସ୍କୋଙ୍କ ଆନୁକୂଲ୍ୟରେ ନୂଆଦିଲ୍ଲୀ ବିଜ୍ଞାନ ଭବନରେ ଅନୁଷ୍ଠିତ ଆନ୍ତର୍ଜାତିକ ପ୍ରାଚ୍ୟବିଦ୍ୟା ମହାସମ୍ମେଳନରେ ଡକ୍ଟର ରଥ ତାଙ୍କ ଦ୍ୱାରା ପ୍ରସ୍ତୁତ ନିବନ୍ଧ "Orissa, the Homeland of Jayadev" ପାଠ କରିଥିଲେ । ପୁନଶ୍ଚ ଡକ୍ଟର ରଥ ମହାଶୟ ତାଙ୍କର "ଓଡ଼ିଶାର କବି ଜୟଦେବ (୨୦୧୧)" ପୁସ୍ତକରେ ଲେଖିଛନ୍ତି - "ଉତ୍କଳ ଯେ ଜୟଦେବଙ୍କ

ଜନ୍ମଭୂମି ଓ କର୍ମକ୍ଷେତ୍ର, ଏହା ବହୁ ପ୍ରାଚୀନ ତଥା ଆଧୁନିକ କୃତି ଦ୍ୱାରା ସ୍ପଷ୍ଟ ସମର୍ଥିତ । କେଶବ ମିଶ୍ରଙ୍କ "ଅଳଙ୍କାର ଶେଖର" ଗଦାଧର ଦ୍ୱିବେଦୀଙ୍କର "ସମ୍ପ୍ରଦାୟ ପ୍ରଦୀପ", ମହାରାଷ୍ଟ୍ରର ମହୀପତିଙ୍କ "ଭକ୍ତ ବିଜୟ", ଗୋଆଲିୟର ନିବାସୀ ନାଭାଜୀଙ୍କ "ଭକ୍ତମାଳା", ମୈଥିଳୀ କବି ଚନ୍ଦ୍ରଦତ୍ତଙ୍କ "ବ୍ୟବହାର ଶାସ୍ତ୍ର", ମାଧବ ପଟ୍ଟନାୟକଙ୍କ "ବୈଷ୍ଣବ ଲୀଳାମୃତ" ଇତ୍ୟାଦି ଗ୍ରନ୍ଥମାନଙ୍କରେ ସ୍ପଷ୍ଟ ଉଲ୍ଲେଖ ଅଛି ଯେ ଜୟଦେବ ପୁରୀ ନିକଟବର୍ତ୍ତୀ "କେନ୍ଦୁବିଲ୍ୱ" ନାମକ ବ୍ରାହ୍ମଣ ଶାସନର ଅଧିବାସୀ ଥିଲେ । ଆଜିର ଖାଲି ଓଡ଼ିଆମାନେ ନୁହଁନ୍ତି ସର୍ବଭାରତୀୟ ତଥା ଆନ୍ତର୍ଜାତିକ ସ୍ତରରେ ସୁପ୍ରତିଷ୍ଠିତ ବହୁ ଆଧୁନିକ ଅଣଓଡ଼ିଆ ଲେଖକ ଓ ସମାଲୋଚକମାନେ ମଧ୍ୟ ସମସ୍ୱରରେ ଏହାକୁ ସମର୍ଥନ କରନ୍ତି । ତାମିଲ ସମାଲୋଚକ ଶାମ୍ବଶିବ, ମହାରାଷ୍ଟ୍ରୀ ଐତିହାସିକ ହୀରାଚାନ୍ଦ, ଐତିହାସିକ ଭି.ବରଦାଚାରୀ, ପ୍ରାଚ୍ୟତତ୍ତ୍ୱବିତ୍ ଡକ୍ଟର ସୁକୁମାର ସେନ୍, ଧର୍ମତତ୍ତ୍ୱବେତ୍ତା ଡକ୍ଟର ପର୍ଶୁରାମ ଚତୁର୍ବେଦୀ, ଶ୍ରୀଗୋବିନ୍ଦ ନାୟାର, ଶ୍ରୀକାଶୀନାଥ ତୈଲଙ୍ଗ, ଶ୍ରୀ.ଭି.ରାଜମ୍ ଆୟାର, ମାଲାନି ସୂର୍ଯ୍ୟନାରାୟଣ ଶାସ୍ତ୍ରୀ ଓ ଏନ.ଏସ.ଆର.ଆୟାଙ୍ଗାର ନିଜ ନିଜର ସୁପ୍ରସିଦ୍ଧ ଗ୍ରନ୍ଥମାନଙ୍କରେ ଜୟଦେବଙ୍କୁ ଉତ୍କଳୀୟ କବି ଭାବରେ ଉଲ୍ଲେଖ କରିଛନ୍ତି । ଦେଖିବାର କଥା ଯେ, ଭାଷାତତ୍ତ୍ୱବିତ୍ ଗ୍ରୀୟରସନ୍, ଆନ୍ତର୍ଜାତିକ ଖ୍ୟାତିସମ୍ପନ୍ନ ମାଡ୍ରାସ ବିଶ୍ୱିଦ୍ୟାଳୟର ସଂସ୍କୃତ ପ୍ରଫେସର ଡକ୍ଟର ଭି.ରାଘବନ୍, ଫ୍ରାନ୍ସଦେଶର ଓରିଏଣ୍ଟାଲିଷ୍ଟ ପ୍ରଫେସର ଲୁଡୁଇନ୍ ଷ୍ଟେନ୍‌ବ୍ୟାକ, ହାର୍ଭାର୍ଡ ବିଶ୍ୱବିଦ୍ୟାଳୟର ସଂସ୍କୃତ ପ୍ରଫେସର ଓ ଏକାଡେମିକ ଚେୟାରମ୍ୟାନ ଡକ୍ଟର ଡାନିଏଲ ଇନ୍‌ଗାଲ୍ସ, ସେଣ୍ଟ୍ରାଲ ସାହିତ୍ୟ ଏକାଡେମୀର ଭୂତପୂର୍ବ ସେକ୍ରେଟାରୀ ପ୍ରଭାକର ମାଚୱେ, ଭାରତ ସରକାରଙ୍କ ଶିକ୍ଷାର ପରାମର୍ଶଦାତ୍ରୀ ତଥା ଗୀତଗୋବିନ୍ଦର ଗବେଷିକା ଡକ୍ଟର କପିଳା ବାତ୍ସାୟନ, କଲିକତା ବିଶ୍ୱବିଦ୍ୟାଳୟର ବଙ୍ଗଳା ପ୍ରଫେସର ଡକ୍ଟର ଆଶୁତୋଷ ଭଟ୍ଟାଚାର୍ଯ୍ୟ ନିଜ ନିଜର ପରିନିଷ୍ଠିତ ବକ୍ତବ୍ୟମାନଙ୍କରେ ଜୟଦେବ ଉତ୍କଳୀୟ ବୋଲି ଲିପିବଦ୍ଧ କରିଛନ୍ତି । ଓଡ଼ିଶାର ଇତିହାସ, ସଂସ୍କୃତି ଓ ଭାସ୍କର୍ଯ୍ୟର ପ୍ରଖ୍ୟାତ ଗବେଷକ ଜେ.ଇ.ଡୋନାଲ୍‌ସନ ତାଙ୍କର ପ୍ରକାଶିତ "Kamadeva's pleasure garden Orissa" ନାମକ ମହାର୍ଘ ଗ୍ରନ୍ଥରେ ଜୟଦେବଙ୍କ ଜନ୍ମସ୍ଥାନ ସମ୍ପର୍କୀୟ ସମସ୍ତ ତଥ୍ୟକୁ ତୁଳନାତ୍ମକ ରୀତିରେ ଆଦ୍ୟାନ୍ତ ସମୀକ୍ଷା କରି ଓଡ଼ିଶାର କବି ଜୟଦେବ ବୋଲି ମୁକ୍ତ କଣ୍ଠରେ ଘୋଷଣା କରିଛନ୍ତି ।" ଏହିପରି ଭାବରେ ଡକ୍ଟର ବନମାଳୀ ରଥ ଜୟଦେବଙ୍କୁ ଓଡ଼ିଶାର କବି ବୋଲି ପ୍ରମାଣ କରି ସଫଳତା ଲାଭ କରିଛନ୍ତି ।

ତେବେ ଯେଉଁ ଲେଖକମାନେ ଜୟଦେବଙ୍କୁ ଓଡ଼ିଶାର କବି ବୋଲି ସ୍ୱୀକାର କରିଛନ୍ତି, ସେମାନଙ୍କର ମତାମତକୁ ନିମ୍ନରେ ଉପସ୍ଥାପନ କରାଗଲା -

୧. ଡକ୍ଟର ସୁକୁମାର ସେନ୍ -

"ଉଡ଼ିଷ୍ୟାୟ ପୁରୀର ଅନତିଦୂରେ ପ୍ରାଚୀ ନଦୀର ଧାରେ କେନ୍ଦୁବିଲ୍ୱ ଗ୍ରାମ ଆଛେ x x x। ମନେ ହଇତେ ପାରେ ଯେ ଗୀତଗୋବିନ୍ଦର ଗାଢ଼ ଆଦିରସ ଉଡ଼ିଷ୍ୟାର ମନ୍ଦିରେର୍ ଏକ ଧରଣେର ସ୍ଥାପତ୍ୟ ଶିଳ୍ପେରଇ ପ୍ରତିଫଳନ, ସୁତରାଂ ଜୟଦେବ ଉଡ଼ିଷ୍ୟା ନିବାସୀର ହଇବେନ୍।"

୨. ଡକ୍ଟର ଆଶୁତୋଷ ଭଟ୍ଟାଚାର୍ଯ୍ୟ -

"ଜୟଦେବ ଛିଲେନ୍ ଓଡ଼ିଆ ଏବଂ ବୀରଭୂମେର କେନ୍ଦୁଲିତେ ଅନୁଷ୍ଠିତ ବାତ୍ସରିକ ମେଲା ଆସଲେ ବାଉଲ ମେଲା ଏବଂ ଜୟଦେବର ଜନ୍ମେର ସଂଗେ ଏର କୋନ୍ ସମ୍ପର୍କ ନେଇ। x x x ପ୍ରାଚୀନ ଯଶସ୍ୱୀ ସଂସ୍କୃତ କବିଦେର ନାମେର ସଂଗେ ନିଜେର ନାମ ଯୁକ୍ତ କରାର ରୀତି ଏଖନୋ ଉଡ଼ିଷ୍ୟାୟ ପ୍ରଚଳିତ ରୟେଛେ।"

୩. ହରିଦାସ ହୀରାଚାନ୍ଦ -

"In the Northern Hindustan near Jagannath there lived in village Named Kenduvilva, Bhojadev, a brahmin of Kanyakubja family, he had a wife named Radha from whom Jayadev, the king of poets took birth."

୪. ଭି.ବରଦାଚାରୀ -

"He (Jayadev)is the author of lyric Gita Govinda in tweleve cantos. He was born in Kenduvilva, a place in Orissa."

୫. William Jones -

" The loves of Krishna and Radha are the subject of this pastroral drama entitled Gita Govinda. It was the work of Jayadev who was born, he tells himself in Kenduli which many believe to be in Kalinga"

୬. ପ୍ରଫେସର ହରେକୃଷ୍ଣ ଶତପଥୀ -

"ଜୟଦେବ କେନ୍ଦୁବିଲ୍ୱ ନାମକ ଗ୍ରାମରେ ଜନ୍ମ ଗ୍ରହଣ କରିଥିଲେ ବୋଲି ଗୀତଗୋବିନ୍ଦରେ କୁହାଯାଇଛି -

"ବର୍ଣ୍ଣିତଂ ଜୟଦେବକେନ ହରେରିଦଂ ପ୍ରଣତେନ
କେନ୍ଦୁବିଲ୍ୱ ସମୁଦ୍ରସମ୍ଭବ ରୋହିଣୀରମଣେନ।"

ଅବଶ୍ୟ ବଙ୍ଗଦେଶର "ବୀରଭୂମ" ଜିଲ୍ଲାରେ କେନ୍ଦୁବିଲ୍ୱ ନାମକ ଏକ ଗ୍ରାମ ଅଛି। କିନ୍ତୁ ଅନ୍ୟ ପାରିପାର୍ଶ୍ୱିକ ପ୍ରମାଣ ଅଭାବରୁ ଏହି କେନ୍ଦୁଲୀ ଗ୍ରାମରେ ଜୟଦେବ ଜନ୍ମଗ୍ରହଣ କରିଥିଲେ ବୋଲି କହିବା ଠିକ୍ ହେବ ନାହିଁ। ଅପରପକ୍ଷରେ, ଓଡ଼ିଶାର ପୁରୀ ଜିଲ୍ଲାର ବାଲିପାଟଣା ବ୍ଲକରେ ପ୍ରାଚୀ ଏବଂ କୁଶଭଦ୍ରା ନଦୀ ଦ୍ୱୟର ମଧ୍ୟଭାଗରେ କେନ୍ଦୁଲୀ ନାମକ ଏକ ଗ୍ରାମ ଅଛି। ଏହି ଗ୍ରାମରେ ଅନେକ ପ୍ରାଚୀନ ମନ୍ଦିର ଅଛି। ଏଠାରେ ବହୁ ପ୍ରାଚୀନ କାଳରୁ ବିଷ୍ଣୁପୂଜାର ପ୍ରଥା ପ୍ରଚଳିତ ହୋଇ ଆସିବାର ପ୍ରମାଣିତ ହୋଇଛି। ଜୟଦେବ ଏହି ସ୍ଥାନରୁ ହିଁ ଗୀତଗୋବିନ୍ଦ ରଚନା କରିବାର ପ୍ରେରଣା ଲାଭ କରିଛନ୍ତି। ଅନେକ କବି ଜୟଦେବଙ୍କୁ ଓଡ଼ିଶାର ବୋଲି ପ୍ରମାଣ କରିଛନ୍ତି। x x x ଆଜି ମଧ୍ୟ ପୁରୀ ଜଗନ୍ନାଥ ମନ୍ଦିରରେ ଗୀତଗୋବିନ୍ଦ ଗାନର ଧାରା ଅବ୍ୟାହତ ରହିଛି। ଏହା ଗଙ୍ଗବଂଶର ରାଜା ପ୍ରତାପରୁଦ୍ର ଦେବଙ୍କ ଦ୍ୱାରା ପ୍ରଚଳିତ ହୋଇଥିଲା। ପୁନଶ୍ଚ ଓଡ଼ିଶାରେ ଗୀତଗୋବିନ୍ଦର ପ୍ରଭୂତ ପ୍ରଭାବ ଥିବାରୁ ଅନେକ ଉତ୍କଳୀୟ କବି ଗୀତଗୋବିନ୍ଦକୁ ଆଶ୍ରୟ କରି ଅନେକ କାବ୍ୟ ରଚନା କରିଛନ୍ତି। ଗଜପତି ପୁରୁଷୋତ୍ତମଦେବ "ଅଭିନବ ଗୀତଗୋବିନ୍ଦ" ରଚନା କରିଥିଲେ। ସେହିପରି ରାୟ ରାମାନନ୍ଦ ପଟ୍ଟନାୟକ 'ଜଗନ୍ନାଥବଲ୍ଲଭ ନାଟକ', ଜୟଦେବାଚାର୍ଯ୍ୟ 'ପୀୟୂଷଲହରୀ' ତଥା 'ବୈଷ୍ଣବାମୃତ ନାଟକ', ଶତଞ୍ଜୀବ ମିଶ୍ର 'ମୁଦିତ ମାଧବ' ନାଟକ, ଯତୀନ୍ଦ୍ର ରଘୁତ୍ତମତୀର୍ଥ 'ମୁକୁନ୍ଦବିଳାସ ମହାକାବ୍ୟ', ନିତ୍ୟାନନ୍ଦ କବି 'ଶ୍ରୀକୃଷ୍ଣ ଲୀଳାମୃତ ମହାକାବ୍ୟ' ପ୍ରମୁଖ ଗୀତଗୋବିନ୍ଦକୁ ହିଁ ଆଧାର କରି ରଚନା କରିଛନ୍ତି। ଓଡ଼ିଶାରେ ହିଁ ଗୀତଗୋବିନ୍ଦ ଉପରେ ସର୍ବାଧିକ ଟୀକା ରଚନା କରାଯାଇଛି। ତେଣୁ ଜୟଦେବଙ୍କୁ ଓଡ଼ିଶାର କହିବାରେ କୌଣସି ସନ୍ଦେହ ନାହିଁ।"

୭. ପୂର୍ଣ୍ଣଚନ୍ଦ୍ର ଭାଷାକୋଷରେ ଗୋପାଳଚନ୍ଦ୍ର ପ୍ରହରାଜ ଲେଖିଛନ୍ତି -

ଜୟଦେବ - 'ଗୀତଗୋବିନ୍ଦ' ନାମକ ସଂସ୍କୃତ ଗୀତିକାବ୍ୟ ରଚୟିତା - The famous poet of the Sanskrit lyrical ballad Gitagovinda - ଏ ଖ୍ରୀଷ୍ଟୀୟ ପଞ୍ଚଦଶ ଶତାବ୍ଦୀର କେନ୍ଦୁବିଲ୍ୱ ଗ୍ରାମବାସୀ କବି। ଏହାଙ୍କ ପିତାଙ୍କ ନାମ ଭୋଜଦେବ। ମାତାଙ୍କ ନାମ ବାମାଦେବୀ। ଏ ବଙ୍ଗର ରାଜା ଲକ୍ଷ୍ମଣସେନଙ୍କ ସଭାପଣ୍ଡିତ ଥିଲେ। ମାତ୍ର କେହି କେହି କହନ୍ତି - "ଏ ଏକାଦଶ ଶତାବ୍ଦୀର କବି ଓ ଉତ୍କଳ ରାଜାଙ୍କ ସଭା କବି ଥିଲେ। ଏହାଙ୍କ ରଚିତ ଗୀତଗୋବିନ୍ଦର ନିତ୍ୟପାଠ ପୁରୀ ଶ୍ରୀଜଗନ୍ନାଥ ମହାପ୍ରଭୁଙ୍କ ନୀତି ମଧ୍ୟରେ ଗୋଟିଏ ପ୍ରଧାନ ନୀତି। ଜୟଦେବ ପୁରୀ ବାସୀ ଥିଲେ। ଆଜି ପର୍ଯ୍ୟନ୍ତ ବଙ୍ଗୀୟମାନେ ଜୟଦେବଙ୍କୁ ବୀରଭୂମ ଜିଲ୍ଲାର କେନ୍ଦୁବିଲ୍ୱ ଗ୍ରାମବାସୀ ବୋଲି ପ୍ରମାଣ କରିଥିଲେ। କିନ୍ତୁ ଜୟଦେବ ଯେ, ଉତ୍କଳର କେନ୍ଦୁଲୀ

ଶାସନରେ ଜନ୍ମଗ୍ରହଣ କରିଥିଲେ, ଭକ୍ତମାଳା ଗ୍ରନ୍ଥର ନିମ୍ନୋଦ୍ଧୃତ ଶ୍ଳୋକରୁ ତାହା ସ୍ପଷ୍ଟରୂପେ ପ୍ରମାଣିତ ହୁଏ -

"ଜଗନ୍ନାଥ ପୁରୀପ୍ରାନ୍ତେ ଦେଶେ ଚୈବୋତ୍କଳାଭିଧେ
କିନ୍ଦୁବିଲ୍ୱ ଇତିଖ୍ୟାତଃ ଗ୍ରାମୋ ବ୍ରାହ୍ମଣ ସଙ୍କୁଳଃ
ତତ୍ରୋତ୍କଳୋ ଦ୍ୱିଜୋଜାତୋ ଜୟଦେବ ଇତିଶ୍ରୁତଃ
ବିଦ୍ୟାଭ୍ୟାସରତଃ ଶାନ୍ତଃ ପୁରୁଷୋତ୍ତମପୂଜକଃ ।"

୮. **Mahamedhanandanath Saraswati** ଲେଖିଛନ୍ତି -

"All the hagiological works agree that (i) Jayadev was born in Kendubilva, (ii) married Padmavati under the divine order, (iii) inspired Padmavati to dance by singing the Gitagobinda for the pleasure of Jagannath at Purusottam, Puri, (iv) the Gitagobinda was accepted in the temple ritual and, (v) another Gitagobinda written a new by the Gajapati King could not get divine sanction to replace the Gitagobinda of poet Jayadev. All these facts relate to Jagannath Puri and Odisha alone."

୯. ଡକ୍ଟର ବନମାଳୀ ରଥ ତାଙ୍କର **"The homeland of Jayadev, Orissa"** ପ୍ରବନ୍ଧରେ ଲେଖିଛନ୍ତି -

"the Gitagovinda is an inseparable part of Odisha's uninterrupted religious tradition. The earliest reference to the Gitagovinda is found in Madalapanji of the Jagannath temple chronicle which describes that Kavi Narsimhadeva (1278-1306 AD) the son of illustrious Langula Narasimhadeva introduced the recitation of the Gitagovinda into the litugy of Jagannath temple of Puri. This has been reordained epigraphically by Gajapati Prataprudradeva (1504-1532 A.D.) though the Odia inscription belonging to the Jaya Vijaya series. The tradition of dancing and recitation of the Gitagovinda before the Lord inspires others to follow, and as a result the Gitagovinda recitation has became a tradition in almost all the Vishnu temples in Odisha. Thus the role played by the Gitagovinda in the religious tradition of Odisha cannot just be understimated. From the cultural and history of Odisha we come to know that there were great authors in different subjects whose surname was 'Deva'. Thus we find 'Deva' has been suffixed to the historical names, 'Jiva', 'Bhava', 'Bama', 'Gopal', 'Vasu', 'Jaya', etc. A number of copper plates issued by the Bhaumkara kings reveal a number of names like this. Many royal preceptors, Brahmanya by caste, bear the surname 'Deva'. Besides this, many learned poets of the illustrious family of the famous Kavidindima Jivadeva were having the same surname 'Deva'. Thus most likely Jayadeva came of such a family in Odisha.

That Odisha was the land of Jayadeva, has been unequivocally supported by a series of literary evidences, recorded in the works, written in different part of India beginning from the 12th Century to the present era. The Alamkarasckhara of Kesava Mishra preserves a verse as an instance of literary blemish, the authorship of which is attributed to Acharya Govardhan. The verses under reference, states clearly that the poet Jayadev belonged to Utkal. The Sampradayapardipa of Gadadhar Dwivedi (1533-54 A.D.) explicitly states that Jayadev belonged to Utkal. Mahipati of Maharashtra in his Bhaktavijaya speaks of the celebrated poet Jayadev and records that the poet was an inhabitant of village Kinduvilva near the sacred city of Jagannath, Navaji of Gwalior in his Bhaktamla in Hindi assigns Jayadeva to Utkal. Candradatta of Mithila already referred to Brahmana village named Kendubilva near Jagannath Puri. Even the modern writers like Sambasiva, the author of a work on music the great composer, the Maharashtrian critic Hiracand, the historian V. Varodachary, Sukumar Sen, Parsuram Chaturvedi and Malani Suryanarayan

Sastry, the author of Kavijivani Charita are of the opinion that Jayadev was a poet of Odisha."

୧୦. ଜ୍ଞାନକୋଷ (ପୃ. ୪୪୦ -୪୪୧)ରେ ଉଲ୍ଲେଖ ରହିଛି -

ଜୟଦେବ ସୁପ୍ରସିଦ୍ଧ ସଂସ୍କୃତ ଗୀତିକାବ୍ୟ 'ଗୀତଗୋବିନ୍ଦ'ର ଜନପ୍ରିୟ କବି। ପିତାଙ୍କ ନାମ ଭୋଜଦେବ, ମାତାଙ୍କ ନାମ ରମାଦେବୀ। ପତ୍ନୀଙ୍କ ନାମ ପଦ୍ମାବତୀ ଓ ଜନ୍ମ କେନ୍ଦୁବିଲ୍ୱ ନାମକ ଗ୍ରାମରେ ବୋଲି ତାଙ୍କରି ଓ ଅନ୍ୟମାନଙ୍କର ପୁସ୍ତକରୁ ମିଳେ। କିନ୍ତୁ କବିଙ୍କର ଆବିର୍ଭାବ ସମୟ ଓ ଜନ୍ମସ୍ଥାନ ପଣ୍ଡିତମାନଙ୍କ ମଧ୍ୟରେ ଏ ପର୍ଯ୍ୟନ୍ତ ଏକ ବିବଦମାନ ବିଷୟ ହୋଇ ରହିଛି। କାରଣ ବଙ୍ଗାଳୀମାନେ ବଙ୍ଗଦେଶର ଓ ଓଡ଼ିଆମାନେ ଓଡ଼ିଶାର ଲୋକବୋଲି ତାଙ୍କୁ ଦାବୀ କରି ଆସୁଛନ୍ତି। ପୁଣି ତାଙ୍କର ଜନ୍ମକାଳ ଏକାଦଶରୁ ଚତୁର୍ଦ୍ଦଶ ଶତାବ୍ଦୀ ଭିତରେ ଏପଟସେପଟ ହେଉଛି। କିନ୍ତୁ ନିମ୍ନୋକ୍ତ ପ୍ରମାଣମାନଙ୍କରୁ ସେ ଓଡ଼ିଶାର ଲୋକ ଓ ତ୍ରୟୋଦଶ ଶତାବ୍ଦୀର ବୋଲି ନିଃସନ୍ଦେହରେ ଗ୍ରହଣ କରାଯାଇପାରେ। ଖ୍ରୀ.ଦ୍ୱାଦଶ ଶତକର ଶେଷଭାଗରେ ରାମାନୁଜ, ବିଷ୍ଣୁସ୍ୱାମୀ, ନିମ୍ବାର୍କ ଓ ମାଧ୍ୱାଚାର୍ଯ୍ୟ ପ୍ରଭୃତି ଦାକ୍ଷିଣାତ୍ୟ ବୈଷ୍ଣବଧର୍ମ ପ୍ରଚାରକଗଣ ପୁରୀ ଜଗନ୍ନାଥ କ୍ଷେତ୍ରରେ ନିଜ ନିଜର ମଠ ସ୍ଥାପନ କରି ପ୍ରତ୍ୟେକେ ବହୁକାଳ ଧରି ସେଠାରେ ରହିଥିଲେ। ସେମାନଙ୍କ ମଧ୍ୟରୁ ନିମ୍ବାର୍କ ହିଁ ଶ୍ରୀକୃଷ୍ଣଙ୍କର ଶକ୍ତିଭାବରେ ରାଧାଙ୍କର ପୂଜା ପ୍ରଥମ କରି ପ୍ରଚାରିତ ଓ ପ୍ରତିଷ୍ଠିତ କଲେ। ଏହା ପୂର୍ବରୁ ବୈଷ୍ଣବଧର୍ମରେ ରାଧାଙ୍କର ସ୍ଥାନ ନଥିଲା। ଶ୍ରୀକୃଷ୍ଣ କେବଳ 'ଗୋପୀଜନବଲ୍ଲଭ' ଥିଲେ। ନିମ୍ବାର୍କଙ୍କ ଯୋଗୁଁ ହିଁ କୃଷ୍ଣ ରାଧାଙ୍କ ସହିତ ସଂପୃକ୍ତ ହେଲେ ଓ ରାଧାକୃଷ୍ଣଲୀଳା ହିଁ ବୈଷ୍ଣବ ଭକ୍ତିବାଦର ଶ୍ରେଷ୍ଠ ଆଦର୍ଶଭାବରେ ପ୍ରଚାରିତ ହେଲା। ତେଣୁ ରାଧାକୃଷ୍ଣ ମାହାତ୍ମ୍ୟ ବର୍ଣ୍ଣନାତ୍ମକ ଗୀତଗୋବିନ୍ଦ ତ୍ରୟୋଦଶ ଶତାବ୍ଦୀ ପୂର୍ବରୁ ରଚିତ ହୋଇ ନପାରେ। ଓଡ଼ିଶାର ସମ୍ରାଟ ନରସିଂହଦେବ (ଖ୍ରୀ. ୧୨୩୮-ଖ୍ରୀ.୧୨୬୪)ଙ୍କ ସଭାପଣ୍ଡିତ ଓ କବି ଉଦୟନ ଜୟଦେବଙ୍କର ପ୍ରଧାନ ମିତ୍ର ଥିଲେ ଏବଂ ସେ ଗୀତଗୋବିନ୍ଦ ଉପରେ ପ୍ରଥମେ 'ଭାବ ବିଭାବିନୀ' ନାମକ ଟୀକା ଲେଖିଥିଲେ। ସମ୍ରାଟ୍ ନରସିଂହଦେବଙ୍କ ଅନ୍ୟତମ ସଭାପଣ୍ଡିତ କବିରାଜ ନାରାୟଣ ଦାସ 'ସର୍ବାଙ୍ଗସୁନ୍ଦରୀ' ନାମକ ଟୀକା ଗୀତଗୋବିନ୍ଦ ଉପରେ ଲେଖିଛନ୍ତି। ନରସିଂହ ଦେବ ୨ୟ (ଖ୍ରୀ. ୧୨୬୯ - ଖ୍ରୀ. ୧୩୦୭) ଜଗନ୍ନାଥ ମନ୍ଦିରରେ ଗୀତଗୋବିନ୍ଦ ପାଠ ସକାଶେ ବ୍ୟବସ୍ଥା କରିଥିଲେ। ଖ୍ରୀ ୧୪୬୬ - ୧୪୯୭ ମଧ୍ୟରେ କବିଚନ୍ଦ୍ର ଦିବାକର ମିଶ୍ର ଗୀତଗୋବିନ୍ଦ ଅନୁକରଣରେ 'ଅଭିନବ ଗୀତଗୋବିନ୍ଦ' ନାମକ ଗୀତିକାବ୍ୟ ଲେଖି ଗଜପତି ପୁରୁଷୋତ୍ତମଦେବ (ଖ୍ରୀ ୧୪୬୬ - ଖ୍ରୀ. ୧୪୯୭)ଙ୍କ ନାମରେ ଉତ୍ସର୍ଗ କରିଛନ୍ତି। ପୁରୀକୁ ଚୈତନ୍ୟଦେବଙ୍କ ଆଗମନ ପୂର୍ବରୁ ଗଜପତି

ପ୍ରତାପରୁଦ୍ର ଦେବ ଖ୍ରୀ. ୧୪୯୯ରେ ଜଗନ୍ନାଥ ମନ୍ଦିରରେ କେବଳ ଜୟଦେବଙ୍କ ଗୀତଗୋବିନ୍ଦ ପାଠ କରିବା ନିମନ୍ତେ ଗୋଟିଏ ସ୍ୱତନ୍ତ୍ର ଶିଳାଲେଖ ମାଧ୍ୟମରେ ଆଦେଶ ଜାରି କରିଅଛନ୍ତି । ଗଙ୍ଗବଂଶୀ ରାଜା ରାଜାରାଜଦେବ (ଖ୍ରୀ. ୧୧୯୮ - ୧୨୧୧) ଓ ଅନଙ୍ଗଭୀମଦେବ (ଖ୍ରୀ. ୧୨୧୧ - ଖ୍ରୀ ୧୨୩୮)ଙ୍କ ତାମ୍ର ଶାସନମାନଙ୍କର ଉତ୍କୀର୍ଣ୍ଣ ପ୍ରଶସ୍ତି ଶ୍ଳୋକଗୁଡ଼ିକର ଲେଖନଶୈଳୀ ସହିତ ଗୀତଗୋବିନ୍ଦର କେତେକ ଶ୍ଳୋକର ଲେଖନଶୈଳୀର ବହୁ ସାମ୍ୟ ଦେଖାଯାଏ (Inscriptions of Orissa, Vol - III) । ସମାଲୋଚକଙ୍କ ମତରେ ଗୀତଗୋବିନ୍ଦର ଭରତ ବାକ୍ୟ ସ୍ୱରୂପ ଶେଷ ଶ୍ଳୋକର ଚତୁର୍ଥ ପାଦରେ -

"ବ୍ୟାପାରାଃ ପୁରୁଷୋତ୍ତମସ୍ୟ ଦଧତୁ
ସ୍ଫୀତାଂ ମୁଦଂ ସମ୍ପଦମ୍ ।"

"ପୁରୁଷୋତ୍ତମ ଦେବଙ୍କ କାର୍ଯ୍ୟ ପ୍ରଣାଳୀ, ବହୁ ଆନନ୍ଦ ଓ ସମ୍ପତ୍ତି ବିଧାନ କରୁ ।" ଏଠାରେ 'ପୁରୁଷୋତ୍ତମ' ଶବ୍ଦ ନାଟକ ନିୟମ ଅନୁସାରେ ପୁସ୍ତକ ଯେଉଁଠାରେ ରଚିତ ବା କବିଙ୍କର ବାସଭୂମି ଯେଉଁ ରାଷ୍ଟ୍ରରେ, ତାହାର ତତ୍କାଳୀନ ରାଷ୍ଟ୍ରାଧିପତି (ଏଠାରେ ରାଜରାଜ ବା ପୁରୁଷୋତ୍ତମ ଦେବ)ଙ୍କ ଉଦ୍ଦେଶ୍ୟରେ ଯେ ଲିଖିତ ଏଥିରେ ସନ୍ଦେହ ନାହିଁ (ଗଙ୍ଗବଂଶୀ - ରାଜା ରାଜରାଜଙ୍କ ଅପର ନାମ ପୁରୁଷୋତ୍ତମ ଥିଲା - ଏ କଥା ତାଙ୍କ ପ୍ରଦତ୍ତ ତାମ୍ର - ଶାସନମାନଙ୍କରୁ ଜଣାଯାଏ ।) ତେଣୁ ଉତ୍କଳର କବି ଜୟଦେବ ଏଠାରେ ନିଃସନ୍ଦେହ ଭାବରେ ନିଜର ପୃଷ୍ଠପୋଷକ ରାଜା ରାଜରାଜଙ୍କୁ ହିଁ ଆଶୀର୍ବାଦ କରୁଅଛନ୍ତି । ବୈଷ୍ଣବ କବି ଜୟଦେବ 'ପୁରୁଷୋତ୍ତମ' ଅର୍ଥରେ ଜଗନ୍ନାଥଙ୍କୁ ଆଶୀର୍ବାଦ କରିବା ବ୍ୟାଖ୍ୟା ଏକ ହାସ୍ୟକର ବ୍ୟାପାର । (ଗୀତଗୋବିନ୍ଦର ଏହି ଅନ୍ତିମ ଶ୍ଳୋକ ବା ନାଟକୀୟ ଭରତବାକ୍ୟ ବଙ୍ଗଦେଶ ଭିନ୍ନ ଭାରତର ସର୍ବତ୍ର ପ୍ରକାଶିତ ଗୀତଗୋବିନ୍ଦରେ ମୁଦ୍ରିତ ହୋଇଅଛି ।) ଏହି ସବୁ କାରଣରୁ ଜଣାଯାଏ ଯେ ଜୟଦେବ ଖୁବ୍ ସମ୍ଭବତଃ ୧୩ଶ ଶତକର ପ୍ରାରମ୍ଭରେ ଉତ୍କଳ ସମ୍ରାଟ ରାଜରାଜଦେବ (ଖ୍ରୀ. ୧୧୯୮ -୧୨୧୧)ଙ୍କ ରାଜତ୍ୱ କାଳରେ ଜୀବିତ ଥିଲେ ।"

୧୧. Harish Chandra Das ତାଙ୍କ ପ୍ରସ୍ତୁତ 'Historical Perspective' ପ୍ରବନ୍ଧରେ ମତ ଦିଅନ୍ତି -

"The place where Jayadeva spent his eventful life and the prevailing religious tradition that shapes his career are of great historical significance. The village Kendubilva (presently Kenduli) in Prataparudrapur gram panchayat of Balianta police station in

Puri district, located not far from the banks of the sacred river Prachi, witnessed the efforescences of several religions such as Jainism, Buddhism, Saktism, Saivism, Surya cult and Vaisnavism, the testimony to which are still extant in the form of temples, sculptures and monasteries. The religious, literary and artistic traditions of ancient Odisha infused in the poet the required sensitivity and inspired him to create, compose and sing the glories of Govinda, the cowherd God.

Kendubilva and many other villages on the Prachi Valley are littered with monuments dedicated to deifferent cult. The Bhauma, Somavamsi and the Ganga rulers enhanced the religious significance of the sacred Valley by erecting a number of temples for propitiation of different deities. Of the various monuments, metion may be made of the Svapnesvara temple, Adaspur Jaina shrine, Ramesvara temple at Ramesvara, the temples of Nilakanta, Muktesvara, Sankareswara Angesvara, Amaresvara, Gramesvara, as well as the numerous images of Madhava, the sculptures of dasavatara, manifestations of Sakti, Buddha and Jaina images. These have a definite focus on the grand religious synthesis and fusion that took place in the area. The circumstantial evidence, the ecstacy of religious efflorescence, the extensive archcological remains of the Prachi Valley, the inimate association of the Gitagovinda with Jagannath Cult and the spirit of popular legends and related practices drive us to the inevitable conclusion that Jayadeva was born in one of the Sasana village known as Kendubilva."

କିନ୍ତୁ ପ୍ରଫେସର ଗୋପୀନାଥ ମହାପାତ୍ର ଭିନ୍ନ ମତ ପୋଷଣ କରନ୍ତି ।

୧୨. ପ୍ରଫେସର ଗୋପୀନାଥ ମହାପାତ୍ରଙ୍କ ମତରେ -

"ତାଙ୍କର ବାସସ୍ଥାନ ଓଡ଼ିଶାରେ ବୋଲି ଶ୍ରୀ କେଦାରନାଥ ମହାପାତ୍ର ମତ ପ୍ରକାଶ କରିଛନ୍ତି । ବାଲିଅନ୍ତା ଅନ୍ତର୍ଗତ କେନ୍ଦୁଲୀଗ୍ରାମରେ ଜୟଦେବ ଜନ୍ମଗ୍ରହଣ

କରିଥିଲେ ବୋଲି ସେ ଅନେକ ପ୍ରମାଣ ଦେଇ ଶ୍ରୀଜୟଦେବ ଓ ଶ୍ରୀଗୀତଗୋବିନ୍ଦ ପୁସ୍ତକ ରଚନା କରିଅଛନ୍ତି। ମାତ୍ର ଯେଉଁ ଯେଉଁ ପ୍ରମାଣ ବଳରେ ସେ କେନ୍ଦୁଲୀ ଗ୍ରାମକୁ ଜୟଦେବଙ୍କ ଗ୍ରାମ ବୋଲି ସ୍ଥିର କଲେ, ସେହି ସେହି ପ୍ରମାଣ ମଧ୍ୟ ଜୟଦେବଙ୍କୁ ପୁରୀ ନିକଟସ୍ଥ କୌଣସି ଏକ ଅବଲୁପ୍ତ ବ୍ରାହ୍ମଣ ଶାସନକୁ ନେଇଯାଉଛି। ଅବଶ୍ୟ ସେହି କେନ୍ଦୁବିଲ୍ୱ ଶାସନଟିକୁ ପୁରୀ ନିକଟରେ ଖୋଜିବା ପାଇଁ ଗବେଷଣାର ଆବଶ୍ୟକତା ପୁଣି ରହିଛି। (ଦ୍ରଷ୍ଟବ୍ୟ - ଜୟଦେବଙ୍କ ଜନ୍ମସ୍ଥାନ କେଉଁଠି ? - ଲେଖକଙ୍କର ପ୍ରବନ୍ଧଟି ଦୈନିକ ସମ୍ବାଦପତ୍ର - ପ୍ରଗତିବାଦୀ ତା ୨୫-୭-୯୮ରେ ପ୍ରକାଶିତ।) କିନ୍ତୁ ଏକଥା ନିଶ୍ଚିତ ଯେ ଜୟଦେବ ପୁରୀ ପ୍ରାନ୍ତରେ ଥିବା (କେନ୍ଦୁବିଲ୍ୱ) ଏକ ବ୍ରାହ୍ମଣ ଶାସନରେ ଜନ୍ମଗ୍ରହଣ କରିଥିଲେ, ଯେଉଁଠି ସମୁଦ୍ର ଭଳି ପ୍ରଚୁର କେନ୍ଦୁ ଓ ବେଲବୃକ୍ଷ ଥିଲା। ବିଷ୍ଣୁପୂଜା ବହୁଳ ଭାବରେ କରାଯାଉଥିଲା। ଅନେକ ବ୍ରାହ୍ମଣ ପଣ୍ଡିତ ସେହି ଅଞ୍ଚଳରେ ଥିଲେ। ସେଠାରେ ଥିଲା ପାଟଳି, ତମାଳ, ବକୁଳ, ମାଳତୀ, ତାଳ, ନାଗେଶ୍ୱର, ପୁନ୍ନାଗଂ ଆଦି ବୃକ୍ଷ। ତେଣୁ ଏସବୁ ବୃକ୍ଷର ବର୍ଣ୍ଣନା ସ୍ଥାନ ପାଇଲା ତଦୀୟ ଅମରକୃତି ଗୀତଗୋବିନ୍ଦରେ।"

କବି ଜୟଦେବଙ୍କ ପିତା ଭୋଜଦେବ। ମାତା ରାଧା ଦେବୀ। ଜୟଦେବ ସ୍ୱୟଂ ଲେଖିଛନ୍ତି -

"ଶ୍ରୀ ଭୋଜଦେବପ୍ରଭବସ୍ୟ ରାଧାଦେବୀସୁତ ଶ୍ରୀଜୟଦେବକସ୍ୟ
ପରାଶରାଦି ପ୍ରିୟବର୍ଗକଣ୍ଠେ ଶ୍ରୀଗୀତଗୋବିନ୍ଦକବିତ୍ୱମସ୍ତୁ।"

(ଶ୍ରୀଗୀତଗୋବିନ୍ଦ - ଦ୍ୱାଦଶ ସର୍ଗ)

କିନ୍ତୁ ଜୟଦେବଙ୍କ ମାତାଙ୍କ ନାମ ସମ୍ପର୍କରେ ଭିନ୍ନ ମତ ରହିଛି। କେହି କେହି ରାଧାଦେବୀ ପରିବର୍ତ୍ତେ "ବାମାଦେବୀ ଓ ରାମାଦେବୀ" ବୋଲି ଉଲ୍ଲେଖ କରିଛନ୍ତି। ଉକ୍ତ ଶ୍ଲୋକର ଜୟଦେବ ତାଙ୍କର ପ୍ରିୟଜନ "ପରାଶର"ଙ୍କ ନାମ ମଧ୍ୟ ଉଲ୍ଲେଖ କରିଛନ୍ତି।

କବି ଜୟଦେବଙ୍କ ପତ୍ନୀ ପଦ୍ମାବତୀ ମଧ୍ୟ ଜଣେ ବିଦୂଷୀରମଣୀ ଥିଲେ। ସେ ଉଭୟ ନୃତ୍ୟ ଓ ଗୀତ ପ୍ରବୀଣା ଥିଲେ। କାରଣ ଜୟଦେବ ନିଜକୁ "ପଦ୍ମାବତୀ - ଚରଣ - ଚାରଣ - ଚକ୍ରବର୍ତ୍ତୀ" ରୂପେ ଘୋଷଣା କରିଛନ୍ତି।

"ବାଗ୍‌ଦେବତା ଚରିତ୍ରଚିତ୍ରିତଚିତ୍ତସଦ୍ମା
ପଦ୍ମାବତୀ ଚରଣଚାରଣଚକ୍ରବର୍ତ୍ତୀ।
ଶ୍ରୀବାସୁଦେବରତିକେଳିକଥାସମେତ
ମେତଂ କରୋତି ଜୟଦେବକବିଃ ପ୍ରବନ୍ଧମ୍।"

ଉପର୍ଯ୍ୟୁକ୍ତ ଶ୍ଳୋକରେ କବି ତାଙ୍କର ନୃତ୍ୟଗୀତ ପ୍ରବୀଣା ପତ୍ନୀ ପଦ୍ମାବତୀ କିପରି ଜଗଦୀଶ ବା ଜଗନ୍ନାଥଙ୍କ ସମ୍ମୁଖରେ ନୃତ୍ୟଗୀତ ପାଇଁ ସମର୍ପିତ, ତାହା ଉଲ୍ଲେଖ କରିଛନ୍ତି । ସୁତରାଂ ଏଥିରୁ ଜଣାପଡୁଛି ଯେ, ଶ୍ରୀଜଗନ୍ନାଥଙ୍କ ମନ୍ଦିରରେ ନୃତ୍ୟଗୀତ ପରିବେଷଣ କ୍ଷେତ୍ରରେ ପଦ୍ମାବତୀ ଅସାମାନ୍ୟ ଗୌରବର ଅଧିକାରିଣୀ ଥିଲେ । ସେଥିପାଇଁ କବି ଜୟଦେବ ନିଜକୁ 'ପଦ୍ମାବତୀ - ରମଣ' ବୋଲି ପରିଚୟ ଦେଇ ଆତ୍ମଶ୍ଳାଘ୍ୟ ଅନୁଭବ କରିଛନ୍ତି । ଯେପରି -

"ଜୟତିପଦ୍ମାବତୀ ରମଣ ଜୟଦେବ - କବି -
ଭାରତୀଭଣିତମିତିଗୀତମ୍ଃ ।"

ବିଭିନ୍ନ ବ୍ୟକ୍ତିମାନଙ୍କର ମତ ଏହି ଯେ - କବି ଜୟଦେବ ପୁରୀର ଜଗନ୍ନାଥ ମନ୍ଦିରରେ ଗୀତଗୋବିନ୍ଦ ରଚନା କରିଥିଲେ । ଶୁଣାଯାଏ ଯେ, ଜୟଦେବ ଜଗନ୍ନାଥଙ୍କ ସମ୍ମୁଖରେ ଗୀତଗୋବିନ୍ଦ ଗାନ କରୁଥିଲେ ଏବଂ ପତ୍ନୀ ପଦ୍ମାବତୀ ମନ୍ଦିରରେ ନୃତ୍ୟ କରୁଥିଲେ ଯଦିଓ ସେ ଦେବଦାସୀ ନ ଥିଲେ । କବି ଜୟଦେବଙ୍କ ସମ୍ପର୍କରେ ବହୁ ଅଲୌକିକ ଘଟଣାମାନ ଶୁଣିବାକୁ ମିଳେ । ଜନଶ୍ରୁତିରେ ରହିଛି ଯେ, ଗୀତଗୋବିନ୍ଦ ରଚନା କାଳରେ ଗ୍ରନ୍ଥଟିର ଦଶମ ସର୍ଗର ସପ୍ତମପଦଟିକୁ କୁଆଡ଼େ ସ୍ୱୟଂ ଶ୍ରୀକୃଷ୍ଣ ଜୟଦେବଙ୍କ ରୂପଧାରଣ କରି ପୂରଣ କରିଥିଲେ । ଏ ପ୍ରସଙ୍ଗରେ କେଦାରନାଥ ମହାପାତ୍ରଙ୍କର ଉକ୍ତିକୁ ଏଠାରେ ଉଦ୍ଧାର କରାଗଲା । ସେ ଲେଖିଛନ୍ତି - "କିଛିକାଳ ପରେ ଶ୍ରୀଜୟଦେବ ମହାପ୍ରଭୁଙ୍କ ପ୍ରେରଣାରେ ଶ୍ରୀପ୍ରଭୁଚରିତମୟ ଶ୍ରୀଗୀତଗୋବିନ୍ଦ ରଚନାରେ ପ୍ରବୃତ୍ତ ହେଲେ । ଏହି ଗ୍ରନ୍ଥରେ ଶ୍ରୀରାଧାଙ୍କ ମାନଭଂଜନ ପ୍ରସଙ୍ଗ ବର୍ଣ୍ଣନା କରିବା ସମୟରେ ଶ୍ରୀଶ୍ୟାମସୁନ୍ଦରଙ୍କ ବିନୟ ପ୍ରକାଶ ପାଇଁ ଉପଯୁକ୍ତ ପଦବିନ୍ୟାସ ସମ୍ବନ୍ଧରେ ଚିନ୍ତାଗ୍ରସ୍ତ ହୋଇ ଶ୍ରୀଜୟଦେବ ସ୍ନାନାର୍ଥେ ବହିର୍ଗତ ହେଲେ । ଏହି ଅବସରରେ ଶ୍ୟାମସୁନ୍ଦର ଶ୍ରୀଜୟଦେବଙ୍କ ସ୍ୱରୂପ ଧାରଣ କରି ପୋଥିରେ -

"ସ୍ମରଗରଳ ଖଣ୍ଡନଂ ମମ ଶିରସିମଣ୍ଡନଂ ଦେହି ପଦପଲ୍ଲବମୁଦାରମ୍ ।"

ଏହି ପଦଗୁଡ଼ିକ ଲେଖି ଅନ୍ତର୍ହିତ ହୋଇଗଲେ । ସ୍ନାନନ୍ତେ ସ୍ୱକୁଟୀରକୁ ପ୍ରତ୍ୟାବର୍ତ୍ତନ ପରେ ଶ୍ରୀଜୟଦେବ ପୋଥିରେ ଉକ୍ତ ପଦଗୁଡ଼ିକର ଉଲ୍ଲେଖ ଦେଖି ବିସ୍ମୟାଭିଭୂତ ହୋଇପଡ଼ିଲେ । ପଦ୍ମାବତୀଙ୍କଠାରୁ ପାଦ ପୂରଣ ବିଷୟ ଶୁଣି ତାହା ଶ୍ରୀଶ୍ୟାମସୁନ୍ଦରଙ୍କ ସ୍ୱହସ୍ତଲିପି ବୋଲି ନିର୍ଣ୍ଣୟ କରି, ସେ ଭକ୍ତିରସରେ ଆପ୍ଳୁତ ହୋଇଗଲେ ଏବଂ ପଦ୍ମାବତୀଙ୍କୁ ଶ୍ରୀଶ୍ୟାମସୁନ୍ଦରଙ୍କ ସାକ୍ଷାତ ଦର୍ଶନଲାଭ ଯୋଗୁଁ ବିଶେଷ ଧନ୍ୟବାଦ ଅର୍ପଣ କରିଥିଲେ ।

ସେହିପରି "ଦାର୍ଢ୍ୟତାଭକ୍ତି" ଗ୍ରନ୍ଥରେ କବି ରାମଦାସ ଲେଖିଛନ୍ତି -

"ଦିନେ ସେ ଗ୍ରନ୍ଥର ରଚନା । ସମୟେ ଏମନ୍ତ ଘଟଣା ॥
ଖଣ୍ଡିତା ରସ ବର୍ଣ୍ଣନରେ । ଶ୍ରୀକୃଷ୍ଣ ରାଧିକା ପୟରେ ॥
ପଡ଼ିଣ ଥିଲେ କାମ ଭୋଳେ । ଏକଥା ଜାଣନ୍ତି ସକଳେ ॥
ମାତ୍ର ଭକତ ଜୟଦେବ । ମନେ ଜନ୍ମିଲା ଶଙ୍କାଭାବ ॥
ହେଲେ ହେଁ ରାଧା ଜଗନ୍ମାତ । ଜଗତ ପ୍ରଭୁ ଜଗନ୍ନାଥ ॥
ଅଧୀର ଲମ୍ପଟ ପରାୟେ । ପଡ଼ିଲେ ରମଣୀର ପାୟେ ॥
କେମନ୍ତେ ଲେଖବି ଏ କଥା । ହୃଦକୁ ଲାଗଇ ମୋ ବ୍ୟଥା ॥
ପୋଥି ଲେଖନ ଥୋଇ ଭାଳି । ସ୍ନାନକୁ ଗଲେ କବି ଚଳି ॥
ଏକାଳେ ପ୍ରଭୁ ବିଶ୍ୱରୂପ । ଧରିଣ ଜୟଦେବ ରୂପ ॥
ମନ୍ଦିରେ ପ୍ରବେଶ ହୋଇଲେ । ଦେଖିଣ ତାଙ୍କୁ ପଦ୍ମା ଭଲେ ॥
ସ୍ନାନକୁ ଯାଇ କିମ୍ପା ପୁଣି । ଫେରିଲେ ପ୍ରଭୁ ହସି ଭଣି ॥
ପଡ଼ିଲା ଗୀତ ପଦେ ମନେ । ଫେରିଲି ଲେଖିବା କାରଣେ ॥
ଧରିଣ ଲେଖନ ଯେ ପୋଥି । ଲେଖିଲେ ତରତରେ ଅତି ॥
ଯେ ସ୍ମର ଗରଳ ଖଣ୍ଡନ । ଯେ ମମ ଶିରସି ମଣ୍ଡନ ॥
ସେ ପଦ ପଲ୍ଲବ ଉଦାର । ଦେହି ଏମନ୍ତ ପଦସାର ॥
ଲେଖି ଗମିଲେ ଦେବଦେବ । ପ୍ରବେଶ ଆସି ଜୟଦେବ ॥
ଚକିତେ ପଦ୍ମାବତୀ ଭାଷି । ସ୍ନାନକୁ ଯାଇ ଫେରି ଆସି ॥
ଲେଖି ଏକ୍ଷଣି ପୁଣି ଗଲ । ଏତେ ଚଞ୍ଚଳ ଲେଉଟିଲ ॥
ଏଥେ ସନ୍ଦେହ ଗୁରୁତର । ନ ଜାଣେ ସ୍ୱାମୀ କେବା ମୋର ॥
ସୁବୁଦ୍ଧି ଜୟଦେବ ଶୁଣି । ପ୍ରଭୁର ମାୟା ବୋଲି ଜାଣି ॥
ଫିଟାଇ ଦେଖିଲେ ସେ ପୋଥି । ଝଟକ ନବ ଲେଖା ଜ୍ୟୋତି ॥
ହୃଦୟେ ଥୋଇ ସେହି ଗ୍ରନ୍ଥ । ନାଚିଲେ ହୋଇ ଉନମତ୍ତ ॥
ବୋଲି ନ ପାଦେ ଗଦ ଗଦେ । ଦେହି ପଦ ସେ କଣ୍ଠରୋଧେ ॥
ପୁଲକେ କମ୍ପେ ଘନ ଘନ । ଲୋତକେ ପୂରିତ ନୟନ ॥
ତନ୍ମୟ ଭାବେ ହୋଇ ଭୋଳ । ପଦ୍ମାର ଚରଣ କମଳ ॥
ଧରି ବୋଇଲେ ତୁହି ଧନ୍ୟ । ସୁଫଳ ତୋହର ଜୀବନ ॥
ଦର୍ଶନ ନ ମିଳିଲା ମୋତେ । ପ୍ରଭୁ ତ ଦେଖାଦେଲେ ତୋତେ ॥"

ଏହିପରି ଜୟଦେବଙ୍କୁ କେନ୍ଦ୍ରକରି ବହୁ ଅଲୌକିକ କାହାଣୀ ଶୁଣିବାକୁ

ମିଳେ। ପୁନଶ୍ଚ କୁହାଯାଇଛି ଶ୍ରୀକୃଷ୍ଣ ଛଦ୍ମବେଶରେ କବି ଜୟଦେବଙ୍କର ଘରର ଚାଳ ଛପର କରିଥିଲେ। ଶ୍ରୀକୃଷ୍ଣ ମଧ୍ୟ ଜୟଦେବଙ୍କ ରୂପଧାରଣ କରି ପଦ୍ମାବତୀଙ୍କ ସ୍ୱହସ୍ତ ପ୍ରସ୍ତୁତ ଖାଦ୍ୟ ଭୋଜନ କରିଥିଲେ। ତେବେ ଏସବୁର ମୂଳରେ ରହିଛି ଜୟଦେବଙ୍କ ଭକ୍ତିଭାବନା ଓ ଉଚ୍ଚକୋଟୀର ସର୍ଜନଶୀଳ ପ୍ରତିଭାର ପ୍ରଚାର ଓ ପ୍ରସାର।

ଜୟଦେବ 'ଶ୍ରୀଗୀତଗୋବିନ୍ଦ' ଗ୍ରନ୍ଥରେ କୌଣସି ରାଜାଙ୍କର ନାମୋଲ୍ଲେଖ କରି ନାହାନ୍ତି। ଜଗବନ୍ଧୁ ସିଂହ ମାଦଳାପାଞ୍ଜିକୁ ଉଦ୍ଧାର କରି ଲେଖିଛନ୍ତି ଯେ, ଗଙ୍ଗ ସମ୍ରାଟ ଏକଜଟା କାମଦେବ ଗୀତଗୋବିନ୍ଦ ନ ଶୁଣିଲେ ଅନ୍ନଜଳ ସ୍ପର୍ଶ କରୁନଥିଲେ। ଚୋଳଗଙ୍ଗଦେବଙ୍କ ଜ୍ୟେଷ୍ଠପୁତ୍ର କାମାର୍ଣ୍ଣବଦେବଙ୍କ ଅନ୍ୟ ନାମ ଜଟେଶ୍ୱର ଥିବା ମୁଖଲିଙ୍ଗମ ମଧୁକେଶ୍ୱର ମନ୍ଦିର ଅଭିଲେଖ ଓ ହୈହୟବଂଶା ରତ୍ନଦେବଙ୍କ "ଖାରୋଦ" ଶିଳାଲେଖରୁ ଜଣାଯାଏ।

"ସ୍ୱସ୍ତି ଶକ ବରୁଷଂ ବୁଲୁ ୧୦୭୦ ନେଣ୍ଟି ଶ୍ରୀରମତ୍ ଜଟେଶ୍ୱରଦେବର ପ୍ରବର୍ଦ୍ଧମାନ ବିଜୟରାଗଞ୍ଚ ସଂବସ୍ସରଂ ବୁଲୁ ୩ ଶ୍ରାହି।"

(ମଧୁକେଶ୍ୱର ମନ୍ଦିର ଶିଳାଲେଖ)

କାମାର୍ଣ୍ଣବ ଦେବ ଖ୍ରୀ.୧୧୪୭ରୁ ୧୧୫୭ ପର୍ଯ୍ୟନ୍ତ ରାଜତ୍ୱ କରିଥିଲେ। ତେଣୁ ଏହାକୁ ଭିତ୍ତିକରି କେଦାରନାଥ ମହାପାତ୍ର ମତ ଦେଇଛନ୍ତି ଯେ, ୧୧୫୭ ଖ୍ରୀ.ପୂର୍ବରୁ ଶ୍ରୀଗୀତଗୋବିନ୍ଦ ରଚିତ ହୋଇଥିବା ସ୍ଥିର କରାଯାଇପାରେ। ଏପରିକି କେହି କେହି ମତ ପ୍ରଦାନ କରନ୍ତି ଯେ, ଗୀତଗୋବିନ୍ଦ ଅନ୍ତତଃ ୧୧୫୭ ଖ୍ରୀଷ୍ଟାବ୍ଦର ଲେଖା। ତେଣୁ ଏହା ବିଶ୍ୱାସଯୋଗ୍ୟ ଯେ, ଶ୍ରୀଗୀତଗୋବିନ୍ଦ ଖ୍ରୀଷ୍ଟାବ୍ଦ ୧୧୫୭ କିମ୍ବା ଏହାର କିଞ୍ଚିତ୍ ପୂର୍ବବର୍ତ୍ତୀ ସମୟରଲେଖା। ପୁନଶ୍ଚ ଗଙ୍ଗରାଜା ରାଜରାଜ (ଖ୍ରୀ. ୧୧୭୦ - ଖ୍ରୀ. ୧୧୯୦) ଦେବଙ୍କ ସମକାଳୀନ କବି ଉଦୟନଚାର୍ଯ୍ୟ 'ଶ୍ରୀଗୀତଗୋବିନ୍ଦ'ର 'ଭାବବିଭାବିନୀ' ନାମକ ପ୍ରଥମ ଟୀକା ରଚନା କରିଥିବାରୁ ଏଥିରେ ସତ୍ୟତା ରହିଥିବାର ଅନୁମାନ କରାଯାଉଛି।

କବିରାଜ ଜୟଦେବଙ୍କ ଅମରକୃତି 'ଶ୍ରୀଗୀତଗୋବିନ୍ଦ'ର ଲୋକପ୍ରିୟତା ବଢ଼ିବାକୁ ଲାଗିଲା। ଏଣୁ ଗଙ୍ଗବଂଶୀୟ ରାଜା ଦ୍ୱିତୀୟ ନରସିଂହଦେବ ଶ୍ରୀଜଗନ୍ନାଥଙ୍କ ନିକଟରେ ନିତ୍ୟ ଗୀତଗୋବିନ୍ଦ ଗାନ ବ୍ୟବସ୍ଥା କରାଇଥିଲେ। ତେଣୁ ମାଦଳାପାଞ୍ଜିରେ ଉଲ୍ଲେଖ ଅଛି -

"ଏ ଉତ୍ତାରୁ କବି ନରସିଂଦେବ ରାଜା ହୋଇଲେ। ଗୀତଗୋବିନ୍ଦ ଶିଳୋଉ କଲେ (ଶୁଭ ଦେଲେ)।"

ଉଲ୍ଲେଖଯୋଗ୍ୟ ଯେ ମାଦଳାପାଞ୍ଜିରେ ଲିପିବଦ୍ଧ ଥିବା କବି ନରସିଂହଦେବଙ୍କୁ ଗଙ୍ଗ ସମ୍ରାଟ ଦ୍ୱିତୀୟ ନରସିଂହଦେବ (୧୨୭୮ଖ୍ରୀ - ୧୩୦୭ଖ୍ରୀ.)ଙ୍କ ସହିତ ଚିହ୍ନଟ କରାଯାଇଛି ।

ସେହିପରି ଗଜପତି ପୁରୁଷୋତ୍ତମ ଦେବଙ୍କ ପୁତ୍ର ପ୍ରତାପରୁଦ୍ରଦେବ ତାଙ୍କ ରାଜତ୍ୱର ତୃତୀୟ ବର୍ଷରେ ଶ୍ରୀମନ୍ଦିରରେ ଗୀତଗୋବିନ୍ଦ ନିତ୍ୟ ପାଠ ନିମିତ୍ତ ଘୋଷଣାନାମା ଜାରି କରିଥିଲେ । ଏହି ଘୋଷଣାନାମାଟି ଜଗନ୍ନାଥଙ୍କ ଜୟବିଜୟ ଦ୍ୱାରରେ ଲିପିବଦ୍ଧ ହୋଇଥିଲା । ଏହି ଘୋଷଣାର ସମୟ ହେଉଛି ପ୍ରତାପରୁଦ୍ର ଦେବଙ୍କ ୪ ଅଙ୍କ କକଡ଼ା ଶୁକ୍ଳଦଶମୀ ବୁଧବାର । ଏହାର ନିର୍ଣ୍ଣିତ କାଳଟି ହେଉଛି ୧୫୦୦ ଖ୍ରୀଷ୍ଟାବ୍ଦ ଜୁଲାଇ ମାସ ୮ ତାରିଖ ଶୁକ୍ଳଦଶମୀ । ଏହି ଦିନଟିରେ ଶ୍ରୀଜଗନ୍ନାଥଙ୍କ ବାହୁଡ଼ା ଉତ୍ସବ ସମ୍ପାଦିତ ହୋଇଥିଲା । ତେଣୁ ଭାରତର ବିଭିନ୍ନ ଅଞ୍ଚଳରୁ ଆସିଥିବା ହଜାର ହଜାର ଯାତ୍ରୀଙ୍କ ମଧ୍ୟରେ ଗୀତଗୋବିନ୍ଦର ନିତ୍ୟପାଠ ପ୍ରସଙ୍ଗ ଆଲୋଚିତ ହୋଇଥିଲା । ସୂଚନାଯୋଗ୍ୟ ଜୟବିଜୟ ଶିଳାଲେଖଟି ପ୍ରଥମେ Journal of the Asiatic Society of Bengal, 1893 "Oriya Inscription of 15th and 16th Century"ରେ ଶିରୋନାମାରେ ମନମୋହନ ଚକ୍ରବର୍ତ୍ତୀଙ୍କ ଦ୍ୱାରା ପ୍ରକାଶିତ ହୋଇଥିଲା । ଏହାପରେ ଡକ୍ଟର କୁଞ୍ଜବିହାରୀ ତ୍ରିପାଠୀ, ଡକ୍ଟର ସତ୍ୟନାରାୟଣ ରାଜଗୁରୁ ପ୍ରମୁଖ ଏହାର ପାଠୋଦ୍ଧାର କରିଥିଲେ । ତେବେ ଡକ୍ଟର କୁଞ୍ଜବିହାରୀ ତ୍ରିପାଠୀ ତାଙ୍କର "Evolution of Oriya Language and Script" ପୁସ୍ତକରେ ଏହି ଜୟବିଜୟ ଶିଳାଲେଖର ପାଠକୁ ନିମ୍ନଭାବରେ ଉଲ୍ଲେଖ କରିଛନ୍ତି ।

ପାଠ:

୧. ବୀରଶ୍ରୀ ଗଜପ୍ତି ଗୌଡ଼େଶ୍ୱର ନବକୋଟି କର୍ଣ୍ଣାଟ କଳବରଗେଶ୍ୱର (ବୀରବର ଶ୍ରୀପ୍ରତାପରୁଦ୍ରଦେବ)

୨. ମହାରାଜାଙ୍କର ସମସ୍ତ ଚାରିଅଙ୍କ ଶ୍ରାହୀ କକଡ଼ା ମୁ୧୦ ବୁଧବାରେ ଅବଧାରିତ (ଆଇଗାଁ ପ୍ରମାଣେ ବଡ଼)

୩. ଠାକୁରଙ୍କ ଗୀତଗୋବିନ୍ଦ ଠାକୁରଙ୍କ ଭୋଗବେଳେ ଏ ନାଟ ହୋଇବ (।) ସଂଝ ଧୂପ ସରିଲାଠାରୁ ।

୪. ବଡ଼ସିଙ୍ଗାର ପରିଯଂନ୍ତେ ଏ ନାଟ ହୋଇବ (।) (ବଡ଼) ଠାକୁରଙ୍କ ସମ୍ପରଦା କପିଳେଶ୍ୱର ଠାକୁରଙ୍କ ଦିଲ ।

୫. ନାଚଣୀମାନେ ପୁରୁଣା ସମ୍ପରଦା ତେଲଙ୍ଗୀ ସମ୍ପରଦା ଏମାନେ ସବିହେଂ ବଡ଼ଠାକୁରଙ୍କ ଗୀତଗୋ ।

୬. ବିନ୍ଦତୁଂ (ଆନଗୀତ ନ ସିଖୀବେ) ଆନ ଗୀତ ନ ଗାଇବେ (।) ଆନ ନାଟ ହୋଇ ପରମେଶ୍ୱରଙ୍କ ଛାମର ନୋ।

୭. (ହ) ବ (ଏ ନାଟ ବିତରକ ବୈଷ୍ଣମ ଗାଆଣ ଚାରିଜଣ ଅଛନ୍ତି ଏମାନେ) ଗୀତଗୋବିନ୍ଦ ଗୀତ ହି ସେ ଗାଇବେ।

୮. (ଏହାଙ୍କଠାରୁ ଅଶିକ୍ଷିତମାନେ ଏକ ଶ୍ୱରରେ ଶୂଣୀ ଗୀତଗୋବିନ୍ଦ ହୀ ସେ ଶିଖିବେ ଆ) ନ ଗୀତ ନ ଶିଖିବେ।

୯. (ଏହା ଯେ ପରୀକ୍ଷା ଆନ ଗୀତନାଟ କରେଇଲେ ଜାନି ସେ ଜଗନ୍ନାଥଙ୍କ ଦ୍ରୋହ କରଇ)

ଅର୍ଥାତ୍ ଗଜପତି ପ୍ରତାପରୁଦ୍ରଦେବଙ୍କର ମନ୍ଦିର ପରିଛାଙ୍କୁ ଆଜ୍ଞା ଥିଲା -

(କ) ପ୍ରତ୍ୟେକ ଭୋଗ ସମୟରେ ଏବଂ ସନ୍ଧ୍ୟା ଧୂପ ସରିଲାପରଠାରୁ ବଡ଼ ଶିଙ୍ଗାର ପର୍ଯ୍ୟନ୍ତ କେବେଳ ଶ୍ରୀଗୀତଗୋବିନ୍ଦ ବୋଲାଯାଇ ନୃତ୍ୟ ହେବ।

(ଖ) ବଳଭଦ୍ରଠାକୁରଙ୍କ ସମ୍ପ୍ରଦାୟ, କପିଳେଶ୍ୱର ଠାକୁରଙ୍କ ବନ୍ଧାଖଟଣି, ନର୍ତ୍ତକୀଗଣ, ପୁରୁଣା ସମ୍ପ୍ରଦାୟ ଏବଂ ତେଲେଙ୍ଗା ସମ୍ପ୍ରଦାୟ, ଶ୍ରୀଗୀତଗୋବିନ୍ଦ ବ୍ୟତୀତ ଅନ୍ୟ ଗୀତ ଶିଖିବେ ନାହିଁ କି ଗାଇବେ ନାହିଁ। ମହାପ୍ରଭୁଙ୍କ ଛାମୁରେ ନୃତ୍ୟ ସମୟରେ ଶ୍ରୀଗୀତଗୋବିନ୍ଦ ବ୍ୟତୀତ ଅନ୍ୟ ଗୀତ ବୋଲାଯିବ ନାହିଁ।

(ଗ) ଏହି ଚାରି ସମ୍ପ୍ରଦାୟ ବ୍ୟତୀତ ସ୍ୱତନ୍ତ୍ର ଭାବରେ ନିଯୁକ୍ତ ହୋଇଥିବା ଚାରିଜଣ ବୈଷ୍ଣବ ଗାୟକ କେବଳ ଶ୍ରୀଗୀତଗୋବିନ୍ଦ ଗାନ କରିବେ। ସେମାନେ ଅଶିକ୍ଷିତ ଲୋକମାନଙ୍କୁ କେବଳ ଶ୍ରୀଗୀତଗୋବିନ୍ଦ ଗୀତ ଶିଖାଇବେ।

ଏହା ବ୍ୟତୀତ ଯେଉଁ ପରିଛା ଅନ୍ୟ ଗୀତନାଟ କରାଇବେ, ସେ ଜନ୍ନାଥଙ୍କର ଦ୍ରୋହୀ ହେବେ।

ତେବେ ଜୟଦେବ ଅନେକ ଦିନ ଧରି ପୁରୀରେ ଅବସ୍ଥାନ କରିଥିଲେ। ଶ୍ରୀଜଗନ୍ନାଥଙ୍କୁ ସେ ନିତ୍ୟ ଦର୍ଶନ କରୁଥିଲେ ଏବଂ ତାଙ୍କ ସେବାରେ ସେ ନିଜକୁ ନିୟୋଜିତ କରିଥିଲେ। ଅବଶ୍ୟ ମହାକବି ଜୟଦେବ ତାଙ୍କର ଜୀବଦ୍ଦଶାରେ ଥରେ ମାତ୍ର ବୃନ୍ଦାବନ ଯାତ୍ରା କରିଥିଲେ। ସାଥିରେ ଥିଲେ ପତ୍ନୀ ପଦ୍ମାବତୀ ଏବଂ ଉପାସ୍ୟ ଦେବତା ରାଧାମାଧବଙ୍କ ମୂର୍ତ୍ତି। କୁହାଯାଇଛି ଯେ, ତାଙ୍କ ଆରାଧ୍ୟ ରାଧାମାଧବ ବିଗ୍ରହ ଭକ୍ତ କବିଙ୍କ ପ୍ରତି ଅନୁକମ୍ପା ପ୍ରଦର୍ଶନ ପୂର୍ବକ କ୍ଷୁଦ୍ରାକୃତି ଧାରଣ କରିଥିଲେ। ତେଣୁ ଜୟଦେବ ଏହି ବିଗ୍ରହଙ୍କୁ ଝୁଲି ଭିତରେ ରଖି ବୃନ୍ଦାବନ ଅଭିମୁଖେ ଯାତ୍ରା କରିଥିଲେ। ସେଠାରେ ଜନୈକ ଧନୀକ ଭକ୍ତ କେଶୀଘାଟଠାରେ ମନ୍ଦିର ନିର୍ମାଣ କରିଥିଲେ। ଜୟଦେବଙ୍କ ପୂଜିତ ବିଗ୍ରହ ସେଠାରେ ସ୍ଥାପନା ହୋଇ ପୂଜା ପାଇବାକୁ

ଲାଗିଲେ। ଏ ସମ୍ପର୍କରେ "ଦାର୍ଢ୍ୟତାଭକ୍ତି ରସାମୃତ"ରେ କବି ରାମଦାସଙ୍କ ଉକ୍ତିଟି ସ୍ମରଣଯୋଗ୍ୟ-

"ଜୟଦେବଙ୍କୁ ଏକ ଦିନେ। ଆଦେଶ ଦେଲେ ନାରାୟଣେ ॥
ଘେନିଣ ତୋର ଠାକୁରଙ୍କୁ। ଯାଅ ତୁ ବୃନ୍ଦାବନଠାକୁ ॥
ଶୁଣି ସେ ମନେ ଚିନ୍ତା କରି। ଠାକୁରେ ଅତି ସ୍ଥୂଳଭାରି ॥
କେମନ୍ତେ ଅବା ନେବି ମୁହିଁ। ରାଧା ମାଧବ ଜାଣି କହି ॥
ମୁହିଁ ବହିବି ସୂକ୍ଷ୍ମ ଦେହ। ଝୁଲିରେ ପୂରାଇ ତୋ ନିଅ ॥
ଏମନ୍ତ ଶୁଣି କବିବର। ଝୁଲିରେ ପୂରାଇ ଠାକୁର ॥
ଯାଇଁ ଦେଖିଲା ବୃନ୍ଦାବନ। ପୁଲକି ଉଠେ ଘନ ଘନ ॥
କେଶୀ ଘାଟର ସନ୍ନିଧାନେ। ରହିଲା ପ୍ରେମାନନ୍ଦ ମନେ ॥
ରାଧାମାଧବ ରୂପ ଚାହିଁ। ସେ ଧନୀ ଦ୍ରବୀଭୂତ ହୋଇ ॥
ତୋଳାଇ ଦେଲାକ ମନ୍ଦିର। ତହିଁରେ ରହିଲେ ଠାକୁର ॥
ହୁଅନ୍ତେ କବି ଅପ୍ରକଟ। ଠାକୁରେ ଜୟପୁର ରାଟ ॥
ଘେନାଇଗଲା ନିଜ ରାଜ୍ୟେ। ଅଦ୍ୟାପି ସେଠାରେ ବିରାଜେ ॥
ରାଧାମାଧବ ମନୋହର। ସ୍ୱରୂପ ତ୍ରୈଲୋକ୍ୟ ଠାକୁର ॥
ଶ୍ରୀମୁଖ ଚନ୍ଦ୍ରରୁ ଅଧିକ। ଶ୍ରୀଅଙ୍ଗେ ବିଜୁଳି ଝଟକ ॥
ଶ୍ରୀଜୟଦେବ କବିବର। ଭକତ କୀର୍ତ୍ତି ପୁଣ୍ୟଧର ॥"

ବୃନ୍ଦାବନରେ ପତ୍ନୀ ପଦ୍ମାବତୀଙ୍କ ସହ ଜୟଦେବ ଅବସ୍ଥାନ କରି ରାଧାକୃଷ୍ଣଙ୍କ ସେବାପୂଜାରେ ନିଜକୁ ନିୟୋଜିତ କଲେ। ସେଠାରେ କିଛିକାଳ ଅବସ୍ଥାନ କଲାପରେ ମନ ତାଙ୍କର ନୀଳାଚଳ ଉଡ଼ିଗଲା। ଶ୍ରୀଜଗନ୍ନାଥଙ୍କ ଡୋରି ଲାଗିଲା । ମହୋଦଧିର ଆହ୍ୱାନ ତାଙ୍କ ମନକୁ ଆଚ୍ଛାଦିତ କଲା । ତେଣୁ ଜୟଦେବ ସସ୍ତ୍ରୀକ ଶ୍ରୀକ୍ଷେତ୍ରକୁ ଫେରିଆସି ତାଙ୍କ ନିମିତ୍ତ ହୋଇଥିବା ଦଶାବତାର ମଠରେ ଅବସ୍ଥାନ କଲେ ଓ ଶ୍ରୀଜଗନ୍ନାଥଙ୍କୁ ନିତ୍ୟ ଗୀତଗୋବିନ୍ଦ ଶୁଣାଇ ନିଜର ଜୀବନକୁ ଧନ୍ୟ କଲେ। ପବିତ୍ର ପୁରୁଷୋତ୍ତମ ଧାମରେ କବିଙ୍କର ଦେହାବସାନ ଘଟିଥିଲା। ତାଙ୍କର ଦିବ୍ୟାତ୍ମା ପରଂବ୍ରହ୍ମ ଶ୍ରୀଜଗନ୍ନାଥଙ୍କର ଶ୍ରୀଅଙ୍ଗରେ ଲୀନ ହେଲା।

ଆମର ଗୀତା ଶାସ୍ତ୍ର କହେ - 'ଜାତସ୍ୟ ହି ଧ୍ରୁବମୃତ୍ୟୁ।' ଏ କଥା ସତ୍ୟ ଯେ ଦୈବୀ ନିର୍ଦ୍ଦେଶକ୍ରମେ ମନୁଷ୍ୟ ଜନ୍ମନିଏ। ଯିଏ ଜନ୍ମ ଗ୍ରହଣ କରେ, ତା' ପାଇଁ ମୃତ୍ୟୁ ସୁନିଶ୍ଚିତ। ଶ୍ରୀକ୍ଷେତ୍ରରେ ଏହି ମହାକବିଙ୍କର ଅବସାନ ଘଟିଲା। ଭାରତୀୟ ସାହିତ୍ୟ ଆକାଶରୁ ଏକ ଉଜ୍ଜ୍ୱଳ ଜ୍ୟୋତିଷ୍କ ସବୁଦିନ ପାଇଁ ତିରୋହିତ ହୋଇଗଲେ। ମାଟିର

ଶରୀର ମାଟିରେ ମିଶିଲା। ପାର୍ଥିବ ଶରୀର ପଞ୍ଚମହାଭୂତରେ ଲୀନ ହେଲା। ସାରସ୍ବତ କୀର୍ତ୍ତି କିନ୍ତୁ ଚିରନ୍ତନ ହୋଇ ରହିଲା। କବିରାଜ ଜୟଦେବ ଅକ୍ଷର କୀର୍ତ୍ତି ଗଢି ଅକ୍ଷୟ ଯଶର ଅଧିକାରୀ ହେଲେ। ତାଙ୍କର ଅମର କାବ୍ୟ ଶ୍ରୀଗୀତଗୋବିନ୍ଦ ମହାକବି ଶ୍ରୀଜୟଦେବଙ୍କୁ ଆୟୁଷ୍ମାନ୍ କରି ରଖିଲା ଅନନ୍ତକାଳ ପାଇଁ।

ଦ୍ୱିତୀୟ ଅଧ୍ୟାୟ

କାଳଜୟୀ ପ୍ରତିଭା: କବିରାଜ ଜୟଦେବ

"ଅପାର କାବ୍ୟ ସଂସାରେ କବିରେବ ପ୍ରଜାପତିଃ
ଯଥା ସ୍ମୈରୋଚତେ ବିଶ୍ୱଂ ତଥେଦଂ ପରିବର୍ତ୍ତତେ ।"
"ଶୃଙ୍ଗାରୀ ଚେତ୍ କବିଃ କାବ୍ୟେଜାତଂ ରସମୟ ଜଗତ୍
ସ ଏବ ବୀତରାଗଶ୍ଚେ ନ୍ନୀରସଂ ସର୍ବମେବ ତତ୍ ॥"
"ଭାବାନ ଚେତାନପି ଚେତନ ବଚେତନାନଚେତନବତ୍
ବ୍ୟବହାରୟତି ଯଥେଷ୍ଟଂ ସୁକବିଃ କାବ୍ୟେସ୍ୱତନ୍ତ୍ର ତୟା ।"

ଅପାର କାବ୍ୟ ସଂସାରରେ କବି ହେଉଛନ୍ତି ପ୍ରଜାପତି, ଦ୍ୱିତୀୟ ବ୍ରହ୍ମା । ଜଗତ୍ ତାଙ୍କୁ ଯେପରି ପ୍ରତୀତ ହୁଏ, ସେ ତଦନୁଯାୟୀ ତାହାକୁ କାବ୍ୟରେ ପରିବର୍ତ୍ତିତ କରିଥାଆନ୍ତି । କବି ମାତ୍ରେ ହିଁ ଶୃଙ୍ଗାରୀ । ଶୃଙ୍ଗାର ରସ ଯୋଗୁଁ କାବ୍ୟ ରସମୟ ହୁଏ । ଶୃଙ୍ଗାର ରସ ହେଉଛି ରସରାଜ । ଏହାର ଅନ୍ୟନାମ ମଧୁର ରସ । କବିର ଭାବନାରେ ଚେତନ, ଅବଚେତନର ଭାବ ପ୍ରକାଶ ପାଏ ।

ଆଚାର୍ଯ୍ୟ ଭାମହ 'କାବ୍ୟାଳଙ୍କାର'ରେ କାବ୍ୟଫଳ ଉଦ୍ଦେଶ୍ୟରେ ଲେଖିଛନ୍ତି-

"ଧର୍ମାର୍ଥ କାମୋମୁକ୍ଷେଷୁ ବୈଚକ୍ଷଣ୍ୟଂ କଳାସୁ ଚ
ପ୍ରୀତିଂ କରୋତି କୀର୍ତ୍ତିଂ ଚ ସାଧୁ କାବ୍ୟ ନିବନ୍ଧନମ୍ ॥"

ଅର୍ଥାତ୍ ଧର୍ମ, ଅର୍ଥ, କାମ, ମୋକ୍ଷ - ଏହି ଚାରିଗୋଟି ପୁରୁଷାର୍ଥର ଓ ତଦତିରିକ୍ତ ସମସ୍ତ କଳାମାନଙ୍କରେ ନୈପୁଣ୍ୟ, କୀର୍ତ୍ତି ଓ ଆନନ୍ଦର ଉପଲବ୍ଧି ନିମିତ୍ତ କାବ୍ୟ ରଚନା କରାଯାଏ । ସୁତରାଂ କବି ଏବଂ କବିକର୍ମର ଗୁରୁତ୍ୱ କାଳେ କାଳେ ସ୍ୱୀକାର୍ଯ୍ୟ । ମହାକବି ଜୟଦେବ ଏହି ଦୃଷ୍ଟିରୁ ବିଚାର୍ଯ୍ୟ ।

ଭାରତୀୟ ବାଙ୍‌ମୟ ପରିମଣ୍ଡଳରେ କବି ଶ୍ରୀଜୟଦେବ ଏକ କାଳଜୟୀ ପ୍ରତିଭା । ସେ ଶାଶ୍ୱତ କବି । ସେ ଶାଶ୍ୱତକୁ ଚିହ୍ନିଛନ୍ତି ଓ ଚିହ୍ନାଇଛନ୍ତି । ଅପୂର୍ବ ସୃଜନୀଶକ୍ତି ବଳରେ ସେ ଯେଉଁ କବିକର୍ମ କରିଯାଇଛନ୍ତି, ତାହା ବାସ୍ତବିକ ଅନନ୍ୟ ଓ ତାହା ସତରେ କାଳ କାଳ ଧରି ଏଯାବତ୍ କାବ୍ୟାମୋଦୀ ପଣ୍ଡିତପ୍ରବରଙ୍କୁ ଅପୂର୍ବ ରସବୋଧରେ ଆମୋଦିତ କରି ଆସୁଅଛି । କାଳଜୟୀ ସାହିତ୍ୟ ସର୍ଜନା ଏକ ବିରଳ ବ୍ୟାପାର । ନବ ନବ ଉନ୍ମେଷଶାଳିନୀ ପ୍ରଜ୍ଞାର ଅଧିକାରୀ ସ୍ରଷ୍ଟା ହିଁ କାଳଜୟୀ ସାହିତ୍ୟ ସର୍ଜନା କରିଥାନ୍ତି । ଜୀବନର ଗଭୀର ଅନୁଭବ ଓ ଚେତନାରୁ ହିଁ କାଳଜୟୀ ସାହିତ୍ୟ ସୃଷ୍ଟି ହୋଇଥାଏ । ଏକଥା ସତ୍ୟ ଏବଂ ଅବଧାରିତ ଯେ ଯେତେବେଳେ ସ୍ରଷ୍ଟା ପୁରୁଷର ଗଭୀର ଜୀବନାନୁଭୂତି କଳ୍ପନାରେ ରସାଣିତ ହୁଏ, ଏବଂ ତାହା ଯେତେବେଳେ ଉଚିତ ଭାଷା, ଶୈଳୀ ମାଧ୍ୟମରେ ପ୍ରକାଶିତ ହୁଏ, ତାହା ଅପୂର୍ବ ସୃଜନଶୀଳତାର ସ୍ୱାକ୍ଷର ବହନ କରେ । ସ୍ରଷ୍ଟା ଜୀବନରେ ଏପରି ଅମୃତ ମୁହୂର୍ତ୍ତ ଆସେ, ଯେତେବେଳେ ସେ ଅମୃତ ଅନୁଭବର କଥା କହିଥାଏ । ଜଣେ ଏକନିଷ୍ଠ ସାରସ୍ୱତ ପୁରୁଷର ବିଶିଷ୍ଟ ପ୍ରତିପାଦିତ ବିଷୟ ହେଉଛି - ଜୀବନପ୍ରତି ଶ୍ରଦ୍ଧାଶୀଳତା । ସୁତରାଂ ଜୀବନର ପ୍ରାଚୁର୍ଯ୍ୟ (Abundance of Life) ଚିରନ୍ତନ ସାହିତ୍ୟର ବିଶିଷ୍ଟ ବିଭାବ । ମନୁଷ୍ୟ ଜୀବନରେ ଆଶା, ନିରାଶା, ହାସ୍ୟ, ଅଶ୍ରୁ, କାରୁଣ୍ୟ, ବେଦନା ତ ନିତ୍ୟ କଥା । ତେବେ ମଣିଷ ଅନ୍ତରର ସର୍ବୋତ୍ତମ ଐଶ୍ୱର୍ଯ୍ୟ ହେଉଛି - ଆବେଗ ଓ ପ୍ରେମ । ତେଣୁ ଚିରନ୍ତନ ସାହିତ୍ୟରେ ଆବେଗ ଓ ପ୍ରେମ ହେଉଛି ବଡ଼କଥା । ଜୀବନରେ ଯଦି ଆବେଗ ଓ ପ୍ରେମ ଅଛି, ତେବେ ଜୀବନ ହୁଏ ସ୍ରୋତସ୍ୱିନୀ ପରି ଚଳଚଞ୍ଚଳ । ପ୍ରେମ ଓ ଆବେଗ ବିନା ମନୁଷ୍ୟ ଜୀବନ ତରଙ୍ଗହୀନ ପୁଷ୍କରିଣୀ ପରି ହୋଇଥାଏ । କବି ଜୟଦେବ ପ୍ରେମ ଓ ଆବେଗର ମହାନ କବି । 'ଗୀତଗୋବିନ୍ଦ' ଗ୍ରନ୍ଥରେ ପ୍ରେମ ଓ ଆବେଗର ମଧୁର ସମନ୍ୱୟ ଦେଖିବାକୁ ମିଳେ ।

ପ୍ରେମର ସଂଜ୍ଞା କବି ମାନସିଂହଙ୍କ ଭାଷାରେ -

"ପ୍ରେମ ନୁହେଁ ଦେହ ଦେହୁଁ ଭୋଗ ଅନ୍ୱେଷଣ
ପ୍ରେମ ଏକ ଆତ୍ମାପ୍ରତି ଅନ୍ୟର ବନ୍ଧନ
ପ୍ରେମ ପୂର୍ଣ୍ଣ ସମର୍ପଣ ଏକ ଆନ ପାଇଁ
ପ୍ରେମ ଆନ ପାଇଁ ଦେବା ନିଜକୁ ହଜାଇ ।"

'ଗୀତଗୋବିନ୍ଦ' ଗ୍ରନ୍ଥରେ ପ୍ରେମର ତରଙ୍ଗିଣୀଟିଏ ବହିଯିବା ପାଠକ ଲକ୍ଷ୍ୟ କରିଥାଏ । ପ୍ରେମ ସ୍ୱର୍ଗୀୟ । ପ୍ରେମ ଶାଶ୍ୱତ । କବି ଜୟଦେବ ପରମପ୍ରେମମୟ ଶ୍ରୀକୃଷ୍ଣ ଓ ଭାବମୟୀ ପ୍ରେମସ୍ୱରୂପା ଶ୍ରୀରାଧାଙ୍କର ଦିବ୍ୟପ୍ରେମ ବର୍ଣ୍ଣନାରେ ନିଜର ଅସାଧାରଣ

କବିତ୍ୱ ଓ କଳ୍ପନାବିଳାସ ପ୍ରଦର୍ଶନ କରିଛନ୍ତି। ପ୍ରେମର ବର୍ଣ୍ଣନା କରିବା ଅବସରରେ କବି ପ୍ରେମର ବିଭିନ୍ନ ବିଭାବ ଯଥା; ମାନ, ଅଭିମାନ, ବିରହ, ଅଶ୍ରୁମୁଞ୍ଚନ, ରୁଷା, ଆଡ଼ରୁଷା, ମାନଭଞ୍ଜନର କଥା ବର୍ଣ୍ଣନା କରିଛନ୍ତି। ରାଧାଙ୍କଠାରେ କବି ଅସରନ୍ତି ଲୋଡ଼ିବା ପଣର ଆବେଗ ଓ ନିଷ୍ଠା ପ୍ରଦର୍ଶନ କରାଇଛନ୍ତି। ଦେହ ଓ ଦାହର କଥା ବର୍ଣ୍ଣନା କରିବା ପରିପ୍ରେକ୍ଷୀରେ କବି ଜୀବନର ଏହି ଶାଶ୍ୱତ ଦିଗଟିକୁ ଉନ୍ମୋଚିତ କରିଛନ୍ତି। ଅର୍ଥାତ୍ ଯେଉଁଠି ଦେହ ଅଛି, ସେଇଠି ଦାହ ଅଛି। ପୁନଶ୍ଚ ଦେହ ଦାହର ପରିତୃପ୍ତି ମାଧ୍ୟମରେ ଦେହାତୀତ ହେବା ହେଉଛି ଜୀବନରେ ଶାଶ୍ୱତ ଲକ୍ଷ୍ୟ, ଚରମ ଉପଲବ୍ଧି।

ଏପ୍ରସଙ୍ଗରେ କୁହାଯାଇଛି ଯେ "ଯୌନମିଳନ କେବଳ ଦୈହିକ ତୃପ୍ତି ନୁହେଁ। ଏଥିରେ ଏକ ମାନସିକ ଓ ଆଧ୍ୟାତ୍ମିକ ମିଳନର ଉପଲବ୍ଧି ମଧ୍ୟ ନିହିତ ରହିଥାଏ। ପୁରୁଷ ଓ ସ୍ତ୍ରୀ ମଧ୍ୟରେ ପ୍ରଣୟର ଐଶ୍ୱର୍ଯ୍ୟମୟ ପରିତୃପ୍ତିରେ ଏପରି ଏକ ଅନାହତ ପ୍ରାକୃତ ଓ ଶୋଭନ ପ୍ରଶାନ୍ତି ନିହିତ ରହିଛି ଯେ ଈଶ୍ୱର ଶକ୍ତି ସହିତ ମିଳନୋପଲବ୍ଧି ପାଇଁ ବହୁ ରହସ୍ୟବାଦୀ ତାତ୍ତ୍ୱିକ ଶୃଙ୍ଗାରକୁ ଏକ ସଙ୍କେତ ବା ସାଧନା ରୂପେ ପ୍ରୟୋଗ କରିଅଛନ୍ତି।" ତେଣୁ "ଆଲିଙ୍ଗନବଦ୍ଧ ପତିପପତ୍ନୀର ଏହି ଶୃଙ୍ଗାର ସଙ୍କେତ ମହାଯାନରେ ପ୍ରଜ୍ଞା ଓ ଉପାୟର ମିଳନରେ ନିର୍ବାଣ, ବଜ୍ରଯାନରେ ମଣି ଓ ପଦ୍ମ ମିଳନରେ ମହାସୁଖ, ସହଜଯାନର ଆଲୀ ଓ କାଲୀ, କପାଳିକ ଓ ଚଣ୍ଡାଳୀ ବା ଶବର ଓ ଶବରୀର ମିଳନରେ ନୈରାତ୍ମ୍ୟ, ନାଥଧର୍ମର ଚନ୍ଦ୍ର ଓ ସୂର୍ଯ୍ୟର ମିଳନରେ ସିଦ୍ଧି, ଶୈବଧର୍ମରେ ଶିବ ଓ ପାର୍ବତୀଙ୍କ ମିଳନରେ କୈବଲ୍ୟ ଓ ବୈଷ୍ଣବ ଧର୍ମରେ ରାଧା ଓ କୃଷ୍ଣଙ୍କ ମିଳନରେ କରୁଣାଲାଭ ପର୍ଯ୍ୟନ୍ତ ଭିନ୍ନ ମତ ଓ ତତ୍ତ୍ୱରେ ନିତ୍ୟନୂତନ ଆଧାରରେ ସେହି ପୁରାତନ ଆଧେୟ କେବଳ ପରିପ୍ରକାଶ ପାଇ ଆସିଛି।" ଏହା ଏକାନ୍ତ ଭାବରେ ସତ୍ୟ।

ଶ୍ରୀକୃଷ୍ଣ ପରମପୁରୁଷ। ସ୍ୱୟଂ ଭଗବାନ। ଲୀଳାମୟ ପୁରୁଷ। ଶ୍ରୀରାଧା ତାଙ୍କର ଶକ୍ତି ସ୍ୱରୂପିଣୀ। ସେ ହ୍ଲାଦିନୀ ଶକ୍ତିରୂପରେ ପ୍ରେମମୟ ପୁରୁଷ ଶ୍ରୀକୃଷ୍ଣଙ୍କୁ ଆନନ୍ଦ ପ୍ରଦାନ କରିଥାନ୍ତି। 'ଚୈତନ୍ୟ ଚରିତାମୃତ' ଗ୍ରନ୍ଥରେ ଉଲ୍ଲେଖ ରହିଛି -

"ହ୍ଲାଦିନୀର ସାର ଅଂଶ ତା'ର ପ୍ରେମନାମ
ଆନନ୍ଦ ଚିନ୍ମୟ ଅଂଶ ପ୍ରେମରେ ଆଖ୍ୟାନ।
ପ୍ରେମର ପରମସାର ମହାଭାବ ଜାନି
ସେହି ମହାଭାବରୂପା ରାଧା ଠାକୁରାନୀ।

ସାଧାରଣତଃ କୃଷ୍ଣଙ୍କ ଅପେକ୍ଷା ରାଧାଙ୍କ ପ୍ରାଧାନ୍ୟ ପ୍ରତିପାଦରେ ପ୍ରବଣତା ଲକ୍ଷ୍ୟ କରାଯାଏ। ଯେପରି -

"ରାଧା ଆମାର ମହାଜନ । ଶ୍ୟାମ ସେ ଖାତକରେ ॥
ରାଧା ଆମର ବାରିଧାରା । ଶ୍ୟାମ ସେ ଚାତକରେ ॥
ରାଧା ଆମାର ପୂର୍ଣ୍ଣଚାନ୍ଦ । ଶ୍ୟାମ ସେ ଚକୋରରେ ॥"

ସେହିପରି ବୈଷ୍ଣବ କବି ଅଚ୍ୟୁତାନନ୍ଦ ଲେଖିଛନ୍ତି -

"ଆଗେରାଧା ପଛେ ମୁହିଁ ଲମ୍ପଟ ଭାବରେ
ଏକ ବୀଜ ବେନିଫାଳ ଯୁଗଳ ଅଙ୍ଗରେ ।" (ଶୂନ୍ୟସଂହିତା)

'ରାଧା' ସମ୍ପର୍କରେ 'ବ୍ରହ୍ମବୈବର୍ତ୍ତ ପୁରାଣ - ଶ୍ରୀକୃଷ୍ଣ ଜନ୍ମଖଣ୍ଡ'ରେ କୁହାଯାଇଛି-

"ରା ଶବଦ ଅଟେ ମହାବିଷ୍ଣୁ ପ୍ରବୋଧକ
ଧା ଅକ୍ଷର ଗୋଟି ଧାତ୍ରୀ ଅର୍ଥର ବାଚକ ।
ମହାବିଷ୍ଣୁଙ୍କ ଜନନୀ ହୋଇବାରୁ ମୁହିଁ
ରାଧା ବୋଲି କରି ନାମ ମୋର ଅଛି ହୋଇ ।"

ପ୍ରାୟତଃ ପଞ୍ଚମ ଶତାବ୍ଦୀ ବେଳକୁ ଭାରତୀୟ ସାହିତ୍ୟରେ ଶ୍ରୀରାଧାଙ୍କର ବର୍ଣ୍ଣନା ଲକ୍ଷ୍ୟ କରାଯାଇପାରେ । କାରଣ ପଞ୍ଚମ ଶତାବ୍ଦୀରେ ହାଲଙ୍କର 'ଗାଥା ସପ୍ତଶତୀ'ରେ ଗୋପୀମାନଙ୍କ ମଧ୍ୟରେ ଶ୍ରୀରାଧା ଶ୍ରେଷ୍ଠ ଥିବା ବିଷୟ ବର୍ଣ୍ଣିତ ହୋଇଛି-

"ମୁହଁ ମାରୁଣାଏ ତଂ କହ୍ନ ଗୋରଅଂ ରାହିଆଏଁ ଆବଣେନ୍ତୋ ।
ଏ ଶୁଣଁ ବଲ୍ଲବୀଣ ଅନ୍ନାନଁ ବି ଗୋରଅଁ ହରସି ।"

ପ୍ରାକୃତ ଭାଷାରେ ଲିଖିତ ଏହି 'ଗାଥାସପ୍ତଶତୀ' ଗ୍ରନ୍ଥରେ କୁହାଯାଇଛି ଯେ ହେ କହ୍ନାଇ ! ତୁମେ ମୁଖମାରୁତ ଦ୍ୱାରା ରାହିଆ (ରାଧିକା)ଙ୍କ ଚକ୍ଷୁରେ ଯେଉଁ ଧୂଳି ପଡ଼ିଥିଲା, ତାହାକୁ ବାହାର କରିବାର ବାହାନାରେ ଗୋପୀମାନଙ୍କର ଗୌରବ ହରଣ କରିଛ । ସେହିପରି ନବମ ଶତାବ୍ଦୀରେ ଭଟ୍ଟ ନାରାୟଣ ତାଙ୍କର 'ବେଣୀସଂହାର' ନାଟକରେ ରାଧାକୃଷ୍ଣଙ୍କ ରାସଲୀଳାର କିଞ୍ଚିତ ଝଲକ ଦେଇଛନ୍ତି । ଆନନ୍ଦବର୍ଦ୍ଧନଙ୍କ 'ଧ୍ୱନ୍ୟାଲୋକ' ଗ୍ରନ୍ଥରେ ମଧ୍ୟ ରାଧାକୃଷ୍ଣଙ୍କର ରାସଲୀଳା ମାତ୍ର ଦୁଇଗୋଟି ଶ୍ଳୋକରେ ଉଲ୍ଲେଖ କରାଯାଇଛି ।

ଦଶମ ଶତାବ୍ଦୀରେ ବାକ୍‌ପତି ମୁଞ୍ଜଙ୍କର ରଚନାରେ ରାଧା ବିରହରେ ଦୁଃଖୀ ଶ୍ରୀକୃଷ୍ଣଙ୍କର ସନ୍ତାପକୁ ମଧ୍ୟ ବର୍ଣ୍ଣନା କରାଯାଇଛି । ଯେପରି -

"ଯତ୍ ଲକ୍ଷ୍ମୀ ବଦନେନ୍ଦୁ ନା ନ ସୁଖିତଂ କ୍ଷଞ୍ଚାଦ୍ରିତଂ ବାରିଧେ
ବର୍ଭିଯନ୍ନ ନିଜେନ ନାଭି ସରସୀପଦ୍ମେନ ଶାନ୍ତି ଗତମ୍ ।
ଯଚ୍ଛେଷାହିଫଣା ସହସ୍ରମଧୁର ଶ୍ୱାସେନନ ଶ୍ୱାସିତଂ
ତଦ୍ରାଧାବିରହାତୁରଂ ମୁରାରି ପୋର୍ବେଲ୍ଲଦ୍ ବପୁଃ ପାତୁ ବଃ ।"

ଅର୍ଥାତ୍ ଶ୍ରୀରାଧାଙ୍କ ବିରହରେ ଅତ୍ୟନ୍ତ ବିଧୁର ଯେଉଁ ମୁରାରିଙ୍କୁ ଲକ୍ଷ୍ମୀଙ୍କ ବଦନ ସ୍ୱରୂପ ଚନ୍ଦ୍ରମା ସୁଖୀ କରିପାରିନାହିଁ, ବାରିଧିର ଜଳରାଶି ଯାହାଙ୍କୁ ଶୀତଳତା ପ୍ରଦାନ କରିବାରେ ଅସମର୍ଥ, ଶେଷନାଗର ସହସ୍ର ମୁଖରୁ ନିଃସୃତ ମଧୁର ନିଃଶ୍ୱାସ ଯାହାଙ୍କୁ ଆଶ୍ୱସ୍ତ କରିପାରିନାହିଁ, ସେହି ରାଧାବିରହାତୁର ମୁରାରି ତୁମ୍ଭମାନଙ୍କୁ ସୁରକ୍ଷା ପ୍ରଦାନ କରନ୍ତୁ। ସେହିପରି ଜୈନକବି ହେମଚନ୍ଦ୍ର (ଖ୍ରୀ. ୧୦୮୯ - ୧୧୭୦) ମଧ୍ୟ 'କଥାନୁଶାସନ'ରେ ରାଧାକୃଷ୍ଣଙ୍କ ପ୍ରସଙ୍ଗ ବର୍ଣ୍ଣନା କରିଛନ୍ତି।

ନିମାଉତ ବୈଷ୍ଣବ ସମ୍ପ୍ରଦାୟର ପ୍ରତିଷ୍ଠାତା ନିମ୍ବାର୍କ ଓରଫ ନିମ୍ବାଦିତ୍ୟ ରାଧିକାଙ୍କର କଙ୍କଣ ଅବତାର ଥିଲେ। ଏହି ସମ୍ପ୍ରଦାୟର ବୈଷ୍ଣବମାନେ ବ୍ରହ୍ମବୈବର୍ତ୍ତ ପୁରାଣ ବର୍ଣ୍ଣିତ ରାଧାକୃଷ୍ଣ ଯୁଗଳ ମୂର୍ତ୍ତିଙ୍କର ଉପାସନା କରନ୍ତି। ନିମ୍ବାର୍କଙ୍କ ପ୍ରଚାରିତ ତତ୍ତ୍ୱରେ ଶ୍ରୀକୃଷ୍ଣ ହେଉଛନ୍ତି ପରମାତ୍ମା ଏବଂ ଶ୍ରୀରାଧା ହେଉଛନ୍ତି ଜୀବାତ୍ମା। ଏମାନେ କପାଳରେ କେଶମୂଳଠାରୁ ଭ୍ରୂମୂଳ ପର୍ଯ୍ୟନ୍ତ ଦୁଇଟି ସମାନ୍ତର ଗୋପୀଚନ୍ଦନ ରେଖା ସାମ୍ପ୍ରଦାୟିକ ଚିହ୍ନ ସ୍ୱରୂପ ଧାରଣ କରନ୍ତି। ମାଧବାଚାର୍ଯ୍ୟ ମଧ୍ୟ ଏହି ସମ୍ପ୍ରଦାୟର ଥିଲେ। ମହାକବି ଜୟଦେବ ମଧ୍ୟ ଏହି ସମ୍ପ୍ରଦାୟଭୁକ୍ତ ଥିଲେ। ତେଣୁ କବି ଜୟଦେବ ସ୍ୱକୃତ 'ଗୀତଗୋବିନ୍ଦ' ଗ୍ରନ୍ଥରେ ଶ୍ରୀକୃଷ୍ଣ ଓ ଶ୍ରୀରାଧାଙ୍କ ମଧୁର ଲୀଳାକୁ କାନ୍ତକୋମଳ ପଦାବଳୀ ଦ୍ୱାରା ବିନ୍ୟାସ କରିଛନ୍ତି। କବି ତ ସ୍ୱୟଂ କହିଛନ୍ତି -

"ଯଦି ହରିସ୍ମରଣେ ସରସଂ ମନୋ
ଯଦି ବିଳାସ କଳାସୁ କୁତୂହଳମ୍।
ମଧୁର କୋମଳ କାନ୍ତ ପଦାବଳୀଂ
ଶୃଣୁ ତଦା ଜୟଦେବ ସରସ୍ୱତୀମ୍।"

ଜୟଦେବ ଥିଲେ ଉଚ୍ଚକୋଟୀର ବୈଷ୍ଣବ ଭକ୍ତ। ସେ କୃଷ୍ଣଙ୍କୁ କେଶବ, କେଶୀମଥନ, ମାଧବ, ଶ୍ରୀହରି, ମଧୁରିପୁ, ବାସୁଦେବ, ଜଗଦୀଶ, ମଧୁସୂଦନ, ମୁରାରି, ବନମାଳୀ, ଗୋବିନ୍ଦ ଇତ୍ୟାଦି ଭାବରେ ଉଲ୍ଲେଖ କରିଛନ୍ତି। କୃଷ୍ଣଙ୍କ ଚିନ୍ତନରେ ସେ ସର୍ବଦା ବ୍ୟାପୃତ ଥିଲେ। ଜଣେ ବୈଷ୍ଣବର ଲକ୍ଷଣ ନିର୍ଦ୍ଧାରଣ କରି କୁହାଯାଇଛି -

"କୃଷ୍ଣ ପ୍ରେମାମୃତେନାତ୍ମା ଦେହଃ ପ୍ରେମାଶ୍ରୁବାରିଭିଃ
ଯସ୍ୟା ଭିଷିଚ୍ୟତେ ନିତ୍ୟଂ ବିଷ୍ଣୁଭକ୍ତଃ ସ ଉଚ୍ୟତେ
କୃଷ୍ଣାନନ୍ଦେନ ପୂର୍ଣ୍ଣାତ୍ମା କୃଷ୍ଣାନନ୍ଦେନ ପୂର୍ଣ୍ଣଧୀଃ
କୃଷ୍ଣନନ୍ଦମୟଂ ସର୍ବଂ ଯଃ ପଶ୍ୟତି ସ ବୈଷ୍ଣବଃ।

ଶ୍ରୀକୃଷ୍ଣ ପରମ ସୁନ୍ଦର। ତାଙ୍କର ଅଧର ମଧୁର। ବଦନ ମଧୁର। ହସ ମଧୁର। ଗମନ ମଧୁର। ବସନ ମଧୁର। ବେଣୁ ମଧୁର। ରୂପ ମଧୁର। ତିଳକ ମଧୁର। କରଣ

ମଧୁର। ହରଣ ମଧୁର। ରମଣ ମଧୁର, ସବୁ କିଛି ମଧୁର। ତେଣୁ 'ମଧୁରାଷ୍ଟକମ୍'ରେ କୁହାଯାଇଛି-

"ଅଧର ମଧୁରଂ ବଦନଂ ମଧୁରଂ
ନୟନଂ ମଧୁରଂ ହସିତଂ ମଧୁରମ୍
ହୃଦୟଂ ମଧୁରଂ ଗମନଂ ମଧୁରଂ
ମଧୁରାଧିପତେ ରଖିଳଂ ମଧୁରଂ।
ବଚନ ମଧୁରଂ ଚରିତଂ ମଧୁରଂ
ବସନଂ ମଧୁରଂ ବଳିତଂ ମଧୁରମ୍
ଚଳିତଂ ମଧୁରଂ ଭ୍ରମିତଂ ମଧୁରଂ
ମଧୁରାଧିପତେ ରଖିଳଂ ମଧୁରମ୍।
ବେଣୁର୍ମଧୁରୋ ରେଣୁର୍ମଧୁରୋ
ପାଣିର୍ମଧୁରଃ ପାଦୋ ମଧୁରମ୍
ନୃତ୍ୟଂ ମଧୁରଂ ସଖ୍ୟଂ ମଧୁରଂ
ମଧୁରାଧିପତେ ରଖିଳଂ ମଧୁରମ୍।
କରଣଂ ମଧୁରଂ ତରଣଂ ମଧୁରଂ
ହରଣଂ ମଧୁରଂ ରମଣଂ ମଧୁରମ୍
ବମିତଂ ମଧୁରଂ ଶମିତଂ ମଧୁରଂ
ମଧୁରାଧିପତେ ରଖିଳଂ ମଧୁରମ୍।"

ସେହିପରି 'କର୍ଣ୍ଣାମୃତ'ରେ ଉଲ୍ଲେଖ କରାଯାଇଛି -

"ମଧୁରଂ ମଧୁରଂ ବପୁରସ୍ୟବିଭୋଃ
ମଧୁରଂ ମଧୁରଂ ବଦନଂ ମଧୁରମ୍
ମଧୁଗନ୍ଧିମଦସ୍ମିତମେତ ଦହୋ
ମଧୁରଂ ମଧୁରଂ ମଧୁରଂ ମଧୁରମ୍।"

ସେହି ମଧୁରପୁରୁଷ ତଥା କେଳିକଳାନିଧି ଶ୍ରୀକୃଷ୍ଣଙ୍କର ଅପୂର୍ବ ରତିକେଳି ବର୍ଣ୍ଣନାରେ କବି ଜୟଦେବ ତାଙ୍କର ବୈଷ୍ଣବ ଭାବନାକୁ ସାକାର କରିଛନ୍ତି। ତେଣୁ କବି ସ୍ୱୟଂ ଘୋଷଣା କରିଛନ୍ତି -

"ଶ୍ରୀ ଜୟଦେବ ଭଣିତମିଦମଭୁତକେଶବକେଳିରହସ୍ୟମ୍
ବୃନ୍ଦାବନବିପିନେ ଲଳିତଂ ବିତନୋତୁ ଶୁଭାନି ଯଶସ୍ୟମ୍।"

ପୁନଶ୍ଚ ଜୟଦେବ ଶ୍ରୀକୃଷ୍ଣଙ୍କର ମନୋହର ରୂପମାଧୁରୀ ବର୍ଣ୍ଣନା କରିଛନ୍ତି।

ଶ୍ରୀକୃଷ୍ଣଙ୍କର ଏହି ମୋହନସୁନ୍ଦର ରୂପବର୍ଣ୍ଣନା ଶୁଣି ଲୋକମାନେ ପୁଣ୍ୟବାନ୍ ହୋଇପାରିବେ। କବି ତେଣୁ ଗାଇଛନ୍ତି -

"ଶ୍ରୀ ଜୟଦେବ ଭଣିତମତିସୁନ୍ଦର ମୋହନ ମଧୁରିପୁ ରୂପମ୍
ହରିଚରଣ ସ୍ମରଣଂ ପ୍ରତି ସମ୍ପ୍ରତି ପୁଣ୍ୟବତାମନୁ ରୂପମ୍।"

'ଗୀତଗୋବିନ୍ଦ' ଗ୍ରନ୍ଥର ଦ୍ୱିତୀୟ ସର୍ଗରେ ମହାକବି ଜୟଦେବ ଶ୍ରୀକୃଷ୍ଣଙ୍କ ମନୋହର ରୂପମାଧୁରୀକୁ ଯେପରି ବର୍ଣ୍ଣନା କରିଛନ୍ତି, ତହିଁରେ ତାଙ୍କର ଦିବ୍ୟକବିତ୍ୱ ବିଳସିତ। ନିମ୍ନ ପଂକ୍ତିମାନଙ୍କରେ କବି ଶ୍ରୀକୃଷ୍ଣଙ୍କର ଲଳିତ ସୁନ୍ଦର ରୂପ ଲାବଣ୍ୟକୁ ବର୍ଣ୍ଣନା କରି କହିଛନ୍ତି ଯେ ଏଥିପାଇଁ କୃଷ୍ଣପ୍ରାପ୍ତି ନିମିତ୍ତ ଶ୍ରୀରାଧା ଅତ୍ୟନ୍ତ ବ୍ୟାକୁଳିତ। କାରଣ କୁହାଯାଇଛି - 'କନ୍ୟା ବରୟତେ ରୂପମ୍'। ଶ୍ରୀକୃଷ୍ଣଙ୍କ ରୂପଶୋଭା ଏହିପରି-

(କ) ସଞ୍ଚର ଦଧର ସୁଧାମଧୁରଧ୍ୱନିମୁଖରିତ ମୋହନବଂଶୀମ୍
ଚଳିତ ଦୃଗଞ୍ଚଳ ଚଞ୍ଚଳ ମୌଳିକପୋଳ ବିଲୋଳବତଂସମ୍।
ରାସେ ହରିମିହ ବିହିତ ବିଳାସମ୍
ସ୍ମରତି ମନୋମମ କୃତପରିହାସମ୍।

(ଖ) ଚନ୍ଦ୍ରକଚାରୁମୟୂର ଶିଖଣ୍ଡକମଣ୍ଡଳବଳୟିତ କେଶମ୍
ପ୍ରଚୁର ପୁରନ୍ଦର ଧନୁରନୁରଂଜିତ ମେଦୁରମୁଦିର ସୁବେଶମ୍।

(ଗ) ଜଳଦପଟଳ ଚଳଦିନ୍ଦୁବିନିନ୍ଦକ ଚନ୍ଦନତିଳକ ଲଲାଟମ୍।

(ଘ) ମଣିମୟ ମକରମନୋହର କୁଣ୍ଡଳ ମଣ୍ଡିତ ଗଣ୍ଡମୁଦାରମ୍
ପୀତବସନ ମନୁଗତ ମୁନିମନୁଜସୁରାସୁରବରପରିବାରମ୍।

ଶ୍ରୀରାଧା ଚିରନ୍ତନୀ ନାୟିକା। ସେ ଚିର ବିରହିଣୀ। ରାଧାଙ୍କ ବିନା ଶ୍ରୀକୃଷ୍ଣ କିମ୍ବା ଶ୍ରୀକୃଷ୍ଣଙ୍କ ବିନା ଶ୍ରୀରାଧାଙ୍କୁ ଚିନ୍ତା କରାଯାଇପାରେନା। କୃଷ୍ଣପ୍ରେମ ଭାବନାରେ ନିତ୍ୟ ମୁଗ୍ଧା ଶ୍ରୀରାଧା। ଶ୍ରୀକୃଷ୍ଣଙ୍କ ସହିତ ତାଙ୍କର ରତିକାଳୀନ ସ୍ମୃତି ମଧୁକ୍ଷରା। ସେହି ମଧୁକ୍ଷରା ସ୍ମୃତିଚାରଣରେ ଶ୍ରୀରାଧା ବିଭୋର ହୋଇଛନ୍ତି। କାୟ, ମନ ଓ ହୃଦୟକୁ କୃଷ୍ଣଙ୍କ ନିକଟରେ ସମର୍ପଣ କରିଥିବା ଶ୍ରୀରାଧା ଶ୍ରୀକୃଷ୍ଣଙ୍କର ମଧୁର ରତିବିଳାସ ସ୍ମୃତିକୁ ନିମ୍ନ ପଂକ୍ତିମାନଙ୍କରେ ରୋମନ୍ଥନ କରୁଛନ୍ତି। କବି ଜୟଦେବ ସେହି ବିରହବିଧୁରା ଶ୍ରୀରାଧାଙ୍କର ଭାବନାକୁ ବର୍ଣ୍ଣନା କରିବାକୁ ଯାଇ ଲେଖିଛନ୍ତି

(କ) ପ୍ରଥମ ସମାଗମଲଜ୍ଜିତୟା ପଟୁଚାଟୁଶତୈରନୁକୂଳମ୍
ମୃଦୁମଧୁର ସ୍ମିତଭାଷିତୟା ଶିଥିଳୀକୃତ ଜଘନଦୁକୂଳମ୍

(ଖ) କିଶଳୟ ଶୟନ ନିବେଶିତୟା ଚିରମୁରସି ମମୈବ ଶୟାନମ୍
କୃତ ପରିରମ୍ଭଣ ଚୁମ୍ବନୟା ପରିରଭ୍ୟ କୃତାଧରପାନମ୍।

(ଗ) କୋକିଳ କଳରବ କୂଜିତୟା ଜିତମନସିଜତନ୍ତ୍ରବିଚାରମ୍
ଶ୍ଳଥ କୁସୁମାକୁଳ କୁନ୍ତଳୟା ନଖଲିଖିତ ଘନସ୍ତନଭାରମ୍।

ଏହିପରି ଜଣେ ପ୍ରୀତି ବିନୋଦିନୀ ଏବଂ କାନ୍ତ ଅଙ୍ଗସଙ୍ଗ ଲାଭ କରିବା ପାଇଁ ଏକାନ୍ତ ବ୍ୟାକୁଳିତ ନାୟିକା ଶ୍ରୀରାଧାଙ୍କର ଅଭିଳାଷକୁ କବି ଜୟଦେବ ସୁଭଗ ରୀତିରେ ବର୍ଣ୍ଣନା କରିଛନ୍ତି।

ପ୍ରିୟ ବିନା ପ୍ରିୟାର ଜୀବନ ହୁଏ ନିରାନନ୍ଦ ଓ ଶୁଷ୍କ। କାନ୍ତ ବିନା କାନ୍ତାକୁ ପ୍ରତ୍ୟେକ ବସ୍ତୁ ଅସାର ଲାଗିଥାଏ। ତେଣୁ ଶ୍ରୀକୃଷ୍ଣଙ୍କ ବିନା ଶ୍ରୀରାଧାଙ୍କୁ ଅଶୋକ କଳିକା, ପୁଷ୍କରିଣୀର ସୁଶୀତଳ ଜଳ, ଶୀତଳ ସୁବାସିତ ପବନ ସବୁ ଅସାର ବୋଧ ହୋଇଛି। କବି ଲେଖିଛନ୍ତି -

"ଦୁରାଲୋକସ୍ତୋକସ୍ତବକନବକାଶୋକକଳିକା
ବିଳାସଃ କାସାରୋପବନପବନୋଽପି ବ୍ୟଥୟତି।
ଅପି ଭ୍ରାମ୍ୟଦ୍‌ଭୃଙ୍ଗୀରଣିତ ରମଣୀୟା ନମୁକୁଳ
ପ୍ରସୂତି ଶ୍ଚୂତାନାଂ ସଖି ! ଶିଖରିଣୀୟଂ ସୁଖୟତି।"

'ଗୀତଗୋବିନ୍ଦ'ରେ କବିଜୟଦେବ ଶ୍ରୀରାଧାଙ୍କ ପ୍ରିୟସଖୀଙ୍କର ଉପସ୍ଥାପନା କରିଛନ୍ତି। ଏହି ପ୍ରିୟସଖୀ ଉଭୟଙ୍କ ମଧ୍ୟରେ ଯୋଗସୂତ୍ର ରକ୍ଷାକାରୀ ଭାବରେ କାର୍ଯ୍ୟ କରିଛନ୍ତି। ଶ୍ରୀକୃଷ୍ଣଙ୍କ ବିନା ଶ୍ରୀରାଧା କେତେ ଯେ ତପ୍ତବିକଳ ହୋଇଛନ୍ତି, ତାହା ପ୍ରିୟସଖୀ ଶ୍ରୀକୃଷ୍ଣଙ୍କୁ ଜଣାଇଛନ୍ତି। ଏହି ବିରହ ବ୍ୟାକୁଳତା ଅତ୍ୟନ୍ତ କରୁଣ। ପ୍ରିୟସଖୀ କହୁଛନ୍ତି -

"ନିନ୍ଦତି ଚନ୍ଦନମିନ୍ଦୁ କିରଣ ମନୁବିନ୍ଦତି ଖେଦମଧୀରମ୍
ବ୍ୟାଳନିଳୟମିଳନେନ ଗରଳମିବ କଳୟତି ମଳୟସମୀରମ୍।
ସା ବିରହେ ତବଦୀନା
ମାଧବ, ମନସିଜ ବିଶିଖଭୟାଦିବ ଭାବନୟା ତ୍ୱୟିଲୀନା।"

ପୁନଶ୍ଚ କବି ଲେଖିଛନ୍ତି -

"ଅବିରଳନିପତିତ ମଦନଶରାଦିବ ଭବଦବନାୟ ବିଶାଳମ୍
ସ୍ୱହୃଦୟମର୍ମଣି ବର୍ମ୍ମ କରୋତି ସଜଳନଳିନୀ ଦଳଜାଳମ୍।"

ଶ୍ରୀକୃଷ୍ଣଙ୍କ ବିରହରେ ରାଧାରାଣୀ ଅବିରଳ ଅଶ୍ରୁପାତ କରୁଛନ୍ତି। ସଖୀ କହୁଛନ୍ତି-

"ବହତି ଚ ବିଗଳିତ ବିଲୋଚନ ଜଳଧର ମାନନ କମଳ ମୁଦାରମ୍
ବିଧୁମିବ ବିକଟବିଧୁନ୍ତୁଦ ଦନ୍ତଦଳନ ଗଳିତାମୃତଧାରମ୍।"

ଶ୍ରୀରାଧା ଏକାନ୍ତରେ କିପରି କସ୍ତୁରୀରେ ଶ୍ରୀକୃଷ୍ଣଙ୍କୁ କାମଦେବ ବୋଲି ମନେ

କରି ତାଙ୍କର ଚିତ୍ର ଅଙ୍କନ କରୁଛନ୍ତି। ଏହି ଚିତ୍ରତଳେ ମକର ଚିତ୍ର ଅଙ୍କନ କରି ଓ ଶ୍ରୀକୃଷ୍ଣଙ୍କ ହସ୍ତରେ ନବଚୂତଶର ଦେଇ ସେହି ଚିତ୍ରକୁ ବାରମ୍ବାର ପ୍ରଣାମ କରୁଛନ୍ତି। ସତରେ କି ମର୍ମସ୍ପର୍ଶୀ ଏ ବର୍ଣ୍ଣନା! ନିଜକୁ ସେହି ବିରହ ବିଦଗ୍ଧା ରାଧିକା ସ୍ତରକୁ ନେଇ ନପାରିଲେ ଏପରି ବର୍ଣ୍ଣନା ସମ୍ଭବ ନୁହେଁ। କବିଙ୍କ ଲେଖନୀରେ ସଖୀଙ୍କ ବର୍ଣ୍ଣନା ଏହିପରି -

"ବିଲିଖତି ରହସି କୁରଙ୍ଗମଦେନ ଭବନ୍ତମସମଶରଭୂତମ୍
ପ୍ରଣମତି ମକରମଧୋ ବିନିଧାୟ କରେ ଚ ଶରଂ ନବଚୂତମ୍।"

ଶ୍ରୀକୃଷ୍ଣଙ୍କ ପ୍ରେମରେ ଶ୍ରୀରାଧା ପାଗଳିନୀ। ଶ୍ରୀକୃଷ୍ଣଙ୍କୁ ପାଖରେ ନ ପାଇ ଶ୍ରୀରାଧା କିପରି ପାଗଳିନୀ ପରି ଆଚରଣ କରୁଛନ୍ତି, ତାହା କବିଙ୍କ ଭାଷାରେ ଜୀବନ୍ତ ରୂପେ ବର୍ଣ୍ଣିତ। କବି ଲେଖିଛନ୍ତି -

"ଧ୍ୟାନଲୟେନ ପୁରଃ ପରିକଳ୍ପ୍ୟ ଭବନ୍ତମତୀବ ଦୁରାପମ୍
ବିଳପତି ହସତି ବିଷୀଦତି ରୋଦିତୀଚଞ୍ଚତିମୁଞ୍ଚତି ତାପମ୍।"

ବୋଧହୁଏ ବିରହ ବର୍ଣ୍ଣନାରେ କବି ଶ୍ରୀଜୟଦେବ ବେଶ୍ ସଫଳତା ଲାଭ କରିଛନ୍ତି। ବିରହର ବିବିଧ ଦଶାକୁ କବି ଯେପରି ଚିତ୍ରଣ କରିଛନ୍ତି, ତାହା ତାଙ୍କର ଉଚ୍ଚକୋଟୀର କବିତ୍ୱର ପରାକାଷ୍ଠା ପ୍ରଦର୍ଶନ କରେ। ନିମ୍ନ ପଂକ୍ତିରେ ଶ୍ରୀରାଧାଙ୍କର ବିରହ ଦଶା ଅତ୍ୟନ୍ତ ମାର୍ମିକ। କବି ଲେଖିଛନ୍ତି -

"ସା ରୋମାଞ୍ଚତି ଶୀତ୍କରୋତି ବିଳପତ୍ୟୁତ୍କମ୍ପତେ ତାମ୍ୟତି
ଧ୍ୟାୟତ୍ୟୁଦ୍‌ଭ୍ରମତି ପ୍ରମୀଳତି ପତତ୍ୟୁଦ୍‌ଯାତି ମୂର୍ଚ୍ଛିତ୍ୟପି
ଏତାବତ୍ୟତନୁଜ୍ୱରେ ବରତନୁର୍ଜୀବେନ୍ନକିଂ ତେ ରସାତ୍
ସ୍ୱର୍ବୈଦ୍ୟପ୍ରତିମ ପ୍ରସୀଦସି ଯଦି ତ୍ୟକ୍ତୋଽନ୍ୟଥା ହସ୍ତକଃ।"

ଶ୍ରୀରାଧାଙ୍କ ପ୍ରିୟସଖୀ ଏହିପରି ଭାବରେ ଶ୍ରୀକୃଷ୍ଣଙ୍କ ନିକଟରେ ଶ୍ରୀରାଧାଙ୍କର ବିରହଦଶାକୁ ବର୍ଣ୍ଣନା କରିଛନ୍ତି। ଏହାପରେ ଶ୍ରୀକୃଷ୍ଣଙ୍କ ଅନୁରୋଧରେ ସେହି ପ୍ରିୟସଖୀଟି ରାଧାଙ୍କ ନିକଟକୁ ଯାଇ ଶ୍ରୀକୃଷ୍ଣଙ୍କ ବିରହଦୁଃଖକୁ ନିମ୍ନ ଭାବରେ ବର୍ଣ୍ଣନା କରିଛି। ଶ୍ରୀରାଧାଙ୍କ ବିନା ଶ୍ରୀକୃଷ୍ଣ ଯେ କେତେବିରହ ଦୁଃଖରେ ଦୁଃଖୀ, ତାହା ଜୟଦେବ ଜୀବନ୍ତ ଭାବରେ ବର୍ଣ୍ଣନା କରିଛନ୍ତି। ଯେପରି -

"ବହତି ମଳୟସମୀରେ ମଦନମୁପନିଧାୟ
ସ୍ଫୁଟତି କୁସୁମନିକରେ ବିରହି ହୃଦୟଦଳନାୟ
ତବ ବିରହେ, ବନମାଳୀ ସଖି! ସୀଦତି।"

ବିରହ ଯନ୍ତ୍ରଣାରେ ଶ୍ରୀକୃଷ୍ଣ ମଧ୍ୟ ବିଳାପ କରୁଛନ୍ତି। ସଖୀ କହୁଛନ୍ତି -

"ଦହତି ଶିଶିରମୟୂଖେ ମରଣ ମନୁକରୋତି
ପତତି ମଦନ ବିଶିଖେ ବିଳପତି ବିକଳତରୋଽତି ।"

ରାଧିକା ବିନା ଶ୍ରୀକୃଷ୍ଣ ଘରଛାଡ଼ି ଏବେ ବନ ମଧ୍ୟରେ ରହୁଛନ୍ତି । ବିରହ ବେଦନା ସହ୍ୟ କରିନପାରି 'ରାଧା' 'ରାଧା' ବୋଲି ଉଚ୍ଚସ୍ୱରରେ ଡାକ ଛାଡ଼ୁଛନ୍ତି -

"ବସତି ବିପିନବିତାନେ ତ୍ୟଜତି ଲଳିତଧାମ
ଲୁଠତି ଧରଣୀ ଶୟନେ ବହୁ ବିଳପତି ତବ ନାମ ।"

ସଖୀ କହୁଛନ୍ତି ଯେ ଶ୍ରୀକୃଷ୍ଣ ଏତେ ବିରହ ଯନ୍ତ୍ରଣାରେ ରହିଥିଲେ ମଧ୍ୟ ସେ ଅନ୍ୟ ଯୁବତୀ ସହିତ ରତି ସମ୍ପର୍କ ରଖି ନାହାନ୍ତି । ଶ୍ରୀରାଧା ହିଁ କେବଳ ତାଙ୍କର ଏକମାତ୍ର କାମ୍ୟ । ତେଣୁ ସଖୀ କହୁଛନ୍ତି -

"ତ୍ୱଦଭିଧଶୁଭଦମାସଂ ବଦତି ନରିଶୃଣୋତି
ତମପି ଜପତି ସରସଂ ପରଯୁବତୀଷୁ ନ ରତି ମୁପୈତି ।"

'ଗୀତଗୋବିନ୍ଦ' ଗ୍ରନ୍ଥର ଷଷ୍ଠ ସର୍ଗରେ ପ୍ରିୟସଖୀ ଶ୍ରୀକୃଷ୍ଣଙ୍କୁ ଶ୍ରୀରାଧାଙ୍କର ଯେଉଁ କାମର ବିକଳାବସ୍ଥା ବର୍ଣ୍ଣନା କରିଛନ୍ତି, ତାହା ମଧ୍ୟ ହୃଦୟକୁ ଦ୍ରବୀଭୂତ କରେ । ସଖୀ କହିଛି -

"ପଶ୍ୟତି ଦିଶିଦିଶି ରହସି ଭବନ୍ତମ୍
ତ୍ୱଦଧରମଧୁରମଧୂନି ପିବନ୍ତମ୍
ନାଥହରେ ! ସୀଦତିରାଧା ବାସଗୃହେ ।"

ପୁନଶ୍ଚ "ଶ୍ଳିଷ୍ୟତି ଚୁମ୍ବତି ଜଳଧରକଳ୍ପମ୍
ହରିରୂପଗତ ଇତି ତିମିରମନଳ୍ପମ୍ ।"
"ଭବତି ବିଳମ୍ବିନି ବିଗଳିତ ଲଜ୍ଜା
ବିଳପତି ରୋଦିତି ବାସକସଜ୍ଜା ।"

ଏହାଠାରୁ ବଳି ଆଉ ଅଧିକ ବିରହ ବର୍ଣ୍ଣନା କୁତ୍ରାପି ଲକ୍ଷ୍ୟ କରାଯାଇନାହିଁ ।

ଦଶମ ସର୍ଗରେ ପ୍ରେମିକ ଶିରୋମଣି ଶ୍ରୀକୃଷ୍ଣ ଶ୍ରୀରାଧାଙ୍କୁ ତାଙ୍କର ଶରୀରର ଭୂଷଣ, ଜୀବର ଜୀବନ, ସଂସାରର ରତ୍ନ ସ୍ୱରୂପ ବର୍ଣ୍ଣନା କରି ତାଙ୍କର ଅନୁରାଗକୁ ହିଁ କାମନା କରିଛନ୍ତି । ଏହାହିଁ ତ ଜଣେ ସଚ୍ଚା ପ୍ରେମିକର ନିବେଦନ । ଶ୍ରୀକୃଷ୍ଣ କହିଛନ୍ତି -

"ତ୍ୱମସି ମମ ଭୂଷଣଂ ତ୍ୱମସି ମମ ଜୀବନମ୍
ତ୍ୱମସି ମମ ଭବଜଳଧିରତ୍ନମ୍ ।
ଭବତୁ ଭବତୀହ ମୟି ସତତମନୁରୋଧିନୀ
ତତ୍ର ମମ ହୃଦୟମତି ଯତ୍ନମ୍ ।"

ଏହା ହେଉଛି ଆଦର୍ଶ ପ୍ରେମ। ପରସ୍ପରକୁ ହୃଦୟ ମଧ୍ୟରେ ଧାରଣ କରିବା ହେଉଛି ଭାରତୀୟ ପତିପତ୍ନୀ ମଧ୍ୟରେ ଆଦର୍ଶ ପ୍ରେମର ନିଦର୍ଶନ। ଏପରିକି ଶ୍ରୀକୃଷ୍ଣ ରତିକେଳି ସମୟରେ ଶ୍ରୀରାଧାଙ୍କ ପାଦ ଦୁଇଟିକୁ ବକ୍ଷଦେଶରେ ଧାରଣ କରି ନିଜକୁ ସୌଭାଗ୍ୟବାନ ବୋଲି ମଣିଛନ୍ତି। ଏହିଠାରେ ହିଁ କବି ଜୟଦେବଙ୍କର କବି ଭାବନାର ଚରମ ନିଦର୍ଶନ। କବିଙ୍କ ଭାଷାରେ -

"ସ୍ଥଳକମଳ ଗଞ୍ଜନଂ ମମହୃଦୟରଞ୍ଜନଂ
ଜନିତରତିରଙ୍ଗପରଭାଗମ୍।
ଭଣ ମସୃଣବାଣି କରବାଣି ଚରଣଦ୍ୱୟଂ
ସରସରସଦଲକ୍ତକରାଗମ୍।"

ଶ୍ରୀକୃଷ୍ଣ କେତେ ନିବିଡ଼ ଭାବରେ ଶ୍ରୀରଧାଙ୍କୁ ପ୍ରେମ କରୁଛନ୍ତି, ତାହା ଗୀତଗୋବିନ୍ଦ ଗ୍ରନ୍ଥରେ ପ୍ରତିପାଦିତ ହୋଇଛି। ପୁରୁଷ ଯେତେବେଳେ ଗଭୀର ପ୍ରେମ ଜଳରେ ବୁଡ଼ ମାରିଥାଏ, ସେତେବେଳେ ନାରୀ ନିକଟରେ ନିଜର ପୌରୁଷ, ଐଶ୍ୱର୍ଯ୍ୟ ସବୁକିଛିକୁ ଭୁଲିଯାଏ। ସେ ନାରୀ ନିକଟରେ ମଥାନତ କରିଦିଏ। ଏହା ହେଉଛି ବିମଳ ପ୍ରେମର ଉଦାହରଣ। ଶ୍ରୀରାଧାପ୍ରାଣଗତ ଶ୍ରୀକୃଷ୍ଣ ଶ୍ରୀରାଧାଙ୍କୁ ନିବେଦନ କରିଛନ୍ତି ଯେ, 'ତୁମେ ମୋର ମସ୍ତକର ଅଳଙ୍କାର ସ୍ୱରୂପ, କୋମଳ ପତ୍ର ସଦୃଶ ତୁମର ପଦଯୁଗଳକୁ ମୋ ମସ୍ତରେ ବିନ୍ୟସ୍ତ କରି ମଦନ ତାପାନଳରୁ ମୋତେ ମୁକ୍ତି ଦିଅ। ଫଳରେ ମୋର କାମ ବିକାର ନାଶ ହେବ।' ଏଠାରେ ସ୍ମରଣଯୋଗ୍ୟ ଯେ କବିସମ୍ରାଟଙ୍କ ଭାଷାରେ 'ବିରହକୁ ଉପଚାର କେବଳ ମନୋହାରୀ।' ତେଣୁ ଶ୍ରୀକୃଷ୍ଣ ତାଙ୍କର ମନୋହାରିଣୀ, ବିରହ ତାପନାଶିନୀ ଶ୍ରୀରାଧାଙ୍କ ପ୍ରତି ସେହି ପ୍ରସିଦ୍ଧ ବିନୟୋକ୍ତି ହେଉଛି-

"ସ୍ମରଗରଳ ଖଣ୍ଡନଂ ମମଶିରସି ମଣ୍ଡନଂ
ଦେହି ପଦପଲ୍ଲବ ମୁଦାରମ୍
ଜ୍ୱଳତିମୟି ଦାରୁଣୋ ମଦନକଦନାନଳୋ
ହରତୁତଦୁପାହିତ ବିକାରମ୍।"

ଏହିପରି ଭାବରେ ଶ୍ରୀଜୟଦେବ ଶ୍ରୀକୃଷ୍ଣ ଓ ଶ୍ରୀରାଧାଙ୍କର ଜୀବନର ପ୍ରଧାନ ଐଶ୍ୱର୍ଯ୍ୟ - ଅର୍ଥାତ୍ 'ପ୍ରେମ'ର ବହୁବର୍ଣ୍ଣ ବିଭାବକୁ ରୂପାୟନ କରିଛନ୍ତି। ଏଥିରେ ତାଙ୍କର ସଫଳତା ସର୍ବାଧିକ। 'ଗୀତଗୋବିନ୍ଦ' ଗ୍ରନ୍ଥରେ ପ୍ରତିପାଦିତ ଅନ୍ୟ ଏକ ବିଶିଷ୍ଟ ବିଷୟ ହେଉଛି ଦଶାବତାର ପ୍ରସଙ୍ଗ। ଏହି ପରିପ୍ରେକ୍ଷୀରେ ଗବେଷକ ହରିଶ୍ଚନ୍ଦ୍ର ଦାଶ ମତ ଦେଇଛନ୍ତି - "Jayadeva, in intense devotion, structurised and popularised the ten avatars of Vishnu in his poetry. He converted the prevalent scattered narrations into a holistic concept of dasavatara. This could be lasting contribution of the poet that influenced later poetry and other visual forms." ଏହା ଯଥାର୍ଥ ଅଟେ।

'ଗୀତଗୋବିନ୍ଦ' ଗ୍ରନ୍ଥରେ ଜୟଦେବ ଶ୍ରୀକୃଷ୍ଣଙ୍କର ଦଶବିଧ ରୂପକୁ ଉଲ୍ଲେଖ କରିଛନ୍ତି। ଜୟଦେବ ସ୍ୱୟଂ ଘୋଷଣା କଲେ -

"ଶ୍ରୀ ଜୟଦେବ କବେରିଦମୁଦିତମୁଦାରମ୍
ଶୃଣୁ ଶୁଭଦଂ ସୁଖଦଂ ଭବସାରମ୍
କେଶବ ! ଧୃତଦଶବିଧରୂପ, ଜୟଜଗଦୀଶ ହରେ।"

ଏଠାରେ ଉଲ୍ଲେଖ କରାଯାଇପାରେ ଯେ ବୈଷ୍ଣବୀୟ ଭାବନା ଅନୁସାରେ ଯିଏ ହେଉଛନ୍ତି ଜଗନ୍ନାଥ, ସେ ହେଉଛନ୍ତି ଶ୍ରୀକୃଷ୍ଣ। କାରଣ ଶ୍ରୀଜଗନ୍ନାଥାଷ୍ଟକରେ କୁହାଯାଇଛି -

"କଦାଚିତ୍ କାଳିନ୍ଦୀତଟ ବିପିନ ସଙ୍ଗୀତକରବୋ
ମୁଦାଭିରୀ-ନାରୀ-ବଦନ କମଳା ସ୍ୱାଦ-ମଧୁପଃ
ରମା-ଶମ୍ଭୁ - ବ୍ରହ୍ମାସୁରପତି ଗଣେଶାର୍ଚ୍ଚିତ ପଦୋ
ଜଗନ୍ନାଥଃ ସ୍ୱାମୀ ନୟନ ପଥଗାମୀ ଭବତୁମେ।"

ସେହିପରି କବି ସମ୍ରାଟ ଉପେନ୍ଦ୍ର ଭଞ୍ଜ ପ୍ରତିପାଦନ କଲେ -

"ସେ କମ୍ବୁକଟକ ରାଜା ନାମ ଜଗନ୍ନାଥ
ଚାରିବର୍ଣ୍ଣେ ଚଉବର୍ଗ ଦେବାକୁ ସମର୍ଥ ହେ।
ଭକ୍ତିଦେବା ଗୁପ୍ତ ହୋଇଅଛି ଯୁକ୍ତାକ୍ଷରେ
ବୈଷ୍ଣବ ବିହୀନେ କେହୁ ଜାଣିବ ସଂସାରେ ହେ।"

ଅର୍ଥାତ୍ ଜଗନ୍ନାଥ ଶବ୍ଦର ଅର୍ଥ ହେଉଛି 'ଜଗତ+ ନାଥ'। 'ଜଗତ୍'ର ଅର୍ଥ ରାଧା ଏବଂ 'ନାଥ'ର ଅର୍ଥ କୃଷ୍ଣ। ସୁତରାଂ 'ଜଗନ୍ନାଥ' ଶବ୍ଦର ଅର୍ଥ ହେଉଛି ରାଧା ଏବଂ କୃଷ୍ଣ। ତେବେ ଜଗନ୍ନାଥଙ୍କ ପ୍ରସଙ୍ଗରେ ଶବର ଦେବତା 'ଜଗନ୍ତ' ଏବଂ ଦଶଭାଇଙ୍କ କଥା ମନକୁ ଆସେ। ଗବେଷକମାନଙ୍କ ମତରେ ଶବର ଦେବତା ହେଉଛନ୍ତି 'କିଂତୁ' ଏବଂ ସେ ଦଶରୂପଧାରୀ, ଯଥା - ଜଗନ୍ତ, ତୋଡ଼, ତୁମନ, ଭୀମ, ରଂରଂ, ଗର୍ସିଦ୍, ରୋମନ୍, ଯୋଜେପଳ, ମଉ ଏବଂ ଡିଡି। ଏମାନେ 'କିଂତୁ'ଙ୍କ ଦଶ ଭାଇରୂପେ ଶବରମାନଙ୍କ ଦ୍ୱାରା ପୂଜିତ ହୋଇଥାନ୍ତି। ତେଣୁ ବିଷ୍ଣୁଙ୍କର ଦଶାବତାର ବର୍ଣ୍ଣନା ଏହି ଦଶଭାଇ କଳ୍ପନାରୁ ଗୃହୀତ ହୋଇଥିବା ବିଷୟ ଗବେଷକମାନଙ୍କର ମତ।

ଏହା ବ୍ୟତୀତ କତିପୟ ଗବେଷକଙ୍କ ମତରେ ଜୟଦେବଙ୍କ ବର୍ଣ୍ଣିତ ଦଶାବତାର ଦଶଟି ରସର ଅଧିଷ୍ଠାତା ବା ଦଶରସାଧିକାରୀ। ସେମାନଙ୍କ ମତ ଅନୁସାରେ -

୧.	**ମତ୍ସ୍ୟ**	-	**ବୀଭତ୍ସରୂପ (ଜୁଗୁପ୍‌ସା)**
୨.	**କଚ୍ଛପ**	-	**ଅଦ୍ଭୁତ ରସ**
୩.	**ବରାହ**	-	**ଭୟାନକ ରସ**
୪.	**ନୃସିଂହ**	-	**ବାତ୍ସଲ୍ୟ ରସ**
୫.	**ବାମନ**	-	**ସଖ୍ୟରସ**
୬.	**ପରଶୁରାମ**	-	**ରୌଦ୍ରରସ**
୭.	**ରାମଚନ୍ଦ୍ର**	-	**କରୁଣ ରସ**
୮.	**ବଳରାମ**	-	**ହାସ୍ୟରସ**
୯.	**ବୁଦ୍ଧ**	-	**ଶାନ୍ତରସ**
୧୦.	**କଲ୍‌କୀ**	-	**ବୀରରସ**

ସେହିପରି କବି ଜୟଦେବ ଓଡ଼ିଶାର ବୈଷ୍ଣବଧର୍ମରେ ଏକ ପରିବର୍ତ୍ତନର ସୂତ୍ରପାତ କରିଥିଲେ। ସେ ମୁଖ୍ୟତଃ ଓଡ଼ିଶାରେ ରାଧା - କୃଷ୍ଣ ଲୀଳାକୁ 'ଗୀତଗୋବିନ୍ଦ ମାଧ୍ୟମରେ ପ୍ରଚାର ଓ ପ୍ରସାର କରାଇଥିଲେ। ଏ ସଂକ୍ରାନ୍ତରେ ଗବେଷକ ହରିଶ ଚନ୍ଦ୍ର ଦାଶ ଯଥାର୍ଥରେ ଲେଖିଛନ୍ତି - "Jayadeva introduced and popularised the cult of Radha and Krishna through his Gitagovinda. Since the society at that time did not approve the association of Radha with Krishna, the cult of Radha could not flourish till the 16th century, but Krishna gained wide celebrity in art and literature. The cult of Krishna (known as Gopinath in Odisha) gained momentum in sculptural representation from the 12th century A.D. Although there are profuse descriptions about the image in the literature of an ealier period, due to the influence of Bhagavata and the Gitagovinda, the cult of Gopinath and the composite figure of Krishna - Vishnu became quite popular in Odisha replacing the earlier form of four - armed Vishnu. The composite sculptur of Krishna - Vishnu in Tribhanga with upper two hands playing the flute in the company of astagopi and cattle (the associative feature of Krishna) indicates the amalgamation of two cult at a time, when Vaisnavism became the state religion of Odisha." ଏହା ବ୍ୟତୀତ କାନ୍ତକୋମଳ ପଦାବଳୀ ଓ ଦିବ୍ୟକବିତ୍ୱ ଜୟଦେବଙ୍କ ରଚନାକୁ ବେଶ୍ ରସମୟ ଓ ଭାବପ୍ରବଣ କରିପାରିଛି । ଜୀବନର ଶାଶ୍ୱତ ଦିଗଟିକୁ ଉନ୍ମୋଚନ କରି କବି ଶ୍ରୀଜୟଦେବ ପାଠକଙ୍କ ହୃଦୟରେ ଅମୃତର ଆସନ ପାତି ବସିଛନ୍ତି ନିଶ୍ଚୟ ।

ତୃତୀୟ ଅଧ୍ୟାୟ

ଶ୍ରୀଗୀତଗୋବିନ୍ଦରେ କବିଙ୍କ ସର୍ଜନଶୀଳ ପ୍ରତିଭା ଓ ଭକ୍ତି ଭାବନା

ଅଗ୍ନିପୁରାଣରେ ଉଲ୍ଲେଖ ରହିଛି –

"ନରତ୍ୱଂ ଦୁର୍ଲଭ ଲୋକେ ବିଦ୍ୟାତତ୍ର ସୁଦୁର୍ଲଭା
କବିତ୍ୱଂ ଦୁର୍ଲଭଂ ତତ୍ର ଶକ୍ତିସ୍ତତ୍ର ସୁଦୁର୍ଲଭା ।"

ଅର୍ଥାତ୍ ଏହି ଜଗତରେ ନରଜନ୍ମ ଦୁର୍ଲଭ । ନରମାନଙ୍କ ମଧ୍ୟରେ ବିଦ୍ୱାନ ଦୁର୍ଲଭ । ବିଦ୍ୱାନମାନଙ୍କ ମଧ୍ୟରେ କବି ଦୁର୍ଲଭ । କବିମାନଙ୍କ ମଧ୍ୟରେ ପ୍ରତିଭା ଦୁର୍ଲଭ । ପ୍ରତିଭାଧର କବି କାଳେ କାଳେ ସମାଜରେ ଅଭିବନ୍ଦିତ ହୋଇଥାନ୍ତି । ମହାକବି ଜୟଦେବ ଥିଲେ ଅସାମାନ୍ୟ ପ୍ରତିଭାଧର କବି । ତାଙ୍କର ସର୍ଜନଶୀଳ ପ୍ରତିଭାର ପଟାନ୍ତର ନାହିଁ । ତାଙ୍କପରି ସର୍ଜନଶୀଳ କବି ନ ଥିଲେ, ନାହାନ୍ତି କିମ୍ବା ନୋହିବେ । ଏତେ ଲଳିତ, ମଧୁର, କାନ୍ତକୋମଳ ପଦାବଳୀରେ କାବ୍ୟ ରଚନା କ୍ଷେତ୍ରରେ ଜୟଦେବ ହିଁ ପ୍ରମୁଖ ସ୍ଥାନ ଅଧିକାର କରିବେ । କବିରାଜ ଜୟଦେବ ସ୍ୱୟଂ ଲେଖିଛନ୍ତି –

"ଯଦି ହରିସ୍ମରଣେ ସରସଂମନୋ ।
ଯଦି ବିଳାସ କଳାସୁ କୁତୂହଳମ୍ ॥
ମଧୁର କୋମଳକାନ୍ତପଦାବଳୀମ୍ ।
ଶୃଣୁ ତଦାଜୟଦେବସରସ୍ୱତୀମ୍ ॥"

ସରସ, ଲଳିତ, କାନ୍ତ, କୋମଳ ପଦାବଳୀ ହୃଦୟକୁ ଛୁଇଁଥାଏ । ମାନସକୁ ରଞ୍ଜନ କରିଦିଏ । 'ଶୁଷ୍କକାଷ୍ଟଂ ଶୋଭତ୍ୟଗ୍ରେ' ଅପେକ୍ଷା 'ନୀରସ ତରୁବର ପୁରତୋ

ଭାତି' ନିଶ୍ଚିତ ଭାବରେ କଳାତ୍ମକତା ଦୃଷ୍ଟିରୁ ସାର୍ବଜନୀନ। ସେହିପରି କୃଷ୍ଣଲୀଳାକୁ ଉପଜୀବ୍ୟ କରି ବହୁ ଗ୍ରନ୍ଥ ରଚନା କରାଯାଇଛି। କିନ୍ତୁ ଜୟଦେବଙ୍କ କୃତ 'ଶ୍ରୀଗୀତଗୋବିନ୍ଦ' ମଧୁର, କୋମଳ, କାନ୍ତପଦାବଳୀ ପାଇଁ ଭାରତ ପ୍ରସିଦ୍ଧ। ଏଥିରେ କବିଙ୍କର ଅପୂର୍ବ ସର୍ଜନଶୀଳତା ଓ କଳାତ୍ମକତା ପ୍ରକଟିତ ହୋଇଛି।

କବି ଜୟଦେବ ଥିଲେ ଉଚ୍ଚକୋଟୀର ସର୍ଜନଶୀଳ ପ୍ରତିଭାସମ୍ପନ୍ନ କବି। ତାଙ୍କ ପ୍ରତିଭାର ପ୍ରକର୍ଷ 'ଗୀତଗୋବିନ୍ଦ' ଗ୍ରନ୍ଥର ଛତ୍ରେ ଛତ୍ରେ ବିଳସିତ। ସର୍ଜନଶୀଳ ସାହିତ୍ୟ ସ୍ୱୟଂକ୍ରିୟ, ସ୍ୱୟଂପ୍ରଭ, ସ୍ୱୟଂସମ୍ପୂର୍ଣ୍ଣ। ପୁନଶ୍ଚ ସର୍ଜନାତ୍ମକ ରଚନାରେ ଐଶୀଶକ୍ତି, ପ୍ରତିଭା, ଲେଖକର ମାନବୀୟ ଅନୁଭୂତି, ଆଶା, କଳ୍ପନା ଇତ୍ୟାଦିର ସଫଳ ରୂପାୟନ ଘଟିଥାଏ। ଜଣେ କବି ସର୍ଜନଶୀଳ ସ୍ରଷ୍ଟାଭାବରେ ଇନ୍ଦ୍ରିୟଗ୍ରାହୀ ଅନୁଭବକୁ ବ୍ୟକ୍ତ କରେ। ନିଶ୍ଚିତ ଭାବରେ ଗୀତଗୋବିନ୍ଦକାର ଶ୍ରୀଜୟଦେବ କାଳଗର୍ଭରେ ଅବିସ୍ମରଣୀୟ ପ୍ରତିଭା ହୋଇ ରହିବେ। କାରଣ 'ଗୀତଗୋବିନ୍ଦ' ଗ୍ରନ୍ଥରେ ସେ ମଣିଷର ପ୍ରେମ, ଶୃଙ୍ଗାର, ବିରହ, ଯନ୍ତ୍ରଣା, ମିଳନ ଓ ଉଲ୍ଲାସର କଥା ବର୍ଣ୍ଣନା କରିଛନ୍ତି। କାରଣ ମଣିଷ ଜୀବନର ପ୍ରଧାନ ଐଶ୍ୱର୍ଯ୍ୟ ହେଉଛି ପ୍ରେମ। ପ୍ରେମ ହିଁ ମଣିଷକୁ ଚହଲାଇ ଦେଇପାରେ। ପ୍ରେମ ଓ ଶୃଙ୍ଗାର ମଣିଷର ମାନସିକ ସ୍ଥିତିକୁ ନିୟନ୍ତ୍ରଣ କରେ। ତେଣୁ ଶୃଙ୍ଗାର ଭାବନାକୁ ଭାରତୀୟ ସାହିତ୍ୟରେ ପ୍ରାଧାନ୍ୟ ଦିଆଯାଇଛି। ସେହିପରି କବି ମାତ୍ରେ ହିଁ ଶୃଙ୍ଗାରୀ ହେବା ଆବଶ୍ୟକ ବୋଲି ମଧ୍ୟ ପ୍ରତିପାଦିତ ହୋଇଛି।

ଭୋଜରାଜ 'ସରସ୍ୱତୀ କଣ୍ଠାଭରଣ'ରେ ଲେଖିଛନ୍ତି –

"ଶୃଙ୍ଗାରୀ ଚେତ୍ କବିଃ କାବ୍ୟେଜାତଂ ରସମୟଜଗତ୍।"

ଧ୍ୱନ୍ୟାଲୋକ ଗ୍ରନ୍ଥରେ ଉଲ୍ଲେଖ ଅଛି –

"ଶୃଙ୍ଗାର ଏବ ମଧୁରଃ ପରପ୍ରହ୍ଲାଦନୋ
ରସଃ ତନ୍ମୟଂ କାବ୍ୟମାଶ୍ରିତ ମାଧୁର୍ଯ୍ୟ ପ୍ରତିତିଷ୍ଠତେ।"

କବି ଶ୍ରୀ ଜୟଦେବ ଶୃଙ୍ଗାର ବର୍ଣ୍ଣନାରେ ଜଣେ ଅତୁଳନୀୟ କବି। ସେ ଥିଲେ ନିମ୍ବାର୍କପନ୍ଥୀ ପରମ ବୈଷ୍ଣବ। ତେଣୁ ରାଧାକୃଷ୍ଣଙ୍କ ପ୍ରେମବର୍ଣ୍ଣନାରେ ତାଙ୍କର ଅପୂର୍ବ ସଫଳତା ଲକ୍ଷଣୀୟ। 'ଗୀତଗୋବିନ୍ଦ' ଗ୍ରନ୍ଥ ମଧୁର ରସରେ ଏତେ ଭରପୂର ଯେ ଆଉ କୌଣସି ମିଷ୍ଟକ ପଦାର୍ଥ 'ଗୀତଗୋବିନ୍ଦ'ର ସମକକ୍ଷ ହୋଇପାରିବ ନାହିଁ। କବି ସ୍ୱୟଂ ଗାଇଛନ୍ତି –

"ସାଧ୍ୱୀ ମାଧ୍ୱକଚିନ୍ତା ନ ଭବତି ଭବତଃ ଶର୍କରେ କର୍କରାସି
ଦ୍ରାକ୍ଷେ ଦ୍ରକ୍ଷ୍ୟନ୍ତି କେ ତ୍ୱାମମୃତମୃତ ମସି କ୍ଷୀରନୀରଂ ରସସ୍ତେ।
ମାକନ୍ଦ କ୍ରନ୍ଦ କାନ୍ତାଧର ଧରଣୀତଳଂ ଗଚ୍ଛ ଯଚ୍ଛନ୍ତି ଯାବଦ୍
ଭାବଂ ଶୃଙ୍ଗାରସାରସ୍ୱତ ମିହ ଜୟଦେବସ୍ୟ ବିଶ୍ୱଗ୍‌ବଚାଂସି।"

'ଗୀତଗୋବିନ୍ଦ' ଗ୍ରନ୍ଥରେ ସମୁଦାୟ ବାରଗୋଟି ସର୍ଗ ରହିଛି । ପ୍ରତ୍ୟେକ ସର୍ଗକୁ କବି ବିଭିନ୍ନ ନାମରେ ନାମିତ କରିଛନ୍ତି, ଯଥା: ପ୍ରଥମ ସର୍ଗକୁ 'ସାମୋଦଦାମୋଦରଃ', ଦ୍ୱିତୀୟ ସର୍ଗକୁ ଅକ୍ଳେଶକେଶବଃ, ତୃତୀୟ ସର୍ଗକୁ 'ମୁଗ୍ଧମଧୁସୂଦନଃ', ଚତୁର୍ଥ ସର୍ଗକୁ 'ସ୍ନିଗ୍ଧ ମଧୁସୂଦନଃ', ପଞ୍ଚମ ସର୍ଗକୁ 'ସାକାଙ୍‌କ୍ଷପୁଣ୍ଡରୀକାକ୍ଷଃ', ଷଷ୍ଠ ସର୍ଗକୁ 'ଧୃଷ୍ଟବୈକୁଣ୍ଠଃ', ସପ୍ତମ ସର୍ଗକୁ 'ନାଗର ନାରାୟଣଃ', ଅଷ୍ଟମ ସର୍ଗକୁ 'ବିଲକ୍ଷ୍ୟ ଲକ୍ଷ୍ମୀପତିଃ', ନବମ ସର୍ଗକୁ 'ମୁଗ୍ଧମୁକୁନ୍ଦଃ', ଦଶମ ସର୍ଗକୁ 'ଚତୁରଚତୁର୍ଭୁଜଃ', ଏକାଦଶ ସର୍ଗକୁ 'ସାନନ୍ଦଦାମୋଦରଃ' ଏବଂ ଦ୍ୱାଦଶ ସର୍ଗକୁ 'ସୁପ୍ରୀତ ପୀତାମ୍ବରଃ' ନାମରେ ନାମିତ କରିଛନ୍ତି ।

ଅଲଙ୍କାରଶାସ୍ତ୍ରର ନିୟମାନୁସାରେ ଗୀତଗୋବିନ୍ଦ ମହାକାବ୍ୟର ମଙ୍ଗଳା ଚରଣ ଶ୍ଲୋକରେ ରାଧା ଓ କୃଷ୍ଣଙ୍କର ଗୋପନ କେଳିର ଜୟହେଉ ବୋଲି ପ୍ରାର୍ଥନା କରାଯାଇଛି-

"ମେଘୈର୍ମେଦୁରମମ୍ବରଂ ବନଭୁବଃ ଶ୍ୟାମାସ୍ତମାଳଦ୍ରୁମୈ -
ର୍ନକ୍ତଂ ଭୀରୁରୟଂ ତ୍ୱମେବତଦିମଂ ରାଧେ ଗୃହଂପ୍ରାପୟ ।
ଇତ୍ଥଂନନ୍ଦନିଦେଶତଶ୍ଚଳିତୟୋଃ ପ୍ରତ୍ୟଧ୍ୱକୁଞ୍ଜଦ୍ରୁମଂ
ରାଧାମାଧବୟୋର୍ଜୟନ୍ତି ଯମୁନାକୂଳେରହଃକେଳୟଃ ।"

'ଗୀତଗୋବିନ୍ଦ' କାବ୍ୟର ବସ୍ତୁନିର୍ଦ୍ଦେଶ ସମ୍ପର୍କରେ କବି ଲେଖିଛନ୍ତି -

"ବାଗ୍‌ଦେବତା ଚରିତଚିତ୍ରିତଚିତ୍ତସଦ୍ମା
ପଦ୍ମାବତୀ ଚରଣଚାରଣଚକ୍ରବର୍ତ୍ତୀ ।
ଶ୍ରୀବାସୁଦେବ ରତିକେଳିକଥାସମେତ -
ମେତଂ କରୋତି ଜୟଦେବକବିଃ ପ୍ରବନ୍ଧମ୍ ।"

କବି ଜୟଦେବ 'ଗୀତଗୋବିନ୍ଦ'ରେ ଶ୍ରୀକୃଷ୍ଣ ଓ ଗୋପୀମାନଙ୍କର ରାସଲୀଳାକୁ ଯେପରି ମନୋରମ ପରିପାଟୀରରେ ବର୍ଣ୍ଣନା କରିଛନ୍ତି, ତହିଁରେ ତାଙ୍କର ଅପୂର୍ବ ସର୍ଜନଶୀଳ ପ୍ରତିଭାର ପରିଚୟ ମିଳିଥାଏ । କବି ଗାଇଛନ୍ତି -

"ଚନ୍ଦନଚର୍ଚ୍ଚିତ ନୀଳକଳେବରପୀତବସନବନମାଳୀ
କେଳିଚଳନମଣିକୁଣ୍ଡଳମଣ୍ଡିତ ଗଣ୍ଡଯୁଗସ୍ମିତଶାଳୀ
ହରିରିହମୁଗ୍ଧ ବିଧୂନିକରେ, ବିଳାସିନି ବିଳସତି କେଳିପରେ ।"
ପୀନପୟୋଧରଭାରଭରେଣହରିଂପରିରଭ୍ୟ ସରାଗମ୍
ଗୋପବଧୂରନୁଗାୟତିକାଚିଦୁଦଞ୍ଚିତପଞ୍ଚମରାଗମ୍ ।
କାପିବିଳାସବିଲୋଳବିଲୋଚନଖେଳନଜନିତମନୋଜମ୍

ଧ୍ୟାୟତିମୁଗ୍ଧ ବଧୂରଧିକଂ ମଧୁସୂଦନବଦନସରୋଜମ୍।
କାପିକପୋଳତଳେମିଳିତା ଲପିତୁଂ କିମପି ଶ୍ରୁତିମୂଳେ
ଚାରୁଚୁଚୁମ୍ବନିତମ୍ବବତୀଦୟିତଂପୁଲକୈରନୁକୂଳେ।
କରତଳତାଳତରଳବଳୟାବଳିକଳିତ କଳସ୍ୱନବଂଶେ
ରାସରସେସହନୃତ୍ୟପରାହରିଣାଯୁବତିଃପ୍ରଶଶଂସେ।
ଶ୍ଳିଷ୍ୟତିକାମପିଚୁମ୍ବତିକାମପି ରମୟତିକାମପିରାମାମ୍
ପଶ୍ୟତିସସ୍ମିତଚାରୁତରାମପରାମନୁଗଚ୍ଛତିବାମାମ୍।"

ତୃତୀୟ ସର୍ଗରେ ଶ୍ରୀକୃଷ୍ଣ ଯେପରି କାମଦେବଙ୍କୁ ବିନୀତ ଭାବରେ କହିଛନ୍ତି, ତାହା ଜୟଦେବଙ୍କ ରଚନାରେ ବେଶ୍ ଜୀବନ୍ତ ଓ ହୃଦ୍ୟ ହୋଇପାରିଛି। ଶ୍ରୀକୃଷ୍ଣ କାମଦେବଙ୍କୁ କହୁଛନ୍ତି ଯେ ପୂର୍ବେ ଶିବମହାଦେବ କ୍ରୋଧବଶତଃ ତୁମକୁ ଭସ୍ମରେ ପରିଣତ କରିଥିଲେ। ସେହି ପରାଭବରୁ ବୋଧହୁଏ ମୋତେ ଶିବବୋଲି ଜ୍ଞାନ କରି ମୋ ଉପରକୁ ଫୁଲଶର ପ୍ରହାର କରୁଛ ? ବୋଧହୁଏ ତୁମେ ଭ୍ରମରେ ପଡ଼ିଯାଇଛ। କାରଣ ମୋର ବକ୍ଷସ୍ଥଳରେ ସୁଶୀତଳ ମୃଣାଳହାର ଦେଖି ତୁମେ ଏହାକୁ ସର୍ପହାର ବୋଲି ଭାବି ନେଇଛ। ମୋ କଣ୍ଠରେ ନୀଳକଇଁର ପତ୍ରମାନ ରହିଥିବାରୁ ତୁମେ ବୋଧେ ମୋତେ ନୀଳକଣ୍ଠ ବୋଲି ଭାବିଛ। ବିରହତାପ ଯୋଗୁଁ ମୋ ଶରୀରରେ ପ୍ରଲେପିତ ହୋଇଥିବା ଗନ୍ଧସାର ଚନ୍ଦନ ଏବେ ତାହା ଶୁଖିଯାଇଛି। ତାକୁ ବୋଧହୁଏ ତୁମେ ଦେଖି ମୋତେ ଭସ୍ମବିଲେପନ ଶିବ ବୋଲି ଭାବିନେଇ ମୋ ଉପରକୁ କ୍ରୋଧକୁ ପ୍ରଶମିତ କରିବା ପାଇଁ ଫୁଲଶରରେ ପ୍ରହାର କରିବା ପାଇଁ ଧାଇଁ ଆସୁଛ। କବି ଜୟଦେବ ଲେଖିଛନ୍ତି-

"ହୃଦି ବିସଲତାହାରୋ ନାୟଂ ଭୁଜଙ୍ଗମନାୟକଃ
କୁବଳୟ ଦଳଶ୍ରେଣୀ କଣ୍ଠେ ନ ସା ଗରଳଦ୍ୟୁତିଃ
ମଳୟରଜୋ ନେଦଂ ଭସ୍ମ ପ୍ରିୟାରହିତେ ମୟି
ପ୍ରହର ନହରଭ୍ରାନ୍ତ୍ୟାନଙ୍ଗ ! କ୍ରୁଧା କିମୁ ଧାବସି।"

ଶ୍ରୀରାଧା ଅପରୂପମୟୀ । ସେ ସମସ୍ତ ସୌନ୍ଦର୍ଯ୍ୟର ଅଧିକାରିଣୀ । ସେହି ଅନିନ୍ଦ୍ୟସୁନ୍ଦରୀ ଶ୍ରୀରାଧା ଶ୍ରୀକୃଷ୍ଣଙ୍କୁ ବଶୀଭୂତ କରିଛନ୍ତି। ଶ୍ରୀରାଧାଙ୍କ ସୌନ୍ଦର୍ଯ୍ୟ ବିଷୟରେ ଶ୍ରୀକୃଷ୍ଣ କାମଦେବଙ୍କୁ କହିଛନ୍ତି -

"ଭ୍ରୂପଲ୍ଲବଂ ଧନୁରପାଙ୍ଗ ତରଙ୍ଗିତାନି ବାଣୀ ଗୁଣଃ ଶ୍ରବଣ ପାଳିରିତି ସ୍ମରେଣ।
ତସ୍ୟା ମନଙ୍ଗ ଜୟଜଙ୍ଗମଦେବତାୟାମସ୍ତ୍ରାଣି ନିର୍ଜ୍ଜିତ ଜଗନ୍ତି କର୍ମିପିତାନି।"

ଅର୍ଥାତ୍ ଶ୍ରୀକୃଷ୍ଣ କାମଦେବଙ୍କୁ କହୁଛନ୍ତି - "ହେ କାମଦେବ ! ଜଗତକୁ ଜିଣି ପାରୁଥିବା ଭଳି ଯେତେ ଅସ୍ତ୍ରଶସ୍ତ୍ର ସବୁ ରହିଛି, ସେହି ଅସ୍ତ୍ରଶସ୍ତ୍ରଗୁଡ଼ିକ ବୋଧହୁଏ

ତୁମେ ଶ୍ରୀରାଧାଙ୍କଠାରେ ବିନ୍ୟସ୍ତ କରିଛ। କାରଣ ମୁଁ ଭାବୁଛି ଯେ ଶ୍ରୀରାଧାଙ୍କ ଭ୍ରୂଲତା ହେଉଛି ସେହି ଅଜେୟଧନୁ, ତାଙ୍କର ଚଞ୍ଚଳ କଟାକ୍ଷ ହେଉଛି ଧନୁର୍ବାଣ ଏବଂ କର୍ଣ୍ଣଲତିକା ହେଉଛି ଧନୁର ଗୁଣ। ମୋତେ ଜୟ କରିବା ପାଇଁ ବୋଧହୁଏ ତୁମେ ଶ୍ରୀରାଧାଙ୍କଠାରେ ଏହି ଧନୁର୍ବାଣ ଇତ୍ୟାଦିକୁ ସାଇତି ରଖିଛ। ବାସ୍ତବିକ ଏପରି ବର୍ଣ୍ଣନାର ପଟାନ୍ତର ନାହିଁ। ଜଣେ ରସିକ ଓ ବୁଦ୍ଧିମାନ କବି ହିଁ ଏପରି ଚିନ୍ତନ କରିପାରନ୍ତି।

ଚତୁର୍ଥ ସର୍ଗରେ ମହାକବି ଜୟଦେବ ଶ୍ରୀରାଧାଙ୍କର ବିରହ ବ୍ୟଥାକୁ ଯେପରି ଭାବରେ ବର୍ଣ୍ଣନା କରିଛନ୍ତି, ସେଥିରୁ ଜଣାପଡ଼େ ସେ ହେଉଛନ୍ତି ବିରହବର୍ଣ୍ଣନାର ଶ୍ରେଷ୍ଠ ରୂପକାର। କାରଣ ଜୟଦେବ ଥିଲେ ପ୍ରେମର ପୋଖତ କବି। ପ୍ରେମର ପୋଖତ କବି ହିଁ ବିରହାତ୍ମକ ହୋଇପାରେ। ଶ୍ରୀରାଧାଙ୍କର ବିରହବାଧାକୁ ବର୍ଣ୍ଣନା କରିବାକୁ ଯାଇ କବି ଲେଖିଛନ୍ତି -

(i) "ଦିଶି ଦିଶି କିରତିସଜଳକଣଜାଳମ୍
ନୟନ ନଳିନମିବ ବିଗଳିତନାଳମ୍।"

ଅର୍ଥାତ୍ ଶ୍ରୀକୃଷ୍ଣଙ୍କୁ ଦେଖିବା ପାଇଁ ଶ୍ରୀରାଧା ଉଚ୍ଚକିତ ଭାବରେ ବାରମ୍ବାର ଏଣେତେଣେ ସତୃଷ୍ଣ ନୟନରେ ଚାହୁଁଛନ୍ତି। ପଦ୍ମନାଡ଼କୁ ଜଳମଧ୍ୟରୁ ଉପାଡ଼ି ଆଣିଲେ ସେଥିରୁ ଯେପରି ବିନ୍ଦୁ ବିନ୍ଦୁ ଜଳକଣିକା ଅବିରତ ଭାବରେ ଝରିପଡ଼େ, ସେହିପରି ଶ୍ରୀରାଧା ତାଙ୍କର ନୟନକମଳରୁ ଅବିରଳ ଅଶ୍ରୁବିନ୍ଦୁ ଝରାଇ ଚତୁର୍ଦ୍ଦିଗକୁ ବିକଳ ହୋଇ ଚାହୁଁଛନ୍ତି।

(ii) "ନୟନ ବିଷୟମପି କିଶଳୟତଳ୍ପମ୍
କଳୟତି ବିହିତହୁତାଶ ବିକଳ୍ପମ୍।"

ଅର୍ଥାତ୍ ଶ୍ରୀକୃଷ୍ଣଙ୍କ ବିରହରେ ଶ୍ରୀରାଧା ନିଜ ସମ୍ମୁଖରେ ସଜ୍ଜିତ ହୋଇ ରହିଥିବା ନବ କିଶଳୟ ପଲ୍ଲବ ଶଯ୍ୟାକୁ ପ୍ରତ୍ୟକ୍ଷରେ ଦେଖି ମଧ୍ୟ ଭ୍ରମବଶତଃ ତାହାକୁ ଅଗ୍ନିଶଯ୍ୟା ବୋଲି ମନେ କରୁଛନ୍ତି।

(iii) "ତ୍ୟଜତି ନପାଣି ତଳେନ କପୋଳମ୍
ବାଳଶଶିନମିବ ସାୟମଲୋଳମ୍।"

ଅର୍ଥାତ୍ ବିରହିଣୀ ଶ୍ରୀରାଧା ତାଙ୍କର ରକ୍ତିମ ହାତପାପୁଲି ଉପରେ ପାଣ୍ଡୁର ବର୍ଣ୍ଣ ଧାରଣ କରିଥିବା କପୋଳ ନ୍ୟସ୍ତ କରି ମ୍ରିୟମାଣା ହୋଇ ବସିଛନ୍ତି। ତାଙ୍କୁ ଦେଖିଲେ ମନେ ହେଉଛି, ସତେ ଅବା ସାୟଂକାଳରେ ଅରୁଣବର୍ଣ୍ଣ ଧାରଣ କରିଥିବା ଆକାଶ ବକ୍ଷରେ ସ୍ନିଗ୍ଧ ସୁନ୍ଦର ବାଳ ଚନ୍ଦ୍ରମା ନିଶ୍ଚଳ ହୋଇ ରହିଯାଇଛି।

(iv) "ହରିରିତି ହରିରିତି ଜପତିସକାମମ୍
ବିରହ ବିହିତମରଣେବ ନିକାମମ୍।"

ଅର୍ଥାତ୍ ମନୁଷ୍ୟ ତା'ର ଅନ୍ତିମ କାଳରେ ଯେପରି ହରି ହରି ଜପ କରୁଥାଏ, ସେହିପରି ବିରହ ବିଧୁରା ରାଧିକା କାମଦଶାର (ନମବ / ଦଶମ) ଅବସ୍ଥାରେ ପହଞ୍ଚି ମୃତତୁଲ୍ୟ ହୋଇ କେବଳ ହରି ହରି ଉଚ୍ଚାରଣ କରୁଛି।

ନିମ୍ନପଂକ୍ତିରେ କବି ଶ୍ରୀ ଜୟଦେବ ଶ୍ରୀରାଧାଙ୍କ ବିରହଦୁଃଖକୁ ଅତ୍ୟନ୍ତ ମାର୍ମିକ ଭାବରେ ବର୍ଣ୍ଣନା କରିଛନ୍ତି -

"ସା ରୋମାଞ୍ଚତି ଶୀତ୍କରୋତି ବିଳପତ୍ୟୁତ୍କମ୍ପତେ ତାମ୍ୟତି
ଧ୍ୟାୟତ୍ୟୁଦ୍ ଭ୍ରମତି ପ୍ରମୀଳତି ପତତ୍ୟୁଦ୍ୟାତି ମୂର୍ଚ୍ଛିତ୍ୟପି।
ଏତାବତ୍ୟ ତନୁଜ୍ୱରେ ବରତନୁର୍ଜୀବେନ୍ନ କିଂ ତେ ରସାତ୍
ସ୍ୱର୍ବୈଦ୍ୟପ୍ରତିମ ପ୍ରସୀଦସି ଯଦି ତ୍ୟକ୍ତୋଽନ୍ୟଥା ହସ୍ତକଃ।"

ସେହିପରି ପ୍ରିୟସଖୀ ରାଧିକାଙ୍କର ବିରହାବସ୍ଥାର ଯେଉଁ କରୁଣ ଘଟଣାମାନ ଉପସ୍ଥାପନ କରିଛନ୍ତି, ତାହା ଅତ୍ୟନ୍ତ ମାର୍ମିକ ଓ ଚିତ୍ତ ଦ୍ରବୀଭୂତକାରକ। କବି ଲେଖିଛନ୍ତି -

"କନ୍ଦର୍ପଜ୍ୱରସଂଜ୍ୱରା ତୁରତନୋରାଶ୍ଚର୍ଯ୍ୟମସ୍ୟାଶ୍ଚିରଂ
ଚେତଶ୍ଚନ୍ଦନଚନ୍ଦ୍ରମଃ କମଳିନୀ ଚିନ୍ତାସୁ ସଂତାମ୍ୟତି।
କିନ୍ତୁ କ୍ଳାନ୍ତିବଶେନ ଶୀତଳତରଂ ତ୍ୱାମେକମେବପ୍ରିୟଂ
ଧ୍ୟାୟନ୍ତୀ ରହସି ସ୍ଥିତାକଥମପିକ୍ଷୀଣାକ୍ଷଣଂ ପ୍ରାଣିତି।"

ସେହିପରି କବି ଜୟଦେବ ଶ୍ରୀକୃଷ୍ଣଙ୍କର ବିରହଦଶାକୁ ବର୍ଣ୍ଣନା କରିବାରେ ବେଶ୍ ସଫଳତା ଲାଭ କରିଛନ୍ତି। କାନ୍ତା ବିରହରେ ଶ୍ରୀକୃଷ୍ଣ କିପରି ବିକଳ ବିଧୁତ ଜୀବନଯାପନ କରୁଛନ୍ତି ଏବଂ 'ରାଧା' 'ରାଧା' ବୋଲି ଉଚ୍ଚାରଣ କରୁଛନ୍ତି ତାହାକୁ ଜୟଦେବ ଅତ୍ୟନ୍ତ ଜୀବନ୍ତ ରୀତିରେ ବର୍ଣ୍ଣନା କରିଛନ୍ତି। ଯେପରି -

(କ) "ବହତି ମଳୟସମୀରେ ମଦନମୁପନିଧାୟ
ସ୍ଫୁଟତି କୁସୁମ ନିକରେ ବିରହି ହୃଦୟଦଳନାୟ
ତବ ବିରହେ, ବନମାଳୀ ସଖି ! ସୀଦତି।

(ଖ) ଦହତି ଶିଶିରମୟୂଖେ ମରଣମନୁକରୋତି
ପତତି ମଦନ ବିଶିଖେ ବିଳପତି ବିକଳତରୋଽତି।

(ଗ) ବସତି ବିପିନ ବିତାନେତ୍ୟଜତିଲଳିତଧାମ
ଲୁଠତି ଧରଣୀଶୟନେବହୁବିଳପତି ତବନାମ।

(ଘ) ନାମ ସମେତଂ କୃତସଙ୍କେତଂ ବାଦୟତେମୃଦୁବେଣୁମ୍
ବହୁମନୁତେ ନନୁତେତନୁସଙ୍ଗତପବନଚଳିତମପି ରେଣୁମ୍ ।"

'ଗୀତଗୋବିନ୍ଦ' ଗ୍ରନ୍ଥରେ ବସନ୍ତଋତୁର ମଞ୍ଜୁଳ ବର୍ଣ୍ଣନା ରହିଛି । ବସନ୍ତଋତୁର ଶୁଭାଗମନରେ ନାୟକ ଓ ନାୟିକାଙ୍କର ମନୋଭାବନା ଇତ୍ୟାଦିକୁ କବି ମନୋଜ୍ଞ ପରିପାଟୀରେ ବର୍ଣ୍ଣନା କରିଛନ୍ତି । ନିମ୍ନ ପଂକ୍ତିମାନଙ୍କରେ ବସନ୍ତଋତୁର ମନୋହର ବର୍ଣ୍ଣନା ରହିଛି -

(କ) "ଲଳିତ ଲବଙ୍ଗଲତା ପରିଶୀଳନକୋମଳ ମଳୟସମୀରେ
ମଧୁକର ନିକର କରମ୍ବିତକୋକିଳକୂଜିତ କୁଞ୍ଜକୁଟୀରେ ।"
(ପ୍ରଥମ ସର୍ଗ)

(ଖ) "ବିଗଳିତ ଲଜ୍ଜିତ ଜଗଦବଲୋକନ ତରୁଣକରୁଣ କୃତହାସେ ।
ବିରହିନିକୃନ୍ତନ କୃନ୍ତମୁଖାକୃତି କେତକିଦନ୍ତୁରିତ ତାଶେ ।"

(ଗ) "ମାଧବିକା ପରିମଳ ଲଳିତେ ନବମାଳତିଜାତି ସୁଗନ୍ଧୌ ।
ମୁନିମନସାମପି ମୋହନ କାରିଣି ତରୁଣାକାରଣ ବନ୍ଧୌ ।"

(ଘ) "ଉନ୍ମୀଳନ୍ ମଧୁଗନ୍ଧ ଲୁବ୍‌ଧମଧୁପବ୍ୟାଧୂତ ଚୂତାଂକୁର -
କ୍ରୀଡତ୍ କୋକିଳକାକଳୀକଳକଳୈ ରୁଦ୍‌ଗୀର୍ଣ୍ଣକର୍ଣ୍ଣଜ୍ୱରାଃ
ନୀୟନ୍ତେ ପଥିକୈଃ କଥଂ କଥମପି ଧ୍ୟାନାବଧାନକ୍ଷଣ
ପ୍ରାପ୍ତାପ୍ରାଣସମାସମାଗମରସୋଲ୍ଲାସୈରମୀ ବାସରାଃ ।"

'ଗୀତଗୋବିନ୍ଦ' ଗ୍ରନ୍ଥର ସପ୍ତମ ସର୍ଗରେ ମନୋରମ ସନ୍ଧ୍ୟା ବର୍ଣ୍ଣନା ରହିଛି । ଏଥିରେ କବିଙ୍କର ମୌଳିକତା ଓ କଳ୍ପନାବିଳାସ ପ୍ରକଟିତ । କବି ବର୍ଣ୍ଣନା କରିଛନ୍ତି ଯେ ଅନ୍ଧାର ରାତିରେ ପରପୁରୁଷଙ୍କ ନିକଟକୁ ଅଭିସାର ନିମନ୍ତେ ଆସୁଥିବା କୁଳଟା ନାରୀମାନଙ୍କର ମାର୍ଗକୁ ଅବରୋଧ କରୁଥିବାରୁ ଚନ୍ଦ୍ର ସେହି କଳଙ୍କକୁ ଟୀକାସଦୃଶ ଧାରଣ କରିଛନ୍ତି । କବିଙ୍କ ଭାଷାରେ -

"ଅତ୍ରାନ୍ତରେ ଚ କୁଳଟାକୁଳବମ୍ପାତ ସଂଜାତ ପାତକଇବସ୍ଫୁଟଲାଞ୍ଛନଶ୍ରୀ
ବୃନ୍ଦାବନାନ୍ତର ମଦୀପୟଦଂ ଶୁଜାଳୈଦିକ୍‌ସୁନ୍ଦରୀବଦନଚନ୍ଦନ ବିନ୍ଦୁରିନ୍ଦୁଃ ।"

ଏହିପରି ଭାବରେ ଗୀତଗୋବିନ୍ଦ କାବ୍ୟ ପ୍ରକୃତିବର୍ଣ୍ଣନା, ଶୃଙ୍ଗାର ବର୍ଣ୍ଣନାରେ ରସାଣିତ ହୋଇଛି । କବି କହିଛନ୍ତି ଯେ ଏହାକୁ ନୃତ୍ୟ, ଗୀତ ଓ କାବ୍ୟର ସମବାୟରେ ଗାନ କରିବାର ବ୍ୟବସ୍ଥା ରହିଛି । କାବ୍ୟ ରଚନାର ସମସ୍ତ ରୀତି ଓ ଆଦର୍ଶକୁ ଗ୍ରହଣ କରାଯାଇଛି । ଗାନ୍ଧର୍ବ କଳାକୌଶଳରେ ପରିପୂର୍ଣ୍ଣ 'ଶ୍ରୀଗୀତଗୋବିନ୍ଦ' ଗ୍ରନ୍ଥ କବି ଜୟଦେବଙ୍କର ଏକ ମହିମ୍ନ କୃତି । କବି ଜୟଦେବ 'ଗୀତଗୋବିନ୍ଦ' ସମ୍ପର୍କରେ ଉଲ୍ଲେଖ କରିଛନ୍ତି -

"ଯଦ୍ ଗାନ୍ଧର୍ବକଳାସୁ କୌଶଳମନୁଧ୍ୟାନଂ ଚ ଯଦ୍‌ବୈଷ୍ଣବଂ
ଯଚ୍ଛୃଙ୍ଗାର ବିବେକତତ୍ତ୍ୱରଚନା କାବ୍ୟେଷୁଲୀଳାୟିତମ୍।
ତତ୍ସର୍ବଂ ଜୟଦେବପଣ୍ଡିତକବେଃ କୃଷ୍ଣୈକତାତ୍ମନଃ
ସାନନ୍ଦାଃ ପରିଶୋଧୟନ୍ତୁ ସୁଧିୟଃଶ୍ରୀଗୀତଗୋବିନ୍ଦତଃ।"

'ଗୀତଗୋବିନ୍ଦ ଗ୍ରନ୍ଥରେ କବିଙ୍କର ଭକ୍ତିଭାବର ପଟାନ୍ତର ନାହିଁ। କବି ଜୟଦେବ ଥିଲେ ଉଚ୍ଚକୋଟୀର ଭକ୍ତ କବି। ତେଣୁ ଗୀତଗୋବିନ୍ଦରେ କବିଙ୍କର ଭକ୍ତିମତ୍ତା ପ୍ରକଟିତ ହୋଇଛି। ଏହି କଳିଯୁଗରେ ସର୍ବସାର ବସ୍ତୁ ହେଉଛି ଭକ୍ତି। ଭକ୍ତର ଭୂଷଣ ହେଉଛି ଭକ୍ତି। ଭକ୍ତି ଏକ ଦେବୋପମ ଭାବ। ଭକ୍ତି ସମ୍ପର୍କରେ ନାରଦଭକ୍ତି ସୂତ୍ରରେ ଉଲ୍ଲେଖ ଅଛି - "ସା କସ୍ମୈଚିତ୍ ପରମ ପ୍ରେମରୂପା"। ଅର୍ଥାତ୍ ପରମପ୍ରେମ ଭାବ ହିଁ ଭକ୍ତି। 'ଶାଣ୍ଡିଲ୍ୟସୂତ୍ର'ରେ ମଧ୍ୟ ବର୍ଣ୍ଣନା କରାଯାଇଛି - 'ସା ପରାନୁରକ୍ତିରୀଶ୍ୱରେ'। ଅର୍ଥାତ୍ ଭଗବାନଙ୍କଠାରେ ଯତ୍‌ପରୋନାସ୍ତି ଅନୁରକ୍ତିର ନାମ ଭକ୍ତି। ଭକ୍ତି ହେଉଛି ଦିବ୍ୟ, ଶାଶ୍ୱତ ଓ ନୈସର୍ଗିକ। କୃଷ୍ଣଦାସ କବିରାଜଗୋସ୍ୱାମୀଙ୍କ 'ଚୈତନ୍ୟଚରିତାମୃତ' ଗ୍ରନ୍ଥରେ ଶ୍ରୀଚୈତନ୍ୟ ମହାପ୍ରଭୁ ଓ ରାୟରାମାନନ୍ଦଙ୍କ କଥୋପକଥନରୁ ଏହା ଅବଧାରଣା କରିହୁଏ ଯେ ସକଳ ବିଦ୍ୟା ମଧ୍ୟରେ ଭକ୍ତି ହେଉଛି ଶ୍ରେଷ୍ଠ।

"ପ୍ରଭୁ କହେ କୋନବିଦ୍ୟା ବିଦ୍ୟା ମଧ୍ୟେସାର,
ରାୟ କହେ ଭକ୍ତିବିନା ବିଦ୍ୟା ନାହିଁ ଆର।"

ପୁନଶ୍ଚ ରାଧା ଓ କୃଷ୍ଣଙ୍କ ପ୍ରେମଭାବନାକୁ ବୈଷ୍ଣବଜନର ଶ୍ରେଷ୍ଠ ସମ୍ପଦ ଭାବରେ ନିର୍ଣ୍ଣୟ କରାଯାଇଛି। ଯଥା -

"ସମ୍ପତ୍ତି ମଧ୍ୟେ ଜୀବେର କୋନସମ୍ପତ୍ତି ଗନି
ରାଧା-କୃଷ୍ଣପ୍ରେମଯାର ସେଇ ବଡ଼ ଧନୀ।"

ଶ୍ରୀମଦ୍ ଭଗବତ୍‌ଗୀତାରେ 'ଭକ୍ତିଯୋଗ' ଅଧ୍ୟାୟରେ ଭଗବାନ ଶ୍ରୀକୃଷ୍ଣ କହିଛନ୍ତି -

"ଯୋ ନ ହୃଷ୍ୟତି ନ ଦ୍ୱେଷ୍ଟି ନ ଶୋଚତି ନ କାଙ୍କ୍ଷତି
ଶୁଭାଶୁଭ ପରିତ୍ୟାଗୀ ଭକ୍ତିମାନ୍ ଯଃ ସମେ ପ୍ରିୟଃ।"

(୧୭/ ଦ୍ୱାଦଶ ଅଧ୍ୟାୟ)

ଅର୍ଥାତ୍ ଯେଉଁ ବ୍ୟକ୍ତି ଖୁସି ହୋଇ ଆତ୍ମହରା ହୁଏ ନାହିଁ, ବିପଦରେ ଅଧୀର ହୋଇପଡ଼େ ନାହିଁ, ପ୍ରିୟବସ୍ତୁ ନଷ୍ଟ ହେଲେ ଅନୁଶୋଚନା କରେ ନାହିଁ ଏବଂ ଯେ ସକଳ ଆକାଙ୍କ୍ଷା ପରିତ୍ୟାଗ କରି ଶୁଭାଶୁଭ ବିଚାର ନକରି ମୋଠାରେ ଭକ୍ତି ରଖେ, ସେହି ଭକ୍ତିମାନ ମନୁଷ୍ୟ ମୋର ପ୍ରିୟ ଅଟେ।

ପୁନଶ୍ଚ ଗୀତାଗ୍ରନ୍ଥରେ ମଧ୍ୟ ଭଗବାନ ଶ୍ରୀକୃଷ୍ଣ ପ୍ରତିପାଦନ କରିଛନ୍ତି -

"ଅଦ୍ୱେଷ୍ଟା ସର୍ବଭୂତାନାଂ ମୈତ୍ରଃ କରୁଣ ଏବ ଚ
ନିର୍ମମୋ ନିରହଙ୍କାରଃ ସମଦୁଃଖ ସୁଖଃକ୍ଷମା।"

(୧୩ / ଦ୍ୱାଦଶ ଅଧ୍ୟାୟ)

"ସନ୍ତୁଷ୍ଟଃ ସତତଂ ଯୋଗୀ ଯତାତ୍ମା ଦୃଢ଼ନିଶ୍ଚୟଃ
ମର୍ଯ୍ୟର୍ପିତମନୋବୁଦ୍ଧିର୍ଯୋମଭକ୍ତଃ ସମେପ୍ରିୟଃ।"

(୧୪ / ଦ୍ୱାଦଶ ଅଧ୍ୟାୟ)

ଅର୍ଥାତ୍ ଭଗବାନ କହୁଛନ୍ତି ଯେ ସମସ୍ତ ପ୍ରାଣୀଙ୍କ ପ୍ରତି ଦ୍ୱେଷଭାବଶୂନ୍ୟ, ମିତ୍ରଭାବାପନ୍ନ, ଦୟାଳୁ, ମମତାରହିତ, ଅହଙ୍କାର ରହିତ, ସୁଖ ଦୁଃଖ ପ୍ରାପ୍ତିରେ ସମଭାବାପନ୍ନ, କ୍ଷମାଶୀଳ, ନିରନ୍ତର ସନ୍ତୁଷ୍ଟ, ଯୋଗୀ, ଶରୀର ସଂଯମୀ, ଦୃଢ଼ନିଶ୍ଚୟ ଏବଂ ମୋଠାରେ ମନବୁଦ୍ଧି ଅର୍ପଣ କରିଛି, ମୋର ସେହି ଭକ୍ତ ପ୍ରିୟ ଅଟେ।

ଭକ୍ତି ଭାବ ସମ୍ପର୍କରେ 'କୃଷ୍ଣଭକ୍ତି ରସାମୃତ'ରେ କୁହାଯାଇଛି -

"ସ୍ଥାୟୀଭାବୋ ଭଗବତି ସଚ୍ଚିଦାନନ୍ଦ ମଙ୍ଗଳେ
ସ୍ୱତଃ ପ୍ରକାଶତେ ଚିତ୍ତେ ସା ଭକ୍ତିରିତି କଥ୍ୟତେ।
ଯଥୈବୋଦୟତୋ ଭାନୋଃସ୍ନିଗ୍ଧବାଳାତପଚ୍ଛଟ
ବ୍ରହ୍ମଣ୍ୟୁଦ ବୁଧମାନସ୍ୟ ଭକ୍ତି ର୍ଜୀବାତ୍ମନସ୍ତଥା।
ଭକ୍ତିରୁଦ୍ ବୋଧୟତ୍ୟେକା ବୃତ୍ତୀଃସର୍ଦା ହି ସାତ୍ତ୍ୱିକୀଃ
ଯଥେବ ନଳିନୀ ସୁପ୍ତା ପ୍ରଭାତ ତରଣି ପ୍ରଭା
ମଜ୍ଜତ୍ୟାତ୍ମା ଭକ୍ତିହୀନୋ ମହାମୋହମୟେ ଭବେ
ଅନ୍ଧକୂପେ ନିରାଲମ୍ବ ଛିନ୍ନରଜ୍ଜୁର୍ଯ୍ୟଥା ଘଟଃ।"

ଅର୍ଥାତ୍ ସଚ୍ଚିଦାନନ୍ଦମୟ ଭଗବାନଙ୍କ ପ୍ରତି ଯେଉଁ ସ୍ଥାୟୀଭାବ ଅର୍ଥାତ୍ ଅଚଳ ଐକାନ୍ତିକ ଅନୁରାଗ ସ୍ୱତଃ ହୃଦୟରେ ଜାଗ୍ରତ ହୁଏ, ତାହାହିଁ ଭକ୍ତି। ଉଦୟକାଳୀନ ସୂର୍ଯ୍ୟର ସ୍ନିଗ୍ଧ ଅରୁଣିମା ଯେପରି ଆନନ୍ଦମୟ ପରବ୍ରହ୍ମଙ୍କ ପ୍ରତି ଜୀବାତ୍ମାର ଭକ୍ତି ସେହିପରି ଅମୃତମୟ। ଯେପରି ପ୍ରଭାତର ସୂର୍ଯ୍ୟ ନଳିନୀକୁ ବିକଶିତ କରେ, ସେହିପରି ଭକ୍ତି ଅନିର୍ବଚନୀୟ ସାତ୍ତ୍ୱିକ ଭାବ ଜାଗରୁକ କରେ। ରଜ୍ଜୁଛିନ୍ନ ହେଲେ ଘଟ ଯେପରି ଅନ୍ଧକାର କୂପ ଭିତରେ ନିପତିତ ହୁଏ, ସେହିପରି ଭକ୍ତିଶୂନ୍ୟ ହେଲେ ଜୀବ ମହାମୋହମୟ ଭବ କୂପରେ ବୁଡିଯାଏ । ଭାଗବତକାର ଜଗନ୍ନାଥ ଦାସ ଲେଖିଛନ୍ତି-

'ଭକ୍ତିରେ ପ୍ରୀତି ନାହିଁ ଯାର । ସେ କାହୁଁ ଜାଣେ ମୋ ପୟର ॥'

ଭକ୍ତକବି ଜୟଦେବ ଥିଲେ କୃଷ୍ଣପ୍ରାଣଗତ। ରାଧା ଓ କୃଷ୍ଣଙ୍କର ପରମଭକ୍ତ।

ତାଙ୍କ ଦୃଷ୍ଟିରେ ଶ୍ରୀକୃଷ୍ଣ ସ୍ୱୟଂ ଭଗବାନ। ପରବ୍ରହ୍ମ ଅବତାର ପୁରୁଷ। ତାଙ୍କଠାରୁ ଦଶାବତାର ସୃଷ୍ଟି ହୋଇ ଲୀଳା ପ୍ରକଟନ କରନ୍ତି। ତେଣୁ ଜୟଦେବ ଲେଖିଛନ୍ତି -

"ବେଦାନୁଦ୍ଧରତେ ଜଗନ୍ନିବହତେ ଭୂଗୋଳମୁଦ୍‌ବିଭ୍ରତେ
ଦୈତ୍ୟଂ ଦାରୟତେ ବଳିଂ ଛଳୟତେ କ୍ଷତ୍ରକ୍ଷୟଂ କୁର୍ବତେ।
ପୌଲସ୍ତ୍ୟଂ ଜୟତେ ହଳଂ କଳୟତେ କାରୁଣ୍ୟମାତନ୍ୱତେ
ମ୍ଲେଚ୍ଛାନ୍ ମୂର୍ଚ୍ଛୟତେ ଦଶାକୃତିକୃତେ କୃଷ୍ଣାୟ ତୁଲ୍ୟଂ ନମଃ"

ଶ୍ରୀଜୟଦେବ 'ଗୀତଗୋବିନ୍ଦ'ରେ ଯେଉଁ ଦଶାବତାର ସ୍ତୋତ୍ର ବର୍ଣ୍ଣନା କରିଛନ୍ତି ତାହାର ପଟାନ୍ତର ନାହିଁ। ଭଗବାନ କୃଷ୍ଣଚନ୍ଦ୍ରଙ୍କର ଦଶାବତାର ମତ୍ସ୍ୟ, କଚ୍ଛପ, ଶୂକର, ନରହରି, ବାମନ, ଭୃଗୁପତି, ରଘୁପତି, ହଳଧର, ବୁଦ୍ଧ ଓ କଲ୍‌କୀ ଏହି ଦଶବିଧ ରୂପକୁ ଯେପରି ଭକ୍ତିପ୍ରବଣ ହୃଦୟରେ ସ୍ତବ କରିଛନ୍ତି, ତାହା ଯଥାର୍ଥରେ ଶ୍ରୀଜଗଦୀଶ୍ୱରଙ୍କ ପ୍ରତି ଗଭୀର ଭକ୍ତିଭାବାପନ୍ନ ହୃଦୟର ମାର୍ମିକ ପରିପ୍ରକାଶ। ଦୃଷ୍ଟାନ୍ତ ସ୍ୱରୂପ -

ମତ୍ସ୍ୟ ଅବତାର - "ପ୍ରଳୟ ପ୍ରୟୋଧିଜଳେ ଧୃତବାନସି ବେଦମ୍
ବିହିତ ବହିତ୍ର ଚରିତ୍ରମ୍ ଖେଦମ୍
କେଶବ! ଧୃତମୀନଶରୀର ଜୟ ଜଗଦୀଶହରେ।"

ନୃସିଂହ ଅବତାର - "ତବ କରକମଳବରେ ନଖମଦ୍‌ଭୁତ ଶୃଙ୍ଗମ୍
ଦଳିତ ହିରଣ୍ୟକଶିପୁ ତନୁଭୃଙ୍ଗମ୍
କେଶବ! ଧୃତ ନରହରି ରୂପ, ଜୟଜଗଦୀଶ ହରେ।"

ରାମାବତାର - "ବିତରସି ଦିକ୍ଷୁରଣେ ଦିକ୍‌ପତି କମନୀୟମ୍
ଦଶମୁଖମୌଳିବଳିଂ ରମଣୀୟମ୍
କେଶବ! ଧୃତ ରଘୁପତି ରୂପ ଜୟଜଗଦୀଶ ହରେ।"

ବୁଦ୍ଧାବତାର - "ନିନ୍ଦସି ଯଜ୍ଞ ବିଧେରହହ ଶ୍ରୁତିଜାତମ୍
ସଦୟହୃଦୟ ଦର୍ଶିତ ପଶୁଘାତମ୍
କେଶବ! ଧୃତ ବୁଦ୍ଧ ଶରୀର, ଜୟ ଜଗଦୀଶ ହରେ।"

ସେହିପରି ଗୁଜ୍ଜରୀ ରାଗରେ କବି ଜୟଦେବ ଜଗଦୀଶଙ୍କର ଯେଉଁ ଜୟଗାନ କରିଛନ୍ତି, ତହିଁରୁ ତାଙ୍କର ବିମଳ ଭକ୍ତିଭାବ ଓ ସମର୍ପଣ ଭାବର ପରିଚୟ ମିଳେ।

"ଶ୍ରିତକମଳାକୁଚମଣ୍ଡଳ ଧୃତ କୁଣ୍ଡଳ
କଳିତ ଲଳିତ ବନମାଳ, ଜୟ ଜୟ ଦେବ ହରେ।
ଦିନମଣି ମଣ୍ଡଳମଣ୍ଡନ, ଭବ ଖଣ୍ଡନ
ମୁନିଜନ ମାନସ ହଂସ, ଜୟ ଜୟ ଦେବ ହରେ।

କାଳିୟବିଷଧର ଗଞ୍ଜନ, ଜନରଞ୍ଜନ

ଯଦୁକୁଳନଳିନଦିନେଶ, ଜୟ ଜୟ ଦେବ ହରେ।" ଇତ୍ୟାଦି

ଭକ୍ତି ରସାତ୍ମକ ରଚନାର ଏସବୁ ହେଉଛି ଉତ୍କୃଷ୍ଟ ନିଦର୍ଶନ। 'ଗୀତଗୋବିନ୍ଦ'ରେ ଶୃଙ୍ଗାର ଓ ଭକ୍ତିଭାବନା ଦେଖିବାକୁ ମିଳେ। ରାଧା ଏବଂ କୃଷ୍ଣଙ୍କର ଶୃଙ୍ଗାର ବର୍ଣ୍ଣନା କରୁ କରୁ କବି ତାଙ୍କର ଭକ୍ତି ତଦ୍‌ଗତ ହୃଦୟର ପ୍ରମାଣ ଦେଇଛନ୍ତି। କବି କହିଛନ୍ତି ସେହି କମନୀୟ କାନ୍ତିସ୍ୱରୂପ, ପୁଣ୍ୟ ପ୍ରଦାନକାରୀ, ସଦୟହୃଦୟ ଓ ପ୍ରମୁଦିତ ଗୋବିନ୍ଦକୁ ପ୍ରଣାମ କର। ଯେପରି -

"ଶ୍ରୀଜୟଦେବକୃତହରିସେବେ ଭଣତି ପରମରମଣୀୟମ୍,

ପ୍ରମୁଦିତହୃଦୟଂ ହରିମତି ସଦୟଂ ନମତ ସୁକୃତକମନୀୟମ୍।"

ଶ୍ରୀମଦ୍ ଭଗବତ ଗୀତାରେ ଭଗବାନ ଶ୍ରୀକୃଷ୍ଣ ମଧ୍ୟ ଅର୍ଜ୍ଜୁନଙ୍କୁ କହିଛନ୍ତି -

"ମନ୍ମନା ଭବ ମଦ୍ଭକ୍ତୋ ମଦ୍ୟାଜୀ ମା' ନମସ୍କୁରୁ

ମାମେ ବୈଷ୍ୟସି ସତ୍ୟଂ ତେ ପ୍ରତିଜାନେ ପ୍ରିୟୋଽସିମେ।"

(୬୫/୧୮ମ)

ଅର୍ଥାତ୍ ଭଗବାନ କହୁଛନ୍ତି - ତୁମେ ମୋର ଭକ୍ତ ହୁଅ, ମୋଠାରେ ମନୋନିବେଶ କର, ମୋର ପୂଜକ ହୁଅ। ମୋତେ ନମସ୍କାର କର। ଏପରି କଲେ ତୁମେ ମୋତେ ହିଁ ପ୍ରାପ୍ତ ହେବ - ଏହା ମୁଁ ତୁମ ସମ୍ମୁଖରେ ସତ୍ୟପ୍ରତିଜ୍ଞା କରୁଅଛି। କାରଣ ତୁମେ ମୋର ଅତ୍ୟନ୍ତ ପ୍ରିୟ ଅଟ।

ଶ୍ରୀହରିଙ୍କର ରତିକେଳି ଗାଥା ଅତ୍ୟନ୍ତ ପବିତ୍ର ଓ ଏହାର ଶ୍ରବଣରେ କଳିଯୁଗର ସମସ୍ତ ପାତକ ଦୂରହୋଇଯାଏ। ତେଣୁ ଜୟଦେବ ଗାଇଛନ୍ତି -

"ଶ୍ରୀ ଜୟଦେବ ଭଣିତ ହରିରମିତମ୍

ଜନୟତୁ କଳିକଲୁଷଂ ପରିଶମିତମ୍।

ସେହିପରି ଉକ୍ତି ମଧ୍ୟ ସପ୍ତମ ସର୍ଗରେ ଉଲ୍ଲେଖ ରହିଛି।

"ଇହରସଭଣନେ କୃତହରି ଗୁଣନେ ମଧୁରିପୁପଦସେବକେ

କଳିଯୁଗ ଚରିତଂ ନ ବସତୁ ଦୁରିତଂ କବିନୃପ ଜୟଦେବକେ।"

'ଗୀତଗୋବିନ୍ଦ'ରେ ସ୍ୱୟଂ ଗୋବିନ୍ଦଙ୍କର ରତିକେଳି ବର୍ଣ୍ଣିତ ହୋଇଥିବାରୁ ଏହାକୁ ଶ୍ରବଣ କଲେ ବୈଷ୍ଣବ ଭକ୍ତ ସମୂହ ଶ୍ରୀକୃଷ୍ଣଙ୍କର ପାପପଦ୍ମରେ ମିଳିତ ହେବାର ସୁଯୋଗ ରହିଛି। ସେଥିପାଇଁ ଜୟଦେବ କହିଛନ୍ତି -

"ଶ୍ରୀ ଜୟଦେବ ଭଣିତମିତି ଗୀତମ୍

ସୁଖୟତୁ କେଶବପଦମୁପନୀତମ୍।"

ଭଗବାନ ଶ୍ରୀକୃଷ୍ଣ ହେଉଛନ୍ତି ଭକ୍ତିପ୍ରିୟ ମାଧବ। ସେ ଭକ୍ତିଭାବରେ ବନ୍ଧା। ସେ ଭକ୍ତଜନର ପ୍ରାଣଧନ। ଭଗବତ ପ୍ରାପ୍ତି ପାଇଁ ଭକ୍ତିହେଉଛି ଏକମାତ୍ର ସାଧନ। 'ଭାଗବତ' ଗ୍ରନ୍ଥରେ ଜଗନ୍ନାଥ ଦାସ ଲେଖିଛନ୍ତି -

"ମୋ ଭାବେ ଚିତ୍ତ ଯାର ନାହିଁ। ସଂସାରେ ଦରିଦ୍ରଟି ସେହି
ଭକ୍ତିରେ ପ୍ରୀତି ନାହିଁ ଯାର। ସେ କାହୁଁ ଜାଣେ ମୋ ପୟର।"

ଶ୍ରୀକୃଷ୍ଣ ସ୍ୱୟଂ ଭଗବାନ। 'ଶ୍ରୀକୃଷ୍ଣ ଗୋବିନ୍ଦ ହରେମୁରାରେ, ହେ ନାଥ ନାରାୟଣ ବାସୁଦେବ'। କୁହାଯାଇଛି -

"ସ୍ୱୟଂ ଭଗବାନ କୃଷ୍ଣ, କୃଷ୍ଣ ପରତତ୍ତ୍ୱ
ପୂର୍ଣ୍ଣଜ୍ଞାନ, ପୂର୍ଣ୍ଣାନନ୍ଦ ପରମ ମହତ୍ତ୍ୱ।

X X X

କୃଷ୍ଣ ଏକ ସର୍ବାଶ୍ରୟ କୃଷ୍ଣ ଏକ ଧାମ
କୃଷ୍ଣେର ଶରୀରେ ସର୍ବ ବିଶ୍ୱେର ବିଶ୍ରାମ।"

ସେହି ପରମପୁରୁଷ ଶ୍ରୀକୃଷ୍ଣ ଲୀଳାମୟ ଠାକୁର। ସେ କେତେବେଳେ କୁଞ୍ଜବିହାରୀ ତ କେତେବେଳେ ଶ୍ରୀରାଧାଙ୍କ ପ୍ରେମ ପାଇଁ ବାତୁଳ ପ୍ରାୟ ହେଉଛନ୍ତି। ସେ କେତେବେଳେ କଂସାରି ତ କେତେବେଳେ କେଶୀମଥନ, କେତେବେଳେ ମଧୁସୂଦନ, ପୁଣି କେତେବେଳେ ବାସୁଦେବ, ଶ୍ରୀହରି। ସେ ହେଉଛନ୍ତି ପ୍ରେମର ସ୍ୱରୂପ, ସ୍ୱୟଂ ପ୍ରେମାନନ୍ଦ। ପ୍ରେମ ଓ ଭଗବାନଙ୍କ ମଧ୍ୟରେ କୌଣସି ପାର୍ଥକ୍ୟ ନାହିଁ। ପ୍ରେମମୟୀ ଶ୍ରୀରାଧା ଏହି ପ୍ରେମର ଶ୍ରେଷ୍ଠସାଧନା କରିପାରିଥିଲେ। ତାହା ହେଉଛି ରାଧପ୍ରେମ, ଗୋପୀପ୍ରେମ। 'ରହସ୍ୟମଞ୍ଜରୀ' ଗ୍ରନ୍ଥରେ କବି ଦେବଦୁର୍ଲ୍ଲଭ ଦାସ ସେହି ଗୋପୀ ପ୍ରେମର ଶ୍ରେଷ୍ଠତା ପ୍ରତିପାଦନ କରିଛନ୍ତି -

"ଚାରି ଭକ୍ତି ମଧ୍ୟେ ପ୍ରେମ ଭକ୍ତି ଅଟେ ସାର
ସେ ଭକ୍ତି ଅଟଇ କୋଠ ଗୋପୀମାନଙ୍କର ଗୋ
ଗୋପୀଙ୍କ ଭଜିଲା ଭକ୍ତ ପ୍ରେମ ଭକ୍ତି ପାଇ
ବିନା ପ୍ରେମ ଭକ୍ତିରେ ଦର୍ଶନମୋତେ ନାହିଁ ଗୋ।"

କୃଷ୍ଣଭକ୍ତି ସାଧନା ମୁଖ୍ୟତଃ ଦୁଇ ପ୍ରକାରର, ବୈଧୀ ଓ ରାଗାନୁଗା। ବୈଧୀଭକ୍ତିର ଚଉଷଠି ଅଙ୍ଗ। ହରିନାମ କୀର୍ତ୍ତନ, ଶ୍ରବଣ, ବନ୍ଦନ, ସ୍ମରଣ, ଜ୍ଞାନ, ବୈରାଗ୍ୟ, ଅକ୍ରୋଧ, ଅହିଂସା, ସାଧୁସଙ୍ଗ, ତୀର୍ଥାଟନ ପ୍ରଭୃତି ଏହାର ଅନ୍ତର୍ଭୁକ୍ତ। ମାତ୍ର ରାଗାନୁଗା ଭକ୍ତି ଛଅ ପ୍ରକାରର; ଯଥା - ରାଗାତ୍ମିକା, ରାଗାନୁଗା, କାମରୂପା, କାମାନୁଗା, ସମ୍ବନ୍ଧରୂପା ଓ ସମ୍ବନାନୁଗା।

ଏମାନଙ୍କ ମଧ୍ୟରେ ରାଗାତ୍ମିକା ହେଉଛି ଶ୍ରେଷ୍ଠ ଭକ୍ତିମାର୍ଗ। ଶ୍ରୀକୃଷ୍ଣଙ୍କ ଚରଣାରବିନ୍ଦରେ ଯାହାର ସ୍ୱାଭାବିକ ଅନୁରାଗ ରହିଛି, ତାହାକୁ ରାଗାତ୍ମିକା ଭକ୍ତି କୁହାଯାଏ। ଏହି ଭକ୍ତିମାର୍ଗରେ ଶ୍ରେଷ୍ଠ ଅଧିକାରିଣୀ ହେଉଛନ୍ତି ସ୍ୱୟଂ ଶ୍ରୀରାଧା।

କବି ଜୟଦେବ ରାଧା ଏବଂ କୃଷ୍ଣଙ୍କର ମିଳନ ଘଟାଇବା ପାଇଁ ଯେଉଁ ଦୃଢ଼ମାନସ ପୋଷଣ କରିଥିଲେ, ସେହି ଚିନ୍ତାମାନସର ସଫଳ ରୂପାୟନ ଦ୍ୱାଦଶ ସର୍ଗରେ ଦେଖିବାକୁ ମିଳେ। ରାଧା ଏବଂ କୃଷ୍ଣଙ୍କର ଏହି ରତିରସ ସାଧାରଣ ରତିରସ ନୁହେଁ। ଏହା ଅତ୍ୟନ୍ତ ମନୋରମ ଏବଂ ରସିକଜନଙ୍କର ହୃଦୟର ଆନନ୍ଦବର୍ଦ୍ଧନକାରୀ। ତେଣୁ କବି କହିଛନ୍ତି -

"ଶ୍ରୀ ଜୟଦେବଭଣିତମିଦମନୁପଦନିଗଦିତ ମଧୁରିପୁମୋଦମ୍
ଜନୟତୁ ରସିକଜନେଷୁ ମନୋରମରତିରସ ଭାବବିନୋଦମ୍।"

ରାଧାକୃଷ୍ଣଙ୍କର ରତିକେଳି ବର୍ଣ୍ଣନା କବି ଅତ୍ୟନ୍ତ କାବ୍ୟିକ ମାଧୁରୀରେ ବର୍ଣ୍ଣନା କରିଛନ୍ତି, ଯଥା -

"ପ୍ରତ୍ୟୂହଃ ପୁଲକାଙ୍କୁରେଣ ନିବିଡ଼ାଶ୍ଳେଷେ ନିମେଷେଣ ଚ
କ୍ରୀଡ଼ାକୂତ ବିଲୋକିତେଽଧର ସୁଧାପାନେ କଥାନର୍ମଭିଃ
ଆନନ୍ଦାଧିଗମେନ ମନ୍ମଥକଳାଯୁଦ୍ଧେଽପି ଯସ୍ମିନ୍ନଭୂ -
ଦୁଦ୍‌ଭୂତଃ ସ ତୟୋ ର୍ବଭୂବ ସୁରତାରମ୍ଭଃ ପ୍ରିୟଂ ଭାବୁକଃ।"

କବି ପୁନଶ୍ଚ ବର୍ଣ୍ଣନା କରିଛନ୍ତି -

"ଦୋର୍ଭ୍ୟାଂ ସଂଯମିତଃ ପୟୋଧରଭରେଣାପୀଡ଼ିତଃ ପାଣିଜୈ -
ରାବିଦ୍ଧୋ ଦଶନୈଃ କ୍ଷତାଧରପୁଟଃ ଶ୍ରୋଣୀ ତଟେନାହତଃ
ହସ୍ତେନାନମିତଃ କଚେଽଧରମଧୁସ୍ୟନ୍ଦେନ ସଂମୋହିତଃ
କାନ୍ତଃ କାମପି ତୃପ୍ତିମାପ ତଦହୋ କାମସ୍ୟ ବାମାଗତିଃ।

ଏହିପରି ସୁନ୍ଦର ଚାତୁର୍ଯ୍ୟୋକ୍ତି ମାଧ୍ୟମରେ କବି ଜୟଦେବ କାମର ବିଚିତ୍ରଗତି କଥା ପ୍ରଖ୍ୟାପନ କରିଛନ୍ତି। ସର୍ବୋପରି 'ଗୀତଗୋବିନ୍ଦ' ଗ୍ରନ୍ଥରେ ଶ୍ରୀରାଧା ଓ ଶ୍ରୀକୃଷ୍ଣଙ୍କର ବିପରୀତ ରତିକେଳି କଥା ବର୍ଣ୍ଣିତ ହୋଇଛି। ଶ୍ରୀରାଧା କିପରି ବିପରୀତ ରତିକେଳି କରି କିଛି ସମୟ ପରେ ଶିଥିଳ ହୋଇଯାଇଥିଲେ, ତାହାକୁ କବି ଜୟଦେବ ବର୍ଣ୍ଣନା କରି କହିଛନ୍ତି -

"ମାରାଙ୍କେ ରତିକେଳିସଙ୍କୁଳରଣାରମ୍ଭେ ତୟାସାହସ -
ପ୍ରାୟଂ କାନ୍ତଜୟାୟ କିଂଚିଦୁପରି ପ୍ରାରମ୍ଭିଯତ୍ ସମ୍ଭ୍ରମାତ୍।
ନିଷ୍ପନ୍ଦା ଜଘନସ୍ଥଳୀ ଶିଥିଳତା ଦୋର୍ବଲ୍ଲିରତ୍କମ୍ପିତଂ

ବକ୍ଷୋ ମୀଳିତମକ୍ଷି ପୌରୁଷରସଃ ସ୍ତ୍ରୀଣାଂ କୃତଃ ସିଧ୍ୟତି ।"

'ଶ୍ରୀଗୀତଗୋବିନ୍ଦ' ଗ୍ରନ୍ଥରେ ରାଧା ଓ କୃଷ୍ଣଙ୍କର ଯେପରି ଦିବ୍ୟମିଳନର କଥା ବର୍ଣ୍ଣିତ ହୋଇଛି, ତାହା ଯଥାର୍ଥରେ ଜଣେ ବୈଷ୍ଣବ ହୃଦୟରେ ଭକ୍ତିଭାବ ସଞ୍ଚାର କରିଥାଏ । କାରଣ ଏହି ମିଳନ ପରମପୁରୁଷ ଶ୍ରୀକୃଷ୍ଣ ଓ ପ୍ରକୃତି ସ୍ୱରୂପିଣୀ ଶ୍ରରାଧାଙ୍କର ମହାମିଳନ । ଜୀବ ଓ ପରମର ମିଳନ । ସେଥିପାଇଁ ତ କବି ଏହି ପବିତ୍ର ଗ୍ରନ୍ଥକୁ ପାଠ କରିବା ପାଇଁ ବୈଷ୍ଣବ ଜନଙ୍କୁ ନିବେଦନ କରିଛନ୍ତି ।

'ଗୀତଗୋବିନ୍ଦ'ର ଆଧ୍ୟାତ୍ମିକ ମୂଲ୍ୟ ଉଚ୍ଚକୋଟୀର । ଏହାକୁ ପୁରୀର ଶ୍ରୀମନ୍ଦିରରେ ଶ୍ରୀଜଗନ୍ନାଥ ମହାପ୍ରଭୁଙ୍କ ନିକଟରେ ନିତ୍ୟଗାନ କରିବାର ବ୍ୟବସ୍ଥା ରହିଛି । ଶ୍ରୀଜଗନ୍ନାଥଙ୍କର ଦଶାବତାର ଖଣ୍ଡୁଆ, ପହରଣ ଓ ଶାଢିରେ ମଧ୍ୟ ଗୀତଗୋବିନ୍ଦର କିଛି ପଂକ୍ତି ଲେଖାଯାଇଥାଏ । ଯେପରି -

ଦଶାବତାର ଖଣ୍ଡୁଆରେ -

"ପ୍ରିୟେ ଚାରୁଶୀଳେ ମୁଞ୍ଚମୟୀମାନମନିଦାନଂ
ସପଦିମଦନାନଲୋ ଦହତି ମମ ମାନସମ୍
ଦେହି ମୁଖ କମଳମଧୁପାନମ୍ ।

x x x

ସ୍ମରଗରଳ ଖଣ୍ଡନଂ ମମ ଶିରସି ମଣ୍ଡନଂ
ଦେହି ପଦପଲ୍ଲବମୁଦାରମ୍ ।" (ଦଶମ ସର୍ଗ)

ପହରଣରେ - **"ଚନ୍ଦନଚର୍ଚ୍ଚିତ ନୀଳ କଳେବର ପୀତବସନ ବନମାଳୀ**
କେଳିଚଳନ୍ମଣି କୁଣ୍ଡଳମଣ୍ଡିତ ଗଣ୍ଡଯୁଗସ୍ମିତଶାଳୀ ।"
(ପ୍ରଥମ ସର୍ଗ)

ଶାଢିରେ - **"ଯମୁନାତୀରବାନୀରନିକୁଞ୍ଜେ ମନ୍ଦମାସ୍ଥିତମ୍**
ପ୍ରାହପ୍ରେମଭରୋଦ୍‌ଭ୍ରାନ୍ତଂ ମାଧବଂ ରାଧିକାସଖୀ ।"
(ଚତୁର୍ଥ ସର୍ଗ)

'ଗୀତଗୋବିନ୍ଦ' ଏକ କାଳଜୟୀ ସର୍ଜନା । ଭାବ, ଭକ୍ତି, ପ୍ରେମ, ଶୃଙ୍ଗାର, ଗୀତିମୟତା ଆଧ୍ୟାତ୍ମିକତା ପ୍ରଭୃତିର ଫେଣ୍ଟାଫେଣ୍ଟି ଧାରା ଏହାକୁ ଅପୂର୍ବ ରସମୟ, ଭାବମୟ ଓ ଭକ୍ତିରସାତ୍ମକ କଳାକୃତିରେ ପରିଣତ କରିପାରିଛି । ସୁତରାଂ ପୃଥିବୀର ଗୀତିକାବ୍ୟ ଜଗତରେ ଗୀତଗୋବିନ୍ଦର ସ୍ଥାନ ପ୍ରାୟତଃ ପ୍ରଥମ ବୋଲି କୁହାଯାଇପାରେ । ତେଣୁ ଡକ୍ଟର ପ୍ରଦୀପ୍ତ କୁମାର ପଣ୍ଡା "Contribution of Orissa to Sanskrit" ପୁସ୍ତକରେ ଯଥାର୍ଥରେ ମତ ରଖିଛନ୍ତି -

"Jayadev's Gitagovinda is one of the most important works in Sanskrit literature, which represents the transitional stage between pure lyric and pure drama.xxx It contains twelve cantos and twenty - four Astapadis, which correspond to the Skandas of Bhagavata and the twenty - four alphabets of Gayatri respectively, This work is a kind of lyrical monologue and contains the description of the love of Krishna for the beautiful cowherdess Radha, the estrangement of the lover and their final reconciliation. In the melody of its diction and in the prefection of its composition, even in the case of its alliteration and in the expression of varied emotions. Gitagovinda has probably the first place in the lyrical literature of the world."

ବାସ୍ତବିକ ଡକ୍ଟର ପଣ୍ଡାଙ୍କର ଏହି ଉକ୍ତିଟି ସାର୍ଥକ ଓ ଯଥାର୍ଥ। ଭାରତୀୟ ଗୀତିକାବ୍ୟ ଜଗତରେ ଶ୍ରୀଗୀତଗୋବିନ୍ଦର ସ୍ଥାନ ଅତୁଳନୀୟ।

ଚତୁର୍ଥ ଅଧ୍ୟାୟ

ସଂସ୍କୃତ କାବ୍ୟାଧାରରେ ଶ୍ରୀଗୀତଗୋବିନ୍ଦ

ଆଚାର୍ଯ୍ୟ ମମ୍ମଟ ଭଟ୍ଟ ତାଙ୍କର ବିରଚିତ 'କାବ୍ୟ ପ୍ରକାଶ' ଗ୍ରନ୍ଥରେ କାବ୍ୟର ପ୍ରୟୋଜନୀୟତା ସମ୍ପର୍କରେ ଲେଖିଛନ୍ତି -

"କାବ୍ୟଂ ଯଶସେଽର୍ଥକୃତେ ବ୍ୟବହାର ବିଦେଶିବେତର କ୍ଷତୟେ
ସଦ୍ୟଃ ପରିନିର୍ବୃତୟେ କାନ୍ତାସମ୍ମିତ ତୟୋପଦେଶ ଯୁଜେ।"

ଅର୍ଥାତ୍ - ଯଶ, ଅର୍ଥ, ଲୋକ, ବ୍ୟବହାର, ପରିଜ୍ଞାନ, ଅମଙ୍ଗଳ ବିନାଶ, ପରମଆନନ୍ଦ ଲାଭ ତଥା କାନ୍ତାସମ୍ମିତ ଉପଦେଶର ଉପଯୋଗୀ ନିମେନ୍ତ କାବ୍ୟରଚନା କରାଯାଏ ବୋଲି ଆଚାର୍ଯ୍ୟ ମମ୍ମଟ ଭଟ୍ଟ ମତ ପ୍ରଦାନ କରିଛନ୍ତି। ଏହା ନିଶ୍ଚିତ ଭାବରେ ଏକ ସର୍ବଜନଗ୍ରାହ୍ୟ ମତ। ସେହିପରି ଆଚାର୍ଯ୍ୟ ଭାମହ 'କାବ୍ୟାଳଙ୍କାର' ଗ୍ରନ୍ଥରେ ଉଲ୍ଲେଖ କରିଛନ୍ତି -

"ଧର୍ମାର୍ଥ କାମ ମୋକ୍ଷେଷୁ ବୈଚକ୍ଷଣ୍ୟଂ କଳାସୁଚ
ପ୍ରୀତିଂ କରୋତି କୀର୍ତ୍ତି ବ ସାଧୁ କାବ୍ୟଂ ନିବନ୍ଧନମ୍।"

ଅର୍ଥାତ୍ - ଧର୍ମ, ଅର୍ଥ, କାମ, ମୋକ୍ଷ - ଏହି ଚାରିଗୋଟି ପୁରୁଷାର୍ଥ ଏବଂ କଳାମାନଙ୍କରେ ନୈପୁଣ୍ୟ, କୀର୍ତ୍ତି ଏବଂ ଆନନ୍ଦବିଧାନ ନିମିତ୍ତ କାବ୍ୟ ରଚନା କରାଯାଏ।

କାବ୍ୟ ହେଉଛି କବିଙ୍କର ମାନସକନ୍ୟା। ରସିକ, ବିବୁଧ, ବିଜ୍ଞଜନ କାବ୍ୟାମୋଦୀ ପଣ୍ଡିତମାନେ କାବ୍ୟର ଚର୍ଚ୍ଚା କରିଥାନ୍ତି। ବିଜ୍ଞଜନଙ୍କର ଆଦରଣୀୟ ହେଲେ କାବ୍ୟଟିର ସାର୍ଥକତା ପ୍ରତିପାଦିତ ହୁଏ। ତେଣୁ ବିଜ୍ଞଜନର ହସ୍ତଗତ ହେବା ପାଇଁ ଓଡ଼ିଆ ସାହିତ୍ୟରେ କବିସମ୍ରାଟ ଉପେନ୍ଦ୍ରଭଞ୍ଜ ଘୋଷଣା କରିଛନ୍ତି -

"କର ଏ କରୁଣା ବିଜ୍ଞ ହସ୍ତଗତ ଏ ପୁସ୍ତକ ମୋର ହୋଇବ
ଅଜ୍ଞ ସମୂହର କର୍ଣ୍ଣ କୁହରକୁ କେବେ ହେଁ ପ୍ରବେଶ ନୋହିବ।"

କାବ୍ୟ ସମ୍ପର୍କରେ ବକ୍ରୋକ୍ତି ସମ୍ପ୍ରଦାୟର ପ୍ରତିଷ୍ଠାତା ଆଚାର୍ଯ୍ୟ କୁନ୍ତକ କହିଛନ୍ତ -

"ଶବ୍ଦାର୍ଥୌ ସହିତୌବକ୍ରକବି ବ୍ୟାପାରଶାଳିନି
ବନ୍ଧେ ବ୍ୟବସ୍ଥିତୌ କାବ୍ୟଂ ତଦ୍‌ବିହାହ୍ଲାଦ କାରିଣି।"

ଅର୍ଥାତ୍ ସହୃଦୟମାନଙ୍କୁ ଆହ୍ଲାଦିତ କରୁଥିବା ସୁନ୍ଦର କବି ବ୍ୟାପାରରେ ଯୁକ୍ତ ରଚନାରେ ସମୁଚିତ ରୀତିରେ ଅବସ୍ଥିତ ସାହିତ୍ୟଯୁକ୍ତ ଶବ୍ଦାର୍ଥର ନାମ ହେଉଛି କାବ୍ୟ। କାବ୍ୟରେ ଶବ୍ଦ ଓ ଅର୍ଥର ସମ୍ପର୍କ ପାର୍ବତୀ ପରମେଶ୍ୱରଙ୍କ ପରି ନିତ୍ୟ ସମ୍ବନ୍ଧାନ୍ୱିତ। ତେଣୁ ମହାକବି କାଳିଦାସ 'ରଘୁବଂଶ - ୧ମ ସର୍ଗ'ରେ ଲେଖିଛନ୍ତି -

"ବାଗର୍ଥାବିବ ସଂପୃକ୍ତୌ ବାଗର୍ଥପ୍ରତିପତୟେ
ଜଗତଃପିତରୌ ବନ୍ଦେ ପାର୍ବତୀପରମେଶ୍ୱରୌ।"

କାବ୍ୟର ଲକ୍ଷଣ ସମ୍ପର୍କରେ ବିଭିନ୍ନ ଆଳଙ୍କାରିକମାନଙ୍କର ମତକୁ ଏଠାରେ ଉପସ୍ଥାପନା କରାଗଲା -

ଭାମହ - "ଶବ୍ଦାର୍ଥୌ ସହିତୌ କାବ୍ୟମ୍।"(କାବ୍ୟାଳଙ୍କାର- ୧/୧୬)
ରୁଦ୍ରଟ - "ଶବ୍ଦାର୍ଥୌ କାବ୍ୟମ୍।" (କାବ୍ୟାଳଙ୍କାର - ୨/୧)
ବାଗ୍‌ଭଟ୍ଟ - "ଶବ୍ଦାର୍ଥୌ ନିର୍ଦ୍ଦୋଷୌ ସଗୁଣୌ ସାଳଙ୍କାରୌ ଚ କାବ୍ୟମ୍।"
ବିଶ୍ୱନାଥ କବିରାଜ - "ବାକ୍ୟଂ ରସାତ୍ମକଂ କାବ୍ୟମ୍।" (ସାହିତ୍ୟ ଦର୍ପଣ)
ଜୟଦେବ - "ନିର୍ଦ୍ଦୋଷ ଲକ୍ଷଣାତ୍ ସରୀତି ଗୁଣଭୂଷଣ ସାଳଙ୍କାରମନେକ ବୃତ୍ତିମତ୍ କାବ୍ୟନାମଭାକ୍।"
ଜଗନ୍ନାଥ - "ରମଣୀୟାର୍ଥ ପ୍ରତିପାଦକଃ ଶବ୍ଦ କାବ୍ୟମ୍।" (ରସଗଙ୍ଗାଧର)

ମହାକବି କାଳିଦାସ:

ସଂସ୍କୃତ ସାହିତ୍ୟ ଜଗତରେ ମହାକବି କାଳିଦାସଙ୍କ ନାମ ସର୍ବାଗ୍ରେ ମନକୁ ଆସେ। କେବଳ ଭାରତବର୍ଷ କାହିଁକି ସମଗ୍ର ବିଶ୍ୱରେ କାଳିଦାସ ଅଭିବନ୍ଦିତ। ସଂସ୍କୃତ କାବ୍ୟ ଜଗତରେ କାଳିଦାସ ଜଣେ ଉଚ୍ଚକୋଟୀର ସର୍ଜନଶୀଳ କବି। ତାଙ୍କର କବିତ୍ୱ ଓ ପାଣ୍ଡିତ୍ୟର ପଟାନ୍ତର ନାହିଁ। କବିମାନଙ୍କ ମଧ୍ୟରେ କାଳିଦାସ ଶ୍ରେଷ୍ଠ ବୋଲି କୁହାଯାଉଛି। ଯେପରି -

"ପୁଷ୍ପେଷୁ ଜାତୀ ନଗରୀଷୁ କାଶୀ
ନାରୀଷୁରମ୍ଭା ପୁରୁଷେଷୁ ବିଷ୍ଣୁଃ
ନଦୀଷୁ ଗଙ୍ଗା କ୍ଷିତିପେଷୁ ରାମଃ
କାବ୍ୟେଷୁ ମାଘଃ କବି କାଳିଦାସଃ।"

ଅର୍ଥାତ୍, ପୁଷ୍ପମାନଙ୍କ ମଧ୍ୟରେ ଜାଈଫୁଲ, ନଗରୀମାନଙ୍କ ମଧ୍ୟରେ କାଶୀ, (କେତେକଙ୍କ ମତରେ 'ପୁଷ୍ପେଷୁ ମଲ୍ଲୀ, ନଗରୀଷୁ ଦିଲ୍ଲୀ), ନାରୀମାନଙ୍କ ମଧ୍ୟରେ ରମ୍ଭା, ପୁରୁଷମାନଙ୍କ ମଧ୍ୟରେ ବିଷ୍ଣୁ, ନଦୀମାନଙ୍କ ମଧ୍ୟରେ ଗଙ୍ଗା, ରାଜାମାନଙ୍କ ମଧ୍ୟରେ ଶ୍ରୀରାମ, କାବ୍ୟମାନଙ୍କ ମଧ୍ୟରେ ମାଘକବିଙ୍କର 'ଶିଶୁପାଳବଧମ୍' ଏବଂ କବିମାନଙ୍କ ମଧ୍ୟରେ କାଳିଦାସ ହିଁ ଶ୍ରେଷ୍ଠ ଅଟନ୍ତି ।

କାଳିଦାସ ଷଷ୍ଠ ଶତାବ୍ଦୀରେ ଆବିର୍ଭୂତ ହୋଇଥିଲେ ବୋଲି କେତେକ ଐତିହାସିକ ମତ ଦେଇଛନ୍ତି । ତେବେ ପଣ୍ଡିତ ରାମାବତାର ଶର୍ମା, ଡକ୍ଟର ଆର.କେ. ଭଣ୍ଡାରକର ଏବଂ ଅନ୍ୟାନ୍ୟ ବିଦ୍ୱାନମାନେ ମହାକବି କାଳିଦାସଙ୍କୁ ଗୁପ୍ତଯୁଗର ଦ୍ୱିତୀୟ ଚନ୍ଦ୍ରଗୁପ୍ତଙ୍କ ସମସାମୟିକ ବୋଲି ନିର୍ଣ୍ଣୟ କରିଛନ୍ତି । Dr. A.L.Basham ତାଙ୍କର "The wonder that was India" ପୁସ୍ତକରେ ଉଲ୍ଲେଖ କରିଛନ୍ତି - "Indian and European judges alike agree that Kalidas was the greatest Sanskrit poet. He probably flourished in reigns of the emperor Chandragupta II and Kumar Gupta I (376 - 454 A.D.). and thus saw ancient Indian courtly culture at it Zenith."

କାଳିଦାସଙ୍କ ରଚନାରୁ ଜଣାପଡ଼େ ଯେ, ସେ ଶୈବ ଥିଲେ । 'ରଘୁବଂଶ' ମହାକାବ୍ୟରେ କାଳିଦାସ ଲେଖିଛନ୍ତି -

"ଜଗତଃ ପିତରୌ ବନ୍ଦେ ପାର୍ବତୀପରମେଶ୍ୱରୌ ।"

(ରଘୁବଂଶ ୧/୧)

"ପ୍ରତ୍ୟକ୍ଷାଭିଃ ପ୍ରସନ୍ନ ତନୁଭିରବତୁବସ୍ତାଭିରଷ୍ଟାଭିରୀଶଃ ।"

(ଅଭିଜ୍ଞାନ ଶାକୁନ୍ତଳମ୍)

(ଅର୍ଥାତ୍ ଆଠଗୋଟି ମୂର୍ତ୍ତି ଦ୍ୱାରା ବିଭୂଷିତ ଶିବ ଆପଣମାନଙ୍କୁ ରକ୍ଷା କରନ୍ତୁ ।)

କାଳିଦାସ ଉଭୟ କବି ଓ ନାଟ୍ୟକାର । ସେ ତିନିଗୋଟି ନାଟକର ସ୍ରଷ୍ଟା । ଏହି ନାଟକତ୍ରୟ ହେଉଛନ୍ତି - "ମାଳବିକାଗ୍ନିମିତ୍ରମ୍', 'ବିକ୍ରମୋର୍ବଶୀୟମ୍' ଏବଂ 'ଅଭିଜ୍ଞାନ ଶାକୁନ୍ତଳମ୍' । କାଳିଦାସ ଦୁଇ ଗୋଟି ମହାକାବ୍ୟର ରଚୟିତା । ଏହି ମହାନ୍ କୃତିଦ୍ୱୟ ହେଉଛନ୍ତି, 'କୁମାରସମ୍ଭବମ୍' ଓ 'ରଘୁବଂଶମ୍' । ସେହିପରି 'ମେଘଦୂତମ୍' ଓ 'ଋତୁସଂହାରମ୍' ଦୁଇଗୋଟି ଖଣ୍ଡକାବ୍ୟ ରଚନା କରି କାଳିଦାସ ଚିରସ୍ମରଣୀୟ ହୋଇ ରହିଛନ୍ତି ।

କୁହାଯାଏ ଯେ, ନିମ୍ନ ଚାରିଗୋଟି ବିଶେଷ ଶବ୍ଦକୁ ନେଇ କାଳିଦାସ ଚାରିଗୋଟି କାବ୍ୟ ସଂରଚନା କରିଛନ୍ତି । ଏହି ପଦ ଚତୁଷ୍ଟୟ ହେଉଛି -

"ଅସ୍ତି କଶ୍ଚିତ୍ ବାଗ୍ ବିଶେଷ"।

'ଅସ୍ତି' ଶବ୍ଦରେ କୁମାରସମ୍ଭବମ୍ କାବ୍ୟ ଆରମ୍ଭ ହୋଇଛି। ଯଥା -

"ଅସ୍ତ୍ୟୁତ୍ତରସ୍ୟାଂ ଦିଶି ଦେବତାତ୍ମା
ହିମାଳୟୌ ନାମ ନଗାଧିରାଜଃ।
ପୂର୍ବାପରୌ ତୋୟନିଧୀବଗାହ୍ୟ
ସ୍ଥିତଃ ପୃଥିବ୍ୟା ଇବ ମାନଦଣ୍ଡଃ।

(କୁମାରସମ୍ଭବମ୍ - ପ୍ରଥମ ଶ୍ଳୋକ)

'କଶ୍ଚିତ' ଶବ୍ଦରୁ 'ମେଘଦୂତ' କାବ୍ୟ ଆରମ୍ଭ ହୋଇଛି। ଯଥା -

"କଶ୍ଚିତ୍‌କାନ୍ତା ବିରହଗୁରୁଣା ସ୍ୱାଧୀକାରାତ୍ ପ୍ରମତ୍ତଃ
ଶାପେନାସ୍ତଂ ଗମିତ ମହିମା ବର୍ଷଭୋଗ୍ୟେଣ ଭର୍ତ୍ତୁଃ
ଯକ୍ଷଶ୍ଚକ୍ରେ ଜନକତନୟାସ୍ନାନପୁଣ୍ୟୋଦକେଷୁ
ସ୍ନିଗ୍ଧଛାୟାତରୁଷୁ ବସତିଂ ରାମଗିର୍ଯ୍ୟା ଶ୍ରମେଷୁ।"

(ମେଘଦୂତମ୍ - ପ୍ରଥମ ଶ୍ଳୋକ)

'ବାଗ୍' ଶବ୍ଦରୁ 'ରଘୁବଂଶ' କାବ୍ୟର ଆରମ୍ଭ । ଯଥା -

ବାଗର୍ଥାବିବ ସଂପୃକ୍ତୌ ବାଗର୍ଥପ୍ରତିପତ୍ତୟେ
ଜଗତଃ ପିତରୌ ବନ୍ଦେ ପାର୍ବତୀପରମେଶ୍ୱରୌ।

(ରଘୁବଂଶମ୍ - ପ୍ରଥମ ଶ୍ଳୋକ)

ସେହିପରି 'ବିଶେଷ' ଶବ୍ଦରୁ 'ଋତୁସଂହାର' କାବ୍ୟର ଆରମ୍ଭ ହୋଇଛି। ଯଥା -

"ବିଶେଷ (ପ୍ରଚଣ୍ଡ) ସୂର୍ଯ୍ୟଃ ସ୍ପୃହଣୀୟଚନ୍ଦ୍ରମାଃ
ସଦାବଗାହକ୍ଷତବାରିସଂଚୟଃ।
ଦିନାନ୍ତରମ୍ୟୋଽଭ୍ୟୁ ପଶାନ୍ତମନ୍ମଥୋ
ନିଦାଘ କାଳୋଽୟମୁପାଗତଃ ପ୍ରିୟେ।"

(ଋତୁସଂହାରମ୍ - ପ୍ରଥମ ଶ୍ଳୋକ)

'କୁମାରସମ୍ଭବ' କାଳିଦାସଙ୍କର କାଳଜୟୀ କୀର୍ତ୍ତି। ଏଥିରେ ସତରଗୋଟି ସର୍ଗ ରହିଛି। ଶିବପାର୍ବତୀଙ୍କ ବିବାହ, କାର୍ତ୍ତିକେୟଙ୍କ ଜନ୍ମ ଏବଂ ତାରକାସୁର ନିଧନ ହେଉଛି ଏହି କାବ୍ୟର କଥାବସ୍ତୁ। 'କୁମାରସମ୍ଭବ' ଏକ ସରସସୁନ୍ଦର କାବ୍ୟ। ଏଥିରେ ତପୋବନସେବିତ ଭାରତବର୍ଷର ଚିତ୍ରଣ ରହିଛି। ଏଥିରେ କବିଙ୍କର ଅନବଦ୍ୟ କବିତ୍ୱ ଓ ବର୍ଣ୍ଣନାଚାତୁରୀ ନିହିତ। ନିମ୍ନ କେତେଗୋଟି ଶ୍ଳୋକରୁ କବିଙ୍କର ଉଚ୍ଚକୋଟୀର

କବିତ୍ୱ ଆକଳନ କରିହୁଏ। ତୃତୀୟସର୍ଗରେ ମଦନଦହନ ପ୍ରସଙ୍ଗକୁ ଦୃଷ୍ଟାନ୍ତ ସ୍ୱରୂପ ନିଆଗଲା। କବି ଲେଖିଛନ୍ତି -

"ତପଃପରାମର୍ଶବିବୃଦ୍ଧମନ୍ୟୋ ର୍ଭୂଭଙ୍ଗଦୁଷ୍ପ୍ରେକ୍ଷ୍ୟମୁଖସ୍ୟତସ୍ୟ
ସ୍ଫୁରନ୍ନୁଦର୍ଚ୍ଚିଃ ସହସା ତୃତୀୟାଦକ୍ଷଣଃ କୃଶାନୁଃ କିଲନିଷ୍ପପାତ।"

(ଅର୍ଥାତ୍ - ତପୋଭଙ୍ଗ ହେବାରୁ କୋପାବିଷ୍ଟ ମହାଦେବଙ୍କର ମୁଖ ବିକଟ ଭ୍ରୂଭଙ୍ଗୀ ଯୋଗୁଁ ଭୀଷଣ ଆକାର ଧାରଣ କଲା। ତାଙ୍କର ଲଲାଟସ୍ଥ ତୃତୀୟନେତ୍ରରୁ ତତ୍କ୍ଷଣାତ୍ ପ୍ରଜ୍ୱଳିତ ଶିଖା ବିଶିଷ୍ଟ ଅଗ୍ନି ନିର୍ଗତ ହେଲା।)

"କ୍ରୋଧଂ ପ୍ରଭୋ! ସଂହେରେତି ଯାବଦ୍‌ଗିରଃଖେ ମରୁତାଂ ଚରନ୍ତି
ତାବଦ୍ ସଃ ବହ୍ନିର୍ଭବନେତ୍ରଜନ୍ମା ଭସ୍ମାବଶେଷଂ ମଦନଂଚକାର।"

(ଅର୍ଥାତ୍ - ହେବ ପ୍ରଭୋ! କ୍ରୋଧ ସମ୍ବରଣ କରନ୍ତୁ, ସମ୍ବରଣ କରନ୍ତୁ - ଦେବଗଣଙ୍କର ଏହି ଉକ୍ତି ଆକାଶରୁ ଯେତେବେଳେ ଉଚ୍ଚାରିତ ହେଉଥିଲା, ଠିକ୍ ସେହି ସମୟରେ ରୁଦ୍ରଙ୍କ ନୟନରୁ ଜାତ ରକ୍ତଅଗ୍ନି ମଦନକୁ ଭସ୍ମୀଭୂତ କରିପକାଇଲା।)

"ତମାଶୁବିଘ୍ନଂ ତପସସ୍ତପସ୍ୱୀ ବନସ୍ପତିଂ ବଜ୍ର ଇବାବଭଜ୍ୟ।
ସ୍ତ୍ରୀସନ୍ନିକଂଷ ପରିହର୍ତ୍ତୁବମିଚ୍ଛନ୍ନନ୍ତ ଦର୍ଧେ ଭୂତପତିଃ ସଭୂତଃ।"

(ଅର୍ଥାତ୍ - ବଜ୍ର ଯେପରି ବୃକ୍ଷକୁ ଭସ୍ମୀଭୂତ କରେ, ସେହିପରି ତପସ୍ୱୀ ଶଙ୍କରଙ୍କ ତପସ୍ୟାରେ ବାଧା ଦେଇଥିବା କାମଦେବଙ୍କୁ ଦଗ୍ଧୀଭୂତ କରି ରମଣୀ ସାନ୍ନିଧ ପରିହାର କରି ନିଜର ପ୍ରମଥଗଣଙ୍କ ସହିତ ଶିବ ଅନ୍ତର୍ହିତ ହୋଇଗଲେ।)

'କୁମାରସମ୍ଭବ' କାବ୍ୟର ଚତୁର୍ଥସର୍ଗଟି ହେଉଛି 'ରତିବିଳାପ'। ପଞ୍ଚମସର୍ଗରେ ପାର୍ବତୀଙ୍କ ତପସ୍ୟା ଓ ଶିବପ୍ରାପ୍ତି ବର୍ଣ୍ଣିତ। ପାର୍ବତୀ ମଦନଦହନ ପରେ ଚିନ୍ତା କରିଛନ୍ତି-

"ତଥା ସମକ୍ଷଂ ଦହତା ମନୋଭବଂ
ପିନାକିନା ଭଗ୍ନମନୋରଥା ସତୀ
ନିନିନ୍ଦ ରୂପଂ ହୃଦୟେନ ପାର୍ବତୀ
ପ୍ରିୟେଷୁ ସୌଭାଗ୍ୟଫଳାହି ଚାରୁତା।"

(ଅର୍ଥାତ୍ - ନିଜ ସମ୍ମୁଖରେ ମହାଦେବ କାମଦେବଙ୍କୁ ଭସ୍ମ କରିଦେବା ଦେଖି ପାର୍ବତୀ ଭଗ୍ନ ମନୋରଥା ହେଲେ। କାରଣ ପ୍ରିୟ ପ୍ରାପ୍ତି ନ ହେବାରୁ ସେ ନିଜର ସୌନ୍ଦର୍ଯ୍ୟକୁ ନିନ୍ଦା କରିବାକୁ ଲାଗିଲେ। ପ୍ରିୟତମର ଆନନ୍ଦବର୍ଦ୍ଧନ କରିପାରିଲେ ହିଁ ସୌନ୍ଦର୍ଯ୍ୟର ସାର୍ଥକତା ଜଣାପଡ଼ିଥାଏ।)

ତେଣୁ ପାର୍ବତୀ ତପସ୍ୟା କରିବାକୁ ମନ ବଳାଇଲେ -

"ଇୟେଷ ସା କର୍ତ୍ତୁମବନ୍ଧ୍ୟରୂପତାଂ
ସମାଧିମାସ୍ଥାୟ ତପୋଭିରାତ୍ମନଃ
ଅବାପତ୍ୟେ ବା କଥମନ୍ୟଥାଦ୍ଵୟଂ
ତଥା ବିଧଂ ପ୍ରେମପତିଶ୍ଚତାଦୃଶଃ ।"

(ଅର୍ଥାତ୍ - ପାବର୍ତୀ କଠୋର ତପସ୍ୟା ଦ୍ଵାରା ନିଜର ସୌନ୍ଦର୍ଯ୍ୟର ସାର୍ଥକତା ପ୍ରତିପାଦନ କରିବା ଲାଗି ଇଚ୍ଛା କରିଥିଲେ । ନଚେତ୍ ତଥାବିଧ ପ୍ରେମ ଏବଂ ଗୁଣଯୁକ୍ତ ସ୍ଵାମୀ କିପରି ମିଳିପାରିବ ?)

ପାର୍ବତୀଙ୍କ ତପସ୍ୟା ବର୍ଣ୍ଣନା ପ୍ରସଙ୍ଗରେ ମହାକବି କାଳିଦାସ ଲେଖିଛନ୍ତି -

"ସ୍ଥିତାଃକ୍ଷଣଂ ପକ୍ଷ୍ମସୁତାଡ଼ିତାଧରାଃ
ପୟୋଧରୋତ୍ସେଧନିପାତଚୂର୍ଣ୍ଣିତାଃ
ବଳୀଷୁତସ୍ୟାଃ ସ୍ଖଳିତାଃ ପ୍ରପେଦିରେ
ଚିରେଣ ନାଭିଂ ପ୍ରଥମୋଦବିନ୍ଦବଃ ।"

(ଅର୍ଥାତ୍ - ବର୍ଷାକାଳୀନ ବୃଷ୍ଟିର ପ୍ରଥମ ଜଳକଣାସମୂହ ପାର୍ବତୀଙ୍କର ଘନ ସନ୍ନିବିଷ୍ଟ ନୟନରୋମାବଳୀ ଉପରେ କ୍ଷଣକାଳ ରହିବା ପରେ ଉକ୍ତ ଜଳ ଅଧର ଉପରେ ପଡୁଥିଲା । ଅଧରରୁ ତାଙ୍କର ପୀନସ୍ତନର ଉପରି ଭାଗରେ ପତିତ ହୋଇ ଚୂର୍ଣ୍ଣ ବିଚୂର୍ଣ୍ଣ ହୋଇଯାଉଥିଲା । ଏହାପରେ ଉଦରରେଖାକୁ ସ୍ଖଳିତ ହୋଇ ପରେ ନାଭିରନ୍ଧ୍ରରେ ପ୍ରବେଶ କରୁଥିଲା ।

"ଶିଳାଶୟାଂ ତାମନିକେତବାସିନୀଂ
ନିରନ୍ତରାସ୍ଵନ୍ତରବାତ ବୃଷ୍ଟିଷୁ
ବ୍ୟଲୋକୟନ୍ନୁ ନ୍ମିଷିତୈସ୍ତଡ଼ିତ୍
ନୟୈର୍ମହାତପଃ ସାକ୍ଷ୍ୟ ଇବସିତାଃକ୍ଷପାଃ ।"

(ଅର୍ଥାତ୍ - ଅନବରତ ପ୍ରବଳ ଝଞ୍ଜାସହ ବୃଷ୍ଟିପାତ ମଧ୍ୟରେ ଅନାବୃତ ସ୍ଥାନ ଏବଂ ଶିଳାଶଯ୍ୟା ଉପରେ ଉପବେଶନରତା ପାର୍ବତୀଙ୍କର କଠୋର ତପସ୍ୟାର ସାକ୍ଷୀସ୍ଵରୂପ ରାତ୍ରିଗୁଡ଼ିକ ଯେପରି ବିଦ୍ୟୁତ୍‌ରୂପ ନୟନ ଉନ୍ମୀଳନ କରି ତାଙ୍କୁ ଅବଲୋକନ କରୁଥିଲେ ।) ବାସ୍ତବିକ୍ ଏ ବର୍ଣ୍ଣନା ଅନନ୍ୟ ।

ଶୀତକାଳରେ ପାର୍ବତୀଙ୍କ ତପସ୍ୟା କବିଙ୍କ ବର୍ଣ୍ଣନାରେ ଏହିପରି -

"ମୁଖେନ ସା ପଦ୍ମ ସୁଗନ୍ଧିନା ନିଶି
ପ୍ରକମ୍ପମାନାଧର ପତ୍ରଶୋଭିନା
ତୁଷାରବୃଷ୍ଟିକ୍ଷତପଦ୍ମ ସମ୍ପଦାଂ
ସରୋଜ ସନ୍ଧାନମିବାକରୋଦପାମ୍ ।"

(ଅର୍ଥାତ୍ - ଶୀତରାତ୍ରିରେ ପାର୍ବତୀ ଜଳ ମଧ୍ୟରେ ବୁଡ଼ି ରହୁଥିବାରୁ ମନେ ହେଉଥିଲା ଜଳ ଉପରେ ପଦ୍ମ ବିକଶିତ ହୋଇଛି । ଶୀତ ହେତୁ ତାଙ୍କର ଓଷ୍ଠରେ କମ୍ପନ ସୃଷ୍ଟି ହେଉଥିଲା । ସତେ ଯେପରି ପଦ୍ମର ପାଖୁଡ଼ା ପ୍ରକମ୍ପିତ ହେଉଛି । ପାର୍ବତୀ ପଦ୍ମିନୀ ଜାତୀୟା ସ୍ତ୍ରୀ ହୋଇଥିବାରୁ ତାଙ୍କ ମୁଖରୁ ପଦ୍ମର ଗନ୍ଧ ବାହାରି ଆସୁଥିଲା ।)

ପାର୍ବତୀ କିପରି ମହାଦେବଙ୍କ ପ୍ରତି ବିଶେଷ ଭାବରେ ଆକୃଷ୍ଟ ହୋଇଥିଲେ, ତାହା କବି କାଳିଦାସଙ୍କ ବର୍ଣ୍ଣନାରେ ଏହିପରି -

"ଉପାତ୍ତବର୍ଣ୍ଣେ ଚରିତେ ପିନାକିନଃ
ସବାଷ୍ପକଣ୍ଠ ସ୍ଖଳିତୈଃ ପଦୈରିୟମ୍
ଅନେକଶଃ କିନ୍ନର ରାଜକନ୍ୟକାଂ
ବନାନ୍ତ ସଙ୍ଗୀତ ସଖୀରରୋଦୟତ୍ ।"

(ଅର୍ଥାତ୍ - କିନ୍ନର ରାଜକନ୍ୟାଗଣ ବନ ମଧ୍ୟରେ ପାର୍ବତୀଙ୍କର ସଙ୍ଗୀତ ସଖୀ ଓ ସହଚରୀ ଥିଲେ । କିନ୍ନର ରାଜକନ୍ୟାମାନେ ଶିବଙ୍କ ଚରିତ ଗାନ କଲାବେଳେ ପାର୍ବତୀଙ୍କର କଣ୍ଠ ବାଷ୍ପରୁଦ୍ଧ ହୋଇଯାଉଥିଲା । ସେମାନେ ତପସ୍ୱିନୀ ପାର୍ବତୀଙ୍କର ଭାବଗଦ ଗଦ ବଚନରେ ବାରମ୍ବାର କାନ୍ଦି ପକାଉଥିଲେ ।)

"ତ୍ରିଭାଗ ଶେଷାସୁ ନିଶାସୁ ଚକ୍ଷଣଂ
ନିମୀଲ୍ୟନେତ୍ରେ ସହସାବ୍ୟବୁଧ୍ୟତ
କ୍ୱ ନୀଳକଣ୍ଠେ ବ୍ରଜସୀତ୍ୟ ଲକ୍ଷ୍ୟବାଗ୍
ସତ୍ୟ କଣ୍ଠାର୍ପିତବାହୁବନ୍ଧନା ।"

(ଅର୍ଥାତ୍ - ରାତ୍ରିର ତୃତୀୟ ପ୍ରହର ସମୟରେ ପାର୍ବତୀଙ୍କ ଆଖି କ୍ଷଣକ ପାଇଁ ବୁଜି ହୋଇ ଆସିଲା ବେଳକୁ ହଠାତ୍ ଆଖି ଖୋଲି କୌଣସି ଅଦୃଶ୍ୟ ପୁରୁଷଙ୍କୁ ଲକ୍ଷ୍ୟ କରି ଭାବନା ରାଜ୍ୟରେ ସେହି ପୁରୁଷଙ୍କର କଣ୍ଠରେ ବାହୁ ଛନ୍ଦି କହି ପକାଉଥିଲେ - "ହେ ନୀଳକଣ୍ଠ ! କୁଆଡ଼େ ଯାଉଛ ?")

"ଯଦା ବୁଧୈଃ ସର୍ବଗତସ୍ତ୍ୱମୁଚ୍ୟସେ
ନ ବେତ୍ସି ଭାବସ୍ଥମିମଂ ଜନଂ କଥମ୍
ଇତି ସ୍ୱହସ୍ତୋଲ୍ଲିଖିତଶ୍ଚ ମୁଗଧୟା
ରହସ୍ୟୁପାଲଭ୍ୟତ ଚନ୍ଦ୍ରଶେଖରଃ ।"

(ଅର୍ଥାତ୍ - ପାର୍ବତୀଙ୍କ ସଖୀମାନେ କହୁଛନ୍ତି ଯେ ଏହି ସରଳା କନ୍ୟା ସ୍ୱହସ୍ତରେ ଶିବଙ୍କର ଚିତ୍ର ଅଙ୍କନ କରି ଗୋପନରେ ତାଙ୍କୁ ତିରସ୍କାର କରି କହୁଥିଲେ - "ହେ

ଚନ୍ଦ୍ରଶେଖର ! ଜ୍ଞାନୀମାନେ କହିଥାନ୍ତି ଯେ ତୁମେ ସର୍ବବ୍ୟାପୀ, ସର୍ବଜ୍ଞ ଅଟ । ତା' ହେଲେ ତୁମ ପ୍ରତି ମୋର ହୃଦୟର ଭାବ କ'ଣ ଜାଣି ପାରୁନାହଁ ?")

ଏହି କାବ୍ୟରେ ଛଦ୍ମବେଶୀ ଶିବ ପାର୍ବତୀଙ୍କୁ ଯେଉଁ ଜିଜ୍ଞାସା କରିଛନ୍ତି, ତହିଁରେ ମଧ୍ୟ କବିଙ୍କର କବିତ୍ୱ ଓ ରସିକତ୍ୱ ବିଳସିତ । ଯଥା -

"ତ୍ୱମେବ ତାବତ୍ ପରିଚିନ୍ତୟ ସ୍ୱୟଂ
କଦାଚିଦେତେ ଯଦି ଯୋଗମର୍ହତଃ
ବଧୂଦୁକୂଳଂ ହଳହଂସ ଲକ୍ଷଣଂ
ଗଜାଜିନଂ ଶୋଣିତବିନ୍ଦୁ ବର୍ଷି ଚ ।"

(ଅର୍ଥାତ୍ - ଛଦ୍ମବେଶୀ ଶିବ କହିଲେ - ହେ ପାର୍ବତୀ ! ତୁମେ ନିଜେ ଚିନ୍ତା କରି ଦେଖ ଯେ, ନବବିବାହିତାବଧୂର ରାଜହଂସ ଚିହ୍ନିତ ପଟ୍ଟବସ୍ତ୍ର ଓ ରକ୍ତବିନ୍ଦୁ ଝରିପଡୁଥିବା ହସ୍ତୀଚର୍ମ - ଏହି ଉଭୟଙ୍କର କେବେ କ'ଣ ମିଳନ ହୋଇପାରେ ?)

"ଚତୁଷ୍କ ପୁଷ୍ପ ପ୍ରକାରାବକୀର୍ଣ୍ଣୟୋଃ
ପରୋଽପି କୋ ନାମ ତବାନୁମନ୍ୟତେ
ଅଲକ୍ତକାଙ୍କନି ପଦାନି ପାଦୟୋ
ବିକୀର୍ଣ୍ଣକେଶାସୁ ପରେ ତ ଭୂମିଷୁ ।"

(ଅର୍ଥାତ୍ - ତୁମର ଯେଉଁ ଚରଣ ଯୁଗଳ ପୁଷ୍ପପରି ଶୋଭିତ ଉତ୍ତମ ଗୃହରେ ବିନ୍ୟସ୍ତ ହେବାର ଯୋଗ୍ୟ, ଅଲକ୍ତକ ରଂଜିତ ସେହି ପଦଚିହ୍ନ ସମୂହ ଶବକେଶ ପରିପୂର୍ଣ୍ଣ ଶ୍ମଶାନ ଭୂମିରେ ବିନ୍ୟସ୍ତ ହେବ - ଏହା ସତରେ ଶତ୍ରୁ ବି କ'ଣ ଅନୁମୋଦନ କରିପାରେ ?)

"ଅଯୁକ୍ତ ରୂପଂ କିମତଃ ପରଂବଦ
ତ୍ରିନେତ୍ରବକ୍ଷଃ ସୁଲଭଂ ତବାପିଯତ୍
ସ୍ତନଦ୍ୱୟେଽସ୍ମିନ୍ ହରିଚନ୍ଦନାସ୍ପଦେ
ପଦଂ ଚିତାଭସ୍ମରଜଃ କରିଷ୍ୟତି ।"

(ଅର୍ଥାତ୍ - ମହାଦେବଙ୍କର ବକ୍ଷ (ଆଲିଙ୍ଗନ) ତୁମର ସୁଲଭ ହେଲେ ମଧ୍ୟ ଏହାଠାରୁ ଆଉ କ'ଣ ଅସଙ୍ଗତ ବିଷୟ ହୋଇପାରେ ? ଯେହେତୁ ତୁମର ଯେଉଁ ସ୍ତନଯୁଗଳ ଶ୍ୱେତଚନ୍ଦନରେ ଲିପ୍ତ ହେବା ପାଇଁ ଉପଯୁକ୍ତ, ତାହା ପୁଣି ଚିତା ଭସ୍ମରେ ଶୋଭାପାଇବ !)

ଶିବ ପାର୍ବତୀଙ୍କର ସାକ୍ଷାତ ହେବା ପ୍ରସଙ୍ଗଟି ମଧ୍ୟ ବେଶ୍ କାବ୍ୟିକ ଓ ନାଟକୀୟ ଯଥା -

"ଇତୋ ଗମିଷ୍ୟାମ୍ୟଥବେତିବାଦିନୀ
ଚଚାଳ ବାଳାସ୍ତନଭିନ୍ନବଲ୍‌କଳା
ସ୍ୱରୂପମାସ୍ଥାୟ ଚ ତାଂ କୃତସ୍ମିତଃ
ସମାଲଲମ୍ବେ ବୃଷରାଜକେତନଃ।"

(ଅର୍ଥାତ୍ - ମୁଁ ଏହି ସ୍ଥାନରୁ ଅନ୍ୟ କେଉଁଠାକୁ ଯାଏ, ଏହା କହି ପାର୍ବତୀ ଚାଲିଯିବା ଲାଗି ଉଦ୍ୟତ ହୁଅନ୍ତେ, (ବେଗବଶତଃ) ତାଙ୍କର ସ୍ତନପ୍ରଦେଶରୁ ବଲ୍‌କଳ ଖସିଗଲା। ଏଣେ ମହାଦେବ ବ୍ରହ୍ମଚାରୀବେଶ ପରିତ୍ୟାଗ କରି ନିଜର ମୂର୍ତ୍ତି ଧାରଣ କରି ସହାସ୍ୟ ବଦନରେ ପାର୍ବତୀଙ୍କୁ ଧାରଣ କଲେ।)

ଏହାପରେ କବି କାଳିଦାସ ଲେଖିଛନ୍ତି -

"ତଂ ବୀକ୍ଷ୍ୟ ବେପଥୁମତୀ ସରସାଙ୍ଗଯଷ୍ଟିଃ
ନିକ୍ଷେପଣାୟ ପଦମୁଦ୍ଧୃତମୁଦ୍‌ବହନ୍ତୀ।
ମାର୍ଗାଚଳବ୍ୟତି କରାକୁଳିତେବ
ଶୈଳାଧିରାଜ ତନୟା ନ ଯଯୌ ନ ତସ୍ଥୌ।"

(ଅର୍ଥାତ୍ - ମହେଶ୍ୱରଙ୍କୁ ଦର୍ଶନ କରି କମ୍ପାନ୍ୱିତା ସ୍ୱେଦକଳେବରା ଶୈଳାଧିରାଜତନୟା ପାର୍ବତୀ ପଦ ନିକ୍ଷେପ ଲାଗି ଗୋଟିଏ ଚରଣ ଊର୍ଦ୍ଧ୍ୱକୁ ଉତ୍ତୋଳନ କରିବାକୁ ଉଦ୍ୟତ ହୁଅନ୍ତେ, ଗତିପଥରେ ପର୍ବତ ଦ୍ୱାରା ପ୍ରତିରୁଦ୍ଧଗତି ବିକ୍ଷୁବ୍‌ଧ ନଦୀପରି ଅଗ୍ରସର କିମ୍ବା ପ୍ରତ୍ୟାବର୍ତ୍ତନ କରିପାରିଲେ ନାହିଁ। ଅର୍ଥାତ୍ କିଂକର୍ତ୍ତବ୍ୟବିମୂଢ଼ା ହୋଇପଡ଼ିଲେ।)

କୁମାରସମ୍ଭବ କାବ୍ୟରେ କବି କାଳିଦାସ ଦୟିତର ମସ୍ତକରେ ଦୟିତାର ପାଦସ୍ପର୍ଶ କଥା ମଧ୍ୟ ବର୍ଣ୍ଣନା କରିଛନ୍ତି।

ଯଥା - **"ପତ୍ୟୁ ଶିରଶ୍ଚନ୍ଦ୍ରକଳାମନେନ
ସ୍ପୃଶେତି ସଖ୍ୟା ପରିହାସ ପୂର୍ବମ୍।
ସା ରଞ୍ଜୟିତ୍ୱା ଚରଣୌକୃତାଶୀ
ର୍ମାଲେନ୍ୟ ତାଂ ନିର୍ବଚନଂ ଜଘାନ।" (୭/୧୯)**

(ଅର୍ଥାତ୍ - କୌଣସି ଜଣେ ସଖୀ ପାର୍ବତୀଙ୍କର ପାଦଦୁଇଟିକୁ ଅଳତାରେ ରଂଜିତ କରି ପରିହାସ ଛଳରେ କହିଥିଲେ - ତୁମେ ମାନବତୀ ହୋଇ ଏହି ପାଦଦ୍ୱୟରେ ସ୍ୱାମୀଙ୍କ ମସ୍ତକସ୍ଥିତ ଚନ୍ଦ୍ରକଳାକୁ ସ୍ପର୍ଶ କର। ଫଳରେ ପାର୍ବତୀ ତାଙ୍କୁ କିଛି ନ କହି କେବଳ ଫୁଲମାଳାରେ ପ୍ରହାର କଲେ।)

'କୁମାରସମ୍ଭବ' ମହାକାବ୍ୟ ମହାକବି କାଳିଦାସଙ୍କର ଏକ ଅପୂର୍ବ ସୁନ୍ଦର କୃତି। ଏଥିରେ କବିଙ୍କର ଦିବ୍ୟ କବିତ୍ୱ, ଚମତ୍କାର ବର୍ଣ୍ଣନାକୌଶଳ, କଳ୍ପନାବିଳାସିତା,

ପ୍ରକାଶଭଙ୍ଗୀରେ ନାଟକୀୟତା, ପ୍ରକୃତି ପ୍ରାଣତା, ସୌନ୍ଦର୍ଯ୍ୟଚେତନା, ଉପମାପ୍ରୟୋଗ ଏବଂ ରସିକତା ପ୍ରତିପାଦିତ।

'କୁମାରସମ୍ଭବ' ପରି 'ରଘୁବଂଶ' କାଳିଦାସଙ୍କର ଏକ ସମୁଜ୍ଜ୍ୱଳ କୃତି। ଊନବିଂଶ ଛାନ୍ଦ ବିଶିଷ୍ଟ ଏହି କାବ୍ୟ ସଂସ୍କୃତ ଆଳଙ୍କାରିକ କାବ୍ୟଲକ୍ଷଣ ଅନୁସାରେ ରଚିତ। କାବ୍ୟଟି ସୂର୍ଯ୍ୟବଂଶର ଶ୍ରେଷ୍ଠ ରାଜା ରଘୁଙ୍କର ନାମାନୁସାରେ ନାମିତ ହୋଇଛି। ମହାରାଜା ଦିଲ୍ଲୀପ କାମଧେନୁ ନନ୍ଦିନୀଙ୍କୁ ପୁତ୍ର ସନ୍ତାନ ପ୍ରାପ୍ତି ପାଇଁସେବା ଦ୍ୱାରା ପ୍ରସନ୍ନ କରାଇ 'ରଘୁ' ନାମକ ପୁତ୍ର ଲାଭ କଲେ। ସୂର୍ଯ୍ୟବଂଶର ଶ୍ରେଷ୍ଠ ତଥା ଅନନ୍ତ କୀର୍ତ୍ତିଶାଳୀ ରାଜା ରଘୁ ଥିଲେ ଦିଗ୍‌ବିଜୟୀ ଓ ବିଶିଷ୍ଟଦାନୀ ପୁରୁଷ। ଏହି ବଂଶରେ ଅଜ, ଦଶରଥ, ରାମଚନ୍ଦ୍ର ପ୍ରଭୃତି ଯଶଶାଳୀ ରାଜାମାନେ ରଘୁବଂଶର ମହନୀୟତାକୁ ବଢ଼ାଇଥିଲେ। ଏହି କୀର୍ତ୍ତିଶାଳୀ ରାଜାମାନଙ୍କ ଗୌରବଗାଥା ଏହି କାବ୍ୟରେ ବର୍ଣ୍ଣିତ ହୋଇଛି। ସର୍ବୋପରି କବି କାଳିଦାସ ଭାରତୀୟ ପରମ୍ପରା, ଆଦର୍ଶ, ତ୍ୟାଗ, ସେବା, ଆଶ୍ରମଜୀବନର ମହନୀୟତାକୁ ମଧ୍ୟ ପ୍ରତିପାଦନ କରିଛନ୍ତି।

କାବ୍ୟର ପ୍ରାରମ୍ଭରେ କବି କାଳିଦାସ ଲେଖିଛନ୍ତି -

"କ୍ୱ ସୂର୍ଯ୍ୟ ପ୍ରଭେବୋ ବଂଶଃ କ୍ୱ ଚାଳ୍ପବିଷୟା ମତିଃ
ତିତୀର୍ଷୁର୍ଦୁସ୍ତରଂ ମୋହାଦୁଡୁ ପେନାସ୍ମି ସାଗରମ୍।
ମନ୍ଦଃ କବି ଯଶଃ ପ୍ରାର୍ଥୀ ଗମିଷ୍ୟାମ୍ୟୁପହାସ୍ୟତାମ୍
ପ୍ରାଂଶୁ ଲଭ୍ୟେ ଫଳେ ଲୋଭାଦୁଦ୍ୱାହୁରିବବାମନଃ।"

(ପ୍ରଥମ ସର୍ଗ)

'ରଘୁବଂଶ' କାବ୍ୟରେ କବି କାଳିଦାସ ନନ୍ଦିନୀଙ୍କ ପଛେ ପଛେ ରାଣୀ ସୁଦକ୍ଷିଣାଙ୍କର ଗମନକାଳୀନ ଦୃଶ୍ୟକୁ ନିମ୍ନଭାବରେ ବର୍ଣ୍ଣନା କରିଛନ୍ତି। ଯଥା -

"ତସ୍ୟାଃ ଖୁରନ୍ୟାସ ପବିତ୍ରପାଂସୁମପାଂସୁଳାନାଂ ଧୁରିକୀର୍ତ୍ତିନୀୟା
ମାର୍ଗଂ ମନୁଷ୍ୟେଶ୍ୱରଧର୍ମପତ୍ନୀ ଶ୍ରୁତେରିବାର୍ଥଂ ସ୍ମୃତିରନ୍ୱଗଚ୍ଛତ୍।"

(ଅର୍ଥାତ୍ - ଯେଉଁ ମାର୍ଗ ଦେଇ ନନ୍ଦିନୀ ଚାଲିଯାଉଥିଲେ ଏବଂ ଖୁରାରୁ ଉଡୁଥିବା ଧୂଳି ମାର୍ଗକୁ ପବିତ୍ର କରୁଥିଲା, ସେହି ମାର୍ଗରେ ନନ୍ଦିନୀଙ୍କ ପଛେ ପଛେ ସେହି ସମୟରେ ଶ୍ରେଷ୍ଠ ପତିବ୍ରତା ରାଣୀ ସୁଦକ୍ଷିଣା ଅନୁସରଣ କରୁଥିଲେ। ମନେ ହେଉଥିଲା ସ୍ମୃତି ଯେପରି ଶ୍ରୁତି (ବେଦ)ର ଅର୍ଥକୁ ଅନୁସରଣ କରେ।)

ଗୋ ସେବାରେ ନିଜକୁ ନିୟୋଜିତ କରିଥିବା ମହାରାଜା ଦିଲ୍ଲୀପ ରାଜଛତ୍ର ଚାମର ପ୍ରଭୃତି ଧାରଣ କରି ନଥିଲେ। ମାତ୍ର ତାଙ୍କର ତେଜରୁ ସେ ସମ୍ରାଟ ବୋଲି ବାରି ହୋଇ ପଡୁଥିଲେ। କବିଙ୍କ ଭାଷାରେ -

"ସାନ୍ୟସ୍ତଚିହ୍ନାମପି ରାଜଲକ୍ଷ୍ମୀଂ ତେଜୋବିଶେଷାନୁମିତାଂ ଦଧାନଃ
ଆସୀଦନାବିଷ୍କୃତ ଦାନରାଜିରନ୍ତର୍ମଦାବସ୍ଥ ଇବ ଦ୍ୱିପେନ୍ଦ୍ରଃ।"

(ଅର୍ଥାତ୍ - ଯେତେବେଳେ ଐରାବତ ଦେହର ମଦଜଳଧାରା ଉପରକୁ ଦେଖାଯାଉ ନ ଥିଲେ ମଧ୍ୟ ସେତେବେଳେ ସେ ଐରାବତ ବୋଲି ଜଣାପଡ଼ିଥାଏ। କାରଣ ହାତୀଶ୍ରେଷ୍ଠର ତେଜ ହିଁ ତାହା ପ୍ରକାଶ କରେ। ସେହିପରି ଗୋସେବା ବ୍ରତରେ ବ୍ରତୀ ଯୋଗୁଁ ରାଜା ଛତ୍ରଚାମର ପ୍ରଭୃତି ରାଜଚିହ୍ନ ଧାରଣ କରି ନ ଥିଲେ ମଧ୍ୟ ନିଜର ଅତିଶୟ ତେଜ ଯୋଗୁଁ ସମ୍ରାଟ ବୋଲି ଜାଣି ହେଉଥିଲେ।)

ମହାରାଜା ରଘୁଙ୍କର ଦାନଶୀଳତା ସମ୍ପର୍କରେ ମହାକବି କାଳିଦାସ ଲେଖିଛନ୍ତି-

"ଶରୀର ମାତ୍ରେଣ ନରେନ୍ଦ୍ର ତିଷ୍ଠନ୍ନାଭାସି ତୀର୍ଥ ପ୍ରତିପାଦିତର୍ଦ୍ଧିଃ
ଆରଣ୍ୟ କୋପାତ୍ତଫଳ ପ୍ରସୂତିଃ ସ୍ତମ୍ଭେନନୀବାର ଇବାବ ଶିଷ୍ଟଃ।"

(ଅର୍ଥାତ୍ - ହେ ରାଜନ୍! ଆପଣ ଧନ ସବୁ ଉତ୍ତମ ଲୋକମାନଙ୍କୁ ଦାନ କରି ଦେଇଛନ୍ତି। କେବଳ ଶରୀର ମାତ୍ର ଆପଣଙ୍କ ନିକଟରେ ଅବଶିଷ୍ଟ ଅଛି। ଯେପରି ନୀବାର ଧାନର ଗଛରୁ ଶସ୍ୟ ତୋଳି ନେଲାପରେ ତାହା କେବଳ ନଡ଼ାରୂପେ ରହି ସୁନ୍ଦର ଦିଶେ।)

ପୁନଶ୍ଚ କବି ଲେଖିଛନ୍ତି -

"ସ୍ଥାନେ ଭବାନେକ ନରାଧିପଃ ସନ୍ନକିଂ ଚନତ୍ୱଂମଖଜବ୍ୟନକ୍ତି
ପର୍ଯ୍ୟାୟପୀତସ୍ୟ ସୁରୈର୍ହିମାଂଶୋଃ କଳାକ୍ଷୟଃ ଶ୍ଳାଘ୍ୟ ତରୋହି ବୃଦ୍ଧେଃ।"

(ଅର୍ଥାତ୍ - ଚକ୍ରବର୍ତ୍ତୀ ହୋଇ ସୁଦ୍ଧା ଯଜ୍ଞରେ ସର୍ବସ୍ୱଦାନ କରି ଆପଣ ଦରିଦ୍ର ହୋଇଛନ୍ତି, ତଥାପି ଚନ୍ଦ୍ରମା ସଦୃଶ ଆପଣ ସୁନ୍ଦର ଦେଖାଯାଉଛନ୍ତି। ଦେବତାମାନେ ଚନ୍ଦ୍ରର ସୁଧାପାନ କଲାପରେ ଚନ୍ଦ୍ରକ୍ଷୀଣ ହୋଇଯାଏ ସତ, ମାତ୍ର ସେହି କ୍ଷୀଣତା ତାହାର ବୃଦ୍ଧିଠାରୁ ଅଧିକ ପ୍ରଶଂସନୀୟ ହୋଇଥାଏ।)

ତ୍ରୟୋଦଶ ସର୍ଗରେ କବି କାଳିଦାସ ଶ୍ରୀରାମ ଓ ସୀତାଙ୍କର ପୁଷ୍ପକ ବିମାନରେ ବସି ପ୍ରତ୍ୟାବର୍ତ୍ତନ କରିବାବେଳେ ଯେଉଁ ସମୁଦ୍ରର ଶୋଭା ବର୍ଣ୍ଣନା କରିଛନ୍ତି, ତାହା ବେଶ୍ ଚିତ୍ତାକର୍ଷକ। କବି ଲେଖିଛନ୍ତି -

"ବୈଦେହି ପଶ୍ୟାମଲୟାଦ୍ଧି ଭକ୍ତଂ ମତ୍ସେତୁନା ଫେନିଳ ମମ୍ବୁରାଶିମ୍
ଛାୟାପଥେନେବ ଶରତପ୍ରସନ୍ନମାକାଶ ମାବିଷ୍କୃତଚାରୁ ତାରମ୍।"

(ଅର୍ଥାତ୍ - ଶ୍ରୀରାମ କହୁଛନ୍ତି, ହେ ବୈଦେହି। ଦେଖ, ଫେନଯୁକ୍ତ ସମୁଦ୍ର ମୋ ନିର୍ମିତ ସେତୁ ଦ୍ୱାରା ମଳୟ ପର୍ବତ ପର୍ଯ୍ୟନ୍ତ କିପରି ବିଭକ୍ତ ହୋଇଛି। ଶରତ ଆକାଶରେ ଛାୟାପଥ ଓ ଉଜ୍ଜ୍ୱଳ ତାରକାଗଣ ଯେପରି ଶୋଭାପାନ୍ତି, ସେତୁଦ୍ୱାରା ବିଭକ୍ତ ଫେନିଳ ସମୁଦ୍ର ସେହିପରି ଶୋଭା ପାଉଅଛି।)

"ଦ୍ୱରାଦୟଶ୍ଚକ୍ର ନିଭସ୍ୟ ତନ୍ୱି ତମାଲତାଳୀ ବନରାଜିନୀଳା
ଆଭାତିବେଳା ଲବଣାମ୍ବୁରାଶେ ର୍ଧାରାନିବଦ୍ଧେକ କଳଙ୍କ ରେଖା।"

(ଅର୍ଥାତ୍ - ଲବଣ ସମୁଦ୍ର ଦୂରରୁ ଏକ ଲୌହ ଚକ୍ର ପରି ଦେଖାଯାଉଛି। ତାଳତମାଳ ବନ ଶୋଭିତ ନୀଳବେଳାଭୂମି ଏହି ସମୁଦ୍ରରୂପୀ ଲୌହଚକ୍ରର ଚାରିପାଖରେ ଧାର ଧାର ହୋଇଥିବା କଳଙ୍କ ସଦୃଶ ଦେଖାଯାଉଛି।)

'ରଘୁବଂଶ' ମହାକାବ୍ୟ କାଳିଦାସଙ୍କର ଏକ ମହିମ୍ନକୃତି। ଏଥିରେ ସୂର୍ଯ୍ୟବଂଶୀ ରାଜା ଦିଲ୍ଲୀପଙ୍କଠାରୁ ଆରମ୍ଭ କରି ଶେଷରାଜା ଅଗ୍ନିବର୍ଣ୍ଣଙ୍କ ଚରିତ ଓ ମହନୀୟତା ବର୍ଣ୍ଣିତ। ମହାକବି କାଳିଦାସଙ୍କର କମନୀୟ ରସାଳ ସୃଷ୍ଟି ହେଉଛି 'ମେଘଦୂତ'। ଏହାକୁ 'ଦୂତକାବ୍ୟ' ବା 'ସନ୍ଦେହଶ କାବ୍ୟ' ବୋଲି କୁହାଯାଇଛି। 'ମେଘଦୂତ' ଦୁଇଭାଗରେ ବିଭକ୍ତ, ଯଥା - ପୂର୍ବମେଘ ଓ ଉତ୍ତରମେଘ। ପୂର୍ବମେଘରେ ବାହ୍ୟ ପ୍ରକୃତିର ଚରିତ୍ର ଚିତ୍ରିତ। ଉତ୍ତର ମେଘପର୍ବରେ ତା'ର ଅନ୍ତଃସ୍ୱରୂପ ନିଖୁଣ ଭାବରେ ଚିତ୍ରିତ। ରାମଗିରି ଆଶ୍ରମରେ ବାସ କରୁଥିବା ଅଭିଶପ୍ତ ପ୍ରିୟାବିରହୀ ଯକ୍ଷ ଆଷାଢ଼ ମାସର ପ୍ରଥମ ଦିବସରେ ମେଘମାଳାକୁ ଦେଖି ହିମାଳୟର ଅଳକାପୁରୀରେ ବାସ କରୁଥିବା ତା'ର ପ୍ରିୟା ନିକଟକୁ ମେଘଦ୍ୱାରା ସନ୍ଦେଶ ପ୍ରେରଣ କରିଛି। ମେଘଦୂତ ଏକ ଲୋକପ୍ରିୟ କାବ୍ୟ। ସର୍ବୋପରି 'ମେଘଦୂତ' କାବ୍ୟରେ କବି କାଳିଦାସ ମୌସୁମୀବାୟୁର ଗତିପଥ, ଭାରତର ବିନ୍ନ ଭୌଗୋଳିକ ସ୍ଥାନମାନଙ୍କର ଉଲ୍ଲେଖ କରିବା ସହିତ ପ୍ରକୃତିର ମଂଜୁଳ ଚିତ୍ରଣ କରି ଏହି କାବ୍ୟକୁ ସରସ ଓ ଜୀବନ୍ତ କରିପାରିଛନ୍ତି।

ମେଘଦୂତ କାବ୍ୟରେ ବିରହିଣୀ ଯକ୍ଷିଣୀର ବର୍ଣ୍ଣନା କରିବାକୁ ଯାଇ କବି ଲେଖିଛନ୍ତି -

"ତାଂ ଜାନୀଥାଃ ପରିମିତ କଥାଂ ଜୀବିତଂ ମେ ଦ୍ୱିତୀୟଂ
ଦୂରୀଭୂତେ ମୟି ସହଚରେ ଚକ୍ରବାକୀ ମିବୈକାମ୍।
ଗାଢ଼ୋତ୍‌ରକଣ୍ଠାଂ ଗୁରୁଷୁ ଦିବସେଷେଷୁ ଗଚ୍ଛତ୍‌ସୁବାଳାଂ
ଜାତାଂ ମନ୍ୟେ ଶିଶିରମଥିତାଂ ପଦ୍ମିନୀବାନ୍ୟରୂପାମ୍।"

(ଉତ୍ତରମେଘ - ୨୩)

ଅର୍ଥାତ୍ ପ୍ରିୟତମର ବିରହରେ ଯକ୍ଷନାୟିକା ଚକୋରୀ ପକ୍ଷୀଭଳି ଏକାକିନୀ ଭାବରେ କାଳାତିପାତ କରୁଛି। ସେ କମ୍ କଥା କହୁଛି। ଆହୁରି ମଧ୍ୟ ତୁଷାରପାତରେ ନଷ୍ଟ ହୋଇଯାଇଥିବା ପଦ୍ମିନୀର ଶୋଭା ସେ ଧାରଣ କରିଛି।

ମନ୍ଦାକ୍ରାନ୍ତା ଛନ୍ଦରେ ରଚିତ 'ମେଘଦୂତ' କାବ୍ୟ ସଂସ୍କୃତ ଗୀତିକାବ୍ୟ ମଧ୍ୟରେ ସର୍ବପ୍ରଥମ କାବ୍ୟ ଭାବରେ ମାନ୍ୟତା ଲାଭ କରିଛି।

ମହାକବି କାଳିଦାସଙ୍କର ଅନ୍ୟତମ କୃତି ହେଉଛି 'ଋତୁ ସଂହାର'। ଏହି କାବ୍ୟରେ ଗ୍ରୀଷ୍ମ, ବର୍ଷା, ଶରତ, ହେମନ୍ତ, ଶୀତ ଓ ବସନ୍ତ ଋତୁର ମନୋଜ୍ଞ ବର୍ଣ୍ଣନା ରହିଛି। କବି କେଉଁ ଋତୁକୁ ନାୟକ ଭାବରେ, ପୁଣି କେଉଁ ଋତୁକୁ ନବବଧୂ ଭାବରେ ଚିତ୍ରଣ କରି ନିଜର ଅପୂର୍ବ ବର୍ଣ୍ଣନାବିଳାସର ପରିଚୟ ଦେଇଛନ୍ତି। କବିଙ୍କ ଲେଖନୀରେ ବିଭିନ୍ନ ଋତୁର କିଛି କିଛି ଦୃଷ୍ଟାନ୍ତ ପ୍ରଦାନ କରାଯାଇଛି।

ଗ୍ରୀଷ୍ମ ଋତୁ ବର୍ଣ୍ଣନା -

"ପ୍ରଚଣ୍ଡସୂର୍ଯ୍ୟଃ ସ୍ପୃହଣୀୟ ଚନ୍ଦ୍ରମାଃ
ସଦାବଗାହ କ୍ଷତ ବାରି ସଞ୍ଚୟଃ
ଦିନାନ୍ତରମ୍ୟୋଽଭ୍ୟୁପଶାନ୍ତ ମନ୍ମଥଃ
ନିଦାଘକାଳୋଽୟମୁପାଗତଃ ପ୍ରିୟ।"(୧/୧)

ବର୍ଷା ଋତୁ ବର୍ଣ୍ଣନା -

"ସମୀ କରାମ୍ଭୋଧରମତ୍‌କୁଞ୍ଜରସ୍ତଡିତ୍‌ପତାକୋଽଶନି ଶବ୍ଦମର୍ଦ୍ଦଳଃ
ସମାଗତୋ ରାଜବଦୁଦ୍ଧତ ଦ୍ୟୁତିର୍ଘନାଗମଃ କାମିଜନପ୍ରିୟଃ ପ୍ରିୟେ ।୧।"

ଶରତ ଋତୁ ବର୍ଣ୍ଣନା -

କାଶଂଶୁକା ବିକଚପଦ୍ମ ମନୋଜ୍ଞବକ୍ତ୍ରା
ସୋନ୍ମାଦହଂସରବନୂପୁରନାଦରମ୍ୟା।
ଆପକ୍ୱଶାଳିରୁଚିରାନତଗାତ୍ରଯଷ୍ଟିଃ
ପ୍ରାପ୍ତା ଶରନ୍ନବଧୂରିବ ରୂପରମ୍ୟା। (୩/୧)

ହେମନ୍ତ ଋତୁ ବର୍ଣ୍ଣନା -

"ନବପ୍ରବାଳୋଦ୍‌ଗମ ସସ୍ୟରମ୍ୟ ପ୍ରଫୁଲ୍ଲଲୋଧ୍ରଃ ପରିପକ୍ୱଶାଳିଃ
ବିଲୀନପଦ୍ମଃ ପ୍ରପତସ୍ତୁଷାରୋ ହେମନ୍ତକାଳଃ ସମୁପାଗତୋଽୟମ୍।୧।"

ଶିଶିର ଋତୁ ବର୍ଣ୍ଣନା -

"ପ୍ରରୂଢ଼ଶାଳୀକ୍ଷୁଚୟା ବୃତକ୍ଷିତିଂ କ୍ୱିଚିତ୍‌ସ୍ଥିତ କ୍ରୌଞ୍ଚ ନିନାଦ୍‌ରାଜିତମ୍
ପ୍ରକାମ କାମଂ ପ୍ରମଦାଜନପ୍ରିୟଂ ବରୋରୁକାଳଂ ଶିଶିରାହ୍ୱୟଂ ଶୃଣୁ।"

କାଳିଦାସଙ୍କ ବର୍ଣ୍ଣନାରେ ବସନ୍ତ ଋତୁ ବେଶ୍ ମନୋଜ୍ଞ। କବି ଲେଖିଛନ୍ତି -

ବସନ୍ତ ଋତୁ ବର୍ଣ୍ଣନା -

"ଦ୍ରୁମାଃ ସପୁଷ୍ପାଃ ସଲିଳ ସପଦ୍ମଂ
ସ୍ତ୍ରିୟଃ ସକାମାଃ ପବନଃ ସୁଗନ୍ଧିଃ।
ସୁଖାଃ ପ୍ରଦୋଷାଃ ଦିବସାଶ୍ଚ ରମ୍ୟାଃ

ସର୍ବଂପ୍ରିୟେ ଚାରୁତରଂ ବସନ୍ତେ।" (୬/୧)

"ଋତୁସଂହାର"ର ଭାଷା ସରଳ ଓ ସୁବୋଧ। ଏହି କାବ୍ୟରେ କବିଙ୍କର ପ୍ରକୃତିପ୍ରାଣତା ଯେପରି ବିଳସିତ, ଅନୁରୂପ ଭାବରେ ଶୃଙ୍ଗାରୀକତା ମଧ୍ୟ ପ୍ରତିପାଦିତ।

ଅଶ୍ୱଘୋଷ

ସଂସ୍କୃତ ସାହିତ୍ୟ ଜଗତରେ ଅଶ୍ୱଘୋଷଙ୍କର ପ୍ରସିଦ୍ଧି ଅନବଦ୍ୟ। ଅଶ୍ୱଘୋଷ ମୁଖ୍ୟତଃ ତିନିଗୋଟି ଗ୍ରନ୍ଥ ପାଇଁ ବିଶେଷ ଗୌରବର ଅଧିକାରୀ। ଏହି ତିନିଗୋଟି ଗ୍ରନ୍ଥ ହେଉଛି 'ବୁଦ୍ଧଚରିତ', 'ସୌନ୍ଦରାନନ୍ଦ' ଏବଂ 'ଶାରୀପୁତ୍ରପ୍ରକରଣ'। ପ୍ରଥମ ଦୁଇଗୋଟି ଗ୍ରନ୍ଥ ହେଉଛି ମହାକାବ୍ୟ । ଶାରୀରପୁତ୍ରପ୍ରକରଣ' ହେଉଛି ନାଟକ। 'ବୁଦ୍ଧଚରିତ' ସତରଗୋଟି ସର୍ଗ ସମ୍ବଳିତ ମହାକାବ୍ୟ । ଏଥିରେ ଗୌତମ ବୁଦ୍ଧଙ୍କର ଜନ୍ମଠାରୁ ଆରମ୍ଭ କରି ମହାନିର୍ବାଣ ପ୍ରାପ୍ତି ପର୍ଯ୍ୟନ୍ତ ବିଷୟ ବର୍ଣ୍ଣିତ। ପ୍ରକୃତି ବର୍ଣ୍ଣନାରେ କାଳିଦାସଙ୍କ ତୁଲ୍ୟ ଅଶ୍ୱଘୋଷ ମଧ୍ୟ ଜଣେ ସମର୍ଥ କବି। ନିମ୍ନରେ ପ୍ରକୃତି ବର୍ଣ୍ଣନାର ଏକ ଦୃଷ୍ଟାନ୍ତ ପ୍ରଦାନ କରାଗଲା।

"ବାତାଃ ବବୁଃ ସ୍ୱାର୍ଥସୁଖଂ ମନୋଜ୍ଞାଃ
ଦିବ୍ୟାନି ବାସାଂସ୍ୟବପାତୟନ୍ତଃ
ସୂର୍ଯ୍ୟଃସ ଏବାଭ୍ୟଧିକଂ ଚକାଶେ
ଜଜ୍ୱାଳ ସୌମ୍ୟାର୍ଚ୍ଚିରନୀରିତୋଽଗ୍ନି।" (ବୁଦ୍ଧ ଚରିତ - ୧୩/୭୨)

ସୌନ୍ଦରାନନ୍ଦ ଅଠରଗୋଟି ସର୍ଗସମ୍ବଳିତ ମହାକାବ୍ୟ। ଏଥିରେ ଗୌତମବୁଦ୍ଧଙ୍କର ସମ୍ପର୍କୀୟ ଭ୍ରାତା ନନ୍ଦଙ୍କର ମାନସିକ ପରିବର୍ତ୍ତନ ଓ ଉପଦେଶ ଗ୍ରହଣ ବିଷୟ ବର୍ଣ୍ଣିତ। ନନ୍ଦଙ୍କର ବିବାହିତା ପତ୍ନୀ ଆସାମନ୍ୟା ସୁନ୍ଦରୀ ଥିଲେ। ଗୌତମବୁଦ୍ଧ ତାଙ୍କୁ ବୌଦ୍ଧ ସନ୍ନ୍ୟାସୀ ହେବା ପାଇଁ ପ୍ରବର୍ତ୍ତାଇଥିଲେ। ଏହି ଉଭୟ ଚିତ୍ତସଂଘର୍ଷ ଭିତରେ ଶେଷରେ ସେ ସନ୍ନ୍ୟାସ ଗ୍ରହଣ କରିଛନ୍ତି। ତାଙ୍କୁ ବୌଦ୍ଧଧର୍ମ ଦର୍ଶନ ଓ ନୀତିବାଣୀ ଶୁଣାଇ ତାଙ୍କର ମାନସିକ ସ୍ତରରେ ପରିବର୍ତ୍ତନ ଅଣାଯାଇଛି। ଏହି କାବ୍ୟଟିର ଭାବ ପ୍ରାଣସ୍ପର୍ଶୀ। ବିଷୟବିନ୍ୟାସ କ୍ରମେ ଏଥିରେ ଯେଉଁ ଦର୍ଶନ ସମ୍ବଳିତ ଉପଦେଶ ବର୍ଣ୍ଣିତ, ତାହା କାବ୍ୟଟିକୁ ମହିମାମଣ୍ଡିତ କରିଛି ନିଶ୍ଚୟ। ଦୃଷ୍ଟାନ୍ତସ୍ୱରୂପ -

"କୃପଣଂ ବତ ଯୁଥଲାଳସଃ
ମହତୋ ବ୍ୟାଧଭୟାଦ୍ ବିନିଃସୃତଃ
ପ୍ରବିବିକ୍ଷତି ବାଗୁରାଂ ମୃଗଃ
ଚପଳୋ ଗୀତରବେଣ ବଞ୍ଚିତଃ" (ସୌନ୍ଦରାନନ୍ଦ)

ଅର୍ଥାତ୍ -ହେ ନନ୍ଦ! ଯେପରି ମୃଗଟିଏ ବ୍ୟାଧ ଭୟରୁ ମୁକୁଳି ପୁନଶ୍ଚ ସଙ୍ଗୀତ ସ୍ୱରରେ ଆକର୍ଷିତ ହୋଇ ଜାଲ ମଧ୍ୟରେ କ୍ରମେ ପ୍ରବେଶ କରିବାକୁ ଇଚ୍ଛା କରେ,

ସେହିପରି ସନ୍ନ୍ୟାସ ବ୍ରତ ଅବଲମ୍ବନ କରି ଜଞ୍ଜାଳରୁ ମୁକ୍ତ ହୋଇ ତୁମେ ପୁନଶ୍ଚ କାହିଁକି ଗୃହସ୍ଥାଶ୍ରମ ପ୍ରତି ମନ ବଳାଉଛ ?

ମାତୃଚେଟ

ଅଶ୍ୱଘୋଷଙ୍କର ସମସାମୟିକ କବି ମାତୃଚେଟ ଦୁଇ ଗୋଟି କାବ୍ୟର ସ୍ରଷ୍ଟା। ଏହି କାବ୍ୟଦ୍ୱୟ ହେଉଛି 'ବର୍ଣ୍ଣାର୍ହବର୍ଣ୍ଣସ୍ତୋତ୍ର' ଏବଂ 'ଅର୍ଦ୍ଧଶତକ'। 'ବର୍ଣ୍ଣାହବର୍ଣ୍ଣ ସ୍ତୋତ୍ର'ରେ ବାରଗୋଟି ପରିଚ୍ଛେଦ ରହିଛି। ଏଥିରେ ଭଗବାନ ବୁଦ୍ଧଙ୍କୁ ସ୍ତୁତି କରାଯାଇଛି। ସର୍ବୋପରି ଏଥିରେ ବୌଦ୍ଧଦର୍ଶନ ବିଷୟ ସବିଶେଷ ଭାବରେ ବର୍ଣ୍ଣନା କରାଯାଇଛି। 'ଅର୍ଦ୍ଧଶତକ'ରେ ତେରଗୋଟି ବିଭାଗ ରହିଛି ଏବଂ ୧୫୩ଟି ଶ୍ଳୋକ ରହିଛି। ଏଥିରେ ଭଗବାନ ବୁଦ୍ଧଙ୍କୁ ସ୍ତୁତି କରାଯାଇଛି।

ଭାରବି

ମହାକବି ଭାରବି ସଂସ୍କୃତ ସାହିତ୍ୟାକାଶରେ ଅନ୍ୟତମ ଉଜ୍ଜଳ ଜ୍ୟୋତିଷ୍କ ତୁଲ୍ୟ ବିବେଚିତ। ସଂସ୍କୃତ ସାହିତ୍ୟ ଜଗତରେ ମହାକବି କାଳିଦାସଙ୍କ ପରେ ଭାରବିଙ୍କ ସ୍ଥାନ ବୋଲି କେହି କେହି ମତପୋଷଣ କରିଛନ୍ତି। ଭାରବିଙ୍କ ଉଜ୍ଜ୍ୱଳ କୀର୍ତ୍ତି ହେଉଛି, 'କିରାତର୍ଜ୍ଜୁନୀୟ' ମହାକାବ୍ୟ। ଭାରବିଙ୍କ ଭାରତୀ ଅର୍ଥଗୌରବରେ ପରିପୂର୍ଣ୍ଣ। ତେଣୁ କୁହାଯାଇଛି 'ଭାରବେରର୍ଥ - ଗୌରବମ୍'। 'କିରାତର୍ଜ୍ଜୁନୀୟମ୍'ର ସର୍ଗ ସଂଖ୍ୟା ୧୮ର। ଏହି କାବ୍ୟର କଥାବସ୍ତୁ ସଂସ୍କୃତ ମହାଭାରତର ବନପର୍ବ ଓ ଶିବ ପୁରାଣରୁ ଗୃହୀତ। ଭଗବାନ ଶିବଙ୍କର କିରାତବେଶରେ ଅର୍ଜ୍ଜୁନଙ୍କ ସହିତ ଯୁଦ୍ଧ କରିବା, ଅର୍ଜ୍ଜୁନଙ୍କର ଶକ୍ତିର ପରିଚୟ ପାଇ କିରାତରୂପୀ ଶିବ ସନ୍ତୁଷ୍ଟ ହୋଇ ତାଙ୍କୁ ପାଶୁପତ ଅସ୍ତ୍ରପ୍ରଦାନ କରିବା - କାବ୍ୟଟିର ମୁଖ୍ୟ ପ୍ରସଙ୍ଗ। ଏହି କାବ୍ୟର ନାୟକ ମଧ୍ୟମପାଣ୍ଡବ ଅର୍ଜ୍ଜୁନ। ଏହି ମହାକାବ୍ୟରେ ଋତୁବର୍ଣ୍ଣନା, ସୂର୍ଯ୍ୟାସ୍ତ, ପର୍ବତ, ଚନ୍ଦ୍ରୋଦୟ, ଜଳକ୍ରୀଡା ଇତ୍ୟାଦିର ବର୍ଣ୍ଣନା ରହିଛି। କବି ଶିଶିର ଋତୁ ବର୍ଣ୍ଣନା କରିବାକୁ ଯାଇ ଲେଖିଛନ୍ତି -

"କତିପୟ ସହକାର ପୁଷ୍ପରମ୍ୟ ସ୍ତନୁତୁହିନୋଽଲ୍ପ ବିନିନ୍ଦ୍ରସିନ୍ଦୁବାରଃ
ସୁରଭି ମୁଖହିମାଗମାନ୍ତଶଂସୀ ସମୁପଯଯୌ ଶିଶିରଃ ସ୍ମରୈକବନ୍ଧୁଃ।"

ଅର୍ଥାତ୍ ଶିଶିର ହେଉଛି କନ୍ଦର୍ପର ମିତ୍ର, ବସନ୍ତ ଆଗମନର ସୂଚକ, ହେମନ୍ତର ଅନ୍ତକ, ସହକାର କୁସୁମର ପ୍ରସ୍ଫୁଟକ ଇତ୍ୟାଦି।

ସର୍ବୋପରି ଆଳଙ୍କାରିକ ଦୃଷ୍ଟିକୋଣରୁ 'କିରାତାର୍ଜ୍ଜୁନୀୟମ୍' ଏକ ମହାନ୍ ସାରସ୍ୱତ କୃତି। ସଂସ୍କୃତ ଗୁରୁତ୍ରୟୀ ମଧ୍ୟରେ ଏହି କାବ୍ୟଟି ସ୍ଥାନିତ ହୋଇପାରିଛି।

ମହାକବି ଭଟ୍ଟି 'ଭଟ୍ଟିକାବ୍ୟ' ପାଇଁ ଖ୍ୟାତି ଅର୍ଜନ କରିଛନ୍ତି। ଏହାର ଅନ୍ୟନାମ 'ରାବଣବଧ ମହାକାବ୍ୟମ୍'। କବିଙ୍କ ନାମାନୁସାରେ ଏହା ଭଟ୍ଟିକାବ୍ୟ

ନାମରେ ସୁପରିଚିତ। ଏହି କାବ୍ୟରେ ୨୨ ଗୋଟି ସର୍ଗ ରହିଛି ଏବଂ ସମୁଦାୟ ଶ୍ଳୋକସଂଖ୍ୟା ୩୬୨୪। ଏଥିରେ ଚାରିଗୋଟି ବିଭାଗ ରହିଛି: ଯଥା - ପ୍ରକୀର୍ଣ୍ଣକାଣ୍ଡ, ପ୍ରସନ୍ନକାଣ୍ଡ, ଅଳଙ୍କାରକାଣ୍ଡ ଏବଂ ତିଙନ୍ତକାଣ୍ଡ। ଏଥିରେ ରାମାୟଣ ବର୍ଣ୍ଣିତ ରାମଜନ୍ମଠାରୁ ଆରମ୍ଭ କରି ସୀତାବିବାହ, ରାମବନବାସ, ସୀତାହରଣ, ବାଳୀବଧ, ହନୁମାନଙ୍କ ଦ୍ୱାରା ସୀତାଠାବ, ସେତୁବନ୍ଧ ପ୍ରତିଷ୍ଠା, ଲଙ୍କାଦହନ, ରାବଣବଧ ପ୍ରଭୃତି ଘଟଣାଗୁଡିକ ବିନ୍ୟାସ କରାଯାଇଛି। ଏହି କାବ୍ୟର ବିଶେଷତ୍ୱ ହେଲା ଯେ, କାବ୍ୟ ମାଧ୍ୟମରେ ବ୍ୟାକରଣର ଜଟିଳ ନିୟମଗୁଡିକୁ ଉପସ୍ଥାପନ କରିବା। ତେଣୁ ବ୍ୟାକରଣ ଜ୍ଞାନଥିବା ଲୋକଙ୍କ ପାଇଁ ଏହା ଦୀପ ସଦୃଶ। କିନ୍ତୁ ବ୍ୟାକରଣ ଜ୍ଞାନ ନ ଥିବା ଲୋକମାନଙ୍କ ପାଇଁ ଏହା ଅନ୍ଧହାତରେ ଦର୍ପଣ ପରି। ସ୍ୱକାବ୍ୟ ସମ୍ପର୍କରେ ଭଟ୍ଟି ଲେଖିଛନ୍ତି -

"ଦୀପତୁଲ୍ୟ ପ୍ରବନ୍ଧୋଽୟଂ ଶବ୍ଦଲକ୍ଷଣ ଚକ୍ଷୁଷାମ୍
ହସ୍ତାଦର୍ଶ ଇବାନ୍ଧାନାଂ ଭବେଦ୍ ବ୍ୟାକରଣାଦୃତେ।"

ଭଟ୍ଟିକାବ୍ୟରେ ମଧ୍ୟ ମନୋହର ପ୍ରକୃତି ବର୍ଣ୍ଣନା ରହିଛି। ଦୃଷ୍ଟାନ୍ତସ୍ୱରୂପ, ଶରତକାଳୀନ ପ୍ରଭାତ ଦୃଶ୍ୟକୁ କବି ନିମ୍ନୋକ୍ତ ଭାବରେ ବର୍ଣ୍ଣନା କରିଛନ୍ତି -

"ନିଶାତୁଷାରୈର୍ନୟନାମ୍ବୁ କଳ୍ପୈଃ
ପତ୍ରାନ୍ତପର୍ଯ୍ୟାଗଳଦଚ୍ଛ ବିନ୍ଦୁଃ
ଉପାରୁରୋଦେବ ନଦତ୍ପତଙ୍ଗଃ
କୁମୁଦ୍‌ବତୀଂ ତୀରତରୁ ର୍ଦିନାଦୌ।" (ଭଟ୍ଟିକାବ୍ୟ - ୨/୪)

ଅର୍ଥାତ୍ ସତେ ଯେପରି ବୃକ୍ଷଟି ପକ୍ଷୀର କୂଜନ ମାଧ୍ୟମରେ ଜଣାଇ ଦେବାକୁ ଚାହୁଁଛି ଯେ,କଇଁଫୁଲର ପ୍ରେମିକ ଚନ୍ଦ୍ର ଦୂରେଇଯିବାରୁ କଇଁଫୁଲ ପାଇଁ ସମ୍ବେଦନଶୀଳ ହୋଇ କ୍ରନ୍ଦନ କରୁଛି। ପତ୍ରରୁ ଝରିପଡୁଥିବା କାକର ବିନ୍ଦୁ ସେହି କ୍ରନ୍ଦନରତ ବୃକ୍ଷର ଅଶ୍ରୁବିନ୍ଦୁ। ମହାକବି ଭଟ୍ଟି ଶ୍ରୀଧରସେନଙ୍କର ରାଜସଭାର କବି ଥିଲେ ବୋଲି ଲେଖିଛନ୍ତି।

କୁମାର ଦାସ

କବି କୁମାର ଦାସ ସପ୍ତମ ଶତାବ୍ଦୀରେ ଆବିର୍ଭୂତ ହୋଇଥିଲେ। ସେ ପଲ୍ଲବ ବଂଶର ରାଜା ନରସିଂହ ବର୍ମା ପ୍ରଥମ (ଖ୍ରୀ ୬୪୦-୬୬୮)ଙ୍କ ସମସାମୟିକ। କୁମାର ଦାସ 'ଜାନକୀହରଣ' ମହାକାବ୍ୟର ରଚୟିତା। ଏହା କୋଡ଼ିଏ ସର୍ଗ ବିଶିଷ୍ଟ ମହାକାବ୍ୟ। କାବ୍ୟଟିର ନାମ 'ଜାନକୀହରଣ' ହୋଇଥିଲେ ମଧ୍ୟ ଏଥିରେ ପୂର୍ଣ୍ଣାଙ୍ଗ ରାମାୟଣ କଥା ବର୍ଣ୍ଣିତ।

ମାଘ

ମହାକବି ମାଘ 'ଶିଶୁପାଳବଧମ୍' କାବ୍ୟ ପାଇଁ ଭାରତ ପ୍ରସିଦ୍ଧ। ଏହି କାବ୍ୟର ବିଷୟବସ୍ତୁ ମହାଭାରତର ସଭା ପର୍ବରୁ ଗୃହୀତ। ଦ୍ୱାରିକାନାଥ ଶ୍ରୀକୃଷ୍ଣଙ୍କ ଦ୍ୱାରା କିପରି ଚେଦିରାଜ ଶିଶୁପାଳ ବଧ ହୋଇଥିଲେ, ସେ ସମସ୍ତ ବୃତ୍ତାନ୍ତ ଏହି କାବ୍ୟଟିର ଉପଜୀବ୍ୟ। 'ଶିଶୁପାଳବଧମ୍' କାବ୍ୟରେ ୨୦ ଗୋଟି ସର୍ଗ ରହିଛି ଏବଂ ସମୁଦାୟ ଶ୍ଳୋକ ସଂଖ୍ୟା ୧୬୫୦। ସଂସ୍କୃତ ମହାକାବ୍ୟର ସମସ୍ତ ଲକ୍ଷଣ ଏଥିରେ ବିଳସିତ। କାବ୍ୟ ଦୃଷ୍ଟିରୁ 'ଶିଶୁପାଳବଧମ୍' ଏକ ଉଚ୍ଚକୋଟୀର ସର୍ଜନା। ତେଣୁ କୁହାଯାଇଛି -

"କାବ୍ୟେଷୁ ମାଘଃ, କବି କାଳିଦାସଃ।"

ଅର୍ଥାତ୍ କବିମାନଙ୍କ ମଧ୍ୟରେ ଯେପରି କାଳିଦାସ ଶ୍ରେଷ୍ଠ, ସେହିପରି କାବ୍ୟମାନଙ୍କ ମଧ୍ୟରେ 'ଶିଶୁପାଳବଧମ୍' ଶ୍ରେଷ୍ଠ। 'ଶିଶୁପାଳବଧମ୍' କାବ୍ୟର ବିଶେଷତ୍ୱ ଏହି ଯେ, ଏଥିରେ ବହୁସଂଖ୍ୟକ ନୂଆ ନୂଆ ଶବ୍ଦ ପ୍ରୟୋଗ କରାଯାଇଛି ଯେ ଏହାର ନଅଗୋଟି ସର୍ଗ ପାଠ କଲେ, ପାଠକ ସଂସ୍କୃତ ସାହିତ୍ୟର ସମସ୍ତ ଶବ୍ଦ ସମ୍ପର୍କରେ ଅବଗତ ହୋଇଯିବ। ତେଣୁ କୁହାଯାଇଛି - "ନବ ସର୍ଗେ ଗତେ ମାଘେ ନବ ଶବ୍ଦ ନ ବିଦ୍ୟତେ"। 'ଶିଶୁପାଳବଧମ୍' ମହାକାବ୍ୟରେ ଉପମା, ଅର୍ଥଗୌରବ ଓ ପଦଲାଳିତ୍ୟ ପରିଦୃଷ୍ଟ ହୁଏ। ତେଣୁ କୁହାଯାଇଛି -

"ଉପମା କାଳିଦାସସ୍ୟ ଭାରବେରର୍ଥଗୌରବମ୍
ନୈଷଧେ ପଦଲାଳିତ୍ୟମ୍ ମାଘେ ସନ୍ତି ତ୍ରୟୋଗୁଣାଃ।"

'ଶିଶୁପାଳବଧମ୍' ମହାକାବ୍ୟରେ ପ୍ରକୃତି ବର୍ଣ୍ଣନା, ଯୁଦ୍ଧ ବର୍ଣ୍ଣନା, ନଗର ବର୍ଣ୍ଣନା ପ୍ରଭୃତି ରହିଛି। ବସନ୍ତ ଋତୁ ବର୍ଣ୍ଣନା କରିବାକୁ ଯାଇ କବି ଲେଖିଛନ୍ତି। -

"ନବପଳାଶ ପଳାଶବନଂ ପୁରଃ
ସ୍ଫୁଟପରାଗ ପରାଗତ ପଙ୍କଜମ୍।
ମୃଦୁଲତାନ୍ତ ଲତାନ୍ତ ମଲୋକୟତ୍।
ସସୁରଭିଂ ସୁରଭିଂ ସୁମନୋହରୈଃ।"

ସେହିପରି ଦ୍ୱାରିକାପୁରୀ ବର୍ଣ୍ଣନା ପ୍ରସଙ୍ଗରେ କବି ଲେଖିଛନ୍ତି -

"ତ୍ୱଷ୍ଟୁଃ ସଦାଭ୍ୟାସ ଗୃହୀତଶିଳ୍ପ -
ବିଜ୍ଞାନସମ୍ପତ୍ ପ୍ରସରସ୍ୟ ସୀମା।
ଅଦୃଶ୍ୟତାଦର୍ଶତଳାମଳେଷୁ
ଛାୟେବ ଯା ସ୍ୱର୍ଜଳଧେର୍ଜଳେଷୁ।"

ଅର୍ଥାତ୍ ବ୍ରହ୍ମା ନିରନ୍ତର ନିର୍ମାଣ କାର୍ଯ୍ୟରେ ପ୍ରବୃତ୍ତ ରହି ଯେଉଁ ଅନବଦ୍ୟ ଶିଳ୍ପବିଜ୍ଞାନ ଜ୍ଞାନ ଲାଭ କରିଥିଲେ ତାହାର ଚରମ ପରିପ୍ରକାଶ ହେଉଛି ଦ୍ୱାରିକାନଗରୀ। ଏହା ସତେ ଯେପରି ସ୍ୱର୍ଗଖଣ୍ଡ ଭଳି ସମୁଦ୍ର ଜଳରାଶି ରୂପକ ଦର୍ପଣରେ ପ୍ରତିବିମ୍ବିତ ହୋଇଥାଏ।

ଶ୍ରୀହର୍ଷ

ସଂସ୍କୃତ ସାହିତ୍ୟ କ୍ଷେତ୍ରରେ ଶ୍ରୀହର୍ଷ ଏକ ସ୍ୱତନ୍ତ୍ର ଆସନର ଅଧିକାରୀ। 'ନୈଷଧୀୟଚରିତମ୍' କାବ୍ୟ ପାଇଁ ଶ୍ରୀହର୍ଷ ବେଶ୍ ସୁପରିଚିତ। ଶ୍ରୀହର୍ଷ କବି ନିଷେଧ ଦେଶର ରାଜା ନଳ ଓ ଦମୟନ୍ତୀଙ୍କର ଉପାଖ୍ୟାନକୁ ଆଧାର କରି ନୈଷଧଚରିତ ରଚନା କରିଛନ୍ତି। ମହାଭାରତର ବନପର୍ବରେ ନଳ ଓ ଦମୟନ୍ତୀଙ୍କର ଉପାଖ୍ୟାନ ବର୍ଣ୍ଣିତ। ଏହାପରେ ସୋମଦେବଙ୍କ 'କଥାସରିତ ସାଗର'ରେ ନଳ ଓ ଦମୟନ୍ତୀଙ୍କ ଚରିତ ବର୍ଣ୍ଣନା କରାଯାଇଛି। ଏହି ପ୍ରସଙ୍ଗକୁ ଉପଜୀବ୍ୟ କରି ପ୍ରସିଦ୍ଧ 'ନୈଷଧୀୟ ଚରିତମ୍' ରଚିତ। ଏଥିରେ ବାଇଶିଗୋଟି ଦୀର୍ଘ ସର୍ଗ ରହିଛି। କାବ୍ୟଟିରେ ଶ୍ଳୋକ ସଂଖ୍ୟା ୨୮୩୦। ଏହି କାବ୍ୟଟି ପଦଲାଳିତ୍ୟ ଓ ଅପୂର୍ବ ବର୍ଣ୍ଣନାବିଳାସ ପାଇଁ କାବ୍ୟାମୋଦୀ ପାଠକମାନଙ୍କ ଦ୍ୱାରା ଆଦୃତ। କୁହାଯାଇଛି - 'ନୈଷଧଂ ବିଦ୍ୱଦୌଷଧମ୍'। ଅର୍ଥାତ୍ ଏହା ବିଦ୍ୱାନମାନଙ୍କ ପାଇଁ ଔଷଧ ଯେପରି ରୋଗନାଶକ, ସେହିପରି ନୈଷଧଚରିତ କାବ୍ୟାମୋଦୀ ବ୍ୟକ୍ତିମାନଙ୍କର ଅଜ୍ଞାନ ରୋଗର ବିନାଶକ।

'ନୈଷଧଚରିତ' କାବ୍ୟର ବିଶେଷ ଆକର୍ଷଣ ହେଉଛି ଏହାର ପଦଲାଳିତ୍ୟ। ଏହି କାବ୍ୟର ପଦସଂଯୋଜନାରେ ଲାଳିତ୍ୟ ଅନୁଭବ କରିହୁଏ। ସେଥିପାଇଁ କୁହାଯାଇଛି - 'ନୈଷଧେ ପଦ ଲାଳିତ୍ୟମ୍।" ଦମୟନ୍ତୀଙ୍କର ଚକ୍ଷୁ ବର୍ଣ୍ଣନା ପ୍ରସଙ୍ଗରେ ଶ୍ରୀହର୍ଷ କବିଙ୍କର ପଦ ସଂଯୋଜନା ଲକ୍ଷ୍ୟ କରାଯାଉ -

"ନଳିନଂ ମଳିନଂ ବିବୃଣ୍ୱତୀ ସ୍ପୃଶତୀମସ୍ପୃଶତୀ ତଦୀକ୍ଷଣେ
ଅପିଖଞ୍ଜନ ମଞ୍ଜନାଞ୍ଚିତେ ବିଦଧାତେ ରୁଚିଗର୍ବ ଦୁର୍ବିଧମ୍।"

ସେହିପରି ପ୍ରଥମ ସର୍ଗରେ ଉଦ୍ୟାନ ବିହାର ସମୟରେ ନଳରାଜା ଯେଉଁ ନବଲତିକାକୁ ଦେଖୁଛନ୍ତି, ତାହା କବିଙ୍କ ଲେଖନୀରେ ଏହିପରି ଭାବରେ ବର୍ଣ୍ଣିତ -

"ନବାଲତା ଗନ୍ଧବହନେ ଚୁମ୍ବିତା କରମ୍ବିତାଙ୍ଗୀ ମକରନ୍ଦ ଶୀକରୈଃ
ଦୃଶାନୃପଣେ ସ୍ମିତଶୋଭି କୁଡ୍‌ମଳା ଦରାଦରାଭ୍ୟାଂ ଦରକମ୍ପିନୀ ପପେ।"

ଦମୟନ୍ତୀଙ୍କର ମୁଖବର୍ଣ୍ଣନା କରିବାକୁ ଯାଇ କବି ଲେଖିଛନ୍ତି -

"ହୃତସାରମିବେନ୍ଦୁ ମଣ୍ଡଳଂ ଦମୟନ୍ତୀ ବଦନାୟବେଧସା
କୃତମଧ୍ୟବିଳଂ ବିଲୋକ୍ୟତେ ଧୃତଗମ୍ଭୀରଖନୀ ଖନୀଳିମା।"

ଅର୍ଥାତ୍ ବ୍ରହ୍ମା ଦମୟନ୍ତୀଙ୍କର ବଦନକୁ ରଚନା କରିବା ପାଇଁ ଚନ୍ଦ୍ରମଣ୍ଡଳରୁ ସମସ୍ତ ସାର ବସ୍ତୁକୁ ଆଣିଥିଲେ। ଫଳରେ ଚନ୍ଦ୍ରମଣ୍ଡଳରେ ଗର୍ତ୍ତ ସୃଷ୍ଟି ହେଲା। ସେହି ଗର୍ତ୍ତ ବା ଶୂନ୍ୟତା ମାଧ୍ୟମରେ ଆକାଶରେ ନୀଳିମା ଦେଖାଯାଉଛି।

"ଭଜତେ ଖଲୁ ଷଣ୍ମୁଖଂ ଶିଖୀ ଚିକୁରୈର୍ନିର୍ମିତ ବର୍ହ ଗର୍ହଣଃ
ଅପି ଜମ୍ଭରିପୁଂ ଦମସ୍ୱ ସୁର୍ଜିତକୁମ୍ଭଃ କୁଚଶୋଭୟେଭରାଟ୍।"

ଅର୍ଥାତ୍ - ଦମୟନ୍ତୀଙ୍କ କେଶକଳାପ ନିକଟରେ ନିଜ ପୁଚ୍ଛକୁ ତୁଚ୍ଛ ମନେକରି ମୟୂର (ଶିଖୀ) କାର୍ତ୍ତିକେୟଙ୍କୁ ସେବା କଲା। ଗଜରାଜ ଐରାବତ ଦମୟନ୍ତୀଙ୍କ କୁଚ ନିକଟରେ ନିଜ କୁମ୍ଭକୁ ହୀନ ମନେକରି ଇନ୍ଦ୍ରଙ୍କୁ ସେବା କରିବାକୁ ଲାଗିଲା।

କାବ୍ୟର ଚତୁର୍ଥ ସର୍ଗରେ ବିରହବିଧୁରା ଦମୟନ୍ତୀ କିପରି ଚନ୍ଦ୍ର ଓ ମଦନଙ୍କୁ ନିନ୍ଦା କରିଛନ୍ତି, ତାହାକୁ କବି ନିମ୍ନ ଭାବରେ ବର୍ଣ୍ଣନା କରିଛନ୍ତି -

"କୁରୁ କରେ ଗୁରୁମେକମୟୋଘନଂ ବିହରିତୋ ମୁକୁରଞ୍ଚ କୁରୁଷ୍ୱମେ
ବିଶତି ତତ୍ର ଯଦୈବ ବିଧୁସ୍ତନା ସଖି! ସୁଖାଦହିତଂ ଜହିତଂ ଦ୍ରୁତମ୍।"

ଅର୍ଥାତ୍ - ହେ ସଖୀ! ଏହି ଚନ୍ଦ୍ର ତା'ର କିରଣ ଦ୍ୱାରା ମୋତେ ଦହନ କରୁଛି। ତେଣୁ ତୁ ଅଗଣାରେ ଗୋଟିଏ ଦର୍ପଣ ରଖିଦେ। ଚନ୍ଦ୍ର ସେଥିରେ ପ୍ରତିବିମ୍ବିତ ହେଲେ ଗୋଟିଏ ଓଜନିଆ ମୁଦ୍‌ଗର ଧରି ତାହାଙ୍କୁ ପ୍ରହାର କର। ଫଳରେ ସେ ଶତଖଣ୍ଡରେ ବିଦିର୍ଣ୍ଣ ହେଉ ।

ସେହିପରି ଶ୍ରୀହର୍ଷ କବି ଲେଖିଛନ୍ତି -

"ଶ୍ରବଣ ପୂରତମାଳ ଦଳାଙ୍କୁରଂ ଶଶି କୁରଙ୍ଗମୁଖେ ସଖୀ! ନିକ୍ଷିପ।
କିମପି ତୁନ୍ଦିଳିତଃ ସ୍ଥଗୟତ୍ୟମୁଂ ସପଦିତେନ ତଦୁଚ୍ଛ୍ୱସିନି କ୍ଷଣମ୍।"

ଅର୍ଥାତ୍ - ହେ ସଖି! କାନରେ ପିନ୍ଧିଥିବା ତମାଳପତ୍ରକୁ ଚନ୍ଦ୍ରରେ ରହିଥିବା ମୃଗମୁଖକୁ ଫିଙ୍ଗିଦେ। ମୃଗ ତାହା ଖାଇ ମୋଟା ହୋଇଗଲେ ସେ ଚନ୍ଦ୍ରକିରଣକୁ ସମ୍ପୂର୍ଣ୍ଣ ଆବୃତ କରି ରଖିବ। ଫଳରେ ଚନ୍ଦ୍ରକିରଣ ଆଉ ପୃଥିବୀରେ ପଡ଼ିବନି କି ମୋତେ ଦହନ କରିବ ନାହିଁ।

କୁଣ୍ଡୀନଗର ବର୍ଣ୍ଣନାରେ କବି ଶ୍ରୀହର୍ଷ ମଧ୍ୟ ଅପୂର୍ବ ବର୍ଣ୍ଣନାବିଳାସ ପ୍ରଦର୍ଶନ କରିଛନ୍ତି। ଯଥା -

"ବଜ୍ରତେ ଦିବି ଯଦ୍ ଗୃହାବଳୀ ଚଳଚେଳାଞ୍ଚଳ ଦଣ୍ଡତାଡନାଃ
ବ୍ୟତରନ୍ନରୂଣାୟ ବିଶ୍ରମଂ ସ୍ୱଜତେ ହେଳିହୟାତି କାଳନମ୍।" (୨/୬୦)

ଅର୍ଥାତ୍ ନଗରୀର ସୁଉଚ୍ଚ ପ୍ରାସାଦ ଉପରେ ଉଡୁଥିବା ଚଞ୍ଚଳ ପତାକା, ଆକାଶ ମାର୍ଗରେ ଯାଉଥିବାସୂର୍ଯ୍ୟଙ୍କ ଘୋଡ଼ାକୁ ତ୍ୱରାନ୍ୱିତ କରାଇବାରେ ଚାବୁକର କାର୍ଯ୍ୟ କରୁଥିଲେ ଏବଂ ସୂର୍ଯ୍ୟଙ୍କ ସାରଥୀଙ୍କୁ ଘୋଡ଼ା ଚାଳନାରେ ବିଶ୍ରାମ ଦେଉଥିଲେ।

'ନୈଷଧୀୟ ଚରିତମ୍' ଗ୍ରନ୍ଥରେ ବିଭିନ୍ନ ଅଳଙ୍କାରର ବିନ୍ୟାସ ଦେଖିବାକୁ ମିଳେ। ସମୀକ୍ଷକମାନଙ୍କ ମତରେ ନୈଷଧ କାବ୍ୟର ପ୍ରାୟ ଶତକଡା ୮୦ ଭାଗ ଶ୍ଳୋକ ଅନୁପ୍ରାସ ଅଳଙ୍କାରରେ ପରିପୂର୍ଣ୍ଣ।

'ନୈଷଧୀୟ ଚରିତମ୍' ଏକ ଶୃଙ୍ଗାରାତ୍ମକ କାବ୍ୟ। ଏହି କାବ୍ୟରେ କଳିଙ୍ଗ ରାଜା, ମହେନ୍ଦ୍ରପର୍ବତ ଇତ୍ୟାଦିର ବର୍ଣ୍ଣନା ରହିଛି। ପୁନଶ୍ଚ ଚତୁର୍ଦ୍ଦଶ ସର୍ଗରେ ଓଡ଼ିଶାର ବଡ଼ଠାକୁର ଶ୍ରୀଜଗନ୍ନାଥଙ୍କ ସ୍ନାନଯାତ୍ରାର ପ୍ରସଙ୍ଗ ବର୍ଣ୍ଣିତ। ଏହାର ଏକବିଂଶ ସର୍ଗରେ ଦଶାବତାର ବର୍ଣ୍ଣନା କରାଯାଇଛି।

ଭର୍ତ୍ତୃହରି

ଭର୍ତ୍ତୃହରି ସଂସ୍କୃତ ସାହିତ୍ୟର ଜଣେ ଅତି ଜଣାଶୁଣା ବ୍ୟକ୍ତିତ୍ୱ।

ସଂସ୍କୃତ ଗୀତିକାବ୍ୟ ଜଗତକୁ ରାଜର୍ଷି ଭର୍ତ୍ତୃହରିଙ୍କ ଅବଦାନ ହେଉଛି ନୀତିଶତକ, ଶୃଙ୍ଗାରଶତକ ଓ ବୈରାଗ୍ୟଶତକ। ଭର୍ତ୍ତୃହରି ସଂସାରକୁ ଗଭୀର ଭାବେ ନିରୀକ୍ଷଣ କରିଛନ୍ତି ଏବଂ ତାଙ୍କର ତିକ୍ତ ମଧୁର ଅନୁଭୂତିଗୁଡ଼ିକୁ ସେ ଶତକ ତ୍ରୟରେ ରୂପାୟନ କରିଛନ୍ତି। ଶୃଙ୍ଗାର ଶତକରେ ନାରୀ ଭୋଗବିଳାସ ଓ ଲୋଭନୀୟ ବସ୍ତୁର ବର୍ଣ୍ଣନା ରହିବା ସଙ୍ଗେ ସଙ୍ଗେ ସେ ସବୁର ଅଳୀକତା ଓ ଅସ୍ଥିରତା ଉପରେ କବି ଆଲୋକପାତ କରିଛନ୍ତି। ଭର୍ତ୍ତୃହରିଙ୍କ ମତରେ ସଂସାରରେ ଦୁଇଟି ପଥ ରହିଛି, ଯୋଗ ଓ ଭୋଗ, ଏତଦ୍‌ଭିନ୍ନ ତୃତୀୟ ପଥ ନାହିଁ।

ଅମରୁକ

କବି ଅମରୁକଙ୍କର 'ଅମରୁକ ଶତକ' ଏକ ଶୃଙ୍ଗାରାତ୍ମକା କାବ୍ୟ। ପ୍ରେମ କବିତା ରଚନା କରିବାରେ ଅମରୁକ ଜଣେ ସମର୍ଥ କବି। ପ୍ରଣୟୀ - ପ୍ରଣୟିନୀଙ୍କ ମାନସିକ ବିଶ୍ଳେଷଣ, ସେମାନଙ୍କର ଭାବାବେଗ, ମାନ, ଅଭିମାନ, ମିଳନ, ବିରହ, ଆନନ୍ଦ ଓ ବିଷାଦର ସୂକ୍ଷ୍ମାତିସୂକ୍ଷ୍ମ ବର୍ଣ୍ଣନା କରିବାରେ ଅମରୁକ ଜଣେ ଅସାମାନ୍ୟ କବି। ପ୍ରେମ କବିତା ରଚନା କରିବାରେ ଅମରୁକଙ୍କର ଚାତୁର୍ଯ୍ୟ ପ୍ରଣିଧାନଯୋଗ୍ୟ। ଉଦାହରଣସ୍ୱରୂପ -

"ଏକସ୍ମିନ ଶୟନେ ପରାଙ୍ଗମୁଖତୟା ବୀତୋତରଂ ତାମ୍ୟତେ।
ରନ୍ୟୋନଂ ହୃଦୟସ୍ଥିତେଽପ୍ୟନୁନୟେ ସଂରକ୍ଷତୋ ଗୌରବମ୍
ଦଂପତ୍ୟୋ ଶନକୈରପାଙ୍ଗ ବଳନାନ୍ମି ଶ୍ରୀଭବଚ୍ଚକ୍ଷୁଷୋ -
ର୍ଭଗ୍ନୋ ମାନକଳିଃ ସହାସରଭସଂ ବ୍ୟାପୃତ୍ତ କଣ୍ଠଗ୍ରହ।"

ଅର୍ଥାତ୍, ନାୟକ ଓ ନାୟିକା ଗୋଟିଏ ଶଯ୍ୟାରେ ବିପରୀତ ଦିଗକୁ ଶୋଇଥିଲେ। ନିଜ ନିଜର ଗୌରବ କ୍ଷୁର୍ଣ୍ଣ ହେବା ଭୟରେ ଜଣେ ଜଣଙ୍କୁ କଥା ନ କହି ମୌନ

ରହିଥିଲେ। ଉଭୟେ ଉଭୟଙ୍କୁ ଆସ୍ତେ ଆସ୍ତେ ମୁହଁ ବୁଲାଇ ଗୋପନରେ ଦେଖିବା ଅବସରରେ ଦୁହିଁଙ୍କ ଆଖି ମିଶିଯିବାରୁ ମାନକଳି ଭାଙ୍ଗିଗଲା ଏବଂ ଜୋରରେ ହସି ଦୁହେଁ ଦୁହିଁଙ୍କ କଣ୍ଠକୁ ଆଲିଙ୍ଗନ କଲେ।

ବିହ୍ଲଣ

ସଂସ୍କୃତ କାବ୍ୟଯୁଗର ଅନ୍ୟତମ ପ୍ରଥିତଯଶା କବି ବିହ୍ଲଣ ଚାଲୁକ୍ୟବଂଶର ପ୍ରସିଦ୍ଧ ରାଜା ବିକ୍ରମାଦିତ୍ୟ ଷଷ୍ଠ (ଖ୍ରୀଃ୧୦୭୬ - ଖ୍ରୀ. ୧୧୨୭)ଙ୍କ ଦରବାରୀ କବି ଥିଲେ। ବିହ୍ଲଣ ଥିଲେ କାଶ୍ମୀରନିବାସୀ। ତେଣୁ ଭାରତର ଭୂସ୍ୱର୍ଗ କାଶ୍ମୀରର ସୌନ୍ଦର୍ଯ୍ୟ, କାଶ୍ମୀର ଲଳନାମାନଙ୍କର ଆକର୍ଷଣୀୟ ବକ୍ଷୋଜ, ବିତସ୍ତାନଦୀର ନୌବିହାର, ପର୍ଯ୍ୟଟନର ସ୍ୱର୍ଗସୁଖ ଇତ୍ୟାଦି ବିଷୟକୁ ନେଇ କବି ବିହ୍ଲଣ ଲେଖିଛନ୍ତି-

"ଯତ୍ରସ୍ତ୍ରୀଣାଂ ମସୃଣଘୁସୃଣାଲେପନୋଷ୍ମା କୁଚଶ୍ରୀ
ସ୍ତାଃକସ୍ତୂରୀ ପରିମଳମୁଚଃ ପଚ୍ଚିକାରାଙ୍କ ବାଣାମ୍।
ନୌପୃଷ୍ଠାସ୍ଥା ଶିଶିରସମୟେ ତେ ବିତସ୍ଥା - ଜଳାନ୍ତଃ
ସ୍ନାନାବାସାଃ ପ୍ରଚୁରମପି ଚ ସ୍ୱର୍ଗସୌଖ୍ୟଂ ଦିଶନ୍ତି।"

କୁହାଯାଇଛି ଯେ, କବି ବିହ୍ଲଣ କାଶ୍ମୀରରୁ ମଥୁରା, ବୃନ୍ଦାବନ, କନୌଜ, ପ୍ରୟାଗ, କାଶୀ, ଧାରାନଗର, ଗୁଜୁରାଟ ଇତ୍ୟାଦି ପରିଦର୍ଶନ କରି ପଣ୍ଡିତମାନଙ୍କୁ ପରାଜିତ କରି ଶେଷରେ ଚାଲୁକ୍ୟରାଜ୍ୟ କଲ୍ୟାଣନଗରରେ ପହଞ୍ଚିଲେ। ରାଜା ବିକ୍ରମାଦିତ୍ୟ ତାଙ୍କୁ ସମ୍ମାନିତ କରିଥିଲେ ଏବଂ ତାଙ୍କୁ ବିଦ୍ୟାପତି ଉପାଧିରେ ଭୂଷିତ କରିଥିଲେ।

ବିହ୍ଲଣ ତିନିଗୋଟି ଗ୍ରନ୍ଥର ରଚୟିତା। ଏହି ଗ୍ରନ୍ଥତ୍ରୟ ହେଉଛନ୍ତି, ବିକ୍ରମାଙ୍କଦେବଚରିତ ମହାକାବ୍ୟ, ଚୌରପଞ୍ଚାଶିକା ଏବଂ କର୍ଣ୍ଣସୁନ୍ଦରୀନାଟିକା। 'ବିକ୍ରମାଙ୍କ ଦେବରଚିତ' ମହାକାବ୍ୟ ୫୦ର ସର୍ଗ ବିଶିଷ୍ଟ ଏବଂ ଏଥିରେ ରାଜା ବିକ୍ରମାଦିତ୍ୟଙ୍କ ଚରିତ ବର୍ଣ୍ଣିତ। କବିଙ୍କର 'ଚୌର ପଞ୍ଚାଶିକା' ଏକ ବିୟୋଗାତ୍ମକ ଗୀତିକାବ୍ୟ। ଏହା ପଚାଶ ଶ୍ଳୋକ ବିଶିଷ୍ଟ ଏକ ଲଘୁକାବ୍ୟ। ଏହି କାବ୍ୟରେ ଚୋରାପ୍ରଣୟ ବର୍ଣ୍ଣିତ ହୋଇଥିବାରୁ ଏହାର ନାମ 'ଚୌରପଞ୍ଚାଶିକା' ରଖାଯାଇଛି। 'ଚୌରପଞ୍ଚାଶିକା'ରେ କବିଙ୍କର ଶୃଙ୍ଗାରୀକତା ପ୍ରତିପାଦିତ। ଯଥା -

"ଅଦ୍ୟାପି ତଂ ପ୍ରଣୟିନୀଂ ମୃଗଶାବକାକ୍ଷୀଂ
ପୀୟୂଷ - ପୂର୍ଣ୍ଣ - କୁଚକୁମ୍ଭଯୁଗଂ ବହନ୍ତୀ।
ପଶ୍ୟାମ୍ୟହଂ ଯଦି ପୁନର୍ଦିବସାବସାନେ
ସ୍ୱର୍ଗାପବର୍ଗନର ରାଜସୁଖଂ ତ୍ୟଜାମି।"

ଅର୍ଥାତ୍ ମୁଁ ଯଦି ସାୟଂକାଳରେ ହରିଣନୟନା ସୁଧାପୂର୍ଣ୍ଣ କୁଚକଳସ ଧାରିଣୀ ପ୍ରଣୟିନୀର ଦର୍ଶନ ଲାଭ କରିବି, ତେବେ ସ୍ୱର୍ଗ, ଅପବର୍ଗ (ମୁକ୍ତି) ଓ ମର୍ତ୍ତ୍ୟରେ ରାଜା ହେବାର ସୁଖକୁ ତ୍ୟାଗ କରିବି। କବିଙ୍କର 'ଚୌରପଞ୍ଚାଶିକା' ଏକ ବିୟେଗାତ୍ମକ ଗୀତିକାବ୍ୟ। 'କର୍ଣ୍ଣ ସୁନ୍ଦରୀ ନାଟିକା' ଏକ ଶୃଙ୍ଗାରଭିତ୍ତିକ ନାଟକ।

କହ୍ଲଣ

'ରାଜତରଙ୍ଗିଣୀ' ଗ୍ରନ୍ଥ ପାଇଁ କାଶ୍ମୀର ଦେଶର କବି କହ୍ଲଣ ବିଖ୍ୟାତ। ସେ କାଶ୍ମୀରର ଏକ ବ୍ରାହ୍ମଣ ପରିବାରରେ ଜନ୍ମଗ୍ରହଣ କରିଥିଲେ। ସେ କାଶ୍ମୀର ଦେଶର ରାଜା ହର୍ଷ (ଖ୍ରୀ. ୧୦୪୮ - ଖ୍ରୀ. ୧୧୦୧)ଙ୍କର ଦରବାରରେ ଥିଲେ। 'ରାଜତରଙ୍ଗିଣୀ' ଖ୍ରୀ. ୧୧୪୮ - ୧୧୫୧ ଖ୍ରୀ. ମଧ୍ୟରେ ରଚିତ ହୋଇଥିଲା। ଏହି ଗ୍ରନ୍ଥରେ ଆଠଗୋଟି ତରଙ୍ଗ ବା ଅଧ୍ୟାୟ ରହିଛି। ପ୍ରାଚୀନଯୁଗରୁ ଆରମ୍ଭ କରି ଦ୍ୱାଦଶ ଶତାବ୍ଦୀ ପର୍ଯ୍ୟନ୍ତ କାଶ୍ମୀରର ଐତିହାସିକ ବିବରଣ ଏଥିରେ ସ୍ଥାନିତ। ଏହା ବ୍ୟତୀତ ଏଥିରେ କାଶ୍ମୀରର ରାଜନୈତିକ, ସାମାଜିକ ତଥା ଭୌଗୋଳିକ ତଥ୍ୟ ବର୍ଣ୍ଣିତ। ସଂସ୍କୃତ ସାହିତ୍ୟ ଜଗତରେ 'ରାଜତରଙ୍ଗିଣୀ' ଗ୍ରନ୍ଥର ସ୍ଥାନ ବହୁ ଉର୍ଦ୍ଧ୍ୱରେ। ଐତିହାସିକମାନଙ୍କ ପାଇଁ ଏହା ଏକ ଉପାଦେୟ ପୁସ୍ତକ ନିଶ୍ଚୟ। ତେଣୁ Dr.A.L.Basham ତାଙ୍କର 'The wonder that was India' ପୁସ୍ତକରେ ଲେଖିଛନ୍ତି - "In the 12th Centuary A.D. a Kashmir Poet, Kalhan, thought fit to write the history of his native land in verse, but his 'River of Kings' (Rajatarangini) although of great value for the study of the history of Kashmir, has little to tell us about India as a whole, and there is no good evidence that similar chronicles were composed elsewhere."

ହରିଚନ୍ଦ୍ର

କବି ହରିଚନ୍ଦ୍ର ଏକାଦଶ ଶତାବ୍ଦୀର କବି। ସେ ଏକୋଇଶି ସର୍ଗ ବିଶିଷ୍ଟ 'ଧର୍ମଶର୍ମାଭ୍ୟୁଦୟ' ନାମକ ମହାକାବ୍ୟ ରଚନା କରିଥିଲେ। ଏହି କାବ୍ୟରେ ପଞ୍ଚଦଶତୀର୍ଥଙ୍କର ଧର୍ମନାଥଙ୍କ ଜନ୍ମଠାରୁ ନିର୍ବାଣ ପର୍ଯ୍ୟନ୍ତ ବିଷୟ ବର୍ଣ୍ଣନା କରାଯାଇଛି। ଏହି ମହାକାବ୍ୟ ବୈଦର୍ଭୀ ରୀତିରେ ରଚିତ ବୋଲି ନିର୍ଣ୍ଣିତ ହୋଇଛି। ଭାରବି ମାଘକବିଙ୍କ ପରି କବି ହରିଚନ୍ଦ୍ର କାବ୍ୟଟିର ୧୯ଶ ସର୍ଗରେ ପ୍ରଚୁର ଚିତ୍ରବନ୍ଧର ବିନ୍ୟାସ କରିଛନ୍ତି।

ନୀତିବର୍ମା

କବି ନୀତିବର୍ମା ଏକାଦଶ ଶତାବ୍ଦୀରେ ଆବିର୍ଭୂତ ହୋଇଥିଲେ। ସେ 'କୀଚକବଧ' ଶୀର୍ଷକ କାବ୍ୟ ରଚନା କରିଥିଲେ। ପାଞ୍ଚଗୋଟି ସର୍ଗ ସମ୍ବଳିତ ଏହା ଯମକ ପ୍ରଧାନ କାବ୍ୟ। ମହାଭାରତର କଥାବସ୍ତୁ ଆଧାରରେ ମହାବଳୀ ଭୀମଙ୍କ ଦ୍ୱାରା କୀଚକବଧ ଘଟଣା ଏଥିରେ ବର୍ଣ୍ଣିତ।

ଗୋବର୍ଦ୍ଧନାଚାର୍ଯ୍ୟ

କବି ଗୋବର୍ଦ୍ଧନାଚାର୍ଯ୍ୟ ଦ୍ୱାଦଶ ଶତାବ୍ଦୀରେ କାଳାତିପାତ କରୁଥିଲେ। ସେ ମହାକବି ହାଳଙ୍କ କୃତ 'ଗାଥା ସପ୍ତଶତୀ'ର ଆଦର୍ଶରେ (ଏହା ପ୍ରାକୃତ ଭାଷାରେ ରଚିତ) ସଂସ୍କୃତ ଭାଷାରେ "ଆର୍ଯ୍ୟାସପ୍ତଶତୀ" ନାମକ ଶୃଙ୍ଗାରଭିତ୍ତିକ ଗୀତିକାବ୍ୟ ରଚନା କରିଥିଲେ।

କବି ଗୋବର୍ଦ୍ଧନାଚାର୍ଯ୍ୟ ବଙ୍ଗଳାର ଲକ୍ଷ୍ମଣସେନଙ୍କ ରାଜସଭାର କବି ଥିଲେ ବୋଲି କେହି କେହି ନିର୍ଣ୍ଣୟ କରିଛନ୍ତି। ତେଣୁ କୁହାଯାଇଛି –

"ଗୋବର୍ଦ୍ଧନଶ୍ଚ ଶରଣଃ ଜୟଦେବ ଉମାପତିଃ
କବିରାଜଶ୍ଚ ରତ୍ନାନି ସମିତୌ ଲକ୍ଷ୍ମଣସ୍ୟ ତୁ।"

ମହାକବି ଜୟଦେବ ମଧ୍ୟ 'ଗୀତଗୋବିନ୍ଦ' କାବ୍ୟରେ କବି ଗୋବର୍ଦ୍ଧନାଚାର୍ଯ୍ୟଙ୍କର ନାମୋଲ୍ଲେଖ କରିଛନ୍ତି। ଶୃଙ୍ଗାରରସ ପରିବେଷଣରେ ଅନ୍ୟ କୌଣସି କବି ଗୋବର୍ଦ୍ଧନାଚାର୍ଯ୍ୟଙ୍କର ସମକକ୍ଷ ହୋଇପାରିନାହାନ୍ତି ବୋଲି କବି ଜୟଦେବ ପ୍ରତିପାଦନ କରିଛନ୍ତି। ଯଥା:

"ଶୃଙ୍ଗାରୋତ୍ତରସତ୍ ପ୍ରମେୟରଚନୈଚାର୍ଯ୍ୟଗୋବର୍ଦ୍ଧନଃ
ସ୍ପର୍ଦ୍ଧୀ କୋଽପି ନ ବିଶ୍ରୁତଃ...।"

ସୁତରାଂ କବି ଗୋବର୍ଦ୍ଧନାଚାର୍ଯ୍ୟ ଶୃଙ୍ଗାରରସର ଶ୍ରେଷ୍ଠତା ପ୍ରତିପାଦନ କରିଛନ୍ତି। 'ଆର୍ଯ୍ୟାସପ୍ତଶତୀ' ଆର୍ଯ୍ୟାଛନ୍ଦରେ ରଚିତ। ଏଥିରେ ଶୃଙ୍ଗାରର ବିଭିନ୍ନ ବିଭାବ ବର୍ଣ୍ଣିତ। ଉଚ୍ଚକୋଟୀର କଳ୍ପନାବିଳାସିତା ସହିତ ରସିକତା ଓ ଶୃଙ୍ଗାରୀ ମନୋଭାବ ନେଇ କାବ୍ୟ ରଚନାରେ କବି ଗୋବର୍ଦ୍ଧନାଚାର୍ଯ୍ୟ ବେଶ୍ ସଫଳତା ଲାଭ କରିଛନ୍ତି। ଦୃଷ୍ଟାନ୍ତସ୍ୱରୂପ, ଜଣେ ବିରହିଣୀ ନାୟିକାର ଦୁରବସ୍ଥାକୁ ବର୍ଣ୍ଣନା କରିବାକୁ ଯାଇ କବି ଲେଖିଛନ୍ତି –

"ନ ସବର୍ଣ୍ଣୋ ନ ଚ ରୂପଂ ନ ସଂସ୍କ୍ରିୟା
କାଽପି ନୈବ ସା ପ୍ରକୃତିଃ।
ବାଳା ତ୍ୱଦ୍ ବିରହାଦପି ଜାତା ପ୍ରଭଂଶଭାଷତେ।"

ଅର୍ଥାତ୍, ଅପଭ୍ରଂଶ ଭାଷା ସଂସ୍କାରିତ ଭାଷା ସଂସ୍କୃତ ଭଳି ସୁନ୍ଦର ଓ ବଳିଷ୍ଠ ନୁହେଁ। କାରଣ ତା'ର ବର୍ଣ୍ଣନାହିଁ, ରୂପ ନାହିଁ (ଶବ୍ଦରୂପ), ସଂସ୍କାର (ବ୍ୟାକରଣଗତ ସଂସ୍କାର) ନାହିଁ, ପ୍ରକୃତି (ମୂଳଧାତୁ) ମଧ୍ୟ ନାହିଁ। ସେହିପରି ପ୍ରିୟ ବିଚ୍ଛେଦରେ ଅତ୍ୟନ୍ତ ବିରହବିଧୁରା ଏହି ନାୟିକାର ସୁନ୍ଦର ରଙ୍ଗ ନାହିଁ (ମ୍ରିୟମାଣା), ରୂପନାହିଁ, ଅଙ୍ଗ - ପ୍ରସାଧନ ସଂସ୍କାରହୀନ ହୋଇପଡ଼ିଛି। ନାୟିକାଟିର ସୌନ୍ଦର୍ଯ୍ୟ ହାନି ଘଟିଛି। ଉଭୟ ସଂଭୋଗ ଓ ବିପ୍ରଲୟ ଶୃଙ୍ଗାର ବର୍ଣ୍ଣନାରେ ଗୋବର୍ଦ୍ଧନାଚାର୍ଯ୍ୟ ଥିଲେ ଜଣେ ସମର୍ଥ କାବ୍ୟକାର।

ଧୋୟୀ

'ପବନଦୂତ' କାବ୍ୟର ରଚୟିତା ଧୋୟୀ ବଙ୍ଗର ରାଜା ଲକ୍ଷ୍ମଣ ସେନଙ୍କର ସଭାକବି ଥିଲେ। ରାଜା ଲକ୍ଷ୍ମଣସେନ (ଖ୍ରୀ.ଅ. ୧୧୧୬) ତାଙ୍କର ପୃଷ୍ଠପୋଷକ ଥିଲେ। 'ମେଘଦୂତ' ପରି 'ପବନଦୂତ' ଏକ ଦୂତକାବ୍ୟ। ଗୌଡ଼ଦେଶର ରାଜା ଲକ୍ଷ୍ମଣସେନ ଏକଦା ଦିଗ୍‌ବିଜୟ ଅଭିଯାନରେ ଯାଇ ମଳୟଗିରିଠାରେ ପହଞ୍ଚିଲେ। ସେଠାରେ କୁବଳୟବତୀ ନାମ୍ନୀ ଗନ୍ଧର୍ବ କନ୍ୟା ତାଙ୍କର ଶୌର୍ଯ୍ୟ, ବୀରତ୍ୱ ଓ ସୌନ୍ଦର୍ଯ୍ୟରେ ମୁଗ୍ଧ ହୋଇ ତାଙ୍କ ପ୍ରତି ଆକୃଷ୍ଟ ହେଲେ। ରାଜା ମଧ୍ୟ ତାଙ୍କର ପ୍ରେମପାଶରେ ଆବଦ୍ଧ ହେଲେ। ଏହାପରେ ରାଜା ସ୍ୱଦେଶ ପ୍ରତ୍ୟାବର୍ତ୍ତନ କଲେ। ଏଣେ ବସନ୍ତଋତୁର ଆଗମନୀ କ୍ରମେ ନାୟିକା ଅତ୍ୟନ୍ତ ଉତ୍କଣ୍ଠିତା ହୋଇପଡ଼ିଲେ। ତେଣୁ ସେ ପବନକୁ ଦୂତ କରି ପ୍ରିୟଙ୍କ ନିକଟକୁ ସମ୍ବାଦ ପ୍ରେରଣ କଲେ। ଏହି ବିଷୟକୁ ଉପଜୀବ୍ୟ କରି କବିରାଜ ଧୋୟୀ ମନ୍ଦାକ୍ରାନ୍ତା ଛନ୍ଦରେ 'ପବନଦୂତ' ରଚନା କରିଛନ୍ତି।

'ପବନଦୂତ'ର ପବନ ରାଜଙ୍କ ନିକଟରେ ପ୍ରଦାନ କରୁଥିବାର ସନ୍ଦେହଶଟିଙ୍କୁ କବି ନିମ୍ନୋକ୍ତ ଭାବରେ ବର୍ଣ୍ଣନା କରିଛନ୍ତି -

"ଶ୍ରୀଖଣ୍ଡାଦ୍ରେର୍ବସତି ଶିଖରେ କୋଽପି ଗନ୍ଧର୍ବଲୋକ
ସ୍ତତ୍ରାସ୍ତ୍ୟେକା କୁବଳୟବତୀ ନାମ ମାନ୍ୟାଙ୍ଗନାନମ୍।
ଦୂତଂ ସତ୍ୟାଃ କଳୟ ମଳୟୋପତ୍ୟକାମାରୁତଂ ମାଂ
କାମିଦ୍ୱନ୍ଦ୍ୱଂ ଘଟୟତି ମିଥୋ ବିପ୍ରଯୁକ୍ତଂ ଯ ଏକଃ।"

ଅର୍ଥାତ୍, ହେ ରାଜନ! ମଳୟ ପର୍ବତର ଶିଖରରେ ଗନ୍ଧର୍ବମାନଙ୍କର ରାଜ୍ୟ। ସେଠାରେ କୁବଳୟବତୀ ନାମରେ ଜଣେ ଅଙ୍ଗନା ବାସ କରନ୍ତି। ମୋତେ ତାଙ୍କର ଦୂତ ଭାବରେ ଗ୍ରହଣ କରନ୍ତୁ। ମୁଁ ତ ମଳୟ ଉପତ୍ୟକାର ମାରୁତ। ମୁଁ ହିଁ କେବଳ ଘଟିଥିବା ସେହି କାମୀଦ୍ୱନ୍ଦ୍ୱକୁ ମିଳିତ କରାଇପାରେ।

ଜୟଦେବ

'ଗୀତଗୋବିନ୍ଦ'ର କବି ଭାବରେ ଶ୍ରୀଜୟଦେବ ଭାରତ ପ୍ରସିଦ୍ଧ । ସେ ଦ୍ୱାଦଶ ଶତାବ୍ଦୀର କବି । ସେ ଭୁବନେଶ୍ୱରଠାରୁ ଅନତି ଦୂରରେ କେନ୍ଦୁବିଲ୍ୱ ଗ୍ରାମରେ ଜନ୍ମଗ୍ରହଣ କରିଥିଲେ । ତାଙ୍କ ପ୍ରଣୀତ 'ଗୀତଗୋବିନ୍ଦ' ଗ୍ରନ୍ଥରେ ମଧ୍ୟ କେନ୍ଦୁବିଲ୍ୱ ଗ୍ରାମର ଉଲ୍ଲେଖ ରହିଛି । ଯଥା -

"ବର୍ଣ୍ଣିତଂ ଜୟଦେବକେନ ହରେରିଦଂ ପ୍ରବଣେନ
କେନ୍ଦୁବିଲ୍ୱ - ସମୁଦ୍ର ସମ୍ଭବ ରୋହିଣୀରମଣେନ ।" (୩/୮)

ଅର୍ଥାତ୍ ରୋହିଣୀରମଣ ଚନ୍ଦ୍ର ଯେପରି ସମୁଦ୍ର ଗର୍ଭରୁ ଉଦିତ ହୁଅନ୍ତି ସେହିପରି ସେ କେନ୍ଦୁବିଲ୍ୱରୁ ଉଦିତ ହୋଇଥିଲେ । ତାଙ୍କ ପିତାଙ୍କ ନାମ ଭୋଜଦେବ ଓ ମାତାଙ୍କ ନାମ ବାମାଦେବୀ । ତାଙ୍କ ପତ୍ନୀ ପଦ୍ମାବତୀ ଥିଲେ ଦେବଶର୍ମାଙ୍କର କନ୍ୟା ।

ଜୟଦେବଙ୍କ ବିରଚିତ 'ଗୀତଗୋବିନ୍ଦ' ସଂସ୍କୃତ ଗୀତିକାବ୍ୟ ସାହିତ୍ୟରେ ଏକ ଅମ୍ଳାନ କୃତି । ବାରସର୍ଗ ବିଶିଷ୍ଟ ଏହି କାବ୍ୟରେ ଶ୍ରୀରାଧା ଓ ମାଧବଙ୍କର ଅନାବିଳ ପ୍ରେମ ବର୍ଣ୍ଣିତ । ଭକ୍ତି ଓ ଶୃଙ୍ଗାର ରସାଶ୍ରିତ ଏହା ଏକ ବିରଳ ସାରସ୍ୱତ କୃତି । ଏଥିରେ ନାୟିକା ଶିରୋମଣି ଶ୍ରୀରାଧାଙ୍କର ପରମପୁରୁଷ ଶ୍ରୀକୃଷ୍ଣଙ୍କ ପ୍ରତି ଅନୁରାଗ, ମାନ, ଆଶା, ଉତ୍କଣ୍ଠା, ସଙ୍କୋଚ, ବ୍ରୀଡ଼ାଭାବ ତଥା ଶୃଙ୍ଗାର ମନୋଭାବ ଓ ମିଳନର କଥା ବର୍ଣ୍ଣିତ । ଗୀତଗୋବିନ୍ଦର ବର୍ଣ୍ଣନା ସଂଗୀତ ଓ ସଂଳାପର ମଧୁର ସମନ୍ୱୟ । ଗୀତଗୋବିନ୍ଦର ନାଟକୀୟତାକୁ ଲକ୍ଷ୍ୟ କରି କେହି କେହି ଆଲୋଚକ ଏହାକୁ ଗ୍ରାମ୍ୟ ରୂପକ (Patrosal drama), କେହି କେହି ଗୀତିନାଟ୍ୟ (Lyric drama) ଏବଂ କେହିକେହି (Melo drama)ନାମରେ ଅଭିହିତ କରିବାକୁ ପଛାଇ ନାହାନ୍ତି ।

କାନ୍ତ କୋମଳ, ଲଳିତ ମଧୁର, ପଦସଂଯୋଜନା ଯୋଗୁଁ 'ଗୀତଗୋବିନ୍ଦ' ବେଶ୍ ଲୋକପ୍ରିୟତା ଲାଭ କରିଛି । ଜୟଦେବ ସ୍ୱୟଂ ଲେଖିଛନ୍ତି -

"ଯଦି ହରିସ୍ମରଣେ ସରସଂମନୋ
ଯଦି ବିଳାସ କଳାସୁ କୁତୂହଳମ୍
ମଧୁର କୋମଳ କାନ୍ତପଦାବଳୀମ୍
ଶୃଣୁ ତଦା ଜୟଦେବ ସରସ୍ୱତୀମ୍ ।"

ବାସ୍ତବିକ, 'ଗୀତଗୋବିନ୍ଦ' କାବ୍ୟରେ କାନ୍ତକୋମଳ ପାଦବଳୀର ପଟାନ୍ତର ନାହିଁ । ଯେପରି 'ଚନ୍ଦନଚର୍ଚ୍ଚିତ ନୀଳକଳେବର ପୀତବସନ ବନମାଳୀ', 'ଲଳିତଲବଙ୍ଗଲତା ପରିଶୀଳନ କୋମଳମଳୟସମୀରେ' କିମ୍ବା 'ଧୀର ସମୀରେ ଯମୁନାତୀରେ ବସତି ବନେ ବନମାଳୀ', 'ପଶ୍ୟତି ଦିଶି ଦିଶି ରହସି ଭବନ୍ତମ',

'ସ୍ଥଳକମଳ ଗଞ୍ଜନଂ ମମହୃଦୟରଞ୍ଜନଂ ଜନତି ରତିରଙ୍ଗପରଭାଗମ୍', 'ଶ୍ୟାମଳମୃଦୁଳ କଳେବର ମଣ୍ଡଳମଧିଗତ ଗୌରଦୁକୂଳମ୍' ପ୍ରଭୃତି ପଦପନ୍ତି ମଧୁର କୋମଳ ପଦାବଳୀର ନମୁନା।

'ଶୃଙ୍ଗାରୀଚେତ୍ କବିଃ' ନ୍ୟାୟରେ କବି ଜୟଦେବ ଗୀତଗୋବିନ୍ଦରେ ଶୃଙ୍ଗାର ରସର ପ୍ରାଧାନ୍ୟ ଓ ପରାକାଷ୍ଠା ପ୍ରତିପାଦନ କରିଛନ୍ତି। ଉଭୟ ବିପ୍ରଲମ୍ଭ ଓ ସମ୍ଭୋଗ ଶୃଙ୍ଗାରର ଶାସ୍ତ୍ରୀୟ ବିଶ୍ଳେଷଣ କରି କବି ଏଥିରେ ସୁନ୍ଦର ଭାବରେ ରୂପାୟିତ କରିଛନ୍ତି। ଶ୍ରୀଜୟଦେବ ଥିଲେ ପରମ ବୈଷ୍ଣବ। ସେ ଥିଲେ ଜଗନ୍ନାଥଙ୍କର ପରମ ଭକ୍ତ। ଗୀତଗୋବିନ୍ଦରେ ସେ ବିମଳ ଭକ୍ତି ଭାବନାର ଯେଉଁ ପ୍ରଚ୍ଛନ୍ନ ଫଲଗୁଧାରା ସୃଷ୍ଟି କରିଛନ୍ତି, ତାହା ଏହି କାବ୍ୟକୁ ଅପୂର୍ବ କାବ୍ୟିକ ମର୍ଯ୍ୟାଦା ପ୍ରଦାନ କରିଛି। 'ଗୀତଗୋବିନ୍ଦ'ରେ ଦଶାବତାର ସ୍ତୋତ୍ରର ସମାବେଶ କବିଙ୍କର ଅନବଦ୍ୟ ଭକ୍ତି ଭାବନାର ପରାକାଷ୍ଠା ପ୍ରଦର୍ଶନ କରେ। ଶ୍ରୀଜୟଦେବଙ୍କର ପ୍ରଧାନ ବିଶେଷତ୍ୱ ଏହି ଯେ ସେ ସର୍ବପ୍ରଥମେ ବୈଷ୍ଣବ ସାହିତ୍ୟରେ 'ଶ୍ରୀରାଧା' ଚରିତ୍ରର ଅବତାରଣା କରି ତାଙ୍କର ଚାରିତ୍ରିକ ମହତ୍ତ୍ୱକୁ ପ୍ରତିପାଦନ କରିଛନ୍ତି।

ଓଡ଼ିଶାରେ ବୈଷ୍ଣବ ଧର୍ମର ପ୍ରଚାର ଓ ପ୍ରସାର ପାଇଁ ଯେଉଁ ପ୍ରୟାସ ଜାରି ରହିଥିଲା, ଶ୍ରୀଜୟଦେବ ନିଜର ନିଜସ୍ୱ ମତବାଦକୁ ପ୍ରତିଷ୍ଠା କରି ବୈଷ୍ଣବଧର୍ମକୁ ନୂତନ ଦିଗଦର୍ଶନ ଦେଇଥିଲେ। ବସ୍ତୁତଃ ଦ୍ୱାଦଶ ଶତାବ୍ଦୀରେ ରାମାନୁଜ, ବିଷ୍ଣୁସ୍ୱାମୀ, ନିମ୍ବାର୍କ ଓ ମାଧ୍ୱାଚାର୍ଯ୍ୟ ପ୍ରମୁଖ ଦାକ୍ଷିଣାତ୍ୟର ବୈଷ୍ଣବଧର୍ମ ପ୍ରଚାରକଗଣ ଶ୍ରୀକ୍ଷେତ୍ରକୁ ଆଗମନ କରି ସେଠାରେ ମଠ ସ୍ଥାପନ କରି ବହୁଦିନ ପର୍ଯ୍ୟନ୍ତ ରହିଥିଲେ। ସେମାନଙ୍କ ମଧ୍ୟରୁ ନିମ୍ବାର୍କ ହିଁ ଶ୍ରୀକୃଷ୍ଣଙ୍କର ଶକ୍ତି ଭାବରେ ଶ୍ରୀରାଧାଙ୍କର ପୂଜା ପ୍ରଥମ କରି ପ୍ରଚାରିତ ଓ ପ୍ରତିଷ୍ଠିତ କଲେ। ଏହା ପୂର୍ବରୁ ବୋଧେ ବୈଷ୍ଣବ ଧର୍ମରେ ରାଧାଙ୍କର ସ୍ଥାନ ନଥିଲା। ଶ୍ରୀକୃଷ୍ଣ କେବଳ 'ଗୋପୀଜନବଲ୍ଲଭ' ଥିଲେ। ନିମ୍ବାର୍କଙ୍କ ଯୋଗୁଁ ଶ୍ରୀକୃଷ୍ଣ ଶ୍ରୀରାଧାଙ୍କ ସହିତ ସମ୍ପୃକ୍ତ ହେଲେ ଏବଂ ରାଧାକୃଷ୍ଣଲୀଳା ହିଁ ବୈଷ୍ଣବଭକ୍ତିବାଦର ଶ୍ରେଷ୍ଠ ଆଦର୍ଶ ଭାବରେ ପ୍ରଚାରିତ ହେଲା। ଏହିପରି ଭକ୍ତି ଭାବନାର ଶ୍ରେଷ୍ଠ କାବ୍ୟକାର ଶ୍ରୀଜୟଦେବ ନିଶ୍ଚୟ।

ଗୀତିକାବ୍ୟ ଗୀତଗୋବିନ୍ଦ ଜୟଦେବଙ୍କର ସର୍ଜନଶୀଳ ମାନସର ମହିମ୍ନ କୃତି। ଏହା ନିଶ୍ଚିତ ଭାବରେ ସଂସ୍କୃତ ସାହିତ୍ୟ ଜଗତରେ ଏକ ସୁମଧୁର ଝରଣା। ଏଥିରେ କବିଙ୍କର ଅପୂର୍ବ କବିତ୍ୱ, ଭକ୍ତିମତ୍ତା, କଳ୍ପନାବିଳାସିତା, ଆଳଙ୍କାରିକତା, କାନ୍ତକୋମଳ ପଦାବଳୀ ପ୍ରୟୋଗରେ ସିଦ୍ଧହସ୍ତତା ପ୍ରତିପାଦିତ। ଓଡ଼ିଶା ଇତିହାସ କହେ ଯେ ନରସିଂହ ଦେବ ୨ୟ (ଖ୍ରୀ. ୧୨୭୯ - ୧୩୦୭) ଜଗନ୍ନାଥ ମନ୍ଦିରରେ ଗୀତଗୋବିନ୍ଦ ପାଠ

ସକାଶେ ବ୍ୟବସ୍ଥା କରିଥିଲେ। ସେହିପରି ଗଜପତି ପ୍ରତାପ ରୁଦ୍ରଦେବ ୧୪୯୯ ଖ୍ରୀ.ରେ ଜଗନ୍ନାଥ ମନ୍ଦିରରେ ଗୀତଗୋବିନ୍ଦ ପାଠ କରବା ନିମନ୍ତେ ଗୋଟିଏ ଶିଳାଲେଖରେ ଆଦେଶନାମା ଘୋଷଣା କରିଥିଲେ। ଗୀତଗୋବିନ୍ଦଗ୍ରନ୍ଥ ଏତେ ଲୋକପ୍ରିୟତା ଅର୍ଜନ କରିଥିଲା ଯେ, ଏହାର ବିଭିନ୍ନ ସମୟରେ ବିଭିନ୍ନ ବିଦ୍ୱାନଙ୍କ କର୍ତ୍ତୃକ ଟୀକାଗ୍ରନ୍ଥ ପ୍ରଣୟନ କରାଯାଇଥିଲା। ଏହି ଟୀକାକାରମାନଙ୍କ ମଧ୍ୟରେ ଅଧିକାଂଶ ଓଡ଼ିଶାର। ନିମ୍ନରେ କେତେକ ଟୀକାକାର ଓ ସେମାନଙ୍କ ଟୀକାଗ୍ରନ୍ଥର ବିବରଣୀ ପ୍ରଦାନ କରାଗଲା –

	(କ)	(ଖ)	(ଗ)
୧.	ଉଦୟନାଚାର୍ଯ୍ୟ	ଭାବବିଭାବିନୀ	ଦ୍ୱାଦଶ ଶତାବ୍ଦୀ
୨.	ନାରାୟଣ ଦାସ	ସର୍ବାଙ୍ଗ ସୁନ୍ଦରୀ	ଚତୁର୍ଦ୍ଦଶ ଶତାବ୍ଦୀ
୩.	କୃଷ୍ଣଦାସ	ସର୍ବାଙ୍ଗସୁନ୍ଦରୀଟୀକା	୧୬୧୫ ଖ୍ରୀ.
୪.	ଲକ୍ଷ୍ମଣ ଭଟ୍ଟ	ରସିକରଙ୍ଗଦାଟୀକା	୧୭୪୨ ଖ୍ରୀ.
୫.	ଧୃତି ଦାସ	ସନ୍ଦର୍ଭଦୀପିକା	ସମୟ ଅଜ୍ଞାତ
୬.	ଶଙ୍କର ମିଶ୍ର	ରସମଞ୍ଜରୀ	ସମୟ ଅଜ୍ଞାତ
୭.	ପଣ୍ଡିତ ନାରାୟଣ ଭଟ୍ଟ	ପଦଦ୍ୟୋତନିକା	ସମୟ ଅଜ୍ଞାତ
୮.	ମୈଥିଳୀ ପଣ୍ଡିତ ଜଗଦ୍ଧର	ସାରଦୀପିକା	ସମୟ ଅଜ୍ଞାତ
୯.	ବନମାଳୀ ଭଟ୍ଟ	ସଞ୍ଜୀବନୀ ଟୀକା	ସମୟ ଅଜ୍ଞାତ
୧୦.	ଲକ୍ଷ୍ମଣ ସୂରୀ	ଶ୍ରୁତିରଞ୍ଜନୀ	ସମୟ ଅଜ୍ଞାତ

ସଂସ୍କୃତ କାବ୍ୟ ଧାରାରେ 'ଗୀତଗୋବିନ୍ଦ' ଏକ କମନୀୟ ସାରସ୍ୱତ କୀର୍ତ୍ତି। ସଂସ୍କୃତ ସାହିତ୍ୟାକାଶରେ ଏହା ସ୍ନିଗ୍ଧ ଅନୁପମ ଧ୍ରୁବତାରା। ଏହାର, ପଦାଲାଳିତ୍ୟ ଓ ସୁକୁମାର ଭାବନାର ପଟାନ୍ତର ନାହିଁ। ଶ୍ରୀଜୟଦେବ ହିଁ ଏହି କାବ୍ୟରେ ଶ୍ରୀରାଧାଙ୍କୁ ସର୍ବପ୍ରଥମେ ଲୋକପ୍ରିୟ କରାଇଲେ। ଶୃଙ୍ଗାର ବା ମଧୁର ରସର ମଞ୍ଜୁଳ ବର୍ଣ୍ଣନାରେ ଏହି କାବ୍ୟ ରସାଳ ସାରସ୍ୱତ ସଂପଦରେ ପରିଣତ ହୋଇପାରିଛି। ବିମଳ ଭକ୍ତିଭାବନା କାବ୍ୟଟିର ଛତ୍ରେ ଛତ୍ରେ ପ୍ରଚ୍ଛନ୍ନ ଫଲ୍‌ଗୁ ସ୍ରୋତ ପରି ପ୍ରବାହିତ। ଏହାର ନାଟକୀୟତା ଏହାର ବିଶିଷ୍ଟ ଆକର୍ଷଣ।

ଶ୍ରୀଜୟଦେବଙ୍କ 'ଗୀତଗୋବିନ୍ଦ' ଓଡ଼ିଶାର ବହୁ ସଂସ୍କୃତ କାବ୍ୟକାରମାନଙ୍କର ଆଦର୍ଶ ହୋଇପାରିଛି। ତେଣୁ ପରବର୍ତ୍ତୀକାଳରେ ଗୀତଗୋବିନ୍ଦ ଅନୁକରଣରେ ବହୁ କାବ୍ୟଗ୍ରନ୍ଥ ରଚନା କରାଯାଇଛି। ତହିଁରୁ କେତୋଟି ଉଲ୍ଲେଖଯୋଗ୍ୟ କୃତିର ନାମ ଏଠାରେ ସୂଚିତ କରାଯାଇଛି।

୧. ଅଭିନବ ଗୀତଗୋବିନ୍ଦ	ଗଜପତି ପୁରୁଷୋତ୍ତମଦେବ	ପଞ୍ଚଦଶ ଶତାବ୍ଦୀ
୨. ଜଗନ୍ନାଥ ବଲ୍ଲଭ ନାଟକ	ରାୟ ରାମାନନ୍ଦ	ଷୋଡ଼ଶ ଶତାବ୍ଦୀ
୩. ମୁଦିତ ମାଧବମ୍	ଶତଞ୍ଜୀବ ମିଶ୍ର(ଖଣ୍ଡପଡ଼ା)	ସପ୍ତଦଶ ଶତାବ୍ଦୀ
୪. ମୁକୁନ୍ଦ ବିଳାସମ୍	ଯତୀନ୍ଦ୍ର ରଘୁନାଥ ତୀର୍ଥ	ସପ୍ତଦଶ ଶତାବ୍ଦୀ
୫. କୃଷ୍ଣ ବିଳାସମ୍	କବିରତ୍ନ ନାରାୟଣ ମିଶ୍ର	ସପ୍ତଦଶ ଶତାବ୍ଦୀ
୬. ଶ୍ରୀକୃଷ୍ଣ ଲୀଳାମୃତମ୍	ଅଗ୍ନିଚିତ୍ କବି ନିତ୍ୟାନନ୍ଦ (ନୟାଗଡ)	ସପ୍ତଦଶ ଶତାବ୍ଦୀ
୭. ଶିବଲୀଳାମୃତମ୍	ଅଗ୍ନିଚିତ୍ କବି ନିତ୍ୟାନନ୍ଦ	ସପ୍ତଦଶ ଶତାବ୍ଦୀ
୮. କେଳିକଲ୍ଲୋଳିନୀ	ଅନାଦି ମିଶ୍ର (ଖଣ୍ଡପଡ଼ା)	ସପ୍ତଦଶ / ଅଷ୍ଟାଦଶ ଶତାବ୍ଦୀ
୯. ସମୃଦ୍ଧମାଧବ ନାଟକମ୍	କବିଭୂଷଣ ଗୋବିନ୍ଦ	ଅଷ୍ଟାଦଶ ଶତାବ୍ଦୀ
୧୦. ରାସଗୋଷ୍ଠୀ ରୂପକମ୍	ଅନାଦି ମିଶ୍ର (ଖଣ୍ଡପଡ଼ା)	ଅଷ୍ଟାଦଶ ଶତାବ୍ଦୀ
୧୧. ସଙ୍ଗୀତ ଚିନ୍ତାମଣି	କମଲଲୋଚନ ଖଡ଼୍ଗରାୟ	ଅଷ୍ଟାଦଶ ଶତାବ୍ଦୀ
୧୨. ଗୀତ ମୁକୁନ୍ଦମ୍	କମଲଲୋଚନ ଖଡ଼୍ଗରାୟ	ଅଷ୍ଟାଦଶ ଶତାବ୍ଦୀ
୧୩. ବ୍ରଜଯୁବ ବିଳାସ	କମଲଲୋଚନ ଖଡ଼୍ଗରାୟ	ଅଷ୍ଟାଦଶ ଶତାବ୍ଦୀ
୧୪. ହରିଭକ୍ତି ସୁଧାକର	ଦୀନବନ୍ଧୁ ଖାଡ଼ଙ୍ଗା (ଖଣ୍ଡପଡ଼ା)	ସପ୍ତଦଶ ଶତାବ୍ଦୀ
୧୫. ଗୀତସୀତାବଲ୍ଲଭମ୍	ଶିତିକଣ୍ଠ	ଅଷ୍ଟାଦଶ ଶତାବ୍ଦୀ
୧୬. ବସନ୍ତରାସ	ପିଣ୍ଡିକ ଶ୍ରୀଚନ୍ଦନ	–
	(ସାନପଦର, ଖୋର୍ଦ୍ଧା)	–

ଏହା ବ୍ୟତୀତ ଗୀତଗୋବିନ୍ଦକୁ ଅନୁକରଣ କରି ଓଡ଼ିଶା ତଥା ଓଡ଼ିଶା ବାହାରେ ବହୁ ଗ୍ରନ୍ଥ ରଚନା କରାଯାଇଛି ।

ଦୃଷ୍ଟାନ୍ତସ୍ୱରୂପ, ଭାନୁଦତ୍ତଙ୍କର 'ଗୀତଗୌରୀଶ', ରାମଭଟ୍ଟଙ୍କର 'ଗୀତଗିରିଶ', ଭୀଷ୍ମ ମିଶ୍ରଙ୍କର 'ଗୀତଶଙ୍କର', ଶ୍ୟାମରାମ କବିଙ୍କର'ଗୀତପୀତବସନ', ରୂପ ଗୋସ୍ୱାମୀଙ୍କର 'ଗୀତାବଳୀ', ହଂସମଣିଙ୍କର 'ଗୀତଦିଗମ୍ବର', ଚତୁର୍ଭୁଜଙ୍କର 'ଗୀତଗୋପାଳ', କଲ୍ୟାଣଙ୍କର 'ଗୀତଗଙ୍ଗାଧର', ପ୍ରଭାକରଙ୍କର 'ଗୀତରାଘବ', ଜଗଦ୍ଧରଙ୍କର 'ଗୀତପ୍ରଦୀପ', ସଦାଶିବଙ୍କର 'ଗୀତ ସୁନ୍ଦର', ସୁନ୍ଦରାଚାର୍ଯ୍ୟଙ୍କର 'ଗୀତାଷ୍ଟକ', ଶଙ୍କର ମିଶ୍ରଙ୍କର 'ଗୀତ ଗୌରୀପତି', ରାମକୃଷ୍ଣଙ୍କର 'ଗୋପାଳକେଳିଚନ୍ଦ୍ରିକା', ରାମଶାୟକ କବିଙ୍କର 'କୃଷ୍ଣଲୀଳା ତରଙ୍ଗିଣୀ', ଜୟଦେବ

(ଅନ୍ୟଜଣେ କବି)ଙ୍କର 'ରାମଗୀତଗୋବିନ୍ଦ', ପୁରୁଷୋତ୍ତମ ମିଶ୍ରଙ୍କର 'ରାମଚନ୍ଦ୍ରୋଦୟ', ଗୋବିନ୍ଦ ଦାସଙ୍କର 'ସଙ୍ଗୀତମାଧବ', ଭାସ୍କରଙ୍କର 'ଶିବମୋହିନୀ ବିଳାସ', ବିଙ୍ଗଳେଶ୍ୱରଙ୍କର 'ଶୃଙ୍ଗାର ରସମଣ୍ଡନ' ଇତ୍ୟାଦି।

ସୁତରାଂ ଗୀତଗୋବିନ୍ଦର ପ୍ରଭାବ ସୁଦୂରପ୍ରସାରୀ। ଗୀତଗୋବିନ୍ଦକୁ ଆଦର୍ଶ ଭାବରେ ଗ୍ରହଣ କରି ବହୁକବି ଅନେକ କାବ୍ୟ ରଚନା କରିଛନ୍ତି। ପରବର୍ତ୍ତୀ କବିମାନଙ୍କ ଉପରେ ଜୟଦେବ କିପରି ଅସପତ୍ନ ପ୍ରଭାବର ଅଧିକାରୀ, ତାହା ଉପର୍ଯ୍ୟୁକ୍ତ ବିବରଣୀରୁ ଅନଭବ କରିହୁଏ। ସୁତରାଂ ଶ୍ରୀ ଜୟଦେବ ଭାରତୀୟ କବି ମଣ୍ଡଳୀରେ ସ୍ୱତନ୍ତ୍ର ସ୍ଥାନ ଅଧିକାର କରନ୍ତି। ଭାରତୀୟ ବାଙ୍ମୟ ଜଗତରେ ସେ ହେଉଛନ୍ତି ଅନନ୍ୟ ଓ ଅତୁଳନୀୟ କବି।

ପଞ୍ଚମ ଅଧ୍ୟାୟ

ପରମ ପ୍ରେମମୟ ରାଧିକେଶ ଶ୍ରୀକୃଷ୍ଣ

"କସ୍ତୁରୀ ତିଳକଂ ଲଲାଟପଟଳେ ବକ୍ଷସ୍ଥଳେ କୌସ୍ତୁଭଂ
ନାସାଗ୍ରେ ନବମୌକ୍ତିକମ୍ କରତଳେ ବେଣୁ କରେ କଙ୍କଣମ୍
ସର୍ବାଙ୍ଗେ ହରିଚନ୍ଦନ ସୁଲଳିତଂ କଣ୍ଠେ ଚ ମୁକ୍ତାବଳିଂ
ଗୋପସ୍ତ୍ରୀ ପରିବେଷ୍ଟିତୋ ବିଜୟତେ ଗୋପାଳଚୂଡ଼ାମଣି।"

ପରମପୁରୁଷ ଶ୍ରୀକୃଷ୍ଣ ସତ୍-ଚିତ୍ ଆନନ୍ଦର ଏକୀଭୂତ ପରିପ୍ରକାଶ। ଅତଏବ ସେ ସ୍ୱୟଂ ସଚ୍ଚିଦାନନ୍ଦ। ସେ ନିତ୍ୟ କିଶୋର। ସେ କିଶୋର ଚନ୍ଦ୍ର। ସେ ବୃନ୍ଦାବନ ଚନ୍ଦ୍ର। ପୁନଶ୍ଚ ସେ ଗୋକୁଳ ଚନ୍ଦ୍ର। ସେ ପରମ ପ୍ରେମମୟ, ସୁତରାଂ ପ୍ରେମାନନ୍ଦ ସ୍ୱରୂପ। ଶ୍ରୀକୃଷ୍ଣ ପରମ ପୁରୁଷ। ସେ ପୁରୁଷୋତ୍ତମ। ସେ ଲୀଳାମୟ ପୁରୁଷ। ତାଙ୍କର ଦିବ୍ୟ ଲୀଳାର ଅନ୍ତ ନାହିଁ। ସେ ସତ୍-ଚିତ୍-ଆନନ୍ଦର ରମଣୀୟ ବିଗ୍ରହ, ସେ ସାକ୍ଷାତ ଈଶ୍ୱର। ସେ ଅନାଦି ପୁରୁଷ। ସେ ସ୍ୱୟଂ ଗୋବିନ୍ଦ। ତାଙ୍କର ପଦରୁ ମକରନ୍ଦ ଝରେ। ସେହି ମଧୁସ୍ରାବୀ ମକରନ୍ଦକୁ ପାନ କରି ଗୋପୀମାନେ ତରିଗଲେ। ଓଡ଼ିଆ ଭାଗବତ ଗ୍ରନ୍ଥରେ ଜଗନ୍ନାଥ ଦାସ ଲେଖିଛନ୍ତି -

"ଗୋବିନ୍ଦ ଗୋବିନ୍ଦ ଗୋବିନ୍ଦ ! ପଦୁଁ ଗଳୁଛି ମକରନ୍ଦ
ସେ ମକରନ୍ଦ ପାନ କରି। ହେଲେ ତରିଲେ ବ୍ରଜନାରୀ।"

ଶ୍ରୀକୃଷ୍ଣ ହେଉଛନ୍ତି ବ୍ରଜେଶ। ସେ ବ୍ରଜକିଶୋର। ସେ ରାଧିକା ପ୍ରାଣଧନ। 'ବ୍ରହ୍ମ-ସଂହିତା ଗ୍ରନ୍ଥରେ ଉଲ୍ଲେଖ ରହିଛି -

"ଈଶ୍ୱରଃ ପରମଃ କୃଷ୍ଣ ସଚ୍ଚିଦାନନ୍ଦ ବିଗ୍ରହଃ
ଅନାଦିରାଦି ଗୋବିନ୍ଦଃ ସର୍ବକାରଣ କାରଣମ୍।"

ଶ୍ରୀକୃଷ୍ଣ ପ୍ରେମିକ ଶିରୋମଣି। ତାଙ୍କ ନିକଟରେ ପ୍ରେମ ହିଁ ସତ୍ୟ। ସେ ହେଉଛନ୍ତି ଅପ୍ରାକୃତ ପ୍ରେମମୂର୍ତ୍ତି। ପ୍ରେମର ଶାଶ୍ୱତବାଣୀ ବିସ୍ତାର ପାଇଁ ତାଙ୍କର ଲୀଳା ପ୍ରକଟିତ। 'ଚୈତନ୍ୟ ଚରିତାମୃତ' ଗ୍ରନ୍ଥରେ ଉଲ୍ଲେଖ ରହିଛି -

"ସଚ୍ଚିଦାନନ୍ଦମୟ କୃଷ୍ଣେର ସ୍ୱରୂପ
ଅତଏବ ସ୍ୱରୂପ ସ୍ୱରୂପ ଶକ୍ତି ହୟ ତିନିରୂପ
ଆନନ୍ଦାଂଶେ ହ୍ଲାଦିନୀ ସଂଦଶେ ସନ୍ଧିନୀ
ଚିଦଂଶେ ସମ୍ବିତ ଯାରେ ଜ୍ଞାନ କରି ମାନି।"

ଶାସ୍ତ୍ରରେ ପ୍ରତିପାଦିତ ଯେ ଆତ୍ମେନ୍ଦ୍ରିୟ ପ୍ରୀତି ହେଉଛି କାମ। କିନ୍ତୁ କୃଷ୍ଣେନ୍ଦ୍ରିୟ ପ୍ରୀତି ଇଚ୍ଛା ହିଁ ହେଉଛି ପ୍ରେମ। ତେଣୁ ପ୍ରେମ ଦିବ୍ୟ, ଶାଶ୍ୱତ, ଚିରନ୍ତନ।

'ଚୈତନ୍ୟ ଚରିତାମୃତ' ଗ୍ରନ୍ଥରେ କୁହାଯାଇଛି -
"ଆତ୍ମେନ୍ଦ୍ରିୟ ପ୍ରୀତି ବାଞ୍ଛା - ତାରେ ବଲି କାମ
କୃଷ୍ଣେନ୍ଦ୍ରିୟ ପ୍ରୀତି ଇଚ୍ଛା - ଧରେ ପ୍ରେମ ନାମ।
କାମେର ତାତ୍ପର୍ଯ୍ୟ ନିଜ ସମ୍ଭୋଗ କେବଲ
କୃଷ୍ଣ ସୁଖ ତାତ୍ପର୍ଯ୍ୟ ହୟ ପ୍ରେମ ମହାବଲ।
ଲୋକଧର୍ମ ଦେବ ଧର୍ମ ଦେହଧର୍ମ କର୍ମ
ଲଜ୍ଜା ଧୈର୍ଯ୍ୟ ଦେହ ସୁଖ ଆତ୍ମ ସୁଖ ମର୍ମ।
ଅତଏବ କାମ ପ୍ରେମେ ବହୁତ ଅନ୍ତର
କାମ ଅନ୍ଧତମ, ପ୍ରେମ ନିର୍ମଲ ଭାସ୍କର।"

ଶ୍ରୀକୃଷ୍ଣ ନାୟକ ଶିରୋମଣି। ସେ ସମସ୍ତଙ୍କୁ ନିଜ ଆଡକୁ ଆକର୍ଷଣ କରିପାରନ୍ତି। କାରଣ ସେ ସୁନ୍ଦର ପୁରୁଷ। ତାଙ୍କର ଅଧର ମଧୁର। ତାଙ୍କର ବଦନ ମଧୁର। ତାଙ୍କର ନୟନ ମଧୁର। ତାଙ୍କର ହସ ମଧୁର। ତାଙ୍କର ବଚନ ମଧୁର। ତାଙ୍କର ବସନ ମଧୁର। ତାଙ୍କର ବଂଶୀ ମଧୁର। ତାଙ୍କର ତିଳକ ମଧୁର। ତାଙ୍କର ନୃତ୍ୟ ମଧୁର। ସତରେ ଅପରୂପ ତାଙ୍କର ଲାବଣ୍ୟ। 'ଶ୍ରୀକୃଷ୍ଣ କର୍ଣ୍ଣାମୃତ' ଗ୍ରନ୍ଥରେ କବି କର୍ଣ୍ଣପୁର ସେହି ମଧୁରକାନ୍ତି - ସ୍ୱରୂପ ଶ୍ରୀକୃଷ୍ଣଙ୍କର ରୂପମାଧୁରୀକୁ ନେଇ ଲେଖିଛନ୍ତି -

"ଅଧରଂ ମଧୁରଂ ବଦନଂ ମଧୁରଂ
ନୟନଂ ମଧୁରଂ ହସିତଂ ମଧୁରମ୍
ହୃଦୟଂ ମଧୁରଂ ଗମନଂ ମଧୁରଂ
ମଧୁରାଧିପତେ ରଖିଳଂ ମଧୁରଂ।
ବଚନଂ ମଧୁରଂ ଚରିତଂ ମଧୁରଂ

ବସନଂ ମଧୁରଂ ବଳିତଂ ମଧୁରମ୍
ଚଳିତଂ ମଧୁରଂ ଭ୍ରମିତ ମଧୁରଂ
ମଧୁରାଧିପତେ ରଖିଳଂ ମଧୁରମ୍ ।
ବେଣୁର୍ମଧୁରୋ ରେଣୁର୍ମଧୁରୋ
ପାଣି ର୍ମଧୁରଃ ପାଦୋ ମଧୁରମ୍
ନୃତ୍ୟ ମଧୁରଂ ସଖ୍ୟଂ ମଧୁରଂ
ମଧୁରାଧିପତେ ରଖିଳଂ ମଧୁରମ୍ ।
ଗୀତଂ ମଧୁରଂ ପୀତଂ ମଧୁରଂ
ଭୁକ୍ତ ମଧୁରଂ ସୁପ୍ତ ମଧୁରମ୍
ରୂପଂ ମଧୁରଂ ତିଳକ ମଧୁରଂ
ମଧୁରାଧିପତେ ରଖିଳଂ ମଧୁରମ୍ ।
କରଣଂ ମଧୁରଂ ତରଣଂ ମଧୁରଂ
ହରଣଂ ମଧୁରଂ ରମଣଂ ମଧୁରମ୍
ବମିତଂ ମଧୁରଂ ଶମିତ ମଧୁରଂ
ମଧୁରାଧିପତେ ରଖିଳଂ ମଧୁରମ୍ ।
ଗୁଞ୍ଜା ମଧୁରା ମାଳା ମଧୁରା
ଯମୁନା ମଧୁରା ବୀଚି ମଧୁରା
ସଲିଳଂ ମଧୁରଂ କମଳଂ ମଧୁରଂ
ମଧୁରାଧିପତେ ରଖିଳଂ ମଧୁରମ୍ ।
ଗୋପୀ ମଧୁରା ଲୀଳା ମଧୁରା
ଯୁକ୍ତ ମଧୁରଂ ମୁକ୍ତ ମଧୁରମ୍
ଦୃଷ୍ଟଂ ମଧୁରଂ ଶିଷ୍ଟଂ ମଧୁରଂ
ମଧୁରାଧିପତେ ରଖିଳଂ ମଧୁରମ୍ ।
ଗୋପୀ ମଧୁରା ଗାବୋ ମଧୁରା
ଯଷ୍ଟି ର୍ମଧୁରା ସୃଷ୍ଟି ର୍ମଧୁରା
ଦଳିତଂ ମଧୁରଂ ଫଳିତଂ ମଧୁରଂ
ମଧୁରାଧିପତେ ରଖିଳଂ ମଧୁରମ୍ ।"

ଶ୍ରୀକୃଷ୍ଣ ମଧୁର ପ୍ରେମ ମଣ୍ଡିତ ଲୀଳାବିଗ୍ରହ । ତାଙ୍କର ରୂପ ମାଧୁର୍ଯ୍ୟ ଜଗତକୁ ଆକର୍ଷଣ କରେ । ତାଙ୍କର ବଂଶୀସ୍ୱନ ସମସ୍ତଙ୍କୁ ମୋହିତ କରେ । 'ହରି ଭକ୍ତିରସାମୃତ

ସିନ୍ଧୁ'ରେ ଉଲ୍ଲେଖ ରହିଛି -

"ସର୍ବାଦ୍‌ଭୁତ ଚମତ୍କାର ଲୀଳାକଲ୍ଲୋଳ ବାରିଧିଃ
ଅତୁଲ୍ୟ - ମଧୁର - ପ୍ରେମ ମଣ୍ଡିତ - ପ୍ରିୟ ମଣ୍ଡଳଃ
ତ୍ରିଜଗନ୍ମାନସାକର୍ଷି ମୁରଲୀ କଳକୂଜିତଃ
ଅସମାନୋର୍ଦ୍ଧ୍ୱ ରୂପଶ୍ରୀ ବିସ୍ମାପିତ ଚରାଚରଃ ।"

ପରମ ପୁରୁଷ ଶ୍ରୀକୃଷ୍ଣ ଆନନ୍ଦ ସ୍ୱରୂପ, ପ୍ରେମ ସ୍ୱରୂପ। ପ୍ରେମମୟୀ ଶ୍ରୀରାଧାଙ୍କ ପ୍ରେମରେ ଶ୍ରୀକୃଷ୍ଣଙ୍କର ଆନନ୍ଦପ୍ରାପ୍ତି। ରାଧା ପ୍ରେମ ହିଁ ତାଙ୍କର ଏକମାତ୍ର ଲକ୍ଷ୍ୟ। ଶ୍ରୀକୃଷ୍ଣଙ୍କର ଆନନ୍ଦର ହେତୁ କେବଳ ଶ୍ରୀରାଧା। ଶ୍ରୀକୃଷ୍ଣଙ୍କ ପ୍ରେମ ଶ୍ରୀ ରାଧାଙ୍କ ପାଇଁ ଉଦ୍ଦିଷ୍ଟ। ଓଡ଼ିଆ କବି ଅଭିମନ୍ୟୁ ସାମନ୍ତ ସିଂହାର ଗାଇଛନ୍ତି -

"ଅପ୍ରାକୃତ ପ୍ରେମମୂର୍ତ୍ତି ଜୟରାଧା ହରି
ଅବ୍ୟକ୍ତଲୀଳାକୁ ବ୍ୟକ୍ତ କରି ଅବତରି ଯେ।"

'ଚୈତନ୍ୟ ଚରିତାମୃତ' ଗ୍ରନ୍ଥ (ଆଦିଲୀଳା)ରେ ବର୍ଣ୍ଣିତ ଅଛି ଯେ ଶ୍ରୀକୃଷ୍ଣଙ୍କ ପ୍ରେମ କେବଳ ଶ୍ରୀରାଧାଙ୍କ ପାଇଁ। 'ଚୈତନ୍ୟ ଚରିତାମୃତ' ଗ୍ରନ୍ଥରେ ଉଲ୍ଲେଖ ରହିଛି-

"ମୋର ରୂପେ ଆପ୍ୟାୟିତ କରେ ତ୍ରିଭୁବନ
ରାଧାର ଦର୍ଶନେ ମୋର ଜୁଡ଼ାୟ ନୟନ।
ମୋର ବଂଶୀ ଗୀତେ ଆକର୍ଷାୟ ତ୍ରିଭୁବନ
ରାଧାର ବଚନେ ହରେ ଆମାର ଶ୍ରବନ।
ଯଦ୍ୟପି ଆମାର ଗନ୍ଧେ ଜଗତ ସୁଗନ୍ଧ
ମୋର ଚିତ୍ତ ପ୍ରାନ ହରେ ରାଧା ଅଙ୍ଗ ଗନ୍ଧ।
ଯଦ୍ୟପି ଆମାର ରସେ ଜଗତ ସୁରସ
ରାଧାର ଅଧର ରସେ ଆମା କରେ ବଶ।
ଯଦ୍ୟପି ଆମାର ସ୍ପର୍ଶ କୋଟୀନ୍ଦୁ ଶୀତଲ
ରାଧିକାର ସ୍ପର୍ଶେ ଆମା କରେ ସୁଶୀତଲ।"

ସେହିପରି ଉକ୍ତ ଗ୍ରନ୍ଥରେ ମଧ୍ୟ ଭଗବାନ ଶ୍ରୀକୃଷ୍ଣଙ୍କର ରାଧାପ୍ରାଣତାକୁ ନେଇ ଉଲ୍ଲେଖ ରହିଛି -

"ରାଧାର ଦର୍ଶନେ ମୋର ଜୁଡ଼ାୟ ନୟନ
ଆମାର ଦର୍ଶନେ ରାଧା ସୁଖେ ଆଗୋୟାନ।
ପରସ୍ପର ବେଣୁ ଗୀତେ ହରୟେ ଚେତନ
ମୋର ଭ୍ରମେ ତମାଲେର କରେ ଆଲିଙ୍ଗନ।

କୃଷ୍ଣ ଆଲିଙ୍ଗନ ପାଇନୁ ଜନମ ସଫଳେ
ସେଇ ସୁଖେ ମଗ୍ନ ରହେ ବୃକ୍ଷ କରି ବୋଲେ।"

ଶ୍ରୀକୃଷ୍ଣ ସ୍ୱୟଂ ଭଗବାନ। ଶ୍ରୀକୃଷ୍ଣ ଭଗଯୁକ୍ତ। 'ଭଗ' ଅର୍ଥାତ୍ ଐଶ୍ୱର୍ଯ୍ୟ। ଶାସ୍ତ୍ରରେ ସ୍ପଷ୍ଟ ଭାବରେ ଐଶ୍ୱର୍ଯ୍ୟ ସମ୍ପର୍କରେ କୁହାଯାଇଛି -

"ଐଶ୍ୱର୍ଯ୍ୟସ୍ୟ ସମଗ୍ରସ୍ୟ ବୀର୍ଯ୍ୟସ୍ୟ ଯଶସଃ ଶ୍ରିୟଃ
ଜ୍ଞାନ ବୈରାଗ୍ୟୟୋ ଶ୍ଚୈବ ଷର୍ଣ୍ଣାଂ ଭଗଇତି ସ୍ମୃତଂ।

ଅର୍ଥାତ୍ ସମଗ୍ର ଐଶ୍ୱର୍ଯ୍ୟ, ବୀର୍ଯ୍ୟ, ଯଶ, ଶ୍ରୀ, ଜ୍ଞାନ ଓ ବୈରାଗ୍ୟ - ଏହି ଛଅଟିକୁ 'ଭଗ' ବା ଐଶ୍ୱର୍ଯ୍ୟ କୁହାଯାଏ। ଏହି ଛଅଗୁଣ ଯାହାଙ୍କର ଅଛି, ସେ ହିଁ ଭଗବାନ। ଶ୍ରୀକୃଷ୍ଣଙ୍କର ଏହି ଷଡ଼ଗୁଣ ଥିବାରୁ ତାଙ୍କୁ ଭଗବାନ କୁହାଯାଇଛି। ଶ୍ରୀମଦ୍ ଭାଗବତରେ ମଧ୍ୟ ଉଲ୍ଲେଖ ଅଛି -

"ଏତେଚାଂଶ କଳାଃ ପୁଂସଃ କୃଷ୍ଣସ୍ତୁଭଗବାନ ସ୍ୱୟମ୍
ଇନ୍ଦ୍ରାରି ବ୍ୟାକୁଳଂ ଲୋକଂ ମୃଡୟନ୍ତି ଯୁଗେଯୁଗେ।"

ଶ୍ରୀକୃଷ୍ଣଙ୍କର ଦୁଇ ଗୋଟି ଲୀଳା ରହିଛି - ମାଧୁର୍ଯ୍ୟ ଲୀଳା ଓ ଐଶ୍ୱର୍ଯ୍ୟ ଲୀଳା। ଗୋପଲୀଳା ହେଉଛି ମାଧୁର୍ଯ୍ୟ ଲୀଳା। ଦ୍ୱାରକାଲୀଳା ହେଉଛି ଐଶ୍ୱର୍ଯ୍ୟ ଲୀଳା। ଐଶ୍ୱର୍ଯ୍ୟ ଲୀଳା ଅପେକ୍ଷା ମାଧୁର୍ଯ୍ୟ ଲୀଳା ଶ୍ରୀକୃଷ୍ଣଙ୍କର ପ୍ରିୟ। ତେବେ 'ଚୈତନ୍ୟ ଚରିତାମୃତ' ଗ୍ରନ୍ଥରେ ରାଧା କୃଷ୍ଣ ଲୀଳା (ପ୍ରେମ) ସମ୍ପର୍କରେ ଯାହା ପ୍ରତିପାଦିତ, ତାହା ବେଶ୍ ପ୍ରଣିଧାନଯୋଗ୍ୟ। 'ଚୈତନ୍ୟ ଚରିତାମୃତ' ଗ୍ରନ୍ଥରେ ଶ୍ରୀଚୈତନ୍ୟ ଓ ରାୟ ରାମାନନ୍ଦଙ୍କ ମଧ୍ୟରେ କଥୋପକଥନ ଏହିପରି:

"ପ୍ରଭୁ କହେ କୋନ ବିଦ୍ୟା ବିଦ୍ୟା ମଧ୍ୟେ ସାର
ରାୟ କହେ ଭକ୍ତିବିନା ବିଦ୍ୟା ନାହିଁ ଆର।
କୀର୍ତ୍ତିଗନ ମଧ୍ୟେ ଜୀବେର କୋନ୍ ବଡ଼ କୀର୍ତ୍ତି
କୃଷ୍ଣପ୍ରେମ ଭକ୍ତ ବଲେ ଯାର ହୟ ଖ୍ୟାତି।
ସମ୍ପତ୍ତି ମଧ୍ୟେ ଜୀବେର କୋନ୍ ସମ୍ପତ୍ତି ଗନି
ରାଧାକୃଷ୍ଣ ପ୍ରେମ ଯାର ସେଇ ବଡ଼ ଧନୀ।
ଦୁଃଖ ମଧ୍ୟେ କୋନ ଦୁଃଖ ହୟ ଗୁରୁତର
କୃଷ୍ଣଭକ୍ତ ବିରହ ବିନୁ ଦୁଃଖ ନାହିଁ ଆର।
ମୁକ୍ତ ମଧ୍ୟେ କୋନ ଜୀବ ମୁକ୍ତ କରି ମାନି
କୃଷ୍ଣ ପ୍ରେମ ଯାର ସେଇ ମୁକ୍ତ ଶିରୋମନି।
ଗାନ ମଧ୍ୟେ କୋନ ଗାନ ଜୀବେର ନିଜ ଧର୍ମ

ରାଧାକୃଷ୍ଣେର ପ୍ରେମକେଳି ଯେ ଗୀତେର ମର୍ମ।
ଶ୍ରେୟୋ ମଧ୍ୟେ କୋନ ଶ୍ରେୟଃ ଜୀବେର ହୟ ସାର
କୃଷ୍ଣଭକ୍ତି ସଙ୍ଗ ବିନା ଶ୍ରେୟଃ ନାହିଁ ଆର
କାହାର ସ୍ମରଣ ଜୀବ କରିବେ ଅନୁକ୍ଷଣ
କୃଷ୍ଣନାମ ଗୁଣଲୀଳା ପ୍ରଧାନ ସ୍ମରଣ।
ଧ୍ୟାନ ମଧ୍ୟେ ଜୀବେର କର୍ତ୍ତବ୍ୟ କୋନ ଧ୍ୟାନ
ରାଧାକୃଷ୍ଣ ପଦାମ୍ବୁଜ ଧ୍ୟାନ ପ୍ରଧାନ।"

ଶ୍ରୀକୃଷ୍ଣ ରସରାଜ। ପ୍ରେମିକ ଶିରୋମଣି। ସେ ପ୍ରେମର ମୂର୍ତ୍ତିମନ୍ତ ବିଗ୍ରହ। ଶ୍ରୀକୃଷ୍ଣଙ୍କ ପାଇଁ ଶ୍ରୀରାଧା ଏବଂ ଶ୍ରୀରାଧାଙ୍କ ପାଇଁ ଶ୍ରୀକୃଷ୍ଣ। ଶ୍ରୀକୃଷ୍ଣ କମନୀୟ, ରମଣୀୟ। କୃଷ୍ଣପ୍ରାଣଗତ କବି ଅଭିମନ୍ୟୁ ସାମନ୍ତସିଂହାର ଶ୍ରୀକୃଷ୍ଣଙ୍କର ଶୋଭାଶ୍ରୀକୁ ବର୍ଣ୍ଣନା କରି ଗାଇଛନ୍ତି -

"କଳାକଞ୍ଜୀ ଦଳା ଅଞ୍ଜନ ମର୍କତ ଇନ୍ଦ୍ରନୀଳମଣି ଘନ
ସୁଧା ଆନନ୍ଦ ଆହାଲାଦ ମାଦକ ଶୃଙ୍ଗାର ପ୍ରେମ ମିଳନ
ଗୋ ପୁଣି। ଶୋଭା ସମୁଦ୍ର ମନ୍ଥା ଲବଣୀ ଗୋ
କୋଟି ସୃଷ୍ଟି କାନ୍ତି ସାର ଶ୍ରେଣୀ ଗୋ
ମହାଲାବଣ୍ୟ ରତନ ଖଣି ଗୋ।
ଲଳିତ ମାଧୁର୍ଯ୍ୟ ଆହ୍ଲାଦ ପ୍ରସନ୍ନ ସୁଧା ସ୍ୱାଦୁ ଗୁଣ ଥିଲା
କୋଟି ପର୍ବ ଶଶୀଗର୍ବ ଖର୍ବ ଚାରୁ ମୁଖ ଦେଖା ଦିନୁ ହେଲା
ଗୋ ଘେନ। ତହିଁ କଳଙ୍କ, ଏ ଚିହ୍ନହୀନଗୋ।
ସେତ କ୍ଷୟ, ଏ ଅକ୍ଷୟ ସ୍ଥାନ ଗୋ
କଳାକର ସେ, ଏ କଳାପୂର୍ଣ୍ଣ ଗୋ।
ଲାଜବ୍ୟାଜ ଓଜ ଗାମ୍ଭୀର୍ଯ୍ୟ ଭଙ୍ଗିମା ପ୍ରସନ୍ନାଛନ ଘୂର୍ଣ୍ଣନ
ଶ୍ରୀମୁଦୁ ମାଦକ ଲାଳସ ଅଳସ ପ୍ରୀତି ଲୋକ ଲୀଳାସ୍ଥାନ
ଗୋ ନେତ୍ର। ସୁଧା ଅନୁରାଗ କଳାପାତ୍ର ଗୋ
ଚିତ୍ର ଶତପତ୍ର ଗୋତ୍ର ମିତ୍ର ଗୋ
ଲକ୍ଷ୍ୟ ଲକ୍ଷଲକ୍ଷ ମୋକ୍ଷ କ୍ଷେତ୍ର ଗୋ।
ବିଷାମୃତ ମିଶା ବିଷମ ବିଶିଖ ଛଟକ ଗଢ଼ି ଚାତୁରୀ
ଦୃଷ୍ଟି ଦୃଷ୍ଟି ହେବା କୋଟି ଯୁବା ସୃଷ୍ଟି ପ୍ରଳୟ ପାରଇ କରି।
ସେ ଡୋଳା। ରଣତୁରଙ୍ଗ ତରଙ୍ଗ ଲୀଳା ତା

ଖେଳା - ଖଞ୍ଜନ - ରଞ୍ଜନ ବଳା ତା
ରଙ୍ଗେ କୁରଙ୍ଗେ ନୋହିବେ ତୁଳା ତା।"

ପୁଣି ଶ୍ରୀକୃଷ୍ଣଙ୍କର ଅପୂର୍ବ ଶୋଭା ନିମ୍ନ ପଂକ୍ତିରେ ପ୍ରତିପାଦିତ। କବି ଲେଖିଛନ୍ତି-

"କସ୍ତୁରୀ ତିଳକ ଗୋରଚନା ଚିତା ଊର୍ଦ୍ଧରେତା ଚେତା ହରେ
କଟାରୀ ଜରୀ ଉଷ୍ଣୀଷ ଥୋଇ ମୋର ନେତ୍ରସରେ ସ୍ନାନକରେ
ସେ ଶୋଭା। ରତିପତି ମତି ଅତି ଲୋଭା ସେ
ରମା ଦେଖି ବେଳେହେବେ ବିଭା ସେ
ଚାହିଁ କେ ରଖିବ ଦମ୍ଭ ପ୍ରଭା ସେ।
ବିଦ୍ୟୁଝଟପଟ ପରି ପୀତପଟ କଟି ତଟରେ ବିରାଜେ
ପିନ୍ଧା ପରିପାଟି କବି ଗୋଟି ପାଟି ହେଲେ ବର୍ଣ୍ଣିବ କି ହେଜ
ଗୋ ଘେନ! ମୋଡା ଦୋଷଡ଼ା ଭିଡା ଯତନ ଗୋ
କୁଞ୍ଚା ରଞ୍ଚା ଧଡ଼ି କି ଶୋଭନ ଗୋ
କିଣି କିଙ୍କିଣୀ ହରେ ଜୀବନ ଗୋ।"

ଏହିପରି ଯେଉଁ କମନୀୟ, ରମଣୀୟ ଶ୍ରୀକୃଷ୍ଣ, ସେତ ଶ୍ରୀରାଧାଙ୍କ ଚିତ୍ତଚୋର। ଶ୍ରୀରାଧା କେବଳ ତାଙ୍କରି ପ୍ରେମ ପାଇଁ ଆଶାୟୀ। ସେଥିପାଇଁ ଉଚ୍ଚାଟିତ କଣ୍ଠରେ ନାୟିକା ଶିରୋମଣି ଶ୍ରୀରାଧା କୃଷ୍ଣ ପ୍ରେମକଥା ଗାଇଛନ୍ତି। ଏହି ଗାୟନ ବେଶ୍ ପ୍ରାଣସ୍ପର୍ଶୀ। କବିସୂର୍ଯ୍ୟ ବଳଦେବ ରଥ ଲେଖିଛନ୍ତି -

"ଶ୍ୟାମ ସମ କମନୀୟ ନାହିଁ ଆଉ
ତା' ବାହୁଭିଡ଼ାରେ ମୋର ଦିନ ଯାଉ।
କି ସିନ୍ଦୁର ପୀତପଟ ତ୍ରିଭଙ୍ଗ ମୁରଲୀ ନଟ
ତା' ଶିର ମୁକୁଟ ଦିଶେ ଦାଉ ଦାଉ ।୧।
ଆଳି ମଙ୍ଗଳାଙ୍କୁ ଜଣା, ଥିଲେ ନ ଥିଲେ କରୁଣା
ନୟନ ସମ୍ପତ୍ତି ମୋର ଜୀଇଥାଉ ।୨।
ପଡ଼ିଗଲେ ତା' ନଜରେ, ମଦନ ମାଦକ ଶରେ
ନାରୀ ହୃଦୟରୁ ଖସି ପଡ଼େ ହାଉ ।୩।
ନିନ୍ଦିଲେ ନିନ୍ଦନ୍ତୁ ଜନେ, ତା' ପଛେ ମୁଁ ବନେ ବନେ
ଶିରେ ଘେନି ବୁଲୁଥିବି ତା' କଥାଉ ।୪।
କବି ରବି ଭାଷେ ରସେ, ମନମଥ ରତି ତ୍ରାସେ।
ତା' ପ୍ରେମ ସାଗରେ ଚିତ୍ତ ବୁଡ଼ି ଯାଉ ।୫।

ଏହିପରି ରାଧାପ୍ରାଣଧନ ପ୍ରେମମୟ ପୂର୍ଣ୍ଣବ୍ରହ୍ମ ଗୋକୁଳଚନ୍ଦ୍ର ଶ୍ରୀକୃଷ୍ଣ ଚନ୍ଦ୍ରଙ୍କର ଶ୍ରୀରାଧାଙ୍କ ସହିତ ମିଳାନାକାଂକ୍ଷା ଏବଂ ମଧୁର ମିଳନକୁ ମହାକବି ଶ୍ରୀଜୟଦେବ ଏହି ଗ୍ରନ୍ଥରେ ମଂଜୁଳ ଭାବରେ ବର୍ଣ୍ଣନା କରି ରାଧା - କୃଷ୍ଣପ୍ରେମର ଜୟଗାନ କରିଛନ୍ତି।

କବିରାଜ ଜୟଦେବ ବର୍ଣ୍ଣନା କରିଛନ୍ତି ଯେ, ଶ୍ରୀରାଧାଙ୍କ ସଖି ଶ୍ରୀକୃଷ୍ଣଙ୍କୁ ଶ୍ରୀରାଧାଙ୍କ ବିରହ କଥା କହିଛନ୍ତି। ଏହାପରେ ରସରାଜ ଶ୍ରୀକୃଷ୍ଣ କୁଞ୍ଜକୁ ଶ୍ରୀରାଧାଙ୍କୁ ପଠାଇବା ପାଇଁ ଅନୁରୋଧ କରିଛନ୍ତି। ଅତଃ ପ୍ରିୟ ସଖିଟି ଶ୍ରୀରାଧାଙ୍କୁ ଏହିପରି କହିଲେ। କବିରାଜ ଜୟଦେବ ଲେଖିଛନ୍ତି -

"ଆଶ୍ଳେଷାଦନୁ ଚୁମ୍ବନାଦନୁ ନଖୋଲେଖାଦନୁ ସ୍ୱାନ୍ତଜ
ପ୍ରୋଦ୍ ବୋଧାଦନୁ ସମ୍ଭମାଦନୁ ରତାରମ୍ଭାଦନୁ ପ୍ରିତୟୋଃ
ଅନ୍ୟାର୍ଥଂ ଗତୟୋର୍ଭମାନ୍ମିଳିତୟୋଃ ସମ୍ଭାଷଣୈର୍ଜାନତୋ
ର୍ଦମ୍ପତ୍ୟୋରିହକୋନକୋନ ତମସି ବ୍ରିଡ଼ା ବିମି ଶ୍ରୋରସଃ"

ଅର୍ଥାତ୍ ହେ ରାଧେ! ପ୍ରେମ ବ୍ୟାପାରରେ ପୁରୁଷ ଓ ନାରୀ ଦୁହେଁ ଅନ୍ଧକାର ମଧ୍ୟରେ କୁଞ୍ଜ ଭିତରେ ପ୍ରଥମେ ପରସ୍ପରକୁ ଖୋଜନ୍ତି। ସେଠାରେ ପରସ୍ପରକୁ ଭେଟି ସମ୍ଭାଷଣ କରି ଚିହ୍ନାଚିହ୍ନି ହୁଅନ୍ତି। ତା' ପରେ କାମତାପକୁ ପ୍ରଶମିତ କରିବା ପାଇଁ ପ୍ରଥମେ ଆଲିଙ୍ଗନ, ପରେ ଚୁମ୍ବଦାନ, କୁଚମର୍ଦ୍ଦନ ଜନିତ ନଖକ୍ଷତ ଏବଂ ପରେ ଗାଢ଼ କାମଜ୍ୱାଳାରେ ଲଜ୍ଜା ଓ ସମ୍ଭ୍ରମ ମିଶ୍ରିତ ରତିକ୍ରୀଡ଼ା କରି ଅନିର୍ବଚନୀୟ ଆନନ୍ଦ ଲାଭ କରନ୍ତି। ତେଣୁ ତୁମେ ଅନ୍ଧକାରରେ ନିକୁଞ୍ଜ ମଧ୍ୟରେ ପ୍ରବେଶ କରି ତୁମର ପ୍ରିୟ ଶ୍ରୀକୃଷ୍ଣଙ୍କ ସହ ମିଳିତ ହୋଇ ଅଭିସାର ରଚନା କର।

ଭଗବାନ ଶ୍ରୀକୃଷ୍ଣ ନାଗର ଶିରୋମଣି। ସେ ହେଉଛନ୍ତି ରସିକ ଶ୍ରେଷ୍ଠ। ଶ୍ରୀକୃଷ୍ଣ ରାଧାଙ୍କୁ କୁଞ୍ଜରେ ସାକ୍ଷାତ କରିଛନ୍ତି। ରସରାଜ ଶ୍ରୀକୃଷ୍ଣ ରାଧାଙ୍କୁ ଯେଉଁ ଅନୁନୟ ବିନୟ କରି କହିଛନ୍ତି, ତହିଁରୁ ତାଙ୍କର ରାଧାପ୍ରାଣଗତ ହୃଦୟର ପରିଚୟ ମିଳେ। କବିରାଜ ଜୟଦେବ ଲେଖିଛନ୍ତି -

"କର କମଳେନ କରୋମି ଚରଣମହମାଗମିତାସି ବିଦୂରମ୍
କ୍ଷଣମୁପକୁରୁ ଶୟନୋପରି ମାମିବନୂପୁରମନୁଗତଶୂରମ। ।୩।"

ଅର୍ଥାତ୍ - ହେ ରାଧିକେ! ତୁମେ ବହୁଦୂର ବନପଥ ଅତିକ୍ରମ କରି ଚାଲି ଚାଲି ଏଠାକୁ ଆସିଛ। ତୁମର ଚରଣକମଳ ସତରେ ପଥପ୍ରାନ୍ତରେ କ୍ଲାନ୍ତ ହୋଇଯିବଣି। ମୋତେ ସେହି ପଦଯୁଗଳ ଦେଖାଅ, ମୁଁ ମୋର କରକମଳରେ ତୁମର ଚରଣ ସେବା କରିବି। ତୁମ୍ଭ ନିକଟରେ ଶୂରପଣ ଦେଖାଇ ଆସିଥିବା ନୂପୁରକୁ ଶେଯ ଉପରେ ଖୋଲି ରଖିଦିଅ। ନୂପୁର ଯେପରି ତୁମର ଏକାନ୍ତ ଅନୁଗତ,

ମୁଁ ମଧ୍ୟ ତୁମର ଏକାନ୍ତ ଅନୁଗତ। ତେଣୁ ତୁମର ଆଶ୍ରିତ ନୂପୁର ପରି ମୋତେ ତୁମେ ଆଶ୍ଳେଷି ନିଅ।

"ବଦନସୁଧାନିଧିଗଳିତମମୃତମିବ ରଚୟ ବଚନମନୁକୂଳମ୍
ବିରହମିବାପନୟାମି ପୟୋଧରରୋଧକମୁରସି ଦୁକୂଳମ୍ ।୪।"

ଅର୍ଥାତ୍ - ହେ ରାଧିକେ! ମୋ ନିକଟରେ ତୁମର ନୀରବତା ଆଉ ଶ୍ରେୟ ନୁହେଁ। ତୁମର ସୁନ୍ଦର ମୁଖମଣ୍ଡଳ ସୁଧାକର ତୁଲ୍ୟ ସ୍ନିଗ୍ଧ ଓ ମନୋହର। ତୁମର ମୁଖରୁ ଅମୃତ ସମ ମଧୁର ବଚନ ଝରିପଡୁ। ହେ ସୁନ୍ଦରୀ! ତୁମର ବକ୍ଷ ଦେଶରେ ସୁନ୍ଦର ପୟୋଧରକୁ ଆଚ୍ଛାଦିତ କରି ରଖିଥିବା ବସନକୁ ମୁଁ ଖୋଲି ଦେଉଛି। ଫଳରେ ତୁମର ବକ୍ଷୋଜର ସାନ୍ନିଧ୍ୟ ପାଇ ମୋର ବିରହ ବାଧା ପ୍ରଶମିତ ହେବ।

ନାଗର ନଟବର ଶ୍ରୀକୃଷ୍ଣ ନାଗରୀ ଶିରୋମଣି ଶ୍ରୀରାଧାଙ୍କୁ ଯେଉଁ ଅନୁରୋଧ କରିଛନ୍ତି, ତାହା ଗୀତଗୋବିନ୍ଦ ମହାକାବ୍ୟର ଏକ ବିଶିଷ୍ଟ ପ୍ରସଙ୍ଗ। ଶ୍ରୀକୃଷ୍ଣ କହିଛନ୍ତି, ମହାକବି ଜୟଦେବଙ୍କ ଭାଷାରେ -

"ସ୍ମରଗରଳଖଣ୍ଡନଂ ମମଶିରସି ମଣ୍ଡନଂ
ଦେହିପଦପଲ୍ଲବମୁଦାରମ୍।
ଜ୍ୱଳତିମୟି ଦାରୁଣୋ ମଦନକଦନାନଳୋ
ହରତୁ ତଦୁପାହିତବିକାରମ୍ ।୮।

ଅର୍ଥାତ୍ ଶ୍ରୀକୃଷ୍ଣ କହୁଛନ୍ତି - ହେ ପ୍ରିୟ! ତୁମର ସେ ପାଦ ଦୁଇଟି କନ୍ଦର୍ପର କାମରୂପ ବିଷର ଖଣ୍ଡନକାରୀ। ସୁତରାଂ ମୋର ଶିରୋଭୂଷଣ ଅଟେ। ତେଣୁ ସେହି ପଦପଲ୍ଲବକୁ ମୋର ମସ୍ତକରେ ଶିରୋଭୂଷଣ କରି ବିନ୍ୟସ୍ତ କର, ଯଦ୍ଦ୍ୱାରା କନ୍ଦର୍ପର ଦାରୁଣ ବିଷଜ୍ୱଳା ରୂପକ ତାପରୁ ମୁଁ ରକ୍ଷା ପାଇବି। କାରଣ ପ୍ରଖର ସୂର୍ଯ୍ୟତାପ ପରି ମଦନ ତାପ ମୋତେ କଷ୍ଟ ପ୍ରଦାନ କରୁଛି। ହେ ସୁନ୍ଦରି! ତୁମର ପାଦ ସ୍ପର୍ଶରେ ମୋର ମଦନ ଅନଳ ବିକାର ଦୂରୀଭୂତ ହେବ।

ତେବେ ସର୍ବୋପରି ଶ୍ରୀକୃଷ୍ଣଙ୍କର ଭକ୍ତ ଶିରୋମଣି କବି ଜୟଦେବ ଶ୍ରୀକୃଷ୍ଣଙ୍କର ମହିମା ପ୍ରତିପାଦନ କରି ଭଗବାନ କୃଷ୍ଣଚନ୍ଦ୍ରଙ୍କର କଲ୍ୟାଣକାମନା କରିଛନ୍ତି। କବିଙ୍କ ଭାଷାରେ -

"ରାଧାମୁଗ୍ଧ ମୁଖାରବିନ୍ଦ ମଧୁପସ୍ତ୍ରୈଲୋକ୍ୟ ମୌଳିସ୍ଥଳୀ
ନେପଥ୍ୟୋଚିତ୍ତ ନୀଳରତ୍ନମ ବହ୍ନିଭାରା ବତାରାନ୍ତକଃ
ସ୍ୱଚ୍ଛନ୍ଦଂ ବ୍ରଜସୁନ୍ଦରୀ ଜନମନ ସ୍ତୋଷ ପ୍ରଦୋଷ ଶ୍ଚିରଂ
କଂସ ଧ୍ୱଂସନ ଧୂମକେତୁରବତୁ ତ୍ୱାଂ ଦେବକୀନନ୍ଦନଃ।"

ଅର୍ଥାତ୍ ଯେଉଁ ଶ୍ରୀକୃଷ୍ଣ ହେଉଛନ୍ତି ରାଧିକା ମୁଖରୂପକ ପଦ୍ମର ପ୍ରେମିଳମଧୁପ ସଦୃଶ, ଯେ ହେଉଛନ୍ତି ତ୍ରୈଲୋକ୍ୟଶିରୋମଣି ନୀଳମଣି, ଯେ ହେଉଛନ୍ତି ପାପୀମାନଙ୍କର ଅନ୍ତକସ୍ୱରୂପ, ଗୋପକାମିନୀ ବ୍ରଜସୁନ୍ଦରୀମାନଙ୍କର ସନ୍ଧ୍ୟା ସଦୃଶ, ଯେ ହେଉଛନ୍ତି ପ୍ରବଳ ପ୍ରତାପୀ କଂସର ଧୂମକେତୁ ସଦୃଶ, ସେହି କଂସସୂଦନ, ଦେବକୀନନ୍ଦନ ଶ୍ରୀକୃଷ୍ଣ ତୁମ୍ଭମାନଙ୍କର ସୁରକ୍ଷା ବିଧାନ କରନ୍ତୁ।

ଶ୍ରୀକୃଷ୍ଣ ଅବ୍ୟକ୍ତ ପରଂବ୍ରହ୍ମ। ଚାରିବେଦ ଏବଂ ସମସ୍ତ ସ୍ମୃତିଶାସ୍ତ୍ରରେ ଶ୍ରୀକୃଷ୍ଣଙ୍କର ମହିମା ବର୍ଣ୍ଣିତ ହୋଇପାରିନାହିଁ। ସେ ଅନନ୍ତକୋଟି ବ୍ରହ୍ମାଣ୍ଡର ଈଶ୍ୱର। ଶ୍ରୀକୃଷ୍ଣ ପ୍ରେମମୟ ପୁରୁଷ ଏବଂ ଲୀଳାମୟ ପୁରୁଷ। ସେ ଜ୍ୟୋତିର୍ମୟ ପୁରୁଷ। ସର୍ବୋପରି ଶ୍ରୀକୃଷ୍ଣ ହେଉଛନ୍ତି ମଧୁମୟ ପୁରୁଷ। କବି କର୍ଣ୍ଣପୁର ତାଙ୍କର "ଶ୍ରୀକୃଷ୍ଣ କର୍ଣ୍ଣାମୃତ" ଗ୍ରନ୍ଥରେ ଲେଖିଛନ୍ତି -

"ମଧୁରଂ ମଧୁରଂ ବପୁରସ୍ୟ ବିଭୋ -
ମଧୁରଂ ମଧୁରଂ ବଦନଂ ମଧୁରମ୍
ମଧୁଗନ୍ଧମୃଦୁ ସ୍ମିତମେତି ଦହୋ
ମଧୁରଂ ମଧୁରଂ ମଧୁରଂ ମଧୁରମ୍।"

ଦିବ୍ୟ ପ୍ରେମଲୀଳା ବିସ୍ତାର ପାଇଁ କୃଷ୍ଣାବତାର। ପ୍ରେମଠାରୁ ବଳି ବଡ଼ ଜିନିଷ କିଛି ନାହିଁ। ଶ୍ରୀକୃଷ୍ଣ ପ୍ରେମିକ ଶିରୋମଣି। ସେ ନନ୍ଦନନ୍ଦନ, ରାଧାପ୍ରାଣଧନ, ପୁଣି ଜଗତ ବନ୍ଦନ। ସେ ସ୍ୱୟଂ ଭଗବାନ। ତାଙ୍କଠାରୁ ଦଶାବତାର ସୃଷ୍ଟି ହୁଅନ୍ତି । ଅପୂର୍ବ ଲୀଳାବିଳାସ କରନ୍ତି, ପୃଥିବୀର ଭାରାକୁ ଲାଘବ କରନ୍ତି । ଜୟଦେବ ସେହି ଭଗବାନରୂପୀ ଶ୍ରୀକୃଷ୍ଣଙ୍କୁ ସ୍ତୁତି କରିଛନ୍ତି -

ବେଦାନୁଦ୍ଧରତେ ଜଗନ୍ନିବହତେ ଭୂଗୋଳ ମୁଦ୍ ବିଭ୍ରତେ
ଦୈତ୍ୟଂ ଦାରୟତେ ବଳିଂ ଛଳୟତେ କ୍ଷତ୍ରକ୍ଷୟଂ କୁର୍ବତେ
ପୌଲସ୍ତ୍ୟଂ ଜୟତେ ହଳଂ କଳୟତେ କାରୁଣ୍ୟ ମାତନ୍ୱତେ
ମ୍ଳେଚ୍ଛାନ୍ ମୂର୍ଚ୍ଛୟତେ ଦଶାକୃତିକୃତେ କୃଷ୍ଣାୟ ତୁଭ୍ୟଂ ନମଃ ।"

ସୁତରାଂ ଶ୍ରୀକୃଷ୍ଣ ମୁକ୍ତି ପ୍ରଦାୟକ, ଅଭୟ ପ୍ରଦାୟକ ଏବଂ ମହାସୁଖ ପ୍ରଦାୟକ। ତେଣୁ ଓଡ଼ିଆ କବି ଅଭିମନ୍ୟୁ ସାମନ୍ତସିଂହାର ଲେଖିଛନ୍ତି -

"କୃଷ୍ଣ ପ୍ରେମାନନ୍ଦ ସିନ୍ଧୁ ସୁଧାସ୍ୱଦ ସମ୍ପତ୍ତି କଲ୍ଲୋଳ ବରଧନୀ
କୃଷ୍ଣ ମନ ଭୃଙ୍ଗ ରଙ୍ଗ ପରସଙ୍ଗ ସୁଖ ମଧୁଦାନୀ କମଳିନୀ।"

ଷଷ୍ଠ ଅଧ୍ୟାୟ

ବୃନ୍ଦାବନେଶ୍ୱରୀ ପ୍ରେମମୟୀ ଶ୍ରୀରାଧା

"ତପ୍ତ କାଞ୍ଚନ ଗୌରାଙ୍ଗୀ ରାଧେ ବୃନ୍ଦାବନେଶ୍ୱରୀ
ବୃଷଭାନୁ ସୁତା ଦେବୀ ପ୍ରଣମାମି ହରିପ୍ରିୟେ।"

ପ୍ରେମମୟୀ ଶ୍ରୀରାଧା ଶ୍ରୀକୃଷ୍ଣଙ୍କର ମନମୋହିନୀ। ସେ କୃଷ୍ଣ ପ୍ରାଣଗତା। ସେ କୃଷ୍ଣଚନ୍ଦ୍ରଙ୍କର ହ୍ଲାଦିନୀ ଶକ୍ତି। ସେ ପ୍ରେମସ୍ୱରୂପା। ସେ ମହାଭାବ ସ୍ୱରୂପା। ସେ ଭଗବାନ ଶ୍ରୀକୃଷ୍ଣଙ୍କର ପ୍ରକୃତି ସ୍ୱରୂପିଣୀ। ଶ୍ରୀରାଧା ଓ ଶ୍ରୀକୃଷ୍ଣ ଅଭିନ୍ନ। ସେଥିପାଇଁ ତ କବି ଅଚ୍ୟୁତାନନ୍ଦ ଦାସ ଲେଖିଛନ୍ତି -

"ଆଗେ ରାଧା ପଛେ ମୁହିଁ ଲମ୍ପଟ ଭାବରେ
ଏକ ବୀଜ ବେନି ଫାଳ ଯୁଗଳ ଅଙ୍ଗରେ।"

ଭଗବାନ କୃଷ୍ଣଚନ୍ଦ୍ରଙ୍କର ହ୍ଲାଦିନୀ ଶକ୍ତି ରୂପେ ଶ୍ରୀରାଧା ଯୁଗେ ବିବେଚିତା। ହ୍ଲାଦିନୀ ଶକ୍ତି ହେଉଛି - ଭଗବାନ ସ୍ୱୟଂ ଆହ୍ଲାଦ ସ୍ୱରୂପ ହୋଇ ଯେଉଁ ଶକ୍ତି ଦ୍ୱାରା ନିଜେ ଆନନ୍ଦିତ ହୁଅନ୍ତି, ତାହା ତାଙ୍କର ହ୍ଲାଦିନୀ ଶକ୍ତି। ହ୍ଲାଦିନୀର ସାର ଅଂଶ ହେଉଛି ପ୍ରେମ। ପ୍ରେମର ପରମ ସାର ହେଉଛି ମହାଭାବ। ସେହି ମହାଭାବର ମୂର୍ତ୍ତିମନ୍ତ ବିଗ୍ରହ ହେଉଛନ୍ତି ପ୍ରକୃତି ସ୍ୱରୂପିଣୀ ଶ୍ରୀରାଧା। ଶାସ୍ତ୍ରରେ ଉଲ୍ଲେଖ ରହିଛି -

"ହ୍ଲାଦିନୀର ସାର ଅଂଶ ତା'ରପ୍ରେମ ନାମ
ଆନନ୍ଦ ଚିନ୍ମୟ ରସ ପ୍ରେମେର ଆଖ୍ୟାନ
ପ୍ରେମେର ପରମ ସାର ମହାଭାବ ଜାନି
ସେଇ ମହାଭାବ ରୂପା ରାଧା ଠାକୁରାଣୀ।"

(ଚୈତନ୍ୟ ଚରିତାମୃତ)

ପବିତ୍ର ବୃନ୍ଦାବନରେ କିଶୋର ଚନ୍ଦ୍ର ଶ୍ରୀକୃଷ୍ଣ ଏବଂ କିଶୋରୀ ଶ୍ରୀରାଧା ପ୍ରେମ ଭାବରେ ବୁଡ଼ି ରହନ୍ତି। ସେହି ପବିତ୍ର ଧାମରେ ଶ୍ରୀକୃଷ୍ଣ ହେଉଛନ୍ତି ନିତ୍ୟ କିଶୋର ଏବଂ ଶ୍ରୀରାଧା ହେଉଛନ୍ତି ନିତ୍ୟ କିଶୋରୀ। ରାଧା ଓ କୃଷ୍ଣଙ୍କ ମଧ୍ୟରେ ପ୍ରେମର ପୂର୍ଣ୍ଣତା ସାଧିତ ହୁଏ। ସେଠାରେ ଶ୍ରୀକୃଷ୍ଣ ଶ୍ରୀରାଧାଙ୍କ ବିରହରେ ଜର୍ଜରିତ ହୁଅନ୍ତି। ଶ୍ରୀରାଧା ମଧ୍ୟ ଶ୍ରୀକୃଷ୍ଣଙ୍କ ବିରହରେ ଜର୍ଜରିତ ହୁଅନ୍ତି। ଏ ବିରହ ଜ୍ୱାଳା ଅସହ୍ୟ - ଏକାନ୍ତ ଅସହ୍ୟ। ତେଣୁ ପରସ୍ପର ପରସ୍ପରକୁ ଲୋଡନ୍ତି।

ତେଣୁ ରାଧା ବିନା କୃଷ୍ଣଙ୍କର ପରିକଳ୍ପନା କରାଯାଇପାରେନା କିମ୍ବା କୃଷ୍ଣ ବିନା ରାଧାଙ୍କର ପରିକଳ୍ପନା ଅସମ୍ପୂର୍ଣ୍ଣ। ଶ୍ରୀକୃଷ୍ଣ ପରମପୁରୁଷ। ଶ୍ରୀରାଧା ପ୍ରକୃତି ସ୍ୱରୂପିଣୀ। ପ୍ରକୃତି ଓ ପୁରୁଷର ମିଳନରେ ପୂର୍ଣ୍ଣତା ପ୍ରାପ୍ତି ସମ୍ଭବ। ଶ୍ରୀକୃଷ୍ଣ ବୃନ୍ଦାବନ ଚନ୍ଦ୍ର। ଶ୍ରୀରାଧା ବୃନ୍ଦାବନେଶ୍ୱରୀ। ତେଣୁ ପ୍ରକୃତି ସ୍ୱରୂପିଣୀ ଶ୍ରୀରାଧା ଏବଂ ପରମପୁରୁଷ ଶ୍ରୀକୃଷ୍ଣଙ୍କ ସମ୍ପର୍କରେ ପଦ୍ମପୁରାଣ (ପାତାଳଖଣ୍ଡରେ) ଉଲ୍ଲେଖ ଅଛି -

"ତାସାଂ ତୁ ମଧ୍ୟେ ଯା ଦେବୀ ତପ୍ତ ଚାମୀକରପ୍ରଭା
ଦ୍ୟୋତମାନାଃ ଦିଶଃ ସର୍ବାଃ କୁର୍ବତୀ ବିଦ୍ୟୁଦୁଜ୍ଜ୍ୱଳାଃ
ପ୍ରଧାନଂ ଯା ଭଗବତୀ ଯୟା ସର୍ବମିଦଂ ତତମ୍
ସୃଷ୍ଟି ସ୍ଥିତ୍ୟନ୍ତରୂପା ଯା ବିଦ୍ୟା ବିଦ୍ୟାତ୍ରୟୀ ପରା
ସ୍ୱରୂପା ଶକ୍ତିରୂପା ଚ ମାୟାରୂପା ଚ ଚିନ୍ମୟୀ
ବ୍ରହ୍ମା, ବିଷ୍ଣୁ ଶିବାଦିନାଂ ଦେହ କାରଣ କାରଣମ୍
ଚରାଚର ଜଗତ୍ ସର୍ବଂ ଯନ୍ମାୟା ପରିରଞ୍ଜିତମ୍।
ବୃନ୍ଦାବନେଶ୍ୱରୀ ନାମ୍ନାଃ ରାଧା ଧାତ୍ରାନୁକାରଣାତ୍
ତାମାଲିଙ୍ଗ୍ୟ ବସନ୍ତଂ ତଂ ମୁଦା ବୃନ୍ଦାବନେଶ୍ୱରମ୍।
ପୁରୁଷ ପ୍ରକୃତି ଚାଦ୍ୟୌ ରାଧା ବୃନ୍ଦାବନେଶ୍ୱରୌ।"

ଶ୍ରୀରାଧା ରୂପମୟୀ। ତାଙ୍କ ରୂପ ମାଧୁରୀର ପଟାନ୍ତର ନାହିଁ। ତାଙ୍କର ରୂପମଧୁର। ତାଙ୍କର ମୁଖ ସୁନ୍ଦର। ତାଙ୍କର ନାସିକା ସୁନ୍ଦର। ସତରେ ଶ୍ରୀରାଧା ରୂପରେ ଅନୁପମା। ତାଙ୍କର ସୌନ୍ଦର୍ଯ୍ୟକୁ ବର୍ଣ୍ଣନା କରିବାକୁ ଯାଇ ଓଡ଼ିଆ କବି ଅଭିମନ୍ୟୁ ଲେଖିଛନ୍ତି -

"ବିଶ୍ୱକାନ୍ତିସାର ପୀୟୂଷେ ବୋଳି   ବିଧି ବନାଇଛି ଶୋଭା ପିତୁଳୀ
ବର ଦୀପ୍ତି ଟାଙ୍ଗଣାରେ ଝାଳିଲା   ବିଚିତ୍ର ହେମ ରସାଣେ ଶାଣିଲା ସେ।
ବିଗ୍ରହ ଲାବଣ୍ୟନୀରେ ଯେ।
ବୁଡ଼ାଇ ଥୋଇ ଜୀବନ୍ୟାସ କରିଛି ପରାମୋହନ ମନ୍ତ୍ରରେ ସେ।"

ବତିଶ ଲକ୍ଷଣା ଗୁଣ ନିପୁଣା ବିଶ୍ୱକେତୁ କେଳି କଳା ପ୍ରବୀଣା
ବିଧି ଅଷ୍ଟ ବିଂଶ ଅଳଙ୍କାରର ବାସ ବିଚେଷ୍ଟା ବିଶେଷ ଭଙ୍ଗୀର
ବିଶେଷ କୃପା ନିଧାନୀ ଯେ
ବରାଙ୍ଗୀ ପ୍ରେମ ବଇଭବ ଭଣ୍ଡାର ଶୋଭାପ୍ରଭା ବରଧନୀ ଯେ।"

ଶ୍ରୀରାଧାଙ୍କ ଗୁଣମାଧୁରୀ ବର୍ଣ୍ଣନା କରିବାକୁ ଯାଇ କବି ଲେଖିଛନ୍ତି -

"ବିବେକୀ ଶାନ୍ତା ସୁଶୀଳା ଅଲେଳା ବିଶେଷ ମଦନ ଶାସ୍ତ୍ର କୁଶଳା
ବଡ଼ ତାର୍କିକୀ ସ୍ୱଜନ ବତ୍ସଳା ବାରିନିଧିରୁ ଗମ୍ଭୀର ଛଇଳା ସେ
ବାଳାସୁଧା ସ୍ୱାଦୁ ଭାଷି ଯେ
ବର ପ୍ରସନ୍ନାନନୀ ଆହ୍ଲାଦିନୀ ମନ୍ଦ ଝଟକ ସୁହାସୀ ଯେ।
ବସିଲେ କହି ତାହା ଗୁଣ ଲେଶ ବୟସ ଶେଷରେ ହୋଇବ ଶେଷ
ବିଗତ ହୋଇଗଲେ ତିନିକାଳ ବର୍ଣ୍ଣିବା ଭଳି କେବା ପାଦତଳ ସେ
ବୋଲୁଛି ଯେତେକ ମୁହିଁ ଯେ
ବୋଲନ୍ତି ସୁଧାକୁ ସ୍ୱାଦୁ ଯଥା ଜନେ ତଥା ଏକଥାକୁ କହି ଯେ।"

ପୁନଶ୍ଚ କବି ଅଭିମନ୍ୟୁ ସାମନ୍ତ ସିଂହାର ଲେଖିଛନ୍ତି -

"ବାରଣ ଗତି - ମୂର୍ଦ୍ଧା ପଦଦତ୍ତା ବନିତା ସଙ୍ଗାତନୀତି ପଣ୍ଡିତା
ବିଚକ୍ଷଣ ଯୁବା ମୋହ ପଦାର୍ଥ ବିଶ୍ୱକେତୁ - ତାପ ପାପକୁ ତୀର୍ଥ ସେ
ବୋଲିବା କି ପୁରୁଷାର୍ଥ ଯେ
ବଡ଼ କଠିନ ଶ୍ଳୋକ ମୂର୍ଖ ମୁଖରେ ଯେମନ୍ତ ହୁଅଇ ଅର୍ଥ ଯେ।
ବିଶ୍ୱସୃକ କର ସାର୍ଥ ପାଇଁ କି ବିକଳ୍ପି ଶ୍ରୀରାଧା ଚିତ୍ରମୂର୍ତ୍ତିକି
ବିଶେଷ କାନ୍ତି ସାର ସୁଧା ଗୋଳି ବାର ବାର ଛାଣି କରି ତ୍ରିଭଳି ଯେ
ବନାଏ ଆଗ ଅସାର ଯେ
ବିଚାରି ହାତ ବଳା କଲା ଯାହା ସେ ହେଲେ ଅପସରୀ ବାର ଯେ।
ବନାଇଲା ମଧ୍ୟ ଭଳିକି ପୁଣି ବିଦ୍ୟେ ମୋ ରତି ବରତରୁଣୀ
ବଡ଼ସାର ଭଳି ଦ୍ୱିଭାଗ କଲା ବିଚିତ୍ରେ ରମାରୂପ ବନାଇଲା ସେ
ବିଚାରଣା ବସି କଲା ଯେ
ବିଚିତ୍ର ତନୁ ତଳିପା ତଳ ତୁଳଭଳିତ କେହି ନୋହିଲା ଯେ।"

ଶ୍ରୀରାଧା ଶ୍ରୀକୃଷ୍ଣଙ୍କର ବଂଶୀସ୍ୱନରେ ବିମୋହିତା ହୋଇଛନ୍ତି। ମୋହନ ବଂଶୀସ୍ୱର ଶ୍ରୀରାଧାଙ୍କୁ ପାଗଳ କରିଛି। ମୁରଲୀ ମନୋହର ଶ୍ରୀକୃଷ୍ଣଙ୍କର ବଂଶୀ ମାଧୁରୀ ସମ୍ପର୍କରେ କବି ଚଣ୍ଡୀଦାସ ଲେଖିଛନ୍ତି -

"କେନା ବଂଶୀ ବାଏ ବଡାୟି କାଳିନୀ ନଈ କୂଳେ
କେନା ବଂଶୀ ବାଏ ବଡାୟି ଏ ଗୋଠ ଗୋକୂଳେ।
ଆକୁଳ ଶରୀରଁ ମୋ ବେଆକୁଳ ମନ
ବାଂଶୀର ଶବଦେ ମୋ ଲାଇଲୋ ରାନ୍ଧନ।
କେନା ବାଂଶୀ ବାଏ ବଡାୟି ସେ ନା କୋନ ଜନା
ଦାସୀ ହଓଁ ତାର ପାଏ ନିଶବୋ ଆପନା।
କେନା ବାଂଶୀ ବାଏ ବଡାୟ ଚିତ୍ତେର ହରିଷେ
ତାର ପାଏ ବଡାୟି ମୋଁ କୈଲୋ କୋନ ଦୋଷେ।
ଅଝାର ଝାରଏ ମୋର ନୟନରେ ପାନୀ
ବାଂଶୀର ଶବଦେ ବଡାୟି ହରାଇଲୋଁ ପରାନୀ।
ଆକୁଳ କରିତେ କିବା ଅନ୍ଧାର ମନ
ବାଜାଏ ସୁସର ବଂଶୀ ନାନ୍ଦେର ନନ୍ଦନ।"

ଶ୍ରୀ ରାଧା ବିରହିଣୀ। ଶ୍ରୀକୃଷ୍ଣଙ୍କ ପ୍ରେମର ବିରହିଣୀ। ଶ୍ରୀକୃଷ୍ଣଙ୍କ ପ୍ରେମର ପୂଜାରିଣୀ। ଶ୍ରୀକୃଷ୍ଣଙ୍କ ଅବର୍ତ୍ତମାନରେ ଶ୍ରୀରାଧା ଯେଉଁ ବିରହ ଅନୁଭବ କରୁଛନ୍ତି, ସେହି ପ୍ରସଙ୍ଗକୁ ଶ୍ରୀରାଧାଙ୍କର ସଖୀ ଶ୍ରୀକୃଷ୍ଣଙ୍କ ନିକଟରେ ଉପସ୍ଥାପନ କରିଛନ୍ତି। କବି ଶ୍ରୀଜୟଦେବ ଲେଖିଛନ୍ତି -

"ସରସମସୃଣ ମପି ମଳୟଜ ପଙ୍କଜମ୍
ପଶ୍ୟତି ବିଷମିବ ବିପୁଷି ସଶଙ୍କମ୍
ଶ୍ୱସିତ ପବନ ମନୁ ପମ ପରିଣାହମ୍
ମଦନ ଦହନମିବ ବହତି ସଦାହମ୍।"

ଅର୍ଥାତ୍ ସଖୀ ଶ୍ରୀକୃଷ୍ଣଙ୍କୁ କହୁଛନ୍ତି - ହେ କେଶବ! ଶ୍ରୀରାଧା ଏତେ ମାତ୍ରାରେ ପ୍ରୀତି ଜର୍ଜରିତା ଯେ ବିରହକୁ ଉପଚାର ସଦୃଶ ସୁବାସିତ, ସୁଶୀତଳ ଚନ୍ଦନ ଯାହାକି ତାଙ୍କର ଶ୍ରୀଅଙ୍ଗରେ ଲେପନ କରାଯାଇଛି, ସେହି ସୁଗନ୍ଧିତ ଚନ୍ଦନକୁ ମୋର ପ୍ରିୟ ସଖୀଙ୍କ ହୃଦୟରେ କାମାଗ୍ନି ପ୍ରଜ୍ୱଳନ କରିଛି, ଯଦ୍ଦ୍ୱାରା କି ତାଙ୍କର ନିଃଶ୍ୱାସ ବାୟୁ ଅତ୍ୟନ୍ତ ଉତ୍ତପ୍ତ ଏବଂ ଦୀର୍ଘ ହୋଇଯାଇଛି।

ଶ୍ରୀରାଧାଙ୍କର ପ୍ରିୟ ସଖୀ ନାଗର ଶ୍ରେଷ୍ଠ କିଶୋର ଚନ୍ଦ୍ର ଶ୍ରୀକୃଷ୍ଣଙ୍କୁ ପୁଣି କହିଛନ୍ତି ଯେ ତୁମକୁ ଦେଖିବା ପାଇଁ ଶ୍ରୀରାଧା ଅତ୍ୟନ୍ତ ଉଚ୍ଚାଟିତ ହୋଇ ଏଣେତେଣେ ତ୍ରସ୍ତ ଭାବରେ ଚାହୁଁଛନ୍ତି। ପଦ୍ମନାଡ଼କୁ ପାଣିଭିତରୁ ଉପାଡ଼ି ଆଣିଲେ ସେଥିରୁ ଯେପରି ଜଳବିନ୍ଦୁ ଅବିରତ ଭାବରେ ଝରିପଡ଼େ, ସେହିପରି ଶ୍ରୀରାଧା ତାଙ୍କର ନୟନ କମଳ ଦ୍ୱୟରୁ

ଅଶ୍ରୁଧାର ଝରାଇ ବିକଳ ଭାବରେ ଚାରିଆଡ଼କୁ ଚାହୁଁଛନ୍ତି, କାଳେ ହେଁ ତୁମେ ଆସୁଥିବ। ସଖୀ କହିଲେ - ହେ ମାଧବ! ତୁମ ବିରହରେ ଶ୍ରୀରାଧା ନିଜ ସମ୍ମୁଖରେ ସଜ୍ଜିତ ହୋଇ ରହିଥିବା ନବକିଶଳୟ ପଲ୍ଲବଶଯ୍ୟାକୁ ପ୍ରତ୍ୟକ୍ଷ ଭାବରେ ଦେଖିଲେ ମଧ ଭ୍ରମବଶତଃ ତାହାକୁ ଅଗ୍ନିଶଯ୍ୟା ବୋଲି ମନେ କରୁଛନ୍ତି। ଆହୁରି ମଧ୍ୟ ବିରହିଣୀ ଶ୍ରୀରାଧା ତାଙ୍କର ରକ୍ତିମ ହାତ ପାପୁଲି ଉପରେ ପାଣ୍ଡୁର ବର୍ଣ୍ଣ ଧାରଣ କରିଥିବା କପୋଳକୁ ନ୍ୟସ୍ତ କରି ଅତ୍ୟନ୍ତ ମ୍ରିୟମାଣ ହୋଇ ବସିଛନ୍ତି। ଏହିପରି ବିରହିଣୀ ଶ୍ରୀରାଧାଙ୍କୁ ଦେଖିଲେ ମନେ ହେଉଛି ସତେ ଅବା ସାୟଂକାଳରେ ଅରୁଣବର୍ଣ୍ଣ ଧାରଣ କରିଥିବ । ଆକାଶ ବକ୍ଷରେ ସ୍ନିଗ୍ଧ ସୁନ୍ଦର ବାଳଚନ୍ଦ୍ରମା ନିଶ୍ଚଳ ହୋଇ ରହିଯାଇଛି। ଶ୍ରୀଜୟଦେବ ଲେଖିଛନ୍ତି-

"ଦିଶି ଦିଶି କିରତି ସଜଳ କଣ ଜାଳମ୍
ନୟନ ନଳିନମିବ ବିଗଳିତ ନାଳମ୍।
ନୟନ ବିଷୟମପି କିଶଳୟତଳ୍ପମ୍
କଳୟତି ବିହିତ ହୁତାଶନ କଳ୍ପମ୍।
ତ୍ୟଜତିନ ପାଣିତଳେନ କପୋଳମ୍
ବାଳଶଶିନମିବ ସାୟମଲୋଳମ୍।"

ପୁନଶ୍ଚ ଶ୍ରୀରାଧାଙ୍କ ସଖୀ ରସରାଜ ଶ୍ରୀକୃଷ୍ଣଙ୍କୁ କହିଛନ୍ତି -

"ହରିରିତି ହରିରିତି ଜପତି ସକାମମ୍
ବିରହ ବିହିତ ମରଣେବ ନକାମମ୍।"

ଅର୍ଥାତ୍ ହେ କେଶବ! ମନୁଷ୍ୟ ତା'ର ଜୀବନର ଶେଷ ପର୍ଯ୍ୟାୟରେ ଯେପରି ହରିହରି ଜପ କରୁଥାଏ, ସେହିପରି ଆପଣଙ୍କ ବିରହରେ ଅତ୍ୟନ୍ତ ମ୍ରିୟମାଣା ହୋଇ ମୋର ପ୍ରିୟ ସଖୀ ଶ୍ରୀରାଧା କାମଦଶାର (ନବମ / ଦଶମ) ଅବସ୍ଥାରେ ପହଞ୍ଚି ସାରିଲାଣି। ସେ ବର୍ତ୍ତମାନ ମୃତପ୍ରାୟ ହୋଇ କେବଳ 'ହରି' 'ହରି' ଉଚ୍ଚାରଣ କରୁଛି। ମୋ ପ୍ରିୟ ସଖୀ ଜାଣିଛି ଯେ ତୁମ ବିନା ତା'ର ମୃତ୍ୟୁ ସୁନିଶ୍ଚିତ। ତେଣୁ ଆସନ୍ନ ମୃତ୍ୟୁର ସମ୍ମୁଖୀନ ହୋଇ ଶ୍ରୀରାଧା ତୁମର ପବିତ୍ର ନାମ (ହରିନାମ)କୁ ଜପ କରୁଛି।

ଏହାପରେ ସଖୀ କହିଲେ - ହେ ଶ୍ରୀକୃଷ୍ଣ! ମୋ ସଖୀର ଦଶା ବିଷୟ ଟିକିଏ ଶୁଣ। ତୁମର ବିରହରେ ଶ୍ରୀରାଧା କେତେବେଳେ ଶରୀରକୁ ରୋମାଞ୍ଚିତ କରୁଛି ତ କେତେବେଳେ ଚିନ୍ତାଜ୍ୱରରେ ପୀଡ଼ିତା ହୋଇ ସୀତ୍କାର ବଚନ ସୃଷ୍ଟି କରୁଛି। 'ହା କୃଷ୍ଣ' କହି କେତେବେଳେ ଭୂମିରେ ଲୋଟିଯାଉଛନ୍ତି ତ, କେତେବେଳେ ଚକ୍ଷୁ ନିମୀଳିତ କରି ରହୁଛି, କେତେବେଳେ ଚାଲି ଯାଉ ଯାଉ ମୂର୍ଚ୍ଛିତା ହୋଇଯାଉଛି। ହେ କୃଷ୍ଣ! ତୁମେ ଚିକିତ୍ସା ବିଜ୍ଞାନରେ ବୈଦ୍ୟରାଜ ଅଶ୍ୱିନୀ କୁମାର ପରି। ଅତଏବ ତୁମେ

ଯଦି ପ୍ରସନ୍ନ ହୋଇ ତା'ର ଏହି କାମଜ୍ୱରରେ ଉପଶମ ନିମିତ୍ତି ବୈଦ୍ୟରାଜ ସଦୃଶ ତାକୁ ଆଲିଙ୍ଗନ ଓ ଚୁମ୍ବନାଦି ଚିକିତ୍ସାରେ ରସସିକ୍ତ କରାଇବ, ତେବେ ହୁଏତ ସେହି ଦୁରାରୋଗରୁ ସେ ବଞ୍ଚିଯିବେ। କବିରାଜ ଶ୍ରୀଜୟଦେବ ଏହି କଥାକୁ ନିମ୍ନ ଭାବରେ ଲେଖିଛନ୍ତି -

"ସା ରୋମାଞ୍ଚତି ଶୀତ୍‌କରୋତି ବିଲପତ୍ୟୁତକଂପୁତେଣମ୍ୟତି
ଧ୍ୟାୟତ୍ୟୁଦ୍‌ଭ୍ରମି ପ୍ରମୀଲତି ପତତ୍ୟୁଦ୍ ଯାଦି ମୂର୍ଚ୍ଛତ୍ୟପି
ଏତାବତ୍ୟତନୁଜ୍ୱରେ ବରତନୁର୍ଜୀବେନ୍ନ କିଂତେରସାତ୍
ସ୍ୱର୍ବୈର୍ଦ୍ୟପ୍ରତିମ ପ୍ରସୀଦସି ଯଦି ତ୍ୟକ୍ତୋଽନ୍ୟଥା ହସ୍ତକଃ।"

ଅନନ୍ତର ସଖୀ ଶ୍ରୀକୃଷ୍ଣ କହିଲେ -

"ସ୍ମରାତୁରାଂ ଦୈବତବୈଦ୍ୟହୃଦ୍ୟ ତ୍ୱଦଙ୍ଗସଙ୍ଗାମୃତମାତ୍ର ସାଧ୍ୟମ୍
ବିମୁକ୍ତବାଧାଂ କୁରୁଷେ ନ ରାଧାମୁପେନ୍ଦ୍ର ବଜ୍ରାଦପି ଦାରୁଣୋଽସି।"

ଅର୍ଥାତ୍ ହେ ଶ୍ରୀକୃଷ୍ଣ ! ଭେଷଜ ବିଜ୍ଞାନରେ ସ୍ୱର୍ଗବୈଦ୍ୟ ଅଶ୍ୱିନୀ କୁମାରଙ୍କଠାରୁ ତୁମେ ଅଧିକ ଦକ୍ଷ। ତେଣୁ କାମତାପରେ ସନ୍ତୁଳିତ ପ୍ରିୟସଖୀ ଶ୍ରୀରାଧା କେବଳ ତୁମର ଅଙ୍ଗସଙ୍ଗରୂପ ରସାୟନ ପ୍ରୟୋଗରେ ହିଁ ଆରୋଗ୍ୟ ଲାଭ କରିବ, ଏହା ଧ୍ରୁବ ନିଶ୍ଚିତ ଅଟେ। ତୁମେ ଜାଣ ଯେ ଏହା ବ୍ୟତୀତ ଅନ୍ୟ କୌଣସି ଔଷଧ ଉପଚାର ତାଙ୍କୁ କାଟୁ କରିବ ନାହିଁ। ତାଙ୍କର ଏହିପରି ଦାରୁଣ ଅବସ୍ଥାରେ ତୁମେ ଯେବେ ସଦୟ ନ ହୁଅ, ତେବେ ତୁମର ହୃଦୟ ବଜ୍ରଠାରୁ ଆହୁରି ଅଧିକ କଠିନ ବୋଲି ବୁଝିବାକୁ ପଡ଼ିବ।

ଏହାପରେ ସଖୀ କହିଲେ। ସଖୀଙ୍କର ଏହି କଥାକୁ କବିରାଜ ଜୟଦେବ ନିମ୍ନଭାବରେ ଲେଖିଛନ୍ତି -

"କନ୍ଦର୍ପଜ୍ୱର ସଂଜ୍ୱରାତୁରତନୋରଶ୍ଚର୍ଯ୍ୟମସ୍ୟାଶ୍ଚିଂରଂ
ଚେତଶ୍ଚନ୍ଦନ ଚନ୍ଦ୍ରମାଃ କମଳିନୀ ଚିନ୍ତାସୁ ସଂତାମ୍ୟତି।"
କିନ୍ତୁ କ୍ଳାନ୍ତିବଶେନ ଶୀତଳତରଂ ତ୍ୱାମେକବେପ୍ରିୟଂ
ଧ୍ୟାୟନ୍ତୀ ରହସି ସ୍ଥିତା କଥମପି କ୍ଷୀଣାକ୍ଷଣଂ ପ୍ରାଣିତି।"

ଅର୍ଥାତ୍ ଶ୍ରୀକୃଷ୍ଣଙ୍କୁ ଶ୍ରୀରାଧାଙ୍କ ସଖୀ କହିଲେ - ହେ ମାଧବ ! ଅତ୍ୟନ୍ତ ଆଶ୍ଚର୍ଯ୍ୟ ବିଷୟ ଏହି ଯେ କାମଜ୍ୱରରେ ପୀଡ଼ିତା ଶ୍ରୀରାଧା ସନ୍ତାପ ଯୋଗୁଁ ବେଶ୍ ଆତୁରା ହୋଇପଡ଼ିଛନ୍ତି। ତାଙ୍କର ଶ୍ରୀଅଙ୍ଗ କ୍ଷୀଣ ହେବାକୁ ବସିଲାଣି। ତାଙ୍କର କାମ ଜ୍ୱାଳାକୁ ଶୀତଳତା ପ୍ରଦାନ କରିବା ପାଇଁ ଚନ୍ଦନ, ଚନ୍ଦ୍ରକିରଣ ଏବଂ ପଦ୍ମପାଖୁଡ଼ା ପ୍ରଭୃତି ଯେତେ ଯେତେ ସୁଶୀତଳ ଦ୍ରବ୍ୟର ଉପଚାର କଥା କୁହାଯାଉଛି, ସେ ଏହା ଶୁଣି ବେଶି ବିକଳ ହୋଇପଡୁଛନ୍ତି। କିନ୍ତୁ ଗୋଟିଏ ଆଶ୍ଚର୍ଯ୍ୟର କଥା ଏହି ଯେ, ତୁମେ ତ ଚନ୍ଦନ

ପ୍ରଭୃତି ଦ୍ରବ୍ୟଠାରୁ ଆହୁରି ଶୀତଳ। ତେଣୁ ତୁମର ଶୀତଳତର କଳେବରକୁ କେବଳ ଧ୍ୟାନ କରି ବିରହିଣୀ ଶ୍ରୀରାଧା ତୁମର ପ୍ରତୀକ୍ଷା କରି କୌଣସି ମତେ କେବଳ ବଞ୍ଚିଛନ୍ତି।

ଏହାପରେ ରସରାଜ ଶ୍ରୀକୃଷ୍ଣ ସଖୀକୁ କହିଥିଲେ - ହେ ପ୍ରିୟ ସଖୀ। ମୁଁ ଏଠାରେ ଶ୍ରୀରାଧାଙ୍କୁ ଚାହିଁ ବସିଛି - ଏହି କଥା ଯାଇ ଶ୍ରୀରାଧାଙ୍କୁ ଜଣାଇ ଦିଅ। ତାଙ୍କୁ ମଧୁର ବଚନରେ ବୁଝାଇସୁଝାଇ କହିଦିଅ ଯେ ମୁଁ ତାଙ୍କରି ଦୁଃଖରେ ଅନାଇ ବସିଛି। ମଧୁରିପୁ ଶ୍ରୀକୃଷ୍ଣଙ୍କର ଏହି ମଧୁର ପ୍ରତିଶ୍ରୁତି ଶୁଣି ପ୍ରିୟସଖୀ ଶ୍ରୀରାଧାଙ୍କ ନିକଟକୁ ଯାଇ ଅତ୍ୟନ୍ତ ଅନୁନୟ ସହକାରେ ଶ୍ରୀକୃଷ୍ଣଙ୍କ ବାର୍ତ୍ତା ପ୍ରଦାନ କଲେ। ପ୍ରିୟ ସଖୀଙ୍କଠାରୁ ଶ୍ରୀକୃଷ୍ଣଙ୍କ କଥା ଶ୍ରବଣ କରି ଶ୍ରୀରାଧାଙ୍କ ମନରେ କୃଷ୍ଣପ୍ରାପ୍ତିର ଇଚ୍ଛା ବଳବତ୍ତର ହେଲା। ଅତଃ ସେ କୁଞ୍ଜକୁ ଯିବା ପାଇଁ ପ୍ରସ୍ତୁତ ହେଲେ। ମହାକବି ଜୟଦେବ ଲେଖିଛନ୍ତି -

"ଅହମିହ ନିବସାମିଯାହିରାଧାମନୁନୟ ମଦ୍‌ବଚନେନ ଚାନୟେଥାଃ
ଇତି ମଧୁରିପୁଣା ସଖୀ ନିଯୁକ୍ତାସ୍ୱୟମିଦ୍ୟମେତ୍ୟ ପୁନର୍ଜଗାଦରାଧାମ୍।୧।"

ବାସ୍ତବିକ୍ ଶ୍ରୀରାଧା ଅନ୍ୟନ୍ୟା, ଅତୁଳନୀୟା। ଶ୍ରୀରାଧାଙ୍କ କୃଷ୍ଣପ୍ରେମର ପଟାନ୍ତର ନାହିଁ। କବିରାଜ ଜୟଦେବ ଶ୍ରୀରାଧା - ଶ୍ରୀକୃଷ୍ଣଙ୍କ ପ୍ରେମାନୁଭୂତିକୁ ବର୍ଣ୍ଣନା କରି ମଧୁର ରସର ଶ୍ରେଷ୍ଠତା ପ୍ରତିପାଦନ କରିଛନ୍ତି ନିଶ୍ଚୟ।

ଶ୍ରୀରାଧା ମହାଭାବମୟୀ। ହ୍ଲାଦିନୀ ସାରଭୂତା ରସଘନମୂର୍ତ୍ତି। ବାସ୍ତବିକ୍ ଶ୍ରୀରାଧା ଅନନ୍ୟା। ସେ ରୂପବତୀ, ଗୁଣମୟୀ, ପୁଣି ପ୍ରେମମୟୀ। ସତରେ ତାଙ୍କର ରୂପ,ଗୁଣ,ପ୍ରେମ - ସବୁ ତ ମହାଦ୍ୟୁତିରେ ଜାଜ୍ଜ୍ୱଲ୍ୟମାନ। 'ରାଧା' ନାମରେ ଯେଉଁ 'ର' ରହିଛି, ତାହା ବେଶ୍ ତତ୍ତ୍ୱପୂର୍ଣ୍ଣ। କୁହାଯାଇଛି ଯେ, 'ରଂ' ବୀଜ ହିଁ ଅଗ୍ନି। ଅଗ୍ନି - ଅର୍ଥାତ୍ ପ୍ରଦୀପ୍ତ ଜ୍ୟୋତି। ସୁତରାଂ ଶ୍ରୀରାଧା ହିଁ ଦିବ୍ୟଜ୍ୟୋତି, ଦିବ୍ୟତାର ପ୍ରତୀକ। ଅପ୍ରାକୃତ, ଦିବ୍ୟପ୍ରେମର ପୂଜାରିଣୀ।

ଶ୍ରୀରାଧା ସର୍ବାନ୍ତକରଣରେ ଥିଲେ କୃଷ୍ଣପ୍ରାଣଗତା। ଶ୍ରୀକୃଷ୍ଣ ହିଁ ତାଙ୍କର ସବୁକିଛି। ଶ୍ୟାମସୁନ୍ଦରଙ୍କୁ ପାଇବା ପାଇଁ ଶ୍ରୀରାଧା ବ୍ୟାକୁଳିତା । ଶ୍ରୀକୃଷ୍ଣଙ୍କ ମୁଖକୁ ଚାହିଁଦେଲେ ସେ ସବୁକିଛି ପାଇଥାଆନ୍ତି । ଓଡ଼ିଆ ବୈଷ୍ଣବ କବି ଲେଖିଛନ୍ତି -

"ଶ୍ୟାମ ଅପବାଦ ମୋତେ ଲାଗିଥାଉରେ ପ୍ରାଣସହି,
ସେହି ଚିନ୍ତାରେ ମୋ ଦିନ ଯାଉ ।" x x x
ଚାହିଁଦେଲେ ଥରେ ସେ ଶ୍ରୀମୁଖ,
କୋଟିଏ ଜନ୍ମର ପାପ ଦୁଃଖ
ଲିଭିଯାଉଛିରେ ପରାଣ ମିତଣୀ
ଯେ ଯେତେ ବୋଲିବ ବୋଲୁଥାଉ ।"

ଯମୁନାର ନୀଳ ଜଳ ତାଙ୍କୁ ଲାଗେ କୃଷ୍ଣମୟ। ନୀଳକମଳରେ ସେ ତ କୃଷ୍ଣଙ୍କୁ ଅନୁଭବ କରିପାରନ୍ତି। ତମାଳ ବୃକ୍ଷରେ ସେ କୃଷ୍ଣଙ୍କୁ ଉପଲବ୍ଧି କରିଥାନ୍ତି। ଏପରିକି ତାଙ୍କ ଦେହରେ ରହିଥିବା କଳାଜାଇ, ନିଜର ଘନକୃଷ୍ଣ କେଶରାଶି, ନୀଳବସନ, ନୀଳେନ୍ଦ୍ରମଣି - ସବୁ ତାଙ୍କୁ ଲାଗେ କୃଷ୍ଣମୟ, କୃଷ୍ଣମୟ । ରାଧାପ୍ରାଣଗତ ବିଦଗ୍ଧ କବି ଅଭିମନ୍ୟୁ ସାମନ୍ତ ସିଂହାର ଲେଖିଛନ୍ତି -

"କାଳିଆ କମଳ ଦେଖିଲେ କମଳ ନୟନରେ ହୋଏ ଜରଜର
ଦେଖି ନବଘନ ତା'ର ଅପଘନ ପୁଲକି ହୁଅଇ ଥରଥର
ଘନ ସୁନ୍ଦର ହେ । ଯମୁନା ଯିବାକୁ ତରତର
ଏ ଅତି ବିଚିତ୍ର କଜ୍ଜ୍ୱଳରେ ଚିତ୍ର ଲେଖି ଚୁମ୍ବ ଦିଏ ବାରବାର ।
ଦେଖି ତମାଳକୁ ବିଚାରି କୋଳକୁ ସଜ ହେଉଥାଇ ବାହୁଯୁଗ
ଶ୍ୟାମ ସୁବାସରେ ଆଶ ମାନସରେ କଳାବତୀ ସଙ୍ଗେ ଅନୁରାଗ ।
ରସ ଶେଖର ହେ । ଭୂଷଣ ନୀଳେନ୍ଦ୍ର ମଣିବାର
ବସି ରାମାବର ଫିଟାଇ କବର ଦେଖୁଥାଇ ହୃଦେ ଥୋଇ ତାର
ହେମ ମରକତ ଯୋଖି ଅଶକତ ପରି ନେତ୍ର ମୁଦି ରହେ କ୍ଷଣେ
ଦଇବ ଘଟନ ମୟୂର ନଟନ ଦେଖି ସୁଖୀ ହୁଏ କେଉଁ ଗୁଣେ ।
ଭାବ ବିନୋଦ ହେ । କୃଷ୍ଣ ବର୍ଣ୍ଣ ଶେଯେ ମାଡ଼େ ନିଦ
ଶ୍ରୀଅଙ୍ଗ ତିଳକୁ ଚାହିଁବା ବେଳକୁ ଚିତ୍ତରେ ଜାତ ହୁଅଇ ମୁଦ ।"

ଶ୍ରୀରାଧା ବାସ୍ତବିକ୍ ଅନନ୍ୟା ପ୍ରେମମୟୀ। ନିତ୍ୟ ପ୍ରେମର ସେ ଅଧିକାରିଣୀ। କୃଷ୍ଣପ୍ରେମ ତାଙ୍କର ପରମ ଶ୍ରେୟ। ଶ୍ରୀରାଧା କୃଷ୍ଣପ୍ରେମର ପୂଜାରିଣୀ। କୃଷ୍ଣପ୍ରେମରେ ସେ ପାଗଳିନୀ। ଶ୍ରୀକୃଷ୍ଣଙ୍କ ପ୍ରତି ତାଙ୍କର ଅନାବିଳ ପ୍ରେମ ସତରେ ଅଲୌକିକ। ରସମୟୀ ଶ୍ରୀରାଧା ଚିରନ୍ତନୀ ପ୍ରେମମୟୀ ନାୟିକା।

ସପ୍ତମ ଅଧ୍ୟାୟ

ଶ୍ରୀଗୀତଗୋବିନ୍ଦର ମୂଳପାଠ

(ଓଡ଼ିଆ ଅର୍ଥ ସହିତ)

ଶ୍ରୀଗୀତଗୋବିନ୍ଦ

(ପ୍ରଥମଃ ସର୍ଗଃ)

ସାମୋଦଦାମୋଦରଃ

ମେଘୈର୍ମେଦୁରମମ୍ବରଂ ବନଭୁବଃ ଶ୍ୟାମାସ୍ତମାଲଦ୍ରୁମୈ -
ର୍ନକ୍ତଂ ଭୀରୁରୟଂ ତ୍ୱମେବତଦିମଂ ରାଧେ ଗୃହଂ ପ୍ରାପୟ
ଇତ୍ଥଂ ନନ୍ଦନିଦେଶତଶ୍ଚଲିତୟୋଃ ପ୍ରତ୍ୟଧ୍ୱକୁଞ୍ଜଦ୍ରୁମଂ
ରାଧାମାଧବୟୋର୍ଜୟନ୍ତି ଯମୁନାକୂଳେ ରହଃ କେଳୟଃ ।୧।

ଅର୍ଥ: ଆକାଶ ମେଘ ମେଦୁରିତ ହେବା ଫଳରେ ଶ୍ୟାମଳ ତମାଳ ପରିପୂର୍ଣ୍ଣ ବନଭୂମି ଆହୁରି ଅନ୍ଧକାରମୟ ହେବାରୁ ନନ୍ଦ ଶ୍ରୀମତୀ ରାଧାଙ୍କୁ କହିଲେ, ହେ ରାଧେ! କୃଷ୍ଣ ଅତି ଭୟାଳୁ ଏବଂ ରାତ୍ରିରେ ଏକାକୀ ଯିବାକୁ ଭୟ କରନ୍ତି। ତେଣୁ ତୁମ୍ଭେ ଶ୍ରୀକୃଷ୍ଣଙ୍କୁ ସଙ୍ଗରେ ନେଇ ଘରେ ପହଞ୍ଚାଇ ଦିଅ ଗୋ ରାଧେ! ନନ୍ଦଙ୍କଠାରୁ ଏହିପରି ନିର୍ଦ୍ଦେଶ ପାଇ ଶ୍ରୀରାଧା ତାଙ୍କର ପ୍ରାଣପ୍ରିୟ ମୋହନ ସୁନ୍ଦର ଶ୍ରୀକୃଷ୍ଣଙ୍କୁ ନେଇ ଯମୁନା କୂଳର କଦମ୍ବମୂଳକୁ ଯାଇ କେଳିପ୍ରମତ୍ତ ହେଲେ। ରାଧା ମାଧବଙ୍କ ଯମୁନା କୂଳେ ବିରଚିତ ସେହି କେଳିର ଜୟ ହେଉ!

ବାଗ୍‌ଦେବତାଚରିତଚିତ୍ରିତଚିତ୍ତସଦ୍ମା
ପଦ୍ମାବତୀ ଚରଣଚାରଣଚକ୍ରବର୍ତ୍ତୀ

ଶ୍ରୀବାସୁଦେବରତିକେଳିକଥାସମେତ
ମେତଂ କରୋତି ଜୟଦେବକବିଃ ପ୍ରବନ୍ଧମ୍ ।୨।

ଅର୍ଥ: ଯାହାଙ୍କର ଚିତ୍ତ ରୂପକ ଗୃହରେ ବାଗ୍‌ଦେବତା ଯେ କି ସରସ୍ୱତୀଙ୍କର ସକଳ ଚରିତ୍ର ଚିତ୍ରିତ ହୋଇଛି, ବାସୁଦେବଙ୍କ ପ୍ରୀତ୍ୟର୍ଥେ ଆପଣାର ପତ୍ନୀ ପଦ୍ମାବତୀଙ୍କର ଚରଣଯୁଗଳକୁ ବିଭିନ୍ନ ନୃତ୍ୟଛନ୍ଦରେ ଚାଳନ କରାଇବାରେ ଯେ କି ଚକ୍ରବର୍ତ୍ତୀ ଅଟନ୍ତି, ସେହି ଜୟଦେବ କବି ଶ୍ରୀ ଅର୍ଥାତ୍ ଶ୍ରୀରାଧା ଏବଂ ବାସୁଦେବଙ୍କର ରତିକେଳି କଥାକୁ ନେଇ (ଶ୍ରୀଗୀତଗୋବିନ୍ଦ) ପ୍ରବନ୍ଧ (ବିଶେଷ ଭାବରେ ପଦ ବନ୍ଧନଯୁକ୍ତ) ରଚନା କରୁଛନ୍ତି।

ଯଦି ହରିସ୍ମରଣେ ସରସଂ ମନୋ ଯଦି ବିଳାସକଳାସୁ କୁତୂହଳମ୍
ମଧୁରକୋମଳକାନ୍ତପଦାବଳୀଂ ଶୃଣୁ ତଦା ଜୟଦେବ ସରସ୍ୱତୀମ୍
।୩।

ଅର୍ଥ: କବି ଜୟଦେବ କହୁଛନ୍ତି - ହେ ବୈଷ୍ଣବ ଭକ୍ତବୃନ୍ଦ! ଯଦି ଭଗବାନ ଶ୍ରୀହରିଙ୍କର ଚରିତ ଚିନ୍ତନକରି ମନକୁ ସରସ କରିବାରେ ଅଭିଳାଷ ରଖିଅଛ,ଯଦି ରାଧାମାଧବଙ୍କ ବିଳାସ କଳା ତଥା ରତିକେଳି ଜାଣିବା ପାଇଁ କୌତୁହଳ ସୃଷ୍ଟି ହେଉଛି, ତେବେ ଜୟଦେବଙ୍କ ରଚିତ ମଧୁର କୋମଳକାନ୍ତ ପଦାବଳୀ ସମ୍ବଳିତ ବାଣୀ ଅର୍ଥାତ୍ 'ଶ୍ରୀଗୀତଗୋବିନ୍ଦ' ଶ୍ରବଣ କର।

ବାଚଃ ପଲ୍ଲବୟତ୍ୟୁମାପତିଧରଃ ସନ୍ଦର୍ଭ ଶୁଦ୍ଧିଂ ଗିରାଂ
ଜାନୀତେ ଜୟଦେବ ଏବ ଶରଣଃ ଶ୍ଳାଘ୍ୟୋ ଦୂରୂହଦ୍ରୁତେଃ
ଶୃଙ୍ଗାରୋତ୍ତର ସତ୍ପ୍ରମେୟରଚନୈରାଚାର୍ଯ୍ୟ ଗୋବର୍ଦ୍ଧନ
ସ୍ପର୍ଦ୍ଧୀକୋଽପି ନ ବିଶ୍ରୁତଃ ଶ୍ରୁତିଧରୋ ଧୋୟୀ କବିକ୍ଷ୍ମାପତିଃ ।୪।

ଅର୍ଥ: ଉମାପତି ଧର ନାମ୍ନା କବି କାବ୍ୟକୁ ପଲ୍ଲବିତ କରନ୍ତି। ମାତ୍ର କବିତ୍ୱମାନଙ୍କର ଭାବ ଶୁଦ୍ଧିବଚନ ସେ ଜାଣନ୍ତି ନାହିଁ। ସେ ଭାବ କେବଳ ଜୟଦେବ କବି ହିଁ ଜାଣନ୍ତି। ଦୂରୁହ ପଦାବଳୀ ଶୀଘ୍ର ରଚନା କରିବାରେ କବି ଶରଣ ଶ୍ଳାଘ୍ୟ ଅର୍ଥାତ୍ ପ୍ରଶଂସନୀୟ। ଶୃଙ୍ଗାର ରସାତ୍ମକ କାବ୍ୟ ରଚନାରେ ଆଚାର୍ଯ୍ୟ ଗୋବର୍ଦ୍ଧନ ଅପ୍ରତିଦ୍ୱନ୍ଦୀ କବି। କବିରାଜ ଧୋୟୀ (ପବନଦୂତମ୍ ଖଣ୍ଡକାବ୍ୟର ସ୍ରଷ୍ଟା) ଯଦିଚ କବିମଣ୍ଡଳୀରେ ଶ୍ରେଷ୍ଠ ବୋଲି ବିବେଚିତ ହୁଅନ୍ତି, ସେ କିନ୍ତୁ ଶ୍ରୁତିଧର ବୋଲି ଲୋକେ ଜାଣନ୍ତି। ଏକମାତ୍ର କବିରାଜ ଜୟଦେବ ହିଁ ଶୁଦ୍ଧ କାବ୍ୟ ରଚନା କରିବାରେ ସମର୍ଥ ଅଟନ୍ତି।

ଗୀତମ୍ ।।୧।।

(ମାଳବଗୌଡ଼ରାଗେଣ ରୂପକତାଳେନ ଚ ଗୀୟତେ)

ପ୍ରଳୟପୟୋଧିଜଳେ ଧୃତବାନସି ବେଦମ୍

ବିହିତବହିତ୍ରଚରିତ୍ରମଖେଦମ୍

କେଶବ ! ଧୃତ ମୀନଶରୀର, ଜୟ ଜଗଦୀଶ ହରେ ।୧। ଧ୍ରୁବମ୍।

ଅର୍ଥ: ହେ କେଶବ ! ହେ ଜଗଦୀଶ ! ହେ ହରି ! ପ୍ରଳୟ କାଳରେ ସମୁଦ୍ରମାନେ ମିଳିତ ହୋଇ ମହାର୍ଣ୍ଣବ ସୃଷ୍ଟି କରିଥିବା ସମୟରେ ସେହି ଅଗାଧ ଜଳ ମଧ୍ୟରେ ବୁଡ଼ି ଯାଇଥିବା ବେଦ ସମୂହକୁ ମୀନରୂପ ଧାରଣ କରି ଆପଣ ତରୀ ସଦୃଶ ଉଦ୍ଧାର କରିଥିଲ। ହେ ମୀନରୂପୀ ଜଗଦୀଶ ! ଆପଣଙ୍କର ଜୟ ହେଉ।

କ୍ଷିତିରତିବିପୁଳତରେ ତବ ତିଷ୍ଠତି ପୃଷ୍ଠେ

ଧରଣୀଧରଣକିଣଚକ୍ରଗରିଷ୍ଠେ

କେଶବ ! ଧୃତ କଚ୍ଛପରୂପ, ଜୟ ଜଗଦୀଶ ହରେ ।୨।

ଅର୍ଥ: ହେ କେଶବ ! ହେ ଜଗଦୀଶ ! ହେ ହରି ! ଆପଣଙ୍କର କଚ୍ଛପ ଅବତାର ବେଳେ ଆପଣ ବିପୁଳତର ପୃଥିବୀକୁ ପୃଷ୍ଠ ଦେଶରେ ଧାରଣ କରିଥିଲେ ଏବଂ ଆପଣଙ୍କର ସେହି ବ୍ରଣାଙ୍କିତ କଠୋର ଓ ବିଶାଳ ପୃଷ୍ଠଦେଶରେ ପୃଥିବୀ ଅବସ୍ଥାନ କରିଥିଲା। ହେ ଜଗଦୀଶ ! ଆପଣଙ୍କର ସେହି କଚ୍ଛପ ରୂପଙ୍କର ଜୟ ହେଉ।

ବସତି ଦଶନଶିଖରେ ଧରଣୀ ତବଲଗ୍ନା

ଶଶିନି କଳଙ୍କକଳେବ ନିମଗ୍ନା

କେଶବ ! ଧୃତ ଶୂକର ରୂପ ! ଜୟ ଜଗଦୀଶ ହରେ ।୩।

ଅର୍ଥ: ହେ କେଶବ ! ହେ ହରି ! ହେ ଜଗଦୀଶ ! ଆପଣ ବରାହ ଅବତାର ଧାରଣ କରି ଦନ୍ତର ଅଗ୍ରଭାଗରେ ପୃଥିବୀକୁ ଟେକି ଧରିଥିବାରୁ ତାହା ଶୁଭ୍ର ଶଶିଦେହରେ କଳଙ୍କ ଚିହ୍ନ ସଦୃଶ ପ୍ରତୀୟମାନ ହେଉଥିଲା। ହେ ଜଗଦୀଶ ହରି, ଆପଣଙ୍କର ସେହି ଶୂକର ରୂପଙ୍କର ଜୟ ହେଉ।

ତବ କରକମଳବରେ ନଖମଦ୍‌ଭୁତ ଶୃଙ୍ଗମ୍

ଦଳିତହିରଣ୍ୟକଶିପୁ ତନୁଭୃଙ୍ଗମ୍

କେଶବ ! ଧୃତ ନରହରି ରୂପ, ଜୟ ଜଗଦୀଶ ହରେ ।୪।

ଅର୍ଥ: ହେ କେଶବ ! ହେ ହରି ! ହେ ଜଗଦୀଶ ! ଆପଣ ନରହରି ଅବତାର ଧାରଣ କରିଥିଲେ । ଆପଣଙ୍କର କରକମଳର ଅଦ୍ଭୁତ ନଖ ଶୃଙ୍ଗ ହିରଣ୍ୟକଶିପୁର ତନୁଭୃଙ୍ଗଙ୍କୁ ବିଦାରିତ କରିଛି। ହେ ଜଗଦୀଶ୍ୱର ! ଆପଣଙ୍କର ସେହି ନରସିଂହ ରୂପଙ୍କର ଜୟ ହେଉ।

ଛଳୟସି ବିକ୍ରମଣେ ବଳିମଦ୍‌ଭୁତବାମନ

ପଦନଖନୀରଜନିତଜନପାବନ।

କେଶବ ! ଧୃତ ବାମନରୂପ, ଜୟ ଜଗଦୀଶ ହରେ ।୫।

ଅର୍ଥ: ହେ କେଶବ! ହେ ହରି! ହେ ଜଗଦୀଶ! ଆପଣ ଅଦ୍ଭୁତ ବାମନ ରୂପ ଧାରଣ କରି ଦୈତ୍ୟରାଜ ବଳି ପ୍ରତି ଛଳ ଆଚରଣ କରିଥିଲେ । ଆପଣଙ୍କର ପଦ ନଖ କୋଣରୁ ପତିତ - ପାବନୀ ଗଙ୍ଗା ନିଃସୃତ ହୋଇ ତ୍ରିଲୋକକୁ ପବିତ୍ର କରୁଅଛି। ହେ ଜଗଦୀଶ୍ୱର, ଆପଣଙ୍କର ସେହି ବାମନ ରୂପଙ୍କର ଜୟ ହେଉ।

କ୍ଷତ୍ରିୟରୁଧିରମୟେ ଜଗଦପଗତପାପମ୍
ସ୍ନପୟସି ପୟସି ଶମିତଭବତାପମ୍
କେଶବ ! ଧୃତ ଭୃଗୁପତିରୂପ, ଜୟ ଜଗଦୀଶ ହରେ ।୬।

ଅର୍ଥ: ହେ କେଶବ! ହେ ହରି! ହେ ଜଗଦୀଶ! ଆପଣ ପରଶୁରାମ ଅବତାର ଧାରଣ କରି କ୍ଷତ୍ରିୟକୁଳ ନିଧନ କରିଥିଲେ ଏବଂ ସେମାନଙ୍କର ରୁଧିରରେ ଜଗତକୁ ପ୍ରକ୍ଷାଳିତ କରି ସଂସାରର ପାପ ଓ ତାପକୁ ନିବାରଣ କରିଥିଲେ। ହେ କେଶବ! ଆପଣଙ୍କର ସେହି ଭୃଗୁପତି ରୂପଙ୍କର ଜୟ ହେଉ।

ବିତରସି ଦିକ୍ଷୁରଣେ ଦିକ୍‌ପତିକମନୀୟମ୍
ଦଶମୁଖମୌଳିବଳିଂ ରମଣୀୟମ୍।
କେଶବ ! ଧୃତ ରଘୁପତିରୂପ, ଜୟ ଜଗଦୀଶ ହରେ ।୭।

ଅର୍ଥ: ହେ କେଶବ! ହେ ହରି! ହେ ଜଗଦୀଶ! ହେ ହରେ! ଆପଣ ରାମାବତାର ଧାରଣ କରିଥିଲେ ଏବଂ ରଣରେ ଦଶାନନ ରାବଣକୁ ବଧ କରି ତାହାର ଦଶଟିଯାକ ମୁଣ୍ଡକୁ ଦଶଦିଗପାଳଙ୍କୁ ରମଣୀୟ ବଳି ସ୍ୱରୂପ ଅର୍ପଣ କରିଥିଲେ । ଆପଣଙ୍କର ସେହି ରମଣୀୟ ରଘୁପତି (ଶ୍ରୀରାମଚନ୍ଦ୍ର) ଅବତାରଙ୍କର ଜୟ ହେଉ।

ବହସି ବପୁସି ବିଶଦେ ବସନଂ ଜଳଦାଭମ୍
ହଳହତିଭୀତିମିଳିତଯମୁନାଭମ୍
କେଶବ ! ଧୃତ ହଳଧର ରୂପ, ଜୟ ଜଗଦୀଶ ହରେ ।୮।

ଅର୍ଥ: ହେ କେଶବ! ହେ ହରି! ହେ ଜଗଦୀଶ! ହେ ହରେ! ଆପଣ ହଳଧର ରୂପ ଧାରଣ କରି ଶ୍ୱେତ ଶରୀରରେ ନବୀନ ମେଘ ସଦୃଶ ନୀଳ ବସ୍ତ୍ର ପରିଧାନ କରିଥିଲେ ଏବଂ ତାହା ମନେ ହେଉଥିଲା ସତେ ଯେପରି ଯମୁନା ନଦୀ ଆପଣ ହଳାୟୁଧକୁ ଭୟ କରି ଆପଣଙ୍କର ବସ୍ତ୍ର ସହିତ ଏକାକାର ହୋଇଯାଇଛି। ହେ କେଶବ! ଆପଣଙ୍କର ସେହି ହଳଧର ରୂପଙ୍କର ଜୟ ହେଉ।

ନିନ୍ଦସି ଯଜ୍ଞ ବିଧେରହହ ଶ୍ରୁତିଜାତମ୍
ସଦୟହୃଦୟ ଦର୍ଶିତପଶୁଘାତମ୍
କେଶବ ! ଧୃତ ବୁଦ୍ଧ ଶରୀର, ଜୟ ଜଗଦୀଶ ହରେ ।୯।

ଅର୍ଥ: ହେ କେଶବ ! ହେ ଜଗଦୀଶ ! ହେ ହରେ ! ଆପଣ ବୁଦ୍ଧ ଅବତାରରେ ଯଜ୍ଞ ସମୂହରେ ପଶୁଘାତ ଦେଖି ସଦୟ ହୃଦୟ ସହିତ ବେଦରୁ ଜାତ ବୋଲି କୁହାଯାଉଥିବା ବେଦବିରୁଦ୍ଧ ପଶୁହିଂସା ସମ୍ବଳିତ ଯଜ୍ଞବିଧି ସମୂହକୁ ନିନ୍ଦା କରିଥିଲେ । ହେ ହରି ! ଆପଣଙ୍କର ସେହି ପ୍ରବୁଦ୍ଧ ବୁଦ୍ଧ ଅବତାରଙ୍କର ଜୟ ହେଉ ।

ମ୍ଳେଚ୍ଛ ନିବହନିଧନେ କରୟସି କରବାଲମ୍
ଧୂମକେତୁମିବ କିମପି କରାଳମ୍
କେଶବ ! ଧୃତ କଲ୍‌କିଶରୀର, ଜୟ ଜଗଦୀଶ ହରେ ।୧୦।

ଅର୍ଥ: ହେ କେଶବ ! ହେ ଜଗଦୀଶ ! ହେ ହରେ ! ଆପଣ କଲ୍‌କି ଅବତାରରେ ଧୂମକେତୁ ସଦୃଶ କରାଳ ମୂର୍ତ୍ତି ଧାରଣ କରି ଏବଂ ଭୟଙ୍କର କରବାଳ (ଖଡ୍‌ଗ) ହସ୍ତରେ ଧାରଣ କରି ମ୍ଳେଚ୍ଛମାନଙ୍କୁ ସଂହାର କରୁଅଛ । ଆପଣଙ୍କର ସେହି କଲ୍‌କି-ଅବତାରଙ୍କର ଜୟ ହେଉ ।

ଶ୍ରୀଜୟଦେବକବେରିଦମୁଦିତମୁଦାରମ୍
ଶୃଣୁ ସୁଖଦଂ ଶୁଭଦଂ ଭବସାରମ୍
କେଶବ ! ଧୃତ ଦଶବିଧରୂପ, ଜୟ ଜଗଦୀଶ ହରେ ।୧୧।

ଅର୍ଥ: କବି କହୁଛନ୍ତି ଯେ, ଜୟଦେବଙ୍କ ଦ୍ୱାରା ଏହି ଉଦାର ବର୍ଣ୍ଣନା ଅନିତ୍ୟ ସଂସାରର ସାରବସ୍ତୁ ଏବଂ ଏହା ଅତ୍ୟନ୍ତ ସୁଖଦାୟକ, ଶୁଭଦାୟକ । ତେଣୁ ଏହାକୁ ସମସ୍ତେ ଶୁଣିବା ହୁଅନ୍ତୁ । ହେ କେଶବ ! ଆପଣ ଧାରଣ କରିଥିବା ଏହି ଦଶବିଧ ରୂପଙ୍କର ଜୟ ହେଉ । ହେ ଜଗଦୀଶ, ହରି, ଆପଣଙ୍କର ଜୟ ହେଉ !

ବେଦାନୁଦ୍ଧରତେ ଜଗନ୍ନିବହତେ ଭୁଗୋଳମୁଦ୍‌ବିଭ୍ରତେ
ଦୈତ୍ୟଂ ଦାରୟତେ ବଳିଂ ଛଳୟତେ କ୍ଷତ୍ରକ୍ଷୟଂ କୁର୍ବତେ ।
ପୌଲସ୍ତ୍ୟଂ ଜୟତେ ହଳଂ କଳୟତେ କାରୁଣ୍ୟମାତନ୍ୱତେ
ମ୍ଳେଚ୍ଛାନ୍‌ମୂର୍ଚ୍ଛୟତେ ଦଶାକୃତିକୃତେ କୃଷ୍ଣାୟ ତୁଭ୍ୟଂ ନମଃ ।୧୨।

ଅର୍ଥ: ହେ ଶ୍ରୀକୃଷ୍ଣ ! ଆପଣ ଦଶାବତାର ଧାରଣ କରି ବେଦସମୂହକୁ ଉଦ୍ଧାର କରିଅଛ, ଜଗତକୁ ବହନ କରିଅଛ, ପୃଥିବୀକୁ ଉଦ୍ଧାର କରିଅଛ, ଦୈତ୍ୟ (ହିରଣ୍ୟକଶିପୁ)କୁ ବିଦାରିଅଛ, ବଳିପ୍ରତି ଛଳନା ପ୍ରଦର୍ଶନ କରିଅଛ, କ୍ଷତ୍ରିୟ କୁଳକୁ ନିଧନ କରିଅଛ, ପୁଲସ୍ତ୍ୟ ଋଷିଙ୍କ ପୌତ୍ର (ରାବଣ)କୁ ଜୟ କରିଅଛ, ହଳଧାରଣ କରିଅଛ, କାରୁଣ୍ୟ ବିସ୍ତାର କରିଅଛ, ମ୍ଳେଚ୍ଛମାନଙ୍କୁ ସଂହାର କରିଅଛ, ତେଣୁ ହେ ଦଶାବତରୀ ଶ୍ରୀକୃଷ୍ଣ ! ଆପଣଙ୍କୁ ନମସ୍କାର । ନମସ୍କାର ।"

ଗୀତମ୍ ।।୨।।

(ଗୁର୍ଜ୍ଜରୀରାଗେଣ ନିଃସାରତାଳେନ ଚ ଗୀୟତେ)

ଶ୍ରିତକମଳାକୁଚମଣ୍ଡଳ ଧୃତକୁଣ୍ଡଳ
କଳିତଲଳିତ ବନମାଳ।
ଜୟ ଜୟ ଦେବ ହରେ ।୧। ଧ୍ରୁବମ୍।

ଅର୍ଥ: ହେ ଦେବ! ହେ ହରି! ଆପଣ କମଳାଙ୍କର କୁଚମଣ୍ଡଳରେ ଆଶ୍ରୟ ନିଅନ୍ତି, ଆପଣ କୁଣ୍ଡଳ ଧାରଣ କରିଥାନ୍ତି ଏବଂ ଲଳିତ କୋମଳ ବନମାଳା ଧାରଣ କରନ୍ତି। ଆପଣଙ୍କ ଜୟହେଉ।

ଦିନମଣିମଣ୍ଡଳମଣ୍ଡନ ଭବଖଣ୍ଡନ
ମୁନିଜନ ମାନସହଂସ।
ଜୟ ଜୟ ଦେବ ହରେ ।୨।

ଅର୍ଥ: ହେ ହରି! ଆପଣ ସୂର୍ଯ୍ୟମଣ୍ଡଳର ଭୂଷଣ ସ୍ୱରୂପ। ଆପଣ ଭବଦୁଃଖଯାତନା ଖଣ୍ଡନକାରୀ। ଆପଣ ମୁନିଜନମାନଙ୍କର ମନରୂପୀ ମାନସରୋବର ହଂସ ସ୍ୱରୂପ। ହେ ଦେବ! ଆପଣଙ୍କର ଜୟ ହେଉ।

କାଳିୟ ବିଷଧରଗଞ୍ଜନ ଜନରଞ୍ଜନ
ଯଦୁକୁଳନଳିନଦିନେଶ।
ଜୟ ଜୟ ଦେବ ହରେ ।୩।

ଅର୍ଥ: ହେ ହରି! ଆପଣ ବିଷଧର କାଳିୟ ସର୍ପର ଦର୍ପ ଗଞ୍ଜନ କରିଛନ୍ତି, ଆପଣ ଲୋକ କଲ୍ୟାଣକାରୀ ଅଟନ୍ତି, ଆପଣ ଯଦୁକୂଳ ସ୍ୱରୂପ ପଦ୍ମବନର ସୂର୍ଯ୍ୟଦେବ ସଦୃଶ ଅଟନ୍ତି, ହେ ଦେବ! ଆପଣଙ୍କର ଜୟହେଉ।

ମଧୁମୁରନରକବିନାଶନ ଗରୁଡ଼ାସନ
ସୁରକୁଳକେଳି ନିଦାନ।
ଜୟ ଜୟ ଦେବ ହରେ ।୪।

ଅର୍ଥ: ହେ ହରି! ଆପଣ ମଧୁ, ମୁର ଓ ନରକାଦି ଅସୁରମାନଙ୍କୁ ବିନାଶ କରିଛନ୍ତି, ଆପଣ ଗରୁଡ଼ାସନ ଅଟନ୍ତି, ଆପଣ ହେଉଛନ୍ତି ଦେବତାମାନଙ୍କର କେଳିବର୍ଦ୍ଧନର ମୂଳ କାରଣ, ହେ ଦେବ! ଆପଣଙ୍କର ଜୟହେଉ।

ଅମଳକମଳଦଳଲୋଚନଭବମୋଚନ
ତ୍ରିଭୁବନଭବନନିଦାନ।
ଜୟ ଜୟ ଦେବ ହରେ ।୫।

ଅର୍ଥ: ହେ ହରି! ଆପଣଙ୍କର ନୟନ ନିର୍ମଳ ପଦ୍ମ ପାଖୁଡ଼ା ସଦୃଶ ମନୋହର, ଆପଣ ସଂସାର ବନ୍ଧନରୁ ମୁକ୍ତି ଦେଇଥାନ୍ତି, ଆପଣ ତ୍ରିଭୁବନ ସର୍ଜନାର ମୂଳକାରଣ, ହେ ଦେବ! ଆପଣଙ୍କର ଜୟହେଉ।

ଜନକସୁତାକୃତଭୂଷଣ, ଜିତଦୂଷଣ
ସମରଶମିତଦଶକଣ୍ଠ
ଜୟ ଜୟ ଦେବ ହରେ ।୬।

ଅର୍ଥ: ହେ ହରି! ଆପଣ ରାମାବତାରରେ ଜନକନନ୍ଦିନୀ ସୀତାଙ୍କୁ ଭୂଷଣ ରୂପେ ଗ୍ରହଣ କରିଥିଲେ, ସେହି ଅବତାରରେ ଆପଣ ଦୂଷଣ ରାକ୍ଷସକୁ ବଧ କରି ଜୟ କରିଥିଲେ ଏବଂ ମହାସମରରେ ଦଶକଣ୍ଠ ଅର୍ଥାତ୍ ରାବଣକୁ ବିନାଶ କରିଥିଲେ। ହେ ଦେବ! ଆପଣଙ୍କର ଜୟହେଉ।

ଅଭିନବଜଳଧରସୁନ୍ଦର ଧୃତମନ୍ଦର
ଶ୍ରୀମୁଖଚନ୍ଦ୍ରଚକୋର।
ଜୟ ଜୟ ଦେବ ହରେ ।୭।

ଅର୍ଥ: ହେ ଶ୍ରୀହରି! ଆପଣଙ୍କର ଶ୍ରୀଅଙ୍ଗ ଅଭିନବ ଜଳଧର ଅର୍ଥାତ୍ ଆଷାଢ଼ର ନବୀନ ମେଘ ପରି ସୁନ୍ଦର, ସମୁଦ୍ରମନ୍ଥନ ସମୟରେ ଆପଣ ପୃଷ୍ଠଭାଗରେ ମନ୍ଦର ପର୍ବତକୁ ଧାରଣ କରିଥିଲେ। ଶ୍ରୀ ଅର୍ଥାତ୍ ଲକ୍ଷ୍ମୀଦେବୀଙ୍କ ମୁଖମଣ୍ଡଳ ରୂପକ ଚନ୍ଦ୍ରରୁ ଆପଣ ଚକୋର ସଦୃଶ ସୁଧାପାନ କରୁଛନ୍ତି, ହେ ଦେବ! ଆପଣଙ୍କର ଜୟ ହେଉ।

ତବ ଚରଣେ ପ୍ରଣତା ବୟମିତି ଭାବୟ
କୁରୁକୁଶଳଂ ପ୍ରଣତେଷୁ।
ଜୟ ଜୟ ଦେବ ହରେ ।୮।

ଅର୍ଥ: ହେ ଶ୍ରୀହରି! ଆପଣଙ୍କର ଚରଣରେ ଆମ୍ଭେମାନେ ପ୍ରଣାମ କରୁଛୁ। ଆପଣ ଆମ୍ଭମାନଙ୍କର ପ୍ରଣତି ଘେନା କରନ୍ତୁଏବଂ ପ୍ରଣତଜନମାନଙ୍କର ସର୍ବକୁଶଳ ବିଧାନ କରନ୍ତୁ। ହେ ଦେବ! ଆପଣଙ୍କର ଜୟ ହେଉ।

ଶ୍ରୀ ଜୟଦେବକବେରିଦଂ କୁରୁତେ ମୁଦମ୍
ମଙ୍ଗଳମୁଜ୍ଜ୍ୱଳଗୀତମ୍।
ଜୟ ଜୟ ଦେବ ହରେ ।୯।

ଅର୍ଥ: ଶ୍ରୀ ଜୟଦେବଙ୍କର ମଙ୍ଗଳମୟ ଏବଂ ଉଜ୍ଜ୍ୱଳରସମୟ ଗୀତ ଆପଣଙ୍କର ଆନନ୍ଦବର୍ଦ୍ଧନ କରିବା ସହିତ ଭକ୍ତ ଓ ଶ୍ରୋତାମାନଙ୍କୁ ମଧ୍ୟ ପ୍ରମୋଦିତ କରୁ। ହେ ଦେବ! ଆପଣଙ୍କର ଜୟ ହେଉ।

ପଦ୍ମାପୟୋଧରତଟୀପରିରମ୍ଭଲଗ୍ନ
କାଶ୍ମୀରମୁଦ୍ରିତମୁରୋ ମଧୁସୂଦନସ୍ୟ।

ବ୍ୟକ୍ତାନୁରାଗମିବ ଖେଳଦନଙ୍ଗଖେଦ
ସ୍ୱେଦାମ୍ବୁପୂରମନୁପୂରୟତୁ ପ୍ରିୟଂ ବଃ ।୧୦।

ଅର୍ଥ: ଶ୍ରୀମଧୁସୂଦନ ଲକ୍ଷ୍ମୀଙ୍କୁ ଗାଢ଼ ଆଲିଙ୍ଗନ କରିବାରୁ ତାଙ୍କର ବକ୍ଷୋଜରେ ପ୍ରଲେପିତ ହୋଇଥିବା କୁଙ୍କୁମ ଶ୍ରୀକୃଷ୍ଣଙ୍କର ବକ୍ଷଦେଶକୁ ରଂଜିତ କରିଦିଏ। ଏହିସମୟରେ ରତିକ୍ରୀଡା ଜନିତ ସ୍ୱେଦବିନ୍ଦୁମାନ ମଧୁସୂଦନଙ୍କର ବକ୍ଷସ୍ଥଳରେ ଭରିଯାଏ ଓ ଅପୂର୍ବ ଶୋଭାଧାରଣ କରେ। ମଧୁସୂଦନଙ୍କର ସେହି ଅନୁରାଗ ପୂର୍ଣ୍ଣ ବକ୍ଷସ୍ଥଳ ଆପଣମାନଙ୍କର ଅର୍ଥାତ୍ ଭକ୍ତମାନଙ୍କର ମନୋବାଞ୍ଛା ପୂରଣ କରନ୍ତୁ।

ବସନ୍ତେବାସନ୍ତୀ କୁସୁମସୁକୁମାରୈରବୟବୈ -
ର୍ଭମନ୍ତୀ କାନ୍ତାରେ ବହୁବିହିତକୃଷ୍ଣାନୁସରଣାମ୍।
ଅମନ୍ଦଂ କନ୍ଦର୍ପଜ୍ୱରଜନିତଚିନ୍ତାକୁଳତୟା
ବଳଦ୍ବାଧାଂ ରାଧାଂ ସରସମିଦମୂଚେ ସହଚରୀ ।୧୧।

ଅର୍ଥ: ବସନ୍ତକାଳରେ ଏକଦା ମାଧବୀ ଫୁଲପରି ସୁକୁମାରୀ ତଥା କୋମଳାଙ୍ଗୀ ଶ୍ରୀରାଧା ଶ୍ରୀକୃଷ୍ଣଙ୍କର ବିରହ ବେଦନାରେ ଅତ୍ୟନ୍ତ ବ୍ୟାକୁଳିତା ହୋଇ ଗହଳବନରେ ଶ୍ରୀକୃଷ୍ଣଙ୍କୁ ଖୋଜି ଖୋଜି ବୁଲୁଥିବା ସମୟରେ କାମ ଚିନ୍ତାରେ ଜର୍ଜରିତା ଶ୍ରୀରାଧାଙ୍କୁ ପଥଶ୍ରମ ମଧ୍ୟ ଜଣାପଡୁ ନଥିଲା। ଏଣୁ ରାଧାଙ୍କର ଏପରି ଦଶା ଦେଖି ତାଙ୍କର ଜନୈକ ସହଚରୀ ଅନୁରାଗ ବଶତଃ ଏପରି କହିବାକୁ ଲାଗିଲେ।

ଗୀତମ୍ ।।୩।।

(ବସନ୍ତରାଗେଣ ଗୀୟତେ। ଯତିତାଲାଭ୍ୟାଂ ଗୀୟତେ)

ଲଳିତ ଲବଙ୍ଗଲତାପରିଶୀଳନକୋମଳମଳୟସମୀରେ।
ମଧୁକରନିକରକରମ୍ବିତ କୋକିଳ କୂଳିତ କୁଞ୍ଜକୁଟୀରେ
ବିହରତି ହରିରିହ ସରସବସନ୍ତେ
ନୃତ୍ୟତି ଯୁବତିଜନେନ ସମଂସଖୀ
ବିରହିଜନସ୍ୟ ଦୁରନ୍ତେ ।୧। ଧ୍ରୁବମ୍।

ଅର୍ଥ: ହେ ସଖି, ବର୍ତ୍ତମାନ ଅତି ମନୋହର ବସନ୍ତ ଋତୁ ଆସିଯାଇଥିବାରୁ ମୃଦୁମଳୟ ପବନ କୋମଳ ଲବଙ୍ଗଲତାକୁ ବାରମ୍ବାର ସ୍ପର୍ଶ କରି ସୁଗନ୍ଧିତ ହୋଇଛି। କୁଞ୍ଜ କୁଟୀରରେ ଭ୍ରମରମାନଙ୍କର ମୃଦୁ ଗୁଞ୍ଜନ ସହିତ କୋକିଳର ମଧୁର ସଙ୍ଗୀତ ମିଶି ଅପୂର୍ବ ସ୍ୱର ସୃଷ୍ଟି ହୋଇଛି। ମଧୁଋତୁର ଏହି ଶୁଭାଗମନ ବିରହୀମାନଙ୍କୁ କଷ୍ଟ ଦେଉଛି, ସତେ ଯେପରି ସେମାନଙ୍କୁ ଅନ୍ତ କରିଦେବକି ? ଏହି ଋତୁରେ ଶ୍ରୀକୃଷ୍ଣ ଗୋପଯୁବତୀମାନଙ୍କ ସହିତ ନୃତ୍ୟ କରୁଛନ୍ତି।

ଉନ୍ମଦମଦନମନୋରଥପଥିକବଧୂଜନଜନିତବିଳାପେ
ଅଳିକୁଳସଂକୁଳକୁସୁମସମୂହନିରାକୁଳବକୁଳକଳାପେ ।୨।

ଅର୍ଥ: ଯେଉଁ ତରୁଣୀମାନଙ୍କର ପତିମାନେ ପ୍ରବାସରେ ଅଛନ୍ତି, ରତିକାମନାରେ ଉନ୍ମତ୍ତା ସେହି ତରୁଣୀମାନେ ଏହି ବସନ୍ତକାଳରେ ମଦନ କଷ୍ଟ ସହ୍ୟ କରି ନ ପାରି ବିଳାପ କରୁଛନ୍ତି । ଏଣେ ଭ୍ରମରମାନେ ବଉଳ ଫୁଲର ଗନ୍ଧରେ ଆକୁଳ ହୋଇ ଘର ଚାରିପାଖରେ ଗୁଞ୍ଜନ ସୃଷ୍ଟି କରୁଛନ୍ତି ।

ମୃଗମଦସୌରଭରଭସବଶଂବଦନବଦଳମାଳତମାଳେ
ଯୁବଜନହୃଦୟବିଦାରଣ ମନସିଜନଖରୁଚିକିଂଶୁକଜାଳେ ।୩।

ଅର୍ଥ: ହେ ସଖୀ ! ତମାଳବନ ନବପଲ୍ଲବରେ ଶୋଭା ପାଉଛି ଏବଂ ଚତୁର୍ଦ୍ଦିଗରେ ମୃଗନାଭି କସ୍ତୁରୀର ସୁଗନ୍ଧ ବିସ୍ତାରିତ ହୋଇଛି । କାମଦେବଙ୍କ ନଖପନ୍ତି ସଦୃଶ ଲାଲ ପଳାଶ ଫୁଲ ଚତୁର୍ଦ୍ଦିଗରେ ଶୋଭା ପାଉଛନ୍ତି । ସତେ ଅବା, କାମାର୍ତ୍ତ ଯୁବକଯୁବତୀଙ୍କ ହୃଦୟ ବିଦାରଣ କରି ପଳାଶ ଫୁଲ ରୂପକ ରକ୍ତାକ୍ତ ନଖପନ୍ତିକୁ ଦେଖାଉଛନ୍ତି ।

ମଦନମହୀପତି କନକଦଣ୍ଡରୁଚିକେଶର କୁସୁମବିକାଶେ
ମିଳିତଶିଳୀମୁଖପାଟଳିପଟଳକୃତ ସ୍ମରତୂଣ ବିଳାସେ ।୪।

ଅର୍ଥ: ହେ ସଖି ! ବନରେ ବିକଚ ନାଗେଶ୍ୱର କୁସୁମର ଶୋଭା ମଦନରାୟଙ୍କର କନକଦଣ୍ଡର ପ୍ରଭାପରି ପ୍ରତୀତ ହେଉଛି । ପାଟଳି ପୁଷ୍ପମାନଙ୍କରେ ଭ୍ରମର ପନ୍ତି ବସିଥିବାରୁ ସେଗୁଡ଼ିକ ଶରପୂର୍ଣ୍ଣତୁଣୀର ପରି ପ୍ରତୀୟମାନ ହେଉଛନ୍ତି । ମନେହୁଏ ସତେ ଯେପରି ମଦନରାଜା ସୁବର୍ଣ୍ଣ ଦଣ୍ଡଛତ୍ର ଓ ତୂଣୀରରେ ଶୋଭିତ ହୋଇ ମହୀପୃଷ୍ଠରେ ବିରାଜିତ ହୋଇଯାଇଛନ୍ତି ।

ବିଗଳିତଲଜ୍ଜିତଜଗଦବଲୋକନତରୁଣକରୁଣକୃତହାସେ
ବିରହିନିକୃନ୍ତନକୁନ୍ତମୁଖାକୃତିକେତକିଦନ୍ତୁରିତାଶେ ।୫।

ଅର୍ଥ: ହେ ସଖି ! ନବ ବସନ୍ତରେ ତରୁଣ ତରୁଣୀ ଲଜ୍ଜା ପରିହାର କରି ମଦନଲୀଳାରେ ମାତିଥିବାରୁ ନବକିଶଳୟରେ ଶୋଭିତ କରୁଣା ବୃକ୍ଷମାନେ ଧବଳ ପୁଷ୍ପରାଜିରେ ପରିପୂର୍ଣ୍ଣ ହୋଇ ସତେ ଯେପରି ପୁଷ୍ପଛଳରେ ହସୁଅଛନ୍ତି । ଆହୁରି ମଧ୍ୟ ତରୁଣ ତରୁଣୀମାନଙ୍କର ବିରହୀ ହୃଦୟକୁ କୁନ୍ତରେ ଚିରି ଦେଲା ପରି କେତକୀ ଫୁଲ ବର୍ଚ୍ଛାର ଫଳକ ଭଳି ଶୋଭାପାଉଛି । ଆହୁରି ମଧ୍ୟ ମନେହୁଏ ସତେଯେପରି ଦିଗଙ୍ଗନାମାନେ କେତକୀ ଫଳରୂପକ ଦନ୍ତପନ୍ତି ଦେଖାଇ ହସୁଛନ୍ତି ।

ମାଧବିକାପରିମଳଲଳିତେ ନବମାଳତିଜାତିସୁଗନ୍ଧୌ
ମୁନିମନସାମପି ମୋହନକାରିଣି ତରୁଣାକାରଣବନ୍ଧୌ ।୬।

ଅର୍ଥ: ହେ ସଖି ! ମନୋହର ବସନ୍ତ ଋତୁ ମାଧବୀଫୁଲର ଲଳିତ ବାସ୍ନାରେ ମହକିତ, ନବନବ ମାଳତୀ କୁସୁମ ଓ ଜାଇଫୁଲର ମଧୁର ସୁଗନ୍ଧରେ ସୁଗନ୍ଧିତ, ମୁନିଜନଙ୍କର ମନ ମୋହନକାରିଣୀ ହୋଇ ଦେଖାଦେଇଛି, ଏହି ମଧୁଋତୁ ଯୁବକ ଯୁବତୀମାନଙ୍କର ପ୍ରିୟ ସଖା ଅଟଇ।

ସ୍ଫୁରଦତିମୁକ୍ତଲତାପରିରମ୍ଭଣପୁଲକିତମୁକୁଳିତ ଚୂତେ
ବୃନ୍ଦାବନବିପିନେ ପରିସରପରିଗତଯମୁନାଜଳପୂତେ ।୭।

ଅର୍ଥ: ହେ ସଖି ! ବସନ୍ତକାଳରେ ଏହି ବନପ୍ରଦେଶରେ ମାଧବୀଲତା ଫୁଲମାନଙ୍କରେ ମଣ୍ଡିତା ହୋଇ ଆମ୍ର ବୃକ୍ଷକୁ ଆଲିଙ୍ଗନ (ଜଡ଼ିତ) କରିଥିବାରୁ ଆମ୍ର ବୃକ୍ଷ ସ୍ୱତଃ ପୁଲକିତ ହୋଇ ମୁକୁଳିତ ହୋଇଛି ଅର୍ଥାତ୍ ବଉଳ ଧାରଣ କରିଛି। ବୃନ୍ଦାବନର ଏହି ବନଭୂମିକୁ ଯମୁନାର ପବିତ୍ର ଜଳଧାର ପରିବେଷ୍ଟନ କରିଅଛି।

ଶ୍ରୀଜୟଦେବଭଣିତମିଦମୁଦୟତିହରିଚରଣସ୍ମୃତିସାରମ୍
ସରସବସନ୍ତସମୟବନବର୍ଣ୍ଣନମନୁଗତମଦନବିକାରମ୍ ।୮।

ଅର୍ଥ: ଜୟଦେବ କବି କହୁଛନ୍ତି ଏହି ଗୀତ ହରିଚରଣ ସ୍ମୃତିସାର ଅଟଇ। ଏହା ଜଗତରେ ପ୍ରକାଶିତ ହୋଇଛି। ରସମୟ ବସନ୍ତ ଋତୁରେ ବନଶ୍ରୀର ବର୍ଣ୍ଣନା ଶ୍ରବଣ କଲେ ମନରୁ ମଦନ ବିକାର ଦୂର ହେବ।

ଦରବିଦଳିତମଲ୍ଲୀବଲ୍ଲିଚଞ୍ଚତ୍ପରାଗ
ପ୍ରକଟିତପଟବାସୈର୍ବାସୟନ୍‌କାନନାନି।
ଇହହିଦହତି ଚେତଃ କେତକୀ ଗନ୍ଧବନ୍ଧୁଃ
ପ୍ରସରଦସମବାଣପ୍ରାଣବଦ୍ ଗନ୍ଧବାହଃ ।୯।

ଅର୍ଥ: ହେ ସଖି ! ଏହି କାନନ ନବୀନ କିଶଳୟର ବସ୍ତ୍ର ଧାରଣ କରିଛି। ମଳୟାନିଳ ଧୀରେ ଧୀରେ ମଲ୍ଲୀ ଲତାରେ ପ୍ରବେଶ କରି ଦରବିକଶିତ ମଲ୍ଲୀପୁଷ୍ପର ସୁଗନ୍ଧିତ ପରାଗ ଚୂର୍ଣ୍ଣ ବହନ କରି ସେହି ବସ୍ତ୍ରକୁ ସୁବାସିତ କରୁଛି। ସେହିପରି ଗନ୍ଧବହ (ପବନ) କେତକୀ ଫୁଲର ସୁରଭିକୁ ବହନ କରି ଆହୁରି ସୁରଭିତ ହୋଇ ବିରହୀମାନଙ୍କର ତନୁକୁ ଦଗ୍ଧୀଭୂତ କରୁଅଛି।

ଅଦ୍ୟୋତ୍ସଙ୍ଗବସଦ୍‌ଭୁଜଙ୍ଗ କବଳ କ୍ଲେଶାଦିବେଶାଚଳଂ
ପ୍ରାଲେୟପ୍ଲବନେଚ୍ଛୟାନୁସରତି ଶ୍ରୀଖଣ୍ଡଶୈଳାନିଳଃ
କିଂଚ ସ୍ନିଗ୍ଧରସାଳମୌଳିମୁକୁଳାନ୍ୟାଲୋକ୍ୟ ହର୍ଷୋଦୟା
ଦୁନ୍ମୀଳନ୍ତି କୁହୂଃ କୁହୂରିତି କଲୋତ୍ତାଳାଃ ପିକାନାଂ ଗିରଃ ।୧୦।

ଅର୍ଥ: ହେ ରାଧେ ! ମଳୟଗିରିରେ ଶୋଭିତ ଚନ୍ଦନ ତରୁମାନଙ୍କୁ ଆଶ୍ରିତ କରି ସର୍ପମାନେ ରହିଥାନ୍ତି। ସେହି ସ୍ଥାନର ବାୟୁ ସର୍ପମାନଙ୍କ ଦ୍ୱାରା କବଳିତ ହୋଇଥିବାରୁ

ବିଷରେ ଜରଜର ହୋଇଥାଏ। ଅତଃ, ସେହି ବିଷଜ୍ୱାଳା ହେତୁ ମଳୟପବନ ଶୀତଳ ଜଳରେ ସ୍ନାନ କରିବା ଇଚ୍ଛାରେ ହିମାଚଳ ଶିଖର ପାଇଁ ଅଭିଳାଷ ରଖିଥାଏ। ଆହୁରି ଦେଖ, ଆମ୍ରତରୁର ମୁକୁଟ ଭଳି ଶୋଭା ପାଉଥିବା ବଉଳକୁ ଦେଖି କୁହୁତାନ କରୁଥିବା କୋକିଳମାନେ ଅତି ଉଲ୍ଲାସରେ ମଧୁର କଳଗୀତିରେ ଭରି ଦେଉଛନ୍ତି।

ଉନ୍ମୀଳନ୍‌ମଧୁଗନ୍ଧଲୁବ୍‌ଧମଧୁପବ୍ୟାଧୂତଚୂତାଙ୍କୁର
କ୍ରୀଡ଼ତ୍‌କୋକିଳକାକଳୀକଳକଳୈରୁଦ୍‌ଗୀର୍ଣ୍ଣକର୍ଣ୍ଣଜ୍ୱରାଃ
ନୀୟନ୍ତେ ପଥିକୈଃକଥଂକଥମପିଧ୍ୟାନାବଧାନକ୍ଷଣ
ପ୍ରାପ୍ତ ପ୍ରାଣସମାସମାଗମରସୋଲ୍ଲାସୈରମୀ ବାସରାଃ ।୧୧।

ଅର୍ଥ: ହେ ସଖି ! ଆମ୍ର ବକୁଳର ସୁଗନ୍ଧି ପ୍ରକାଶିତ ହୋଇ ବାସ୍ନାୟିତ ହେବାରୁ ଲୁବ୍ଧ ଭ୍ରମରସମୂହ ମଧୁପାନ ଲୋଭରେ ସେହି ବକୁଳଗୁଡ଼ିକୁ ଚୁମ୍ବନ କରି କମ୍ପିତ କରୁଛନ୍ତି। ସେହି ମୁକୁଳିତ ଆମ୍ର କୁଞ୍ଜରେ କ୍ରୀଡ଼ାରତ କୋକିଳମାନଙ୍କର ମଧୁସ୍ରାବୀ କୁହୁତାନ ବିରହୀ ପଥିକମାନଙ୍କର କର୍ଣ୍ଣଜ୍ୱର ଅର୍ଥାତ୍ ବିରହସନ୍ତାପ ବୃଦ୍ଧି କରିଦେଇଛି। ଏହି ବିରହୀ ପଥିକମାନେ ପ୍ରାଣସମା ପ୍ରିୟାମାନଙ୍କ ସହିତ ସେମାନଙ୍କର ରତିକେଳି ସୁଖକଥା ସ୍ମରଣରେ ଧ୍ୟାନାବସ୍ଥିତ ହୋଇ ଅତି କଷ୍ଟରେ ବସନ୍ତକାଳୀନ ଦିନଗୁଡ଼ିକୁ ବିତାଉଛନ୍ତି।

ଅନେକନାରୀ ପରିରମ୍ଭସଂଭ୍ରମ ସ୍ଫୁରନ୍‌ମନୋହାରିବିଳାସଲାଳସମ୍
ମୁରାରିମାରାଦୁପଦର୍ଶୟନ୍ତ୍ୟସୌ ସଖୀ ସମକ୍ଷଂ ପୁନରାହ ରାଧିକାମ୍।୧୨।

ଅର୍ଥ: ଅନେକ ଗୋପନାରୀଙ୍କ ସହିତ ପରିବେଷ୍ଟିତ ହୋଇ ତାଙ୍କ ସହିତ ରମଣ ରସରେ ନିମଜ୍ଜମାନ ହେତୁ ଯେଉଁ ବିଳାସ ତାଙ୍କ ଶ୍ରୀଅଙ୍ଗରେ ସ୍ଫୁରିତ ହେଉଛି ଏବଂ ସେମାନଙ୍କର ମନୋହାରୀ ଆଲିଙ୍ଗନ ବିଳାସଲୀଳାରେ ଅତ୍ୟନ୍ତ ଲାଳସୀ ହୋଇଥିବା ସେହି ରମଣବିଳାସୀ ଶ୍ରୀକୃଷ୍ଣଙ୍କୁ କିଛି ଦୂରରେ ଦେଖାଇ ଦେଇ ସଖୀ ଶ୍ରୀରାଧାଙ୍କୁ କହିଲେ - ହେ ସଖି ! ତୁମ ପ୍ରାଣପ୍ରିୟ ମୁରାରିଙ୍କୁ ସମ୍ମୁଖରେ ଦେଖ।

ଗୀତମ୍ ।।୪।।

(ରାମକେରୀରାଗେଣ ଗୀୟତେ। ଯତିତାଲାଭ୍ୟାଂ ଗୀୟତେ)

ଚନ୍ଦନଚର୍ଚ୍ଚିତନୀଳକଳେବରପୀତବସନବନମାଳୀ
କେଳିଚଳନ୍ମଣିକୁଣ୍ଡଳମଣ୍ଡିତଗଣ୍ଡଯୁଗସ୍ମିତଶାଳୀ
ହରିରିହ ମୁଗ୍ଧବଧୂନିକରେ
ବିଳାସିନି ବିଳସତି କେଳି ପରେ ।୧। ଧ୍ରୁବମ୍।

ଅର୍ଥ: ହେ ସଖୀ ! ଶ୍ରୀବନମାଳୀ ତାଙ୍କ ନୀଳ ଶରୀରରେ ଚନ୍ଦନ ବିଲେପନ କରିଛନ୍ତି। ଶ୍ରୀଅଙ୍ଗରେ ପୀତବସନ ପରିଧାନ କରିଛନ୍ତି। ତାଙ୍କର ଗ୍ରୀବାରେ ପ୍ରଲମ୍ବିତ ବନମାଳା

ଶୋଭା ପାଉଛି। ବିଳାସଲୀଳାରେ ନିମଜ୍ଜମାନ ରହିଥିବାରୁ କର୍ଣ୍ଣରେ ମଣ୍ଡିତ ଥିବା ମଣିକୁଣ୍ଡଳ ଦ୍ୱୟ ଦୋଳାୟିତ ହେଉଛି ଏବଂ ମଣିକୁଣ୍ଡଳ ଦ୍ୱୟର ଆଭାରେ ତାଙ୍କର ଗଣ୍ଡଯୁଗଳ କିପରି ରଂଜିତ ହେଉଛି। ଏହା ସହିତ ତାଙ୍କର ଶ୍ରୀମୁଖରେ ସ୍ମିତ ହାସ୍ୟ ଶୋଭା ପାଉଛି। ହେ ବିଳାସିନି ରାଧିକେ! ଏହିପରି ବୃନ୍ଦାବନର କାନନରେ ଗୋପୀଗଣଙ୍କ ସହିତ କେତେ ରଙ୍ଗରେ ଗୋପୀନାଥ କେଳି ପ୍ରମତ୍ତ ହୋଇ ପରମ ଆନନ୍ଦରେ ବିହାର କରୁଛନ୍ତି, ଦେଖ।

ପୀନପୟୋଧରଭାରଭରେଣ ହରିଂ ପରିରଭ୍ୟ ସରାଗମ୍
ଗୋପବଧୂରନୁଗାୟତି କାଚିଦୁଦଞ୍ଚିତପଞ୍ଚମରାଗମ୍ ।୨।

ଅର୍ଥ: ହେ ସଖି! (ଦେଖ) କିପରି ଜଣେ ଗୋପାଙ୍ଗନା ନିଜ ଉତ୍ତୁଙ୍ଗ ପୟୋଧର ଦୁଇଟିକୁ ଶ୍ରୀହରିଙ୍କର ବକ୍ଷ ଦେଶରେ ନିବିଡ଼ ଭାବରେ ସନ୍ନିବେଶିତ କରି ଅତ୍ୟନ୍ତ ଅନୁରାଗ ସହ ତାଙ୍କୁ ଆଲିଙ୍ଗନ କରି ତାଙ୍କ ଗାନ ସହିତ ସ୍ୱର ମିଳାଇ ପଞ୍ଚମ ରାଗରେ ଗାନ କରୁଛି।

କାପିବିଳାସବିଲୋଲବିଲୋଚନ ଖେଳନଜନିତମନୋଜମ୍
ଧ୍ୟାୟତି ମୁଗ୍ଧବଧୂରଧିକଂ ମଧୁସୂଦନବଦନସରୋଜମ୍ ।୩।

ଅର୍ଥ: ଶ୍ରୀକୃଷ୍ଣଙ୍କର ମନୋହର ମୁଖମଣ୍ଡଳରେ ବିଳାସରସରେ ପରିପୂର୍ଣ୍ଣ ଚଳଚଞ୍ଚଳ ନୟନଯୁଗଳର କଟାକ୍ଷ ଗୋପପୁରର ଯୁବତୀମାନଙ୍କର ଚିତ୍ତକୁ ମଦନ ବିକାରଗ୍ରସ୍ତ କରାଉଛି। ହେ ସଖି ଦେଖ, ଜଣେ ମୁଗ୍ଧ ଗୋପବଧୂ କପରି ମଧୁସୂଦନଙ୍କର ବଦନକମଳରୁ ମଧୁପାନ ଆଶାରେ ଲୋଲୁପ ଦୃଷ୍ଟିରେ ଚାହିଁ ରହିଛି।

କାପି କପୋଳତଳେ ମିଳିତା ଲପିତୁଂକିମପିଶ୍ରୁତିମୂଳେ
ଚାରୁଚୁଚୁମ୍ବ ନିତମ୍ବବତୀ ଦୟିତଂପୁଲକୈରନୁକୂଳେ ।୪।

ଅର୍ଥ: ହେ ରାଧିକେ! (ଏଇ ଦେଖ) ଜଣେ ନିତମ୍ବିନୀ ଗୋପବଧୂ ଶ୍ରୀକୃଷ୍ଣଙ୍କ କର୍ଣ୍ଣରେ କୌଣସି ଗୋପନୀୟ କଥା କହିବାର ଛଳନା କରି ତାଙ୍କର ଗଣ୍ଡସ୍ଥଳରେ ମୁଖ ପ୍ରଦାନ କରୁଛି। ରସରାଜ ଶ୍ରୀକୃଷ୍ଣ ସେହି ଗୋପୀଙ୍କର ଅଭିପ୍ରାୟ ବୁଝିପାରି ବିପୁଳ ପୁଲକରେ ପରିପୂର୍ଣ୍ଣ ହୋଇଯାଉଛନ୍ତି। ସେହି ରସିକା ଗୋପତରୁଣୀ ଅନୁକୂଳ ଭାବ ଜାଣି ଶ୍ରୀକୃଷ୍ଣଙ୍କର କପୋଳକୁ ଚାରୁଚୁମ୍ବନ ଦେଉଛନ୍ତି।

କେଳିକଳାକୁତୁକେନ ଚ କାଚିଦମୁଂ ଯମୁନାଜଳକୂଳେ
ମଞ୍ଜୁଳବଞ୍ଜୁଳକୁଞ୍ଜଗତଂ ବିଚକର୍ଷ କରେଣ ଦୁକୂଳେ ।୫।

ଅର୍ଥ: ହେ ରାଧିକେ, କେଳିକଳାକୌତୁକବଶତଃ ଶ୍ରୀକୃଷ୍ଣଙ୍କ ସହିତ ଏକାନ୍ତରେ ମିଳିତ ହେବା ପାଇଁ କେହି ଜଣେ ଗୋପୀ ଯମୁନା ଜଳଧାରର ପୁଳିନରେ ଥିବା ବେତସ କୁଞ୍ଜ ଆଡକୁ କୃଷ୍ଣକୁ ନେବା ଉଦ୍ଦେଶ୍ୟରେ ଶ୍ରୀକୃଷ୍ଣଙ୍କର ପୀତବାସକୁ ଧରି ଟାଣୁଛନ୍ତି।

କରତଳତାଳତରଳବଳୟାବଳିକଳିତ କଳସ୍ୱନବଂଶେ
ରାସରସେ ସହନୃତ୍ୟପରାହରିଣା ଯୁବତିଃ ପ୍ରଶଶଂସେ ।୬।

ଅର୍ଥ: ହେ ରାଧିକେ ! (ଦେଖ) ଜଣେ ଯୁବତୀ ରାସରସରେ ଶ୍ରୀକୃଷ୍ଣଙ୍କ ସହିତ କରତାଳି ଦେଇ ନୃତ୍ୟ କରୁଥିବା ସମୟରେ ତା'ର ହସ୍ତର କଙ୍କଣଗୁଡ଼ିକ ପରସ୍ପର ସହିତ ବାଜି ସେଥିରୁ ବାହାରୁଥିବା ରୁଣୁଝୁଣୁ ଶବ୍ଦ ଶ୍ରୀକୃଷ୍ଣଙ୍କ ବଂଶୀସ୍ୱନ ସହିତ ମିଳିତ ହୋଇଯାଉଥିବାରୁ ଶ୍ରୀହରି ତାକୁ ପ୍ରଶଂସା କରୁଛନ୍ତି ।

ଶ୍ଳିଷ୍ୟତି କାମପି ଚୁମ୍ବତି କାମପି କାମପି ରମୟତି ରାମାମ୍
ପଶ୍ୟତି ସସ୍ମିତଚାରୁପରାମପରାମନୁଗଚ୍ଛତିବାମାମ୍ ।୭।

ଅର୍ଥ: ହେ ସଖି ! (ଦେଖ), ଏହି ମଧୁର ରାସରସରେ ରାସଶେଖର ଶ୍ରୀକୃଷ୍ଣ କେଉଁ ଗୋପୀଙ୍କୁ ଆଲିଙ୍ଗନ କରୁଛନ୍ତି, କେଉଁ ଗୋପୀକୁ ଚୁମ୍ବନ ଦେଉଛନ୍ତି, କେତେବେଳେ ସହାସ୍ୟ ବଦନରେ ସତୃଷ୍ଣ ନୟନରେ କେଉଁ ସୁନ୍ଦରୀ ଗୋପୀଙ୍କୁ ଚାହିଁ ରହୁଛନ୍ତି ତ କେଉଁ ଗୋପୀଙ୍କର ପଛେ ପଛେ କୁତୂହଳ ହୋଇ ଚାଲିଛନ୍ତି ।

ଶ୍ରୀଜୟଦେବଭଣିତମିଦମଦ୍ଭୁତକେଶବକେଳି ରହସ୍ୟମ୍
ବୃନ୍ଦାବନବିପିନେ ଲଳିତଂ ବିତନୋତୁ ଶୁଭାନି ଯଶସ୍ୟମ୍ ।୮।

ଅର୍ଥ: ଶ୍ରୀଜୟଦେବ କବିଙ୍କ ଦ୍ୱାରା ଏହି ଅଦ୍ଭୁତ କେଶବ କେଳିରହସ୍ୟପୂର୍ଣ୍ଣ ଶ୍ରୀଗତଗୋବିନ୍ଦ ପ୍ରବନ୍ଧ ପ୍ରଣୀତ ହେଲା । ଏହି ଯଶସ୍କର ପ୍ରବନ୍ଧରେ ବର୍ଣ୍ଣିତ ହୋଇଥିବା ବୃନ୍ଦାବନ ନିକୁଞ୍ଜବନବିଳାସୀ ଶ୍ରୀକୃଷ୍ଣଙ୍କର ଲଳିତ ଓ ଶୁଭପ୍ରଦ କେଳି କଥା ଜଗତର ମଙ୍ଗଳ ବିଧାନ କରୁ ।

ବିଶ୍ୱେଷାମନୁରଞ୍ଜନେନ ଜନୟନ୍ନାନନ୍ଦମିନ୍ଦୀବର -
ଶ୍ରେଣୀଶ୍ୟାମଳକୋମଳୈରୁପନୟନ୍ନଙ୍ଗୈରନଙ୍ଗୋତ୍ସବମ୍
ସ୍ୱଚ୍ଛନ୍ଦଂବ୍ରଜସୁନ୍ଦରୀଭିରଭିତଃ ପ୍ରତ୍ୟଙ୍ଗମାଲିଙ୍ଗିତଃ
ଶୃଙ୍ଗାରଃ ସଖୀ ମୂର୍ତ୍ତିମାନ୍ନିବ ମଧୌ ମୁଗ୍ଧୋହରିଃ କ୍ରୀଡ଼ତି ।୧୧।

ଅର୍ଥ: ହେ ସଖି ! ପ୍ରେମମୟ ପୁରୁଷ ହେଉଛନ୍ତି ଶ୍ରୀକୃଷ୍ଣ । ସେ ଅନୁରାଗବଶତଃ ନଟବର ବେଶ ଧାରଣ କରି ସତରେ ଜଗତବାସୀଙ୍କୁ ମୋହିତ କରନ୍ତି । ନୀଳକମଳ ସଦୃଶ ଅଙ୍ଗକାନ୍ତି ବିଶିଷ୍ଟ ସେହି କାମସୁନ୍ଦର ଶ୍ରୀକୃଷ୍ଣ ଗୋପନାରୀମାନଙ୍କର ପ୍ରାଣଧନ ଅଟନ୍ତି । କାମୀଜନମାନଙ୍କର ମନୋରଥକୁ ସେ ପୂରଣ କରିଥାନ୍ତି । ଏହିପରି ମନମୋହନ ଶ୍ରୀକୃଷ୍ଣ ଏହି ବସନ୍ତକାଳରେ ବ୍ରଜସୁନ୍ଦରୀମାନଙ୍କର ପ୍ରତ୍ୟେକ ଅଙ୍ଗକୁ ଆଲିଙ୍ଗନ କରି ଅତ୍ୟନ୍ତ ମୁଗ୍ଧ ଭାବରେ ନାଚ କରୁଛନ୍ତି । ତାଙ୍କୁ ଦେଖିଲେ ମନେହୁଏ, ସତେ ଯେପରି ଶୃଙ୍ଗାର ରସ ମନୋହର ମୂର୍ତ୍ତି ଧାରଣ କରି ନୃତ୍ୟରତ ଅଛନ୍ତି ।

ରାସୋଲ୍ଲାସଭରେଣ ବିଭ୍ରମଭୃତାମାଭୀରବାମଭ୍ରୁବା
ମଭ୍ୟର୍ଣେ ପରିରଭ୍ୟ ନିର୍ଭରମୁରଃପ୍ରେମାନ୍ଧୟାରାଧୟା
ସାଧୁ ତ୍ୱଦ୍‌ବଦନଂ ସୁଧାମୟମିତି ବ୍ୟାହୃତ୍ୟ ଗୀତସ୍ତୁତି
ବ୍ୟାଜାଦୁଦ୍‌ଭଟଚୁମ୍ବିତଃ ସ୍ମିତମନୋହାରୀ ହରିଃ ପାତୁ ବଃ ।୧୨।

ଅର୍ଥ: ଏହି ରାସଲୀଳାରେ ପ୍ରେମମୟୀ ଶ୍ରୀରାଧା ଶ୍ରୀକୃଷ୍ଣଙ୍କ ପ୍ରେମରେ ଅତ୍ୟନ୍ତ ଉଲ୍ଲସିତା ହେଲେ। କୃଷ୍ଣ ପ୍ରେମରେ ଅନ୍ଧୁଣୀ ପ୍ରାୟ ହୋଇଥିବା ଶ୍ରୀରାଧା ଅନ୍ୟଗୋପୀମାନଙ୍କ ସମକ୍ଷରେ ଶ୍ରୀକୃଷ୍ଣଙ୍କୁ ଗାଢ଼ତର ଭାବରେ ଆଲିଙ୍ଗନ କରି କହିଲେ - "ତୁମର ବଦନ କମଳ କି ସୁଧାମୟ, କି ମନୋହର।" ଏହିପରି ସ୍ତୁତି କରି ଶ୍ରୀରାଧା ଶ୍ରୀକୃଷ୍ଣଙ୍କୁ ଗାଢ଼ତର ଭାବରେ ଚୁମ୍ବନ କଲେ। ଶ୍ରୀରାଧାଙ୍କର ଏହିପରି ପ୍ରେମବିହ୍ୱଳ ଭାବ ଦେଖି ଶ୍ରୀକୃଷ୍ଣଙ୍କ ହୃଦୟ ଆନନ୍ଦରେ ପରିପ୍ଲୁତ ହୋଇଗଲା ଏବଂ ତାଙ୍କର ମୁଖଶ୍ରୀ ମନୋହର ସ୍ମିତ ହାସ୍ୟରେ ବିଭୂଷିତ ହେଲା। ଶ୍ରୀକୃଷ୍ଣ ମନୋହାରିଣୀ ସେହି ଶ୍ରୀରାଧାଙ୍କ ଦ୍ୱାରା ଚୁମ୍ବିତ ଓ ମନୋହର ସ୍ମିତହାସ୍ୟ ପରିଶୋଭିତ ମୁରଲୀ ମନୋହର ଶ୍ରୀହରି ତୁମ୍ଭମାନଙ୍କର ମଙ୍ଗଳ ବିଧାନ କରନ୍ତୁ।

॥ ଇତିଶ୍ରୀଗୀତଗୋବିନ୍ଦ ମହାକାବ୍ୟେ ଜୟଦେବକୃତୌ
ସାମୋଦଦାମୋଦରୋ ନାମ ପ୍ରଥମଃ ସର୍ଗଃ ॥

(ଦ୍ୱିତୀୟଃ ସର୍ଗଃ)

ଅକ୍ଲେଶକେଶବଃ

ବିହରତିବନେ ରାଧା ସାଧାରଣପ୍ରଣୟେ ହରୌ
ବିଗଳିତନିଜୋତ୍କର୍ଷାଦୀର୍ଷ୍ୟାବଶେନ ଗତାନ୍ୟତଃ
କ୍ୱଚିଦପି ଲତାକୁଞ୍ଜେ ଗୁଞ୍ଜନ୍ମଧୁବ୍ରତମଣ୍ଡଳୀ
ମୁଖରଶିଖରେଲୀନାଦୀନାପ୍ୟୁବାଚ ରହଃ ସଖୀମ୍ ।୧।

ଅର୍ଥ: ପ୍ରିୟ ସଖୀଙ୍କଠାରୁ ଅନ୍ୟ ଗୋପୀମାନଙ୍କ ସହିତ ଶ୍ରୀକୃଷ୍ଣଙ୍କର ରସରଙ୍ଗରେ ବୁଡ଼ି ରହିଥିବା ଶୁଣି ଏବଂ ସ୍ୱଚକ୍ଷୁରେ ଦେଖି ଶ୍ରୀରାଧା ଅଭିମାନରେ ଜର୍ଜରିତ ହୋଇଥିଲେ। ସେ ଇର୍ଷାବଶତଃ ସଖୀଙ୍କ ସହିତ ଅନ୍ୟତ୍ର ଚାଲିଯାଇଥିଲେ ଏବଂ ଗୋଟିଏ ଲତାକୁଞ୍ଜର ଅନ୍ତରାଳରେ ବସି ରହିଲେ। ସେହି କୁଞ୍ଜ ମଧ୍ୟରେ ଭ୍ରମରମାନଙ୍କର ମୃଦୁଗୁଞ୍ଜନ ତାଙ୍କର ଅଭିମାନ ଓ ବିରହକୁ ଆହୁରି ବଢ଼ାଇ ଦେଇଥିଲା। ଅତଃ ବିରହିଣୀ ଶ୍ରୀରାଧା ନିଜର ପ୍ରିୟସଖୀଙ୍କୁ ଡାକି ତାଙ୍କର ଏହି ଦୀନଦଶା ତଥା ମନୋବ୍ୟଥାକୁ ବ୍ୟକ୍ତ କରିବାକୁ ଲାଗିଲେ।

ଗୀତ

(ଗୁର୍ଜ୍ଜରୀରାଗେଣ ଯତି ତାଳାଭ୍ୟାଂ ଗୀୟତେ)

ସଂଚରଦଧରସୁଧାମଧୁରଧ୍ୱନିମୁଖରିତମୋହନବଂଶମ୍
ଚଳିତଦୃଗଂଚଳଚଂଚଳମୌଳିକପୋଳବିଲୋଳବତଂସମ୍।
ରାସେ ହରିମିହ ବିହିତବିଳାସମ୍
ସ୍ମରତି ମନୋମମ କୃତପରିହାସମ୍। ଧ୍ରୁବମ୍।

ଅର୍ଥ: ହେ ସଖୀ! ଏହି ବୃନ୍ଦାବନରେ ରାସସମୟରେ ଶ୍ରୀକୃଷ୍ଣ ଯେଉଁ ସବୁ ଶୃଙ୍ଗାର ବିଳାସ ରଚନା କରିଥିଲେ, ମୁରଲୀ ମନୋହର ଶ୍ରୀକୃଷ୍ଣଙ୍କର ସେହି ଗୁଣକୁ ଓ ପରିହାସକୁ ମୋର ମନ ଅହରହ ସ୍ମରଣ କରୁଛି। ସେହି ସମୟରେ ଶ୍ରୀକୃଷ୍ଣଙ୍କର ଅଧରାମୃତ ସମ ଯେଉଁ ସୁସ୍ୱର ମୁରଲୀଧ୍ୱନି ନିଃସୃତ ହେଉଥିଲା, ତାହା ରାସମଣ୍ଡଳକୁ ଦିବ୍ୟତାରେ ଭରି ଦେଉଥିଲା। ତାଙ୍କ ନୟନର କଟାକ୍ଷ ଓ ଶିରରେ ଶୋଭିତ ମୁକୁଟର ଦୋଳାୟିତ ଭଙ୍ଗୀ ଏବଂ କର୍ଣ୍ଣଯୁଗଳରେ ଥିବା ମକରକୁଣ୍ଡଳ ଆନ୍ଦୋଳିତ ହୋଇ ଗଣ୍ଡଯୁଗଳର କାନ୍ତିକୁ ବର୍ଦ୍ଧିତ କରିବାର ମନୋହର ଦୃଶ୍ୟ ରାଜି ମୋର ଅହରହ ମନେ ପଡୁଛି।

ଚନ୍ଦ୍ରକଚାରୁମୟୂରଶିଖଣ୍ଡ କମଣ୍ଡଳବଳୟିତକେଶମ୍
ପ୍ରଚୁରପୁରନ୍ଦରଧନୁରନୁରଞ୍ଜିତମେଦୁରମୁଦିରସୁବେଶମ୍। (ଖ)

ଅର୍ଥ: ସେତେବେଳେ ଶ୍ରୀକୃଷ୍ଣ ତାଙ୍କର ବଳୟିତ କେଶପାଶରେ ମନୋହର ମୟୂରଚନ୍ଦ୍ରିକା ପୁଚ୍ଛ ଧାରଣ କରିଥିଲେ। ମନେ ହେଉଥିଲା ସତେ ଅବା ନବୀନ ମେଘମଣ୍ଡଳରେ ପୁରନ୍ଦରଧନୁ ଅର୍ଥାତ୍ ବହୁବର୍ଣ୍ଣୀ ଇନ୍ଦ୍ରଧନୁ ଶୋଭାପାଉଛି।

ଗୋପକଦମ୍ବନିତମ୍ବବତୀମୁଖଚୁମ୍ବନଲମ୍ଭିତଲୋଭମ୍
ବନ୍ଧୁଜୀବମଧୁରାଧରପଲ୍ଲବମୁଲ୍ଲସିତସ୍ମିତଶୋଭମ୍। (ଗ)

ଅର୍ଥ: ସେତେବେଳେ ଶ୍ରୀକୃଷ୍ଣ ନିତମ୍ବିନୀ ଗୋପୀମାନଙ୍କର ମୁଖଶ୍ରୀକୁ ଚୁମ୍ବନ ଦେବାରେ ଲୋଭାସକ୍ତ ହୋଇଥିଲେ। ବଧୁଲୀ ଫୁଲ ପରି ତାଙ୍କର କମନୀୟ ଲାଲ ଅଧର ପଲ୍ଲବରେ ଉଲ୍ଲାସବଶତଃ ସ୍ମିତହାସ୍ୟ ଶୋଭାପାଉଥିଲା।

ବିପୁଳପୁଳକଭୁଜପଲ୍ଲବବଳୟିତବଲ୍ଲବଯୁବତୀସହସ୍ରମ୍
କରଚରଣୋରସି ମଣିଗଣଭୂଷଣକିରଣବିଭିନ୍ନତମିସ୍ରମ୍। (ଘ)

ଅର୍ଥ: ଶ୍ରୀକୃଷ୍ଣ ସେତେବେଳେ ବିପୁଳ ପୁଲକରେ ପୁଲକିତ ହୋଇ ତାଙ୍କର ଭୁଜପଲ୍ଲବ ଦ୍ୱାରା ଓ ମଣ୍ଡଳାକାରରେ ରହିଥିବା ସହସ୍ର ସହସ୍ର ଗୋପର ଯୁବତୀମାନଙ୍କୁ ଆଲିଙ୍ଗନ କରିଥିଲେ, ସେହି ସମୟରେ ଶ୍ରୀକୃଷ୍ଣଙ୍କର କର, ଚରଣ ଓ ବକ୍ଷଦେଶରେ ଶୋଭାପାଉଥିବା ଭୂଷଣ ସ୍ୱରୂପ ମଣିଗଣ ଦ୍ୱାରା ରାସସ୍ଥଳୀର ଅନ୍ଧକାର ବିଦୂରିତ

ହୋଇଯାଇଥିଲା ।

ଜଳଦପଟଳଚଳଦିନ୍ଦୁବିନିନ୍ଦକଚନ୍ଦନତିଳକଲଲାଟମ୍
ପୀନପୟୋଧରପରିସରମର୍ଦ୍ଦନନିର୍ଦ୍ଦୟହୃଦୟକପାଟମ୍ । (ଙ)

ଅର୍ଥ: ସେତେବେଳେ ଶ୍ରୀକୃଷ୍ଣ ତାଙ୍କର ଲଲାଟପ୍ରଦେଶରେ ଯେଉଁ କମନୀୟ ଚନ୍ଦନ ତିଳକ ଧାରଣ କରିଥିଲେ ତାହା ନବୀନ ମେଘମଣ୍ଡଳରେ ଶୋଭିତ ଚନ୍ଦ୍ରମାର ସୁଷମାକୁ ସତେ ଅବା ପରାଜିତ କରୁଥିଲା । ଗୋପ ଯୁବତୀମାନଙ୍କର ଉନ୍ନତ କୁଚମଣ୍ଡଳର ପ୍ରାନ୍ତଭାଗକୁ ନିର୍ଦ୍ଦୟ ଭାବରେ ମର୍ଦ୍ଦନ କରିବାରେ ଯାହାଙ୍କର ହୃଦୟ ଅତ୍ୟନ୍ତ କଠିନ, ସେହି ଶ୍ରୀକୃଷ୍ଣଙ୍କୁ ମୁଁ ସ୍ମରଣ କରୁଛି ।

ମଣିମୟମକରମନୋହରକୁଣ୍ଡଳମଣ୍ଡିତଗଣ୍ଡମୁଦାରମ୍ ।
ପୀତବସନମନୁଗତମୁନିମନୁଜସୁରାସୁରବରପରିବାରମ୍ । (ଚ)

ଅର୍ଥ: ସେତେବେଳେ ଶ୍ରୀକୃଷ୍ଣଙ୍କର କର୍ଣ୍ଣରେ ମନୋହର ମଣିମୟ ମକର କୁଣ୍ଡଳଦ୍ୱୟ ଶୋଭା ପାଉଥିଲା ଏବଂ ତାଙ୍କର ଗଣ୍ଡଯୁଗଳ ମଣିମୟ ତେଜରେ ଝଲମଲ ହେଉଥିଲା । ପୀତବସନଧାରୀ ସେହି ଶ୍ରୀକୃଷ୍ଣଙ୍କର (ନାରଦ ଆଦି) ମୁନିଗଣ, (ଭୀଷ୍ମ) ଆଦି ମହାମାନବଗଣ, (ଇନ୍ଦ୍ରାଦି) ଦେବତାଗଣ ଏବଂ (ପ୍ରହ୍ଲାଦ ଆଦି) ଅସୁରମାନେ - ଏହି ତ୍ରିଲୋକରେ ପରିଜନ ରୂପେ ରହିଛନ୍ତି । ସେହି ତ୍ରୈଲୋକ୍ୟସାର ଶ୍ରୀକୃଷ୍ଣ ମୋର ମନେ ପଡୁଛନ୍ତି ।

ବିଶଦକଦମ୍ବତଳେ ମିଳିତଂ କଳିକଲୁଷଭୟଂ ଶମୟନ୍ତମ୍
ମାମପିକିମପି ତରଙ୍ଗମନଙ୍ଗଦୃଶା ମନସା ରମୟନ୍ତମ୍ (ଛ)

ଅର୍ଥ: ପ୍ରଣୟକଳିରେ କଳୁଷିତ ମୋରହୃଦୟକୁ ଶାନ୍ତ କରିବା ପାଇଁ ଯେତେବେଳେ ପୁଷ୍ପିତ କଦମ୍ବ ତରୁତଳେ ଏକାନ୍ତରେ ମୋର ପ୍ରାଣଧନ ଶ୍ରୀକୃଷ୍ଣ ଉପସ୍ଥିତ ରହି ମୋର ମୁଖକୁ ବାରମ୍ବାର ତରଙ୍ଗ ତରଙ୍ଗ ଦୃଷ୍ଟିପାତ କରୁଥାନ୍ତି ଏବଂ ମନେ ମନେ ମୋ ସହିତ ରମଣ କରୁଥାନ୍ତି, ବର୍ତ୍ତମାନ ସେହି ନାଗରବରଙ୍କୁ ପାଇବାକୁ ମୁଁ ଇଚ୍ଛା କରୁଛି ।

ଶ୍ରୀଜୟଦେବଭଣିତମତିସୁନ୍ଦର ମୋହନମଧୁରିପୁରୂପମ୍
ହରିଚରଣସ୍ମରଣଂ ପ୍ରତି ସମ୍ପ୍ରତି ପୁଣ୍ୟବତାମନୁରୂପମ୍ । (ଜ)

ଅର୍ଥ: ଶ୍ରୀଜୟଦେବ କବିଙ୍କ ଦ୍ୱାରା ଏହି ସୁନ୍ଦର ମୋହନ ମଧୁରିପୁ ଚରିତ ବର୍ଣ୍ଣିତ ହେଲା । ସୁତରାଂ ବର୍ତ୍ତମାନ କାଳରେ (ଅର୍ଥାତ୍ କଳିଯୁଗରେ) ଭଗବତ ଭକ୍ତି ପରାୟଣ ପୁଣ୍ୟବାନ୍ ଲୋକେ ଶ୍ରୀହରିଙ୍କର ଚରଣ ଯୁଗଳକୁ ସ୍ମରଣ କରି କଳିକଲୁଷ ନାଶନ କରିବେ ।

ଗଣୟତି ଗୁଣଗ୍ରାମଂ ଭ୍ରାମଂ ଭ୍ରମାଦପି ନେହତେ
ବହତି ଚ ପରିତୋଷଂ ଦୋଷଂ ବିମୁଞ୍ଚତି ଦୂରତଃ
ଯୁବତିଷ୍ଣୁ ଚଳତୃଷ୍ଣେ କୃଷ୍ଣେ ବିହାରିଣି ମାଂ ବିନା

ପୁନରପି ମନୋବାମଂ କାମଂ କରୋତି କରୋମି କିମ୍।

ଅର୍ଥ: ହେ ସଖି! ମୁଁ ସର୍ବଦା ଶ୍ରୀକୃଷ୍ଣଙ୍କର ଗୁଣଗ୍ରାମକୁ ଦିବାନିଶି ଗୁଣିବାରେ ଲାଗିଛି। ତାଙ୍କଠାରେ କୌଣସି ପ୍ରକାର ଦୋଷ ମଧ୍ୟ ମୁଁ ଦେଖିପାରୁନାହିଁ। ମୁଁ ଜାଣୁଛି ଶ୍ରୀକୃଷ୍ଣ ମୋତେ ଏଡ଼ାଇ ଦେଇ ଅନ୍ୟ ଗୋପୀମାନଙ୍କ ସଙ୍ଗେ ପ୍ରୀତିଭାବ ସ୍ଥାପନ କରୁଛନ୍ତି, ଅଥଚ ତାଙ୍କ ପ୍ରତି ଗାଢ଼ ଅନୁରାଗ ଯୋଗୁଁ ମୁଁ ତାଙ୍କୁ ଉପେକ୍ଷା କରିପାରୁନାହିଁ। ତଥାପି ମୋର ମନ ତାଙ୍କର ମଧୁର ସ୍ପର୍ଶ ପାଇଁ ଆତୁର। ମୁଁ ତ ସବୁବେଳେ କୃଷ୍ଣପ୍ରେମ ଲାଳସୀ। ଗୋ ସଖି! ଏବେ ମୁଁ କ'ଣ କରିପାରିବି?

(ଗୁଣ୍ଡକେରୀରାଗେଣ ଗୀୟତେ)

ନିଭୃତନିକୁଞ୍ଜଗୃହଂ ଗତୟାନିଶି ରହସି ନିଲୀୟ ବସନ୍ତମ୍
ଚକିତବିଲୋକିତସକଳଦିଶା ହରିରଭସଭରେଣ ହସନ୍ତମ୍।
ସଖି ହେ, କେଶିମଥନମୁଦାରମ୍
ରମୟ ମୟା ସହ ମଦନମନୋରଥଭାବିତୟା ସବିକାରମ୍। (କ)

ଧ୍ରୁବମ୍

ଅର୍ଥ: ହେ ସଖି! କେଶିମଥନ ଶ୍ରୀକୃଷ୍ଣଙ୍କ ସହିତ ମୋର ମଦନ ମନୋରଥ କିପରି ଚରିତାର୍ଥ ହେବ ମୁଁ ତାହା ଚିନ୍ତା କରୁଛି। ମୋର ବଚନ ଶୁଣ। କେଶିସୂଦନଙ୍କ ସହିତ ମୋର ମିଳନ କରାଇ ଦିଅ। ତୁମେ ଦେଖ, ତାଙ୍କ ସହିତ ଏକାନ୍ତ ରମିବା ପାଇଁ ମୁଁ ଅନ୍ଧାର ରାତିରେ ଏହି ନିର୍ଜନ ନିକୁଞ୍ଜ କୁଟୀରରେ ଥାଇ ବି ସେ କେତେବେଳେ ଆସିବେ ବୋଲି ଚାରିଆଡ଼କୁ ଚକିତ ହୋଇ ଚାହୁଁଥାଏ। ମୋର ଏପରି କାତରତା ଦେଖି କେଶିମଥନ ଶୃଙ୍ଗାର ରସରେ ପରିପ୍ଳୁତ ହୋଇ ମୋତେ ଚାହିଁ ହସିପକାନ୍ତି। ଗୋ ସହଚରି! ସେହି କେଶିସୂଦନ ଅତ୍ୟନ୍ତ ଉଦାର ହୃଦୟ। ସୁତରାଂ ସେହି ମଦନମୋହନଙ୍କ ସହିତ ମୋର ମିଳନ କରାଅ।

ପ୍ରଥମସମାଗମଲଜ୍ଜିତୟା ପଟୁଚାଟୁଶତୈରନୁକୂଳମ୍
ମୃଦୁମଧୁରସ୍ମିତଭାଷିତୟା ଶିଥିଳୀକୃତଜଘନଦୁକୂଳମ୍। (ଖ)

ଅର୍ଥ: ତାଙ୍କ ସହିତ ପ୍ରଥମ ମିଳନରେ ଅତ୍ୟନ୍ତ ଲାଜ ପ୍ରକଟ କରିବାରୁ ଶ୍ରେଷ୍ଠ ଚାଟୁକାର ଶ୍ରୀକୃଷ୍ଣ ମୋର ଲଜ୍ଜା ଦୂର କରିବା ପାଇଁ ନାନା ଚାଟୁବଚନ କହିଲେ। ତାଙ୍କ ଚାଟୁ ବଚନରେ ବଶୀଭୂତ ହୋଇ ମୁଁ ଈଷତ୍ ହସି ମୃଦୁମଧୁର ଆଳାପ କରୁଥିବା ସମୟରେ ସେ ମୋ ଜଘନ ଅଞ୍ଚଳରୁ ଧୀରେ ଧୀରେ ବସ୍ତ୍ର ଅପସାରଣ କରିଦେଲେ। ହେ ସଖି! ସେହି ଶ୍ରୀକୃଷ୍ଣଙ୍କ ସହିତ ମୋର ମିଳନ କରାଇଦିଅ।

କିଶଳୟଶୟନନିବେଶିତୟା ଚିରମୁରସିମମୈବ ଶୟାନମ୍

କୃତପରିରମ୍ଭଣଚୁମ୍ବନୟା ପରିରଭ୍ୟ କୃତାଧରପାନମ୍‌। (ଗ)

ଅର୍ଥ: ମୋର ପ୍ରିୟ ସଖା (ଶ୍ରୀକୃଷ୍ଣ) ନବକିଶଳୟ କୋମଳ ଶଯ୍ୟାପରେ ମୋତେ ଶୁଆଇଦେଲେ ଏବଂ ଅତ୍ୟନ୍ତ ହର୍ଷଭରେ ମୋର ବକ୍ଷ ଉପରେ ଦୀର୍ଘ ସମୟ ଶୟନ କରିଥିଲେ। ମୁଁ ତାଙ୍କୁ ଗାଢ଼ତର ଭାବରେ ଆଲିଙ୍ଗନ ଓ ଚୁମ୍ବନ କରିବାରୁ ସେ ପ୍ରବଳ ଅନଙ୍ଗରସରେ ମାତି ମୋତେ ମଧ୍ୟ ନିବିଡ଼ ଭାବରେ ଆଲିଙ୍ଗନ କରି ବାରମ୍ବାର ମୋର ଅଧରସୁଧା ପାନ କରିବାକୁ ଲାଗିଲେ। ହେ ସଖି! ସେହି ଶ୍ରୀକୃଷ୍ଣଙ୍କ ସହିତ ମୋର ମିଳନ କରାଅ।

ଅଳସନିମୀଳିତଲୋଚନୟା ପୁଲକାବଳିଲଳିତକପୋଳମ୍‌
ଶ୍ରମଜଳସକଳକଳେବରୟା ବରମଦନମଦାଦତିଲୋଳମ୍‌। (ଘ)

ଅର୍ଥ: ସେତେବେଳେ ରତିସୁଖରେ ବିଭୋରହୋଇ ମୋ ନୟନ ମୁଦ୍ରିତ ହୋଇଯାଇଥିଲା ଏବଂ ମୋର ସମଗ୍ର କଳେବର ରତିକାଳୀନ ଶ୍ରମ ଜଳରେ ସିକ୍ତ ହୋଇଯାଇଥିଲା। ସେହି ରତିକ୍ରୀଡା କାଳରେ ଅତିଶୟ ଆନନ୍ଦରେ ପୁଲକିତ ହୋଇ ଶ୍ରୀକୃଷ୍ଣଙ୍କର ଲଳିତ କପୋଳ କି ମନୋହର ଦେଖା ଯାଉଥିଲା! ସେ ପ୍ରବଳ ମଦନ ଉନ୍ମାଦନାରେ ଅତ୍ୟନ୍ତ ଚଳଚଞ୍ଚଳ ହୋଇ ଉଠିଥିଲେ। ହେ ସଖୀ! ଏପରି ଶ୍ରୀକୃଷ୍ଣଙ୍କୁ ମୋ ସହିତ ମିଳନ କରାଅ।

କୋକିଳକଳରବକୂଜିତୟାଜିତମନସିଜତନ୍ତ୍ରବିଚାରମ୍‌
ଶ୍ଳଥକୁସୁମାକୁଳକୁନ୍ତଳୟା ନଖଲିଖିତଘନସ୍ତନଭାରମ୍‌। (ଙ)

ଅର୍ଥ: ଶ୍ରୀକୃଷ୍ଣଙ୍କ ସହିତ ମଧୁର ରତିକ୍ରୀଡା କାଳରେ ପରିତୃପ୍ତି ଯୋଗୁଁ ମୁଁ କୋକିଳ ରବ ପରି ମଧୁର ଶବ୍ଦ ସୃଷ୍ଟି କରୁଥିଲି। ମୋର କବରୀବନ୍ଧ ଫିଟିଯିବା ହେତୁ ଗୁନ୍ଥା ହୋଇଥିବା ଫୁଲଗୁଡ଼ିକ ବାହାରିଯାଇ ତଳେ ପଡ଼ିଯାଇଥିଲା। ସେ ରତିନିପୁଣ ଥିବାରୁ ରତିକ୍ରୀଡ଼ାରେ ମୋତେ ପରାଜିତ କରିଥିଲେ ଏବଂ ମୋର ପୀନଘନ ଉରଜ ଯୁଗଳକୁ ନଖକ୍ଷତରେ ଅଙ୍କିତ କରିଥିଲେ। ହେ ସଖି! ସେହି ଶ୍ରୀକୃଷ୍ଣଙ୍କୁ ମୋ ସହିତ ମିଳନ କରାଇଦିଅ।

ଚରଣରଣିତମଣିନୂପୁରୟା ପରିପୂରିତସୁରତବିତାନମ୍‌
ମୁଖରବିଶୃଙ୍ଖଳମେଖଳୟା ସକଚଗ୍ରହଚୁମ୍ବନଦାନମ୍‌। (ଚ)

ଅର୍ଥ: ଶ୍ରୀକୃଷ୍ଣଙ୍କ ସହିତ ରତିକ୍ରୀଡ଼ା କରିବା ସମୟରେ ମୋ ଚରଣରେ ଥିବା ମଣିମୟ ନୂପୁର ରୁଣୁଝୁଣୁ ଶବ୍ଦ ସୃଷ୍ଟି କରୁଥିଲା। ମୋର କଟୀରେ ଥିବା ମେଖଳା ସୁମଧୁର ଶବ୍ଦ କରି ବିଶୃଙ୍ଖଳିତ ହୋଇଯାଇଥିଲା। କେଳି ପ୍ରବୀଣ ଶ୍ରୀକୃଷ୍ଣ ମୋର କେଶପାଶକୁ ଆକର୍ଷଣ କରି ମୋତେ ଚୁମ୍ବଦାନ ଦେଉଥିଲେ ଏବଂ ମୋ ସହିତ ରତିକ୍ରିୟାକୁ ପୂର୍ଣ୍ଣରୂପେ

ଶେଷ କରିଥିଲେ। ହେ ସଖି! ସେହି ଶ୍ରୀକୃଷ୍ଣଙ୍କୁ ମୋ ସହିତ ମିଳନ କରାଅ।

ରତିସୁଖସମୟରସାଳସୟା ଦରମୁକୁଳିତ ନୟନସରୋଜମ୍
ନିଃସହନିପତିତତନୁଲତୟା ମଧୁସୂଦନମୁଦିତମନୋଜମ୍। (ଛ)

ଅର୍ଥ: ରତି ସୁଖ ଯୋଗୁଁ ମୋର ତନୁଲତା ଅବସନ୍ନ ହୋଇ ନିସହାୟ ଭାବରେ ପଡ଼ି ରହିଥିଲା। ମୋର ଅସହାୟ ତନୁଲତାକୁ ଦେଖି ତାଙ୍କର ନୟନକମଳ ଦ୍ୱୟ ଦରମୁକୁଳିତ ହୋଇଥିଲା। ସେ ମଦନରସରେ ପୁନଃ ପୁନଃ ଜାଗରିତ ହେଉଥିଲେ। ହେ ସଖି! ସେହି ଶ୍ରୀକୃଷ୍ଣଙ୍କୁ ମୋ ନିକଟକୁ ଅଣାଅ।

ଶ୍ରୀଜୟଦେବଭଣିତମିଦମତିଶୟମଧୁରିପୁନିଧୁବନଶୀଳମ୍
ସୁଖମୁତ୍କଣ୍ଠିତଗୋପବଧୂ କଥିତଂ ବିତନୋତୁ ସଲୀଳମ୍ ।୮।

ଅର୍ଥ: ଶ୍ରୀ ଜୟଦେବଙ୍କ ଦ୍ୱାରା ମଧୁସୂଦନଙ୍କର ନିଧୁବନ ଲୀଳା ଏବଂ ବିରହୋତ୍କଣ୍ଠା ଶ୍ରୀରାଧାଙ୍କର ଖେଦଭରା ଉକ୍ତି ବର୍ଣ୍ଣିତ। ଅପୂର୍ବ କାବ୍ୟରସରେ ପୂରିତ ଏହି ଗ୍ରନ୍ଥ ଭକ୍ତମାନଙ୍କ ହୃଦୟରେ ହରିରାସଲୀଳା ବିସ୍ତାର କରୁ।

ହସ୍ତସ୍ରସ୍ତବିଳାସବଂଶମନୃଜୁଭ୍ରୂବଲ୍ଲିମଦ୍‌ବଲ୍ଲବୀ
ବୃନ୍ଦୋତ୍‌ସାହଦୃଗନ୍ତବୀକ୍ଷିତମତି ସ୍ୱେଦାର୍ଦ୍ରଗଣ୍ଡସ୍ଥଳମ୍।
ମାମୁଦ୍‌ବୀକ୍ଷ୍ୟବିଲଜ୍ଜିତ ସ୍ମିତ ସୁଧାମୁଗ୍ଧାନନଂ କାନନେ
ଗୋବିନ୍ଦଂ ବ୍ରଜସୁନ୍ଦରୀଗଣବୃତଂ ପଶ୍ୟାମି ହୃଷ୍ୟାମି ଚ ।୧୫।

ଅର୍ଥ: ଯେଉଁ ସମୟରେ ବୃନ୍ଦାବନରେ ଶ୍ରୀହରି ବ୍ରଜସୁନ୍ଦରୀମାନଙ୍କ ଦ୍ୱାରା ପରିବୃତ ହୋଇ ନିକୁଞ୍ଜକୁଟୀରରେ ବିରାଜିତ ଥିଲେ, ସେହି ସମୟରେ ହଠାତ୍ ମୋତେ ଦେଖି ତାଙ୍କ ହସ୍ତରୁ ମୋହନବଂଶୀ ଖସିପଡ଼ିଲା। ତାଙ୍କ ମୁଖରେ ସଲଜ୍ଜହାସ୍ୟରେଖା ଦେଖାଦେଇଥିଲା। ତାଙ୍କର ଗଣ୍ଡଦେଶ ସ୍ୱେଦଜଳରେ ଆର୍ଦ୍ର ହୋଇଗଲା। ଯେଉଁ ଗୋପଯୁବତୀମାନେ ଶ୍ରୀକୃଷ୍ଣଙ୍କୁ କଟାକ୍ଷପାତ କରୁଥିଲେ, ସେମାନଙ୍କର ଦୃଷ୍ଟି ଶ୍ରୀକୃଷ୍ଣଙ୍କଠାରୁ ଦୂରେଇ ଯାଇଛି ଅର୍ଥାତ୍ ସେମାନେ ଶ୍ରୀକୃଷ୍ଣଙ୍କଠାରୁ ଅପସରି ଯାଉଛନ୍ତି। ହେ ସଖି, ଶ୍ରୀକୃଷ୍ଣଙ୍କର ସେହି ସଲଜ୍ଜହାସ୍ୟପୂରିତ ଅନଥନ ବଦନ, ସେ ସୁନ୍ଦର ରୂପ ମନେପକାଇ ମୁଁ ବିକଳ ହେଉଛି। ତାଙ୍କର ଏପରି ଅବସ୍ଥା ଦେଖି ମୁଁ ମଧ ଅତ୍ୟନ୍ତ ଆନନ୍ଦିତା ହେଉଛି।

ଦୁରାଲୋକଃ ସ୍ତୋକସ୍ତବକନବକାଶୋକଲତିକା
ବିକାସଃ କାସାରୋପବନପବନୋଽପି ବ୍ୟଥୟତି।
ଅପି ଭ୍ରାମ୍ୟଦ୍‌ଭୃଙ୍ଗୀରଣିତରମଣୀୟା ନ ମୁକୁଳ
ପ୍ରସୂତିଶ୍ଚୂତାନାଂ ସଖୀଂ! ଶିଖରିଣୀୟଂ ସୁଖୟତି ।୧୬।

ଅର୍ଥ: ସେ ସଖୀ! ଶ୍ରୀକୃଷ୍ଣଙ୍କ ଅନୁପସ୍ଥିତିରେ ମୋ ମନ କେଉଁଥିରେ ପରିତୃପ୍ତ ହେଉନାହିଁ। ଏହି କୁଞ୍ଜବନରେ ପେନ୍ଥା ପେନ୍ଥା ହୋଇ ଅଶୋକଲତାର ବିଳାସ ଅର୍ଥାତ୍ ଅଶୋକ କଳିକାଗୁଡ଼ିକ ମୋତେ ବ୍ୟଥା ଦେଉଛନ୍ତି। ଏହି ରମଣୀୟ ସରୋବର ନିକଟରେ ଶୋଭା ପାଉଥିବା ଉପବନ ମଧ୍ୟରେ ପ୍ରବାହିତ ଶୀତଳ ସମୀରଣ ମୋ ପକ୍ଷେ ସନ୍ତାପକର ହୋଇଛି। ଆହୁରି ମଧ୍ୟ ଏହି ସହକାର ତରୁର ଅଗ୍ରଭାଗରେ ରମଣୀୟ ମୁକୁଳଗୁଡ଼ିକରେ ଭୃଙ୍ଗମାନେ ଯେପରି ମଧୁଗୁଞ୍ଜନ ସୃଷ୍ଟି କରୁଛନ୍ତି, ସେହି ମନୋହର ଦୃଶ୍ୟ ମଧ୍ୟ ମୋତେ ସୁଖକର ବୋଧ ହେଉନାହିଁ।

ସାକୂତସ୍ମିତମାକୁଳାକୁଳଗଳଦ୍ଧ ମ୍ମିଲ୍ଲମୁଲ୍ଲାସିତ
ଭ୍ରୂବଲ୍ଲୀକମଲୀକଦର୍ଶିତଭୂଜାମୂଳାର୍ଦ୍ଧଦୃଷ୍ଟସ୍ତନମ୍
ଗୋପୀନାଂ ନିଭୃତଂ ନିରୀକ୍ଷ୍ୟ ଗମିତାକାଂକ୍ଷଶ୍ଚିରଂ ଚିନ୍ତୟ
ନ୍ନନ୍ତର୍ମୁଗ୍ଧମନୋହରଂ ହରତୁ ବଃ କ୍ଲେଶଂ ନବଃ କେଶବଃ ।୧୭।

ଅର୍ଥ: ଶ୍ରୀକୃଷ୍ଣ ଗୋପଯୁବତୀମାନଙ୍କ ଦ୍ୱାରା ପରିବେଷ୍ଟିତ ହୋଇ ସେମାନଙ୍କର ପ୍ରେମବିନୋଦିନୀ ମୁଖଶ୍ରୀ, ମୁକୁଳିତ କେଶବନ୍ଧନ, ଭ୍ରୂରୁବଲ୍ଲୀ, ମନୋହର ସ୍ତନମଣ୍ଡଳର ପ୍ରଦର୍ଶନ ପ୍ରଭୃତି ଭାବାଭାବଗୁଡ଼ିକୁ ମନରେ ଗାଢ଼ରୂପେ ଚିନ୍ତନ କଲାବେଳେ ଶ୍ରୀରାଧାଙ୍କର କମନୀୟ ଓ ଦିବ୍ୟ ରୂପଲାବଣ୍ୟ ମନେ ପଡ଼ିବାରୁ ସେ ସେହି ରୂପମୟୀ ଶ୍ରୀରାଧାଙ୍କ ପ୍ରତି ଆସକ୍ତ ହୋଇପଡ଼ିଲେ। ସେହି ସୁକୁମାର ନବୀନ କୃଷ୍ଣକେଶବ ତୁମ୍ଭମାନଙ୍କର କ୍ଲେଶ ହରଣ କରନ୍ତୁ।

॥ ଇତି ଶ୍ରୀଗୀତଗୋବିନ୍ଦ ମହାକାବ୍ୟେ ଶ୍ରୀଜୟଦେବକୃତୌ ଅକ୍ଲେଶ କ୍ଲେଶବୋ ନାମ ଦ୍ୱିତୀୟଃ ସର୍ଗଃ ॥

(ତୃତୀୟଃ ସର୍ଗଃ)

ମୁଗ୍ଧମଧୁସୂଦନଃ

କଂସାରିରପି ସଂସାରବାସନାବଦ୍ଧଶୃଙ୍ଖଳାମ୍
ରାଧାମାଧାୟହୃଦୟେ ତତ୍ୟାଜ ବ୍ରଜସୁନ୍ଦରୀ ।୧।

ଅର୍ଥ: ସଂସାର ବାସନାରେ ଆବଦ୍ଧ କରି ରଖିଥିବା ଶୃଙ୍ଖଳରୂପିଣୀ ଶ୍ରୀରାଧାଙ୍କୁ ମନରେ ଧାରଣ କରି କଂସାରି ଶ୍ରୀକୃଷ୍ଣ ଅନ୍ୟାନ୍ୟ ବ୍ରଜସୁନ୍ଦରୀମାନଙ୍କୁ ତ୍ୟାଗ କରି ସେଠାରୁ ଚାଲିଗଲେ।

ଇତସ୍ତତସ୍ତାମନୁସୃତ୍ୟ ରାଧିକାମନଙ୍ଗବାଣବ୍ରଣଖିନ୍ନମାନସଃ
କୃତାନୁତାପଃ ସ କଳିନ୍ଦନନ୍ଦିନୀତଟାନ୍ତକୁଞ୍ଜେ ନିଷସାଦମାଧବଃ ।୨।

ଅର୍ଥ: ଶ୍ରୀକୃଷ୍ଣ ଶ୍ରୀରାଧାଙ୍କୁ ଇତସ୍ତତଃ ଅନ୍ୱେଷଣ କରି ବିଫଳ ହୋଇ ଅନଙ୍ଗ ବାଣରେ ଖିନ୍ନ ହୋଇ ଶ୍ରୀରାଧାଙ୍କୁ ତ୍ୟାଗ କରିଥିବା କାରଣରୁ ଅନୁତାପ କରି ଯମୁନାନଦୀ ତଟରେ ଗୋଟିଏ କୁଞ୍ଜ ମଧ୍ୟରେ ଅତ୍ୟନ୍ତ ବିଷାଦ ମନରେ ବସି ରହିଲେ।

(ଗୁର୍ଜରୀରାଗେଣ ଯତିତାଲାଭ୍ୟାଂ ଚ ଗୀୟତେ)

ମାମିୟଂଚଲିତା ବିଲୋକ୍ୟ ବୃତଂବଧୂନିଚୟେନ
ସାପରାଧତୟା ମୟାପି ନ ନିବାରିତାତିଭୟେନ
ହରିହରି ହତାଦରତୟା ଗତାସା କୁପିତେବ ।୧। ଧ୍ରୁବମ୍

ଅର୍ଥ: କୁଞ୍ଜବନର କେଳିକୁଟୀରରେ ବସି ଶ୍ରୀକୃଷ୍ଣ ଭାବିବାକୁ ଲାଗିଲେ - ହାୟ ! ହାୟ ! କି କଷ୍ଟ ! ଶ୍ରୀରାଧା ମୋତେ ବ୍ରଜସୁନ୍ଦରୀମାନଙ୍କ ଦ୍ୱାରା ପରିବୃତ ହୋଇଥିବାର ଦେଖି ଘୋର ଅଭିମାନ କରି ଚାଲିଗଲେ। ନିଜକୁ ଅପରାଧୀ ବୋଲି ବିଚାର କରି ଭୟରେ ମୁଁ ତାଙ୍କୁ ଫେରି ଆସିବାକୁ କହିପାରିଲି ନାହିଁ। ତେଣୁ ଶ୍ରୀରାଧା ଭାବିଲେ ଯେ, ମୁଁ ତାଙ୍କୁ ଅନାଦର କଲି। ଫଳରେ ସେ କୁପିତା ହୋଇ ମୋ ନିକଟରୁ ଚାଲିଗଲେ।

କିଂ କରିଷ୍ୟତି କିଂ ବଦିଷ୍ୟତି ସା ଚିରଂ ବିରହେଣ
କିଂ ଜନେନ ଧନେନ କିଂ ମମ କିଂ ଗୃହେଣ ସୁଖେନ ।୨।

ଅର୍ଥ : ଶ୍ରୀରାଧା ନିତ୍ୟ ବିରହରେ ଜର୍ଜରିତା ହୋଇ କ'ଣ ଯେ କରିପକାଇବେ, କ'ଣ ବା ତାଙ୍କ ସଖୀମାନଙ୍କୁ କହି ପକାଇବେ, ତାହା ମୁଁ ଭାବିପାରୁନାହିଁ। ଶ୍ରୀରାଧାଙ୍କ ବିନା ମୋର ଧନ, ଜନ, ଗୃହ ବା ସୁଖ କ'ଣ ଅଛି ? ଅତଃ ମୋ ପକ୍ଷରେ ଏସବୁ ଅସାର ଅଟେ।

ଚିନ୍ତୟାମି ତଦାନନଂ କୁଟିଳଭ୍ରୂରୋଷଭରେଣ
ଶୋଣପଦ୍ମମିବୋପରି ଭ୍ରମତାକୁଳଂ ଭ୍ରମରେଣ ।୩।

ଅର୍ଥ : ଶ୍ରୀକୃଷ୍ଣ ବିଚାର କରୁଛନ୍ତି - ମୋ ପାଖରୁ ଛାଡ଼ି ଚାଲିଗଲା ସମୟରେ ଶ୍ରୀରାଧାଙ୍କର ସେହି ମୁଖମଣ୍ଡଳ ମୋର ମନେ ପଡ଼ିଯାଉଛି। ମୋ ହୃଦୟକୁ ମଚ୍ଛି ପକାଉଛି। ଅତ୍ୟନ୍ତ କ୍ରୋଧ ଯୋଗୁଁ ଶ୍ରୀରାଧାଙ୍କର ଭ୍ରୂ-ଲତା କୁଞ୍ଚିତ ହୋଇଯାଇଥିଲା। ମୁଖ ଆରକ୍ତ ବର୍ଣ୍ଣ ଧାରଣ କରି ଭ୍ରମରବେଷ୍ଟିତ ରକ୍ତପଦ୍ମ ପରି ପ୍ରତୀୟମାନ ହେଉଥିଲା।

ତାମହଂ ହୃଦି ସଙ୍ଗତାମନିଶଂ ଭୃଶଂ ରମୟାମି
କିଂବନେଽନୁସରାମି ତାମିହ କିଂ ବୃଥା ବିଲପାମି ।୪।

ଅର୍ଥ : ଶ୍ରୀକୃଷ୍ଣ ବିଚାରୁଛନ୍ତି - ହାୟ ! ହାୟ ! ମୁଁ ଶ୍ରୀରାଧାଙ୍କ ପାଇଁ କାହିଁକି ବୃଥା ବିଳାପ କରୁଛି ? କାହିଁକି ବା ତାଙ୍କୁ କୁଞ୍ଜବନରେ ଅନୁସରଣ କରୁଛି ? ସେ ତ ସର୍ବଦା ମୋ ହୃଦୟ ମଧ୍ୟରେ ବିରାଜିତା। ମୁଁ ମଧ୍ୟ ମୋ ଅନ୍ତର ଭିତରେ ତାଙ୍କୁ ନିତ୍ୟ ରମଣ କରୁଛି। ଅର୍ଥାତ୍ ତାଙ୍କର ରୂପ, ଗୁଣ ଓ ପ୍ରେମକୁ ମୁଁ ହୃଦୟରେ ଧାରଣ କରିଛି।

ତନ୍ନିଖିନ୍ନମସୂୟୟାହୃଦୟଂ ତବାକଲୟାମି

ତନ୍ନବେଦ୍ମିକୁତୋଗତାସି ନ ତେନ ତେଽନୁନୟାମି ।୫।

ଅର୍ଥ : ଶ୍ରୀକୃଷ୍ଣ କହୁଛନ୍ତି - ହେ କୃଶାଙ୍ଗି ! ମୁଁ ତୁମକୁ ଛାଡ଼ି ଅନ୍ୟାନ୍ୟ ବ୍ରଜଯୁବତୀମାନଙ୍କ ସହିତ ବିହାର କରୁଥିବାରୁ ତୁମେ ଅସୂୟାବଶତଃ କ୍ରୋଧ ପ୍ରକାଶ କରି ଖିନ୍ନ ହୋଇଛ । ତୁମେ ଅଭିମାନରେ କୁଆଡ଼େ ଚାଲିଯାଇଛ ତାହା ମୁଁ ଜାଣିପାରୁନାହିଁ, ନଚେତ୍ ମୁଁ ତୁମ ନିକଟକୁ ଯାଇ ବିନୟ ସହକାରେ ତୁମର ଈର୍ଷା ଓ ଅସୂୟାକୁ ଦୂର କରିଥାନ୍ତି । (ସେ ଭାଗ୍ୟ ମୋର ବା କାହିଁ ?) ।

ଦୃଶ୍ୟସେ ପୁରତୋ ଗତାଗତମେବ ମେ ବିଦଧାସି

କିଂ ପୁରେବସସଂଭ୍ରମଂ ପରିରମ୍ଭଣଂ ନ ଦଦାସି ।୬।

ଅର୍ଥ : ହେ ପ୍ରିୟେ ! ମୋ ଆଖି ଆଗରେ ତୁମେ ନାଚିଯାଉଛ । ମୋତେ ମନେ ହେଉଛି ତୁମେ ଯେପରି ମୋର ସମ୍ମୁଖରେ ଗତାଗତ କରୁଛ । ଅଥଚ ପୂର୍ବପରି ଅତ୍ୟନ୍ତ ସମ୍ଭ୍ରମରେ ମୋତେ ଆଲିଙ୍ଗନ କରୁନାହଁ କାହିଁକି ? ମୋତେ ଜଣାପଡୁଛି ସତେ କ'ଣ ମୋ ଉପରେ ଅତ୍ୟନ୍ତ ନିର୍ଦ୍ଦୟ ହୋଇ ମୋତେ ପ୍ରେମାଲିଙ୍ଗନ କରୁନାହଁ ?

କ୍ଷମ୍ୟତାମପରଂ କଦାପି ତବେଦୃଶଂ ନ କରୋମି

ଦେହି ସୁନ୍ଦରି ! ଦର୍ଶନଂ ମୟି ମନ୍ମଥେନ ଦୁନୋମି ।୭।

ଅର୍ଥ : ଶ୍ରୀକୃଷ୍ଣ କହିଲେ, ହେ ସୁନ୍ଦରି ! ମୋତେ କ୍ଷମା କର । ତୁମ ନିକଟରେ ଏଭଳି ଅପରାଧ ଆଉ କେବେହେଲେ କରିବି ନାହିଁ । ମୁଁ ମଦନପୀଡାରେ ଅତ୍ୟନ୍ତ ଅଧୀର ହେଲିଣି । ତେଣୁ ତୁମେ ମୋତେ ଶୀଘ୍ର ଦର୍ଶନ ଦିଅ ଏବଂ ମଦନବ୍ୟଥାରୁ ରକ୍ଷାକର ।

ବର୍ଣ୍ଣିତଂ ଜୟଦେବକେନ ହରେରିଦଂ ପ୍ରଣତେନ

କେନ୍ଦୁବିଲ୍ୱ ସମୁଦ୍ରସମ୍ଭବରୋହିଣୀରମଣେନ ।୮।

ଅର୍ଥ : କେନ୍ଦୁବିଲ୍ୱ ନାମକ ଗ୍ରାମ ରୂପୀ ସମୁଦ୍ରରୁ ଶ୍ରୀଜୟଦେବ କବି ଚନ୍ଦ୍ରମା ପରି ସମ୍ଭବ ହୋଇଛନ୍ତି । ସେ ଅତ୍ୟନ୍ତ ବିନୟ ସହକାରେ ଶ୍ରୀହରିଙ୍କର ଏହି ଚରିତ ବର୍ଣ୍ଣନା କରୁଛନ୍ତି ।

ହୃଦିବିସଲତାହାରୋ ନାୟଂ ଭୁଜଙ୍ଗମନାୟକଃ

କୁବଳୟଦଳଶ୍ରେଣୀ କଣ୍ଠେ ନ ସା ଗରଳଦ୍ୟୁତିଃ

ମଳୟଜରଜୋ ନେଦଂ ଭସ୍ମ ପ୍ରିୟାରହିତେ ମୟି

ପ୍ରହର ନ ହରଭ୍ରାନ୍ତ୍ୟାଽନଙ୍ଗ ! କ୍ରୁଧାକିମୁ ଧାବସି ।୯।

ଅର୍ଥ : ଶ୍ରୀକୃଷ୍ଣ କହୁଛନ୍ତି - ହେ ଅନଙ୍ଗ, ପୂର୍ବେ ତୁମ ଶରୀରକୁ ମହାଦେବ ଭସ୍ମ କରିଦେଇଥିବାରୁ ସେହି କ୍ରୋଧ ଭାବ ରଖି ମୋତେ ଭୁଲବଶତଃ ଶିବବୋଲି ଅନୁମାନ କରି ପ୍ରହାର କରୁଛ କି ? ଯଦି ତାହା ହୋଇଥାଏ, ତେବେ ତାହା ତୁମ ମନର ଭ୍ରମ ।

ମୋ ବକ୍ଷ ଉପରେ ତୁମେ ଯାହାକୁ ସର୍ପହାର ବୋଲି ଭାବୁଛ, ତାହା ଭୁଜଙ୍ଗରାଜ ନୁହେଁ, ବରଂ ତାହା ମୃଣାଳ ଲତାର ହାର। ମୋ କଣ୍ଠରେ ଯାହାକୁ ଗରଳର ନୀଳିମା ବୋଲି ଭାବିଛ, ତାହା ଗରଳ ନୁହେଁ କି ମୁଁ ନୀଳକଣ୍ଠ ନୁହେଁ। ତାହା ହେଉଛି ନୀଳକମଳର ମାଳା। ମୋ ଶରୀରରେ ଯାହାକୁ ପ୍ରଲେପିତ ଭସ୍ମରାଶି ବୋଲି ଭାବୁଛ, ତାହା ଭସ୍ମ ନୁହେଁ। ବରଂ ତାହା ଚନ୍ଦନରଜ। ତେଣୁ ତୁମେ ଭ୍ରମବଶତଃ ମୋତେ ଶିବଶଙ୍କରଙ୍କ ଜ୍ଞାନରେ ଫୁଲଧନୁରେ ପ୍ରହାର କରିବା ପାଇଁ କାହିଁକି ଧାଇଁ ଆସୁଛ ?

ପାଣୌମାକୁରୁ ଚୂତଶାୟକମମୁଂ ମା ଚାପମାରୋପୟ
କ୍ରୀଡ଼ାନିର୍ଜ୍ଜିତ ବିଶ୍ୱମୂର୍ଚ୍ଛିତଜନାଘାତେନ କିଂ ପୌରୁଷମ।
ତସ୍ୟା ଏବ ମୃଗୀଦୃଶୋ ମନସିଜପ୍ରେଙ୍ଖତ୍‌କଟାକ୍ଷାଶୁଗ
ଜ୍ୱାଳାଜର୍ଜ୍ଜରିତଂମନାଗପି ମନୋ ନାଦ୍ୟାପି ସଂଧୁକ୍ଷତେ ।୧୦।

ଅର୍ଥ : ଶ୍ରୀକୃଷ୍ଣ କହୁଛନ୍ତି – ହେ ଅନଙ୍ଗ ! ତୁମେ ଚୂତମୁକୁଳ (ଆମ୍ରବଉଳ) ରୂପୀ ଶର ହସ୍ତରେ ଧାରଣ କରନାହିଁ। ଯଦିବା ତାହା ହସ୍ତରେ ଧାରଣ କରୁଛ, ତେବେ ଧନୁରେ ସଂଯୋଜିତ କରି ତାହାକୁ ମୋ ଉପରେ ପ୍ରୟୋଗ କରନାହିଁ। କାରଣ ରାଧିକା ତାଙ୍କର କାମ କଟାକ୍ଷ ଶରରେ ଏପରି ପୀଡ଼ା ଦେଇଛନ୍ତି ଯେ ମୁଁ ସେ ପୀଡ଼ାରୁ ଏ ପର୍ଯ୍ୟନ୍ତ ସୁସ୍ଥ ହୋଇନାହିଁ। ତୁମେ ତ ତୁମର ପଞ୍ଚଶାୟକ ଦ୍ୱାରା ସମସ୍ତ ଜଗତକୁ ଜୟ କରିଛ। ତେଣୁ ମୋ ପରି ଜଣେ ମୂର୍ଚ୍ଛିତ ଜନପ୍ରତି ବାଣପ୍ରୟୋଗ କରି ତୁମେ ବା କେଉଁ ପୌରୁଷ ଅର୍ଜନ କରିବ ?

ଭ୍ରୂଚାପେ ନିହିତଃ କଟାକ୍ଷବିଶିଖୋ ନିର୍ମାତୁ ମର୍ମବ୍ୟଥାଂ
ଶ୍ୟାମାତ୍ମା କୁଟିଳଃ କରୋତୁ କବରୀଭାରୋଽପି ମାରୋଦ୍ୟମମ୍।
ମୋହଂ ତାବଦୟଂ ଚ ତନ୍ୱି ତନୁତାଂ ବିମ୍ବାଧରୋ ରାଗବାନ୍
ସଦ୍‌ବୃତ୍ତଃସ୍ତନମଣ୍ଡଳସ୍ତବେ କଥଂ ପ୍ରାଣୈର୍ମମ କ୍ରୀଡ଼ତି ।୫।

ଅର୍ଥ : ଶ୍ରୀକୃଷ୍ଣ କହୁଛନ୍ତି – ହେ ରାଧେ ! ତୁମର ଭ୍ରୂଲତା ରୂପକ ଧନୁରୁ କଟାକ୍ଷଶର ମୋ ହୃଦୟରେ ଗଭୀର ମର୍ମବ୍ୟଥା ସୃଷ୍ଟି କରୁଛି। ତୁମର କୁଟିଳ ଶ୍ୟାମଳ କବରୀଭାର ମୋତେ ମାରିଦେବାର ଉପକ୍ରମ କରୁଛି। ତୁମ ଅଧରର ପକ୍ୱ – ବିମ୍ବରାଗ ମୋତେ ତ ବିମୋହିତ କରୁଛି। କିନ୍ତୁ ତୁମର ବର୍ତ୍ତୁଳାକାର ସ୍ତନଯୁଗଳ କାହିଁକି ମୋର ପ୍ରାଣ ହରଣ କରିବା ପାଇଁ ମନରେ ଖେଳ ଲଗାଇଛି, ତାହା ମୁଁ ଜାଣିପାରୁନାହିଁ।

ତାନି ସ୍ପର୍ଶସୁଖାନି ତେ ଚ ତରଳାଃ ସ୍ନିଗ୍ଧା ଦୃଶୋର୍ବିଭ୍ରମା
ସ୍ତଦ୍ ବକ୍ତ୍ରାମ୍ବୁଜସୌରଭଂ ସ ଚ ସୁଧାସ୍ୟନ୍ଦୀ ଗିରାଂ ବକ୍ରିମା
ସା ବିମ୍ବାଧରମାଧୁରୀତି ବିଷୟା ସଙ୍ଗେଽପି ଚେନ୍ମାନସମ୍
ତସ୍ୟାଂ ଲଗ୍ନସମାଧି ହନ୍ତ ବିରହବ୍ୟାଧିଃ କଥଂ ବର୍ଦ୍ଧତେ ।୬।

ଅର୍ଥ : ଶ୍ରୀକୃଷ୍ଣ କହୁଛନ୍ତି - ଶ୍ରୀରାଧାଙ୍କର ଶରୀରକୁ ଆଲିଙ୍ଗନ କରିବା ଯୋଗୁଁ ମୁଁ ତାଙ୍କର ସ୍ପର୍ଶ ସୁଖ ଅନୁଭବ କରିଛି। ଶ୍ରୀରାଧାଙ୍କର ନୟନଯୁଗଳର ତରଳ ଓ ସ୍ନିଗ୍ଧ ଚାହାଣୀକୁ ମୁଁ ଅବଲୋକନ କରୁଛି। ତାଙ୍କର ବଦନ କମଳର ସ୍ନିଗ୍ଧ ସୌରଭ ଆଘ୍ରାଣ କରୁଛି। ତାଙ୍କର ଅମୃତମୟୀ ବକ୍ରୋକ୍ତିକୁ ଶ୍ରବଣ କରୁଛି। ତାଙ୍କର ବିମ୍ବାଧରର ମାଧୁରୀକୁ ମୁଁ ଉପଭୋଗ କରିଛି। ଏହିପରି ଭାବରେ ସମସ୍ତ ବିଷୟଲାଭ ପୂର୍ବରୁ ହୋଇଅଛି। କିନ୍ତୁ ଏସବୁ ସତ୍ତ୍ୱେ ମୋର ମନ ତାଙ୍କଠାରେ ଲାଗି ରହିଛି ଏବଂ ଶ୍ରୀରାଧାଙ୍କୁ ଉପଜୀବ୍ୟ କରି ମୋର ବିରହ ବ୍ୟାଧି କାହିଁକି ବଢ଼ିଯାଉଛି ?

ଭ୍ରୂପଲ୍ଲବଂ ଧନୁରପାଙ୍ଗତରଙ୍ଗିତାନି ବାଣୀ ଗୁଣଃ ଶ୍ରବଣପାଳିରିତିସ୍ମରେଣ

ତସ୍ୟାମନଙ୍ଗଜୟଜଙ୍ଗମଦେବତାୟାମସ୍ତ୍ରାଣି ନିର୍ଜିତଜଗନ୍ତି କିମର୍ପିତାନି ।୭।

ଅର୍ଥ : ଶ୍ରୀକୃଷ୍ଣ କହୁଛନ୍ତି - ହେ ଅନଙ୍ଗ ! ରମଣୀର ଭ୍ରୂଲତା ରୂପ ଧନୁ, ଅଙ୍ଗଭଙ୍ଗୀ ରୂପକ ଶାୟକ(ଶର), ନୟନଠାରୁ କର୍ଣ୍ଣର ପ୍ରାନ୍ତଭାଗ ପର୍ଯ୍ୟନ୍ତ ବିସ୍ତୃତ ରୂପ - ଧନୁର ଗୁଣ। ଏହା ତୁମର ଅସ୍ତ୍ର। ଏହି ଅମୋଘ ଅସ୍ତ୍ରଗୁଡିକ ଦ୍ୱାରା ତୁମେ ସମଗ୍ର ଜଗତକୁ ଜୟ କରିସାରିଛ। ସେହିପରି ଏହି ଅସ୍ତ୍ରଗୁଡ଼ିକ ତୁମେ ବୋଧହୁଏ ଶ୍ରୀରାଧାଙ୍କୁ ଅର୍ପଣ କରିଛ। କାରଣ ଶ୍ରୀରାଧାଙ୍କର ଭ୍ରୂପଲ୍ଲବ ଧନୁ, ଚଞ୍ଚଳକଣରୂପକ ଶର ଏବଂ ଶ୍ରବଣ ଯାଏ ଅଞ୍ଜନ ରେଖା - ଧନୁର ଗୁଣ ଦ୍ୱାରା ମୋତେ ବୋଧହୁଏ ଜୟ କରିବା ପାଇଁ ଶ୍ରୀରାଧାଙ୍କଠାରେ ଅର୍ପଣ କରିଛ !

ତିର୍ଯ୍ୟକ୍‌କଣ୍ଠବିଲ୍ଲୋଲମୌଳିତରଳୋତ୍ତଂସସ୍ୟବଂଶୋଚ୍ଚରଦ୍
ଗୀତିସ୍ଥାନକୃତାବଧାନ ଲଳନା ଲକ୍ଷୈର୍ନ ସଂଲକ୍ଷିତାଃ
ସମ୍ମୁଗ୍‌ଧଂ ମଧୁସୂଦନସ୍ୟ ମଧୁରେ ରାଧାମୁଖେନ୍ଦୌମୃଦୁ
ସ୍ପନ୍ଦଂ କନ୍ଦଳିତାଷ୍ଟିରଂ ଦଦତୁ ବଃ କ୍ଷେମଂ କଟାକ୍ଷୋର୍ମୟଃ ।୮।

ଅର୍ଥ : ତ୍ରିଭଙ୍ଗଠାଣିରେ ନିଜର କଣ୍ଠକୁ ବଙ୍କିମ କରିବାରୁ ଯାହାଙ୍କର ଶିରୋଭୂଷଣ ଚଳଚଞ୍ଚଳ ଓ କର୍ଣ୍ଣଯୁଗଳ ଦୋଦୁଲ୍ୟମାନ ହୋଇଥାଏ, ଯେ ବୃନ୍ଦାବନରେ ସହସ୍ର ସହସ୍ର ଗୋପୀମାନଙ୍କୁ ମୋହନ ବଂଶୀର ମଧୁର ସ୍ୱନ ଶୁଣାନ୍ତି ଏବଂ ଗୋପୀମାନେ ଏକାନ୍ତ ଭାବରେ ବଂଶୀସ୍ୱନ ପ୍ରତି ମନ ଓ ପ୍ରାଣ ମଜାଇ ଦେଇଥାନ୍ତି, ସେହି ଅବସରରେ ଯେ ଶ୍ରୀରାଧାଙ୍କ ମୁଖକମଳକୁ ମୃଦୁମଧୁର କଟାକ୍ଷପାତ କରୁଥାନ୍ତି, ସେହି ମଦୁସୂଦନଙ୍କର ରାଧାପ୍ରେମଜନିତ ମଧୁର କଟାକ୍ଷ ତୁମ୍ଭମାନଙ୍କର (ଭକ୍ତଜନଙ୍କର) ମଙ୍ଗଳବିଧାନ କରୁ।

।। ଇତିଶ୍ରୀ ଗୀତଗୋବିନ୍ଦ ମହାକାବ୍ୟେ କବିରାଜ ଜୟଦେବକୃତୌ
ମୁଗ୍‌ଧମଧୁସୂଦନନୋନାମ ତୃତୀୟସର୍ଗଃ ।।

(ଚତୁର୍ଥଃ ସର୍ଗଃ)

ସ୍ନିଗ୍ଧ-ମଧୁସୂଦନଃ

ଯମୁନାତୀରବାନୀରନିକୁଞ୍ଜେ ମନ୍ଦମାସ୍ଥିତମ୍
ପ୍ରାହ ପ୍ରେମଭରୋଦ୍‌ଭ୍ରାନ୍ତଂ ମାଧବଂ ରାଧିକାସଖୀ ।୧।

ଅର୍ଥ : ଶ୍ରୀକୃଷ୍ଣ ଶ୍ରୀରାଧାଙ୍କ ପ୍ରେମରେ ଉନ୍ମତ୍ତ ହୋଇ ଶ୍ରୀରାଧାଙ୍କ ସହିତ କିପରି ମିଳନ ଘଟିବ ତାହା ସ୍ଥିର କରି ନପାରି ଯମୁନା ତୀରରେ ରହିଥିବା ବେତସକୁଞ୍ଜରେ ବିଷର୍ଣ୍ଣ ମନରେ ବସି ରହିଥିବାବେଳେ ତାଙ୍କୁ ଦେଖି ଶ୍ରୀରାଧାଙ୍କର ଜଣେ ପ୍ରିୟସଖୀ ତାଙ୍କୁ କହିଥିଲେ ।

(କର୍ଣ୍ଣାଟରାଗେଣ ଯତିତାଳାଭ୍ୟାଂ ଗୀୟତେ)

ନିନ୍ଦତିଚନ୍ଦନମିନ୍ଦୁକିରଣମନୁବିନ୍ଦତି ଖେଦମଧୀରମ୍
ବ୍ୟାଳନିଳୟମିଳନେନ ଗରଳମିବ କଳୟତି ମଳୟସମୀରମ୍
ସା ବିରହେ ତବଦୀନା,
ମାଧବ ମନସିଜବିଶିଖଭୟାଦିବ ଭାବନୟା ତ୍ୱୟିଲୀନା ।୨। ଧ୍ରୁବମ୍ ।

ଅର୍ଥ : ହେ ମାଧବ! ତୁମର ବିରହ ବେଦନାରେ ଅତ୍ୟନ୍ତ କାତର ହେବା ସଙ୍ଗେ ସଙ୍ଗେ ଶ୍ରୀରାଧା କନ୍ଦର୍ପର ପଞ୍ଚବାଣର ଭୟରେ ଭୟଭୀତ ହୋଇ ତୁମରିଠାରେ ଶରଣାପନ୍ନ ହୋଇଛନ୍ତି । କାରଣ ତୁମେ ହିଁ ତାଙ୍କର ମଦନ ସନ୍ତାପ ଦୂରକରି ପାରିବ । ତୁମରି ବିରହରେ ଅତ୍ୟନ୍ତ ଜର୍ଜରିତା ହୋଇ ରାଧାରାଣୀ ସୁଶୀତଳ ଚନ୍ଦନ ପ୍ରଲେପକୁ ନିନ୍ଦା କରୁଛନ୍ତି । ସେହିପରି ସ୍ନିଗ୍ଧ, ସୁଶୀତଳ ଚନ୍ଦ୍ରକିରଣକୁ ମଧ୍ୟ ନିନ୍ଦା କରୁଛନ୍ତି । ସୁଗନ୍ଧିତ ଓ ଶୀତଳ ମଳୟ ପବନକୁ ସେ ବିଷପ୍ରାୟ ମଣୁଛନ୍ତି । କାରଣ ବିଷଧର ସର୍ପଙ୍କ ନିଃଶ୍ୱାସ ବାୟୁ ଏହି ମଳୟ ପବନରେ ମିଶିଥିବାରୁ ତାହା ଶ୍ରୀରାଧାଙ୍କୁ ଗରଳ ସଦୃଶ ମନେ ହେଉଛି । ଏହିପରି ଶ୍ରୀକୃଷ୍ଣଙ୍କର ବିରହରେ ଶ୍ରୀରାଧା ବିଧୁରା ହୋଇ ବଞ୍ଚିଛନ୍ତି ବୋଲି ସଖୀ କହିଲେ ।

ଅବିରତ ନିପତିତ ମଦନଶରାଦିବ ଭବବେଦନାୟ ବିଶାଳମ୍
ସ୍ୱହୃଦୟମର୍ମଣି ବର୍ମ୍ମ କରୋତି ସଜଳନଳିନୀ ଦଳଜାଳମ୍ ।୩।

ଅର୍ଥ : ହେ ମାଧବ, ଶ୍ରୀରାଧାଙ୍କ ହୃଦୟରେ ତୁମେ ବିରାଜମାନ କରୁଅଛ । କିନ୍ତୁ କାମଦେବ ଶ୍ରୀରାଧାଙ୍କ ହୃଦୟପ୍ରଦେଶକୁ ଅନବରତ କାମଶର ନିକ୍ଷେପ କରୁଅଛି । କାଳେ ସେହି ଶାରାଘାତ ଦ୍ୱାରା ତୁମର କିଛି ଅନିଷ୍ଟ ଘଟିବ, ଏହି ଆଶଙ୍କାରେ ଶ୍ରୀରାଧା କନ୍ଦର୍ପର ବାଣରୁ ରକ୍ଷା ପାଇବା ପାଇଁ ତାଙ୍କର ହୃଦୟର ମର୍ମସ୍ଥଳକୁ ଜଳସିକ୍ତ ପଦ୍ମପତ୍ରକୁ ବର୍ମ ଅର୍ଥାତ୍ ଢାଲ ପରି ବ୍ୟବହାର କରୁଛନ୍ତି ।

କୁସୁମବିଶିଖଶରତଳ୍ପମନଳ୍ପବିଳାସକଳାକମନୀୟମ୍
ବ୍ରତମିବ ତବ ପରିରମ୍ଭସୁଖାୟ କରୋତି କୁସୁମଶୟନୀୟମ୍ ।।୪।

ଅର୍ଥ : ସଖୀ କହୁଛନ୍ତି - ହେ ମାଧବ! ବିରହିଣୀ ସେ ରାଧିକା ସୁନ୍ଦରୀ ତୁମର ବିରହରେ ମ୍ରିୟମାଣା ହୋଇ ସତେ ଅବା ବ୍ରତ ପାଳନ କରୁଛନ୍ତି। ତୁମର ଆଲିଙ୍ଗନ ଆଶାରେ ସେ କୁସୁମ ଶଯ୍ୟାରେ ଶୟନ କରି ତୁମଠାରେ ମନ ସମର୍ପି ଦେଇଛନ୍ତି। ରାଧା ଜାଣନ୍ତି ଯେ କୁସୁମ ହେଉଛି କନ୍ଦର୍ପର ମଦନବାଣ। ତେଣୁ ସତେଯେପରି ଶ୍ରୀରାଧା କୁସୁମଶର ଶଯ୍ୟାରେ ଶୟନ କରି ତୁମରି କାମଭାବନାରେ ଜର୍ଜରିତା ହୋଇ ଶରୀରକୁ କ୍ଷୀଣ କଲେଣି। ଏହିପରି ସୁକୁମାରୀ ଶ୍ରୀରାଧା ବହୁକଷ୍ଟକୁ ସ୍ୱୀକାର କରିଥିଲେ ମଧ୍ଯ ତୁମର ପ୍ରେମକୁ ଭୁଲି ପାରୁନାହାନ୍ତି। ତୁମକୁ ସେ ତ ଗଳାର ମାଳା କରିଛନ୍ତି ହେ ମାଧବ !

ବହତି ଚ ବିଗଳିତ ବିଲୋଚନଜଳଧରମାନନକମଳମୁଦାରମ୍
ବିଧୁମିବ ବିକଟବିଧୁନ୍ତୁଦଦନ୍ତଦଳନଗଳିତାମୃତଧାରମ୍ ।୫।

ଅର୍ଥ : ସଖୀ କହୁଛନ୍ତି - ହେ ମାଧବ! ଶ୍ରୀମତୀଙ୍କର ସୁରୁଚିପୂର୍ଣ୍ଣ ପଦ୍ମମୁଖୀ ନେତ୍ରରୁ ଝର ଝର ହୋଇ ଅବିରଳ ଧାରାରେ ଲୋତକ ଝରିପଡୁଛି। ଜଣାପଡୁଛି ସତେ ଅବା ରାହୁର ବିକଟ ଦନ୍ତଘାତରେ ବିଦାରିତ ହୋଇ ଚନ୍ଦ୍ର ଦେହରୁ ଧାରଧାର ହୋଇ ଅମୃତଧାରା ଝରି ପଡୁଛି। ଏହିପରି ତୁମର ବିରହରେ ଶ୍ରୀରାଧା କେବଳ ଅଶ୍ରୁମୁଞ୍ଚନ କରୁଛନ୍ତି ହେ ମାଧବ !

ବିଲିଖତି ରହସି କୁରଙ୍ଗମଦେନଭବନ୍ତମସମଶରଭୂତମ୍
ପ୍ରଣମତି ମକରମଧୋ ବିନିଧାୟ କରେ ଚ ଶରଂ ନବଚୂତମ୍ ।୬।

ଅର୍ଥ : ସଖୀ କହୁଛନ୍ତି - ହେ ଶ୍ରୀକୃଷ୍ଣ! ଶ୍ରୀରାଧା ଏକାନ୍ତରେ ବସି ତୁମକୁ ସାକ୍ଷାତ୍ କନ୍ଦର୍ପ ବୋଲି ବିଚାର କରି କସ୍ତୁରୀ ଦ୍ୱାରା ତୁମର ମୋହନ ମୂର୍ତ୍ତି ଅଙ୍କନ କରି ସେହି ମୂର୍ତ୍ତିଙ୍କର ଚରଣରେ ବାହନରୂପେ ମକରକୁ ମଧ୍ଯ ଅଙ୍କନ କରୁଛନ୍ତି। ସେହି ମୂର୍ତ୍ତିଙ୍କ ହସ୍ତରେ ଆମ୍ରବଉଳକୁ ଧରାଇ ଦେଇ କନ୍ଦର୍ପର ଚ୍ୟୁତଶର ରୂପେ ବିଚାରୁଛନ୍ତି। ତୁମର ପଦଯୁଗରେ ଭକ୍ତିଭାବରେ ବାରମ୍ବାର ପ୍ରଣାମ ନିବେଦନ କରୁଛନ୍ତି। ମୋର ପ୍ରିୟ ସଖୀଙ୍କୁ କନ୍ଦର୍ପ ପୀଡାରୁ ତୁମେ ନିଶ୍ଚୟ ରକ୍ଷା କରିବ, ଏହା ଭାବି ସେ ଏପରି ଆଚରଣ କରୁଅଛି।

ପ୍ରତିପଦମିଦମପି ନିଗଦତିମାଧବ! ତବ ଚରଣେ ପତିତାହମ୍
ତ୍ୱୟିବିମୁଖେ ମୟି ସପଦି ସୁଧାନିଧିରପି କୁରୁତେ ତନୁଦାହମ୍ ।୭।

ଅର୍ଥ : ହେ ଶ୍ରୀକୃଷ୍ଣ! ମୋର ପ୍ରିୟ ସଖୀ ଶ୍ରୀରାଧା ପ୍ରତିକ୍ଷଣରେ ବିଚଳିତ ହୋଇ ତୁମକୁ ସ୍ମରଣ କରି କହୁଛନ୍ତି - ହେ ମାଧବ! ତୁମ ଚରଣ ତଳେ ମୁଁ ପଡୁଅଛି। ମୋ

ପ୍ରତି ସଦୟ ହୁଅ। ମୋତେ ଏ ଦୁଃସହ କାମଜ୍ୱାଳାରୁ ରକ୍ଷା କର। ତୁମେ ମୋ ପ୍ରତି ବିମୁଖ ହେବାରୁ ସୁଧାତୁଲ୍ୟ ଶୀତଳତା ପ୍ରଦାନ କରୁଥିବା ସୁଧାନିଧି ଚନ୍ଦ୍ରମା ମୋ ଶରୀରକୁ ଦଗ୍ଧିଭୂତ କରିଦେଉଛି।

ଧ୍ୟାନଲୟେନ ପୁରଃ ପରିକଳ୍ପ୍ୟ ଭବନ୍ତମତୀବ ଦୁରାପମ୍
ବିଲପତି ହସତି ବିଷୀଦତି ରୋଦିତି ଚଞ୍ଚତି ମୁଞ୍ଚତିତାପମ୍ ।୮।

ଅର୍ଥ : ହେ ମାଧବ! ଶ୍ରୀରାଧାଙ୍କର ତୁମ ସହିତ କୌଣସି ଉପାୟରେ ମିଳନ ହୋଇ ନ ପାରିବାରୁ ତୁମକୁ କେବଳ ଧ୍ୟାନଲୟରେ ପରିକଳ୍ପନା କରୁଛନ୍ତି। ଯେତେବେଳେ ଧ୍ୟାନଲୟରେ ସେ ଭାବୁଛନ୍ତି ଯେ ତୁମେ ତାଙ୍କ ନିକଟରୁ ଚାଲିଯାଉଛ, ସେତେବେଳେ ସେ ବିଳାପ କରୁଛନ୍ତି। ପୁଣି କେତେବେଳେ ଉଦ୍ଦାମ ମଦନ ଭୋଳହେତୁ ତୁମକୁ ପାଇଯିବାର କଳ୍ପନା କରି ହସୁଛନ୍ତି। ତୁମର କଳ୍ପିତମୂର୍ତ୍ତି ମନରୁ ଅନ୍ତର୍ଦ୍ଧାନ ହୋଇଗଲେ ଶ୍ରୀରାଧା କେତେ ବିଳାପ କରୁଛନ୍ତି, ତୁମେ କୁଆଡ଼େ ଚାଲିଗଲ ବୋଲି ଏଣେତେଣେ ଖୋଜିବାରେ ଲାଗିଛନ୍ତି। ତୁମର ମୂର୍ତ୍ତି ମନରେ ଆବିର୍ଭୂତ ହୋଇଗଲେ ତାହାକୁ ଆଲିଙ୍ଗନ କରିବାର ଉପକ୍ରମ କରି ନିଜର ବିରହ ସନ୍ତାପକୁ କିଞ୍ଚିତ ପରିମାଣରେ ଉପଶମ କରାଉଛନ୍ତି।

ଶ୍ରୀଜୟଦେବ ଭଣିତମିଦମଧିକଂ ଯଦି ମନସା ନଟନୀୟମ୍
ହରିବିରହାକୁଳବଲ୍ଲବ ଯୁବତିସଖୀବଚନଂ ପଠନୀୟମ୍ ।୯।

ଅର୍ଥ : ଶ୍ରୀକୃଷ୍ଣ ବିରହବିଧୁରା ଶ୍ରୀରାଧାଙ୍କ ପ୍ରିୟସଖୀର ଏହି ବଚନ କବି ଜୟଦେବଙ୍କ ଦ୍ୱାରା ବିରଚିତ ଏହି ଗୀତରେ ବର୍ଣ୍ଣନା କରାଯାଇଛି। ଯଦି ମନମଧ୍ୟରେ ଏହାକୁ ନିତ୍ୟନିରନ୍ତର ନୃତ୍ୟ କରାଇବାର ଇଚ୍ଛା ଅଛି, ତେବେ ଏହାକୁ ବାରମ୍ବାର ପଠନ କର।

ଆବାସୋ ବିପିନାୟତେ ପ୍ରିୟସଖୀମାଳାପି ଜାଳାୟତେ
ତାପୋଽପି ଶ୍ୱସିତେନ ଦାବଦହନଜ୍ୱାଳାକଳାପାୟତେ
ସାପିତ୍ୱଦ୍‌ବିରହେଣ ହନ୍ତ ହରିଣୀ ରୂପାୟତେ ହା କଥମ୍
କନ୍ଦର୍ପୋଽପି ଯମାୟତେ ବିରଚୟନ୍‌ଶାର୍ଦ୍ଦୂଳବିକ୍ରୀଡ଼ିତମ୍ ।୧୦।

ଅର୍ଥ : ହେ ଶ୍ରୀକୃଷ୍ଣ! ତୁମ ବିରହ ଦୁଃଖରେ ମୋର ପ୍ରିୟ ସଖୀ ତା ଭବନକୁ ନିର୍ଜନବନ ପ୍ରାୟ ମଣୁଅଛି। ତୁମ ବିରହରେ ଅତ୍ୟନ୍ତ ସନ୍ତାପିତ ଓ ଭଗ୍ନ ମନୋରଥା ହୋଇ ଶ୍ରୀରାଧା ପ୍ରାଣବିସର୍ଜନ କରିବାକୁ ଗଲାବେଳେ ଅନ୍ୟ ସଖୀମାନେ ତାକୁ ବାଧା ଦେଉଥିବାରୁ ସେ ଜାଲ ମଧ୍ୟରେ ବନ୍ଧନ ରହିଥିବା ହରିଣୀ ପରି ନିଜକୁ ଭାବୁଛି। ତୁମ ବିରହ ଦୁଃଖରେ ରାଧିକା ମ୍ରିୟମାଣା ହୋଇ ବାରମ୍ବାର ଉଷ୍ଣ ନିଃଶ୍ୱାସ ତ୍ୟାଗ କରୁଛି ଏବଂ ତାହାକୁ ସେ ବନାନୀର ଦାବଦହନ ଜ୍ୱାଳା ପରି ଅନୁଭବ କରୁଛି। ଅଧିକନ୍ତୁ ମୋର

ପ୍ରିୟସଖୀ ନିରୁପାୟ ବନହରିଣୀପରି ଶିକାରୀ ବ୍ୟାଘ୍ରସଦୃଶ କାମଦେବଙ୍କ କବଳରେ ପଡ଼ି ଘୋର ସଙ୍କଟର ସମ୍ମୁଖୀନ ହୋଇଛି। ମନ ଉଲ୍ଲାସକାରୀ କନ୍ଦର୍ପ ତାଙ୍କ ପ୍ରତି ନିଷ୍ଠୁର ଯମପରି ପ୍ରତୀୟମାନ ହେଉଛନ୍ତି।

(ଗୀତମ୍)

(ଦେଶାକ୍ଷରାଗୈକତାଳୀତାଳାଭ୍ୟାଂଗୀୟତେ)

ସ୍ତନବିନିହିତମପି ହାରମୁଦାରମ୍
ସା ମନୁତେ କୃଶତନୁରିବ ଭାରମ୍
ରାଧିକା ବିରହେ ତବ କେଶବ ।୧୧। ଧ୍ରୁବମ୍ ।

ଅର୍ଥ : ହେ କେଶବ ! ମୋର ପ୍ରିୟସଖୀ ରାଧିକା ତୁମ ବିରହରେ ଏତେ ମାତ୍ରାରେ କ୍ଷୀଣ ହୋଇଯାଇଛନ୍ତି ଯେ ତାଙ୍କ ସ୍ତନ ଉପରେ ଶୋଭିତ ହାରଟି ତାଙ୍କୁ ଦୁର୍ବହ ଭାର ପରି ବୋଧ ହେଉଛି।

ସରସମସୃଣମପି ମଳୟଜପଙ୍କମ୍
ପଶ୍ୟତି ବିଷମିବ ବପୁଷି ସଶଙ୍କମ୍ ।୧୨।

ଅର୍ଥ : ଶ୍ରୀରାଧା ଏତେ ମାତ୍ରାରେ ପ୍ରୀତି ଜର୍ଜରିତା ଯେ ବିରହକୁ ଉପଚାର ସଦୃଶ ସୁବାସିତ ସୁଶୀତଳ ଚନ୍ଦନ ଯାହାକି ତାଙ୍କ ଶରୀରରେ ପ୍ରଲେପନ କରାଯାଇଛି, ତାହାକୁ ସେ ଶଙ୍କିତ ମନରେ ବିଷଭଳି ମଣୁଛନ୍ତି।

ଶ୍ୱସିତପବନମନୁ ପମପରିଣାହମ୍
ମଦନଦହନମିବ ବହତି ସଦାହମ୍ ।୧୩।

ଅର୍ଥ : ହେ ଶ୍ରୀକୃଷ୍ଣ ! ତୁମ ପାଇଁ ମୋର ପ୍ରିୟ ସଖୀଙ୍କ ହୃଦୟରେ କାମାଗ୍ନି ପ୍ରଜ୍ୱଳିତ ହୋଇଥିବାରୁ ତାଙ୍କ ନିଃଶ୍ୱାସ ବାୟୁ ଅତ୍ୟନ୍ତ ଉତ୍ତପ୍ତ ଓ ଦୀର୍ଘ ହୋଇଯାଇଛି।

ଦିଶିଦିଶି କିରତି ସଜଳକଣଜାଳମ୍
ନୟନନଳିନମିବବିଗଳିତନାଳମ୍ ।୧୪।

ଅର୍ଥ : ହେ ଶ୍ରୀକୃଷ୍ଣ ! ତୁମକୁ ଦେଖିବା ପାଇଁ ଶ୍ରୀରାଧା ଉଚ୍ଚକିତ ଭାବରେ ବାରମ୍ବାର ଏଣେତେଣେ ସତୃଷ୍ଣ ନୟନରେ ଚାହୁଁଛନ୍ତି। ପଦ୍ମନାଡ଼କୁ ଜଳମଧ୍ୟରୁ ଉପାଡ଼ି ଆଣିଲେ ସେଥିରୁ ଯେପରି ବିନ୍ଦୁବିନ୍ଦୁ ଜଳ ଅବିରତ ଭାବରେ ଝରିପଡ଼େ, ସେହିପରି ଶ୍ରୀରାଧା ତାଙ୍କର ନୟନକମଳରୁ ଅବିରଳ ଅଶ୍ରୁବିନ୍ଦୁ ଝରାଇ ଚତୁର୍ଦ୍ଦିଗକୁ କେବଳ ବିକଳ ହୋଇ ଚାହୁଁଛନ୍ତି।

ନୟନବିଷୟମପିକିଶଳୟତଳ୍ପମ୍
କଳୟତି ବିହିତହୁତାଶନକଳ୍ପମ୍ ।୧୫।

ଅର୍ଥ : ହେ କେଶବ! ତୁମ ବିରହରେ ଶ୍ରୀରାଧା ନିଜ ସମ୍ମୁଖରେ ସଜ୍ଜିତହୋଇ ରହିଥିବା ନବକିଶଳୟ ପଲ୍ଲବଶଯ୍ୟାକୁ ପ୍ରତ୍ୟକ୍ଷରେ ଦେଖି ମଧ୍ୟ ଭ୍ରମବଶତଃ ତାହାକୁ ଅଗ୍ନିଶଯ୍ୟା ବୋଲି ମନେ କରୁଛନ୍ତି।

ତ୍ୟଜତିନ ପାଣିତଳେନ କପୋଳମ୍
ବାଳଶଶିନମିବ ସାୟମଲୋଲମ୍ ।୧୬।

ଅର୍ଥ : ହେ ଶ୍ରୀକୃଷ୍ଣ! ବିରହିଣୀ ଶ୍ରୀରାଧା ତାଙ୍କର ରକ୍ତିମ ହାତ ପାପୁଲି ଉପରେ ପାଣ୍ଡୁର ବର୍ଣ୍ଣ ଧାରଣ କରିଥିବା କପୋଳ ନ୍ୟସ୍ତ କରି ମ୍ରିୟମାଣା ହୋଇ ବସିଛନ୍ତି। ତାଙ୍କୁ ସନ୍ଦର୍ଶନ କଲେ ମନେହେଉଛି ସତେ ଅବା ସାୟଂକାଳରେ ଅରୁଣବର୍ଣ୍ଣ ଧାରଣ କରିଥିବା ଆକାଶବକ୍ଷରେ ସ୍ନିଗ୍ଧ ସୁନ୍ଦର ବାଳଚନ୍ଦ୍ରମା ନିଶ୍ଚଳ ହୋଇ ରହିଯାଇଛି।

ହରିରିତି ହରିରିତି ଜପତି ସକାମମ୍
ବିରହବିହିତମରଣେବ ନିକାମମ୍ ।୧୭।

ଅର୍ଥ : ହେ କେଶବ! ମନୁଷ୍ୟ ତା'ର ଅନ୍ତିମ କାଳରେ ଯେପରି ହରି ହରି ଜପ କରୁଥାଏ, ସେହିପରି ବିରହବିଧୁରା ରାଧିକା କାମଦଶାର (ନବମ / ଦଶମ) ଅବସ୍ଥାରେ ପହଞ୍ଚି ମୃତତୁଲ୍ୟ ହୋଇ କେବଳ ହରି ହରି ଉଚ୍ଚାରଣ କରୁଛନ୍ତି। ମୋ ପ୍ରିୟ ସଖି ଜାଣିଛନ୍ତି ତୁମ ବିନା ତା'ର ମୃତ୍ୟୁ ସୁନିଶ୍ଚିତ। ତେଣୁ ଆସନ୍ନମୃତ୍ୟୁର ସମ୍ମୁଖୀନ ହୋଇ ଶ୍ରୀରାଧା ତୁମର ପବିତ୍ରନାମ (ହରିନାମ)କୁ ଜପ କରୁଛନ୍ତି ହେ କେଶବ !

ଶ୍ରୀଜୟଦେବ ଭଣିତମିତି ଗୀତମ୍
ସୁଖୟତୁ କେଶବପଦମୁପନୀତମ୍ ।୧୮।

ଅର୍ଥ : ଶ୍ରୀଜୟଦେବ କବିଙ୍କ ଦ୍ୱାରା ଭଣିତ ଏହି ଗୀତ ଶ୍ରୀକୃଷ୍ଣଙ୍କ ପାଦପଦ୍ମରେ ଚିତ୍ତ ରଖିଥିବା ଭକ୍ତ ତଥା ବୈଷ୍ଣବମାନଙ୍କର ସୁଖ ବିଧାନ କରୁ।

ସା ରୋମାଞ୍ଚତି ଶୀତ୍କରୋତି ବିଳପତ୍ୟୁତ୍କଂପତେତାମ୍ୟତି
ଧ୍ୟାୟତ୍ୟୁଦ୍‌ଭ୍ରମତି ପ୍ରମୀଳତି ପତତ୍ୟୁଦ୍ୟାତିମୂର୍ଚ୍ଛତ୍ୟପି।
ଏତାବତ୍ୟତନୁଜ୍ୱରେ ବରତନୁର୍ଜୀବେନ୍ନ କିଂତେରସାତ୍
ସ୍ୱର୍ବୈଦ୍ୟପ୍ରତିମପ୍ରସୀଦସି ଯଦି ତ୍ୟକ୍ତୋଽନ୍ୟଥା ହସ୍ତକଃ ।୧୯।

ଅର୍ଥ : ହେ ଶ୍ରୀକୃଷ୍ଣ! ମୋ ସଖୀର ଦଶାବିଷୟ ଟିକିଏ ଶୁଣ। ତୁମର ବିରହରେ ଶ୍ରୀରାଧା କେତେବେଳେ ଶରୀରକୁ ରୋମାଞ୍ଚିତ କରୁଛନ୍ତି ତ କେତେବେଳେ ଚିନ୍ତାଜ୍ୱରରେ ପୀଡ଼ିତା ହୋଇ ସୀତ୍କାର ବଚନ ସୃଷ୍ଟି କରୁଛନ୍ତି। 'ହା କୃଷ୍ଣ' କହି କେତେବେଳେ ଭୂମିରେ ଲୋଟିଯାଉଛନ୍ତି ତ, କେତେବେଳେ ଚକ୍ଷୁ ନିମୀଳିତ କରି ରହୁଛନ୍ତି, କେତେବେଳେ ଚାଲି ଯାଉଯାଉ ମୂର୍ଚ୍ଛିତା ହୋଇଯାଉଛନ୍ତି। ହେ କୃଷ୍ଣ!

ତୁମେ ଚିକିତ୍ସାବିଜ୍ଞାନରେ ବୈଦ୍ୟରାଜ ଅଶ୍ୱିନୀକୁମାର ପରି। ଅତଏବ ତୁମେ ଯଦି ପ୍ରସନ୍ନ ହୋଇ ମୋ ପ୍ରିୟ ସଖୀଙ୍କର ଏହି କାମଜ୍ୱରର ଉପଶମ ନିମିତ୍ତ ବୈଦ୍ୟରାଜ ସଦୃଶ ତାଙ୍କୁ ଆଲିଙ୍ଗନ ଓ ଚୁମ୍ବନାଦି ଚିକିତ୍ସାରେ ରସସିକ୍ତ କରାଇବ, ତେବେ ହୁଏତ ସେହି ଦୁରାରୋଗରୁ ସେ ବଞ୍ଚିଯିବେ ହେ ମାଧବ !

ସ୍ମରାତୁରାଂ ଦୈବତବୈଦ୍ୟହୃଦ୍ୟ ତ୍ୱଦଙ୍ଗସଙ୍ଗାମୃତମାତ୍ରସାଧ୍ୟମ୍
ବିମୁକ୍ତବାଧାଂ କୁରୁଷେ ନ ରାଧାମୁପେନ୍ଦ୍ରବଜ୍ରାଦପି ଦାରୁଣୋଽସି ।୨୦।

ଅର୍ଥ : ହେ ଶ୍ରୀକୃଷ୍ଣ ! ଭେଷଜବିଜ୍ଞାନରେ ସ୍ୱର୍ଗବୈଦ୍ୟ ଅଶ୍ୱିନୀକୁମାରଙ୍କଠାରୁ ତୁମେ ଅଧିକ ଦକ୍ଷ। କାମତାପରେ ସନ୍ତୁଳିତ ପ୍ରିୟସଖୀ ଶ୍ରୀରାଧା କେବଳ ତୁମର ଅଙ୍ଗସଙ୍ଗରୂପ ରସାୟନ ପ୍ରୟୋଗରେ ହିଁ ଆରୋଗ୍ୟ ଲାଭ କରିବ, ଏହା ଧ୍ରୁବ ଅଟେ। ଏହା ବ୍ୟତୀତ ଅନ୍ୟ କୌଣସି ଔଷଧ ଉପଚାର ତାଙ୍କୁ କାଟୁ କରିବ ନାହିଁ। ତାଙ୍କର ଏହିପରି ଦାରୁଣ ଅବସ୍ଥାରେ ତାଙ୍କ ପ୍ରତି ଯଦି ତୁମେ ସଦୟ ନହୁଅ, ତେବେ ତୁମର ହୃଦୟ ବଜ୍ରଠାରୁ ଆହୁରି ଅଧିକ କଠିନ ବୋଲି ବୁଝିବାକୁ ପଡ଼ିବ।

କନ୍ଦର୍ପଜ୍ୱର ସଂଜ୍ୱରାତୁରତନୋରାଶ୍ଚର୍ଯ୍ୟମସ୍ୟାଶ୍ଚିରଂ
ଚେତଶ୍ଚନ୍ଦନଚନ୍ଦ୍ରମାଃକମଳିନୀ ଚିନ୍ତାସୁ ସଂତାମ୍ୟତି।
କିନ୍ତୁ କ୍ଳାନ୍ତିବଶେନ ଶୀତଳତରଂ ତ୍ୱାମେକମେବ ପ୍ରିୟଂ
ଧ୍ୟାୟନ୍ତୀ ରହସି ସ୍ଥିତା କଥମପି କ୍ଷୀଣା କ୍ଷଣଂ ପ୍ରାଣିତି ।୨୧।

ଅର୍ଥ : ହେ ମାଧବ ! ଅତ୍ୟନ୍ତ ଆଶ୍ଚର୍ଯ୍ୟ ବିଷୟ ଏହି ଯେ, କାମଜ୍ୱରରେ ପୀଡ଼ିତା ଶ୍ରୀରାଧା ସନ୍ତାପରେ ଅତ୍ୟନ୍ତ ଆତୁରା ହୋଇଛନ୍ତି। ତାଙ୍କର ଶରୀର କ୍ଷୀଣ ହୋଇଗଲାଣି। ତାଙ୍କର କାମତାପକୁ ପ୍ରଶମିତ କରିବା ପାଇଁ ଚନ୍ଦନ, ଚନ୍ଦ୍ରକିରଣ ଏବଂ ପଦ୍ମପାଖୁଡ଼ା ଆଦି ଯେତେ ସୁଶୀତଳ ଦ୍ରବ୍ୟାଦି ଉପଚାର କଥା କୁହାଯାଉଛି, ସେ ଏହା ଶୁଣି ବେଶି ବିକଳ ହୋଇ ଉଠୁଛନ୍ତି। କିନ୍ତୁ ଅଦ୍ଭୁତ କଥା ଏହି ଯେ ତୁମେ ତ ଚନ୍ଦନାଦିଠାରୁ ଆହୁରି ଶୀତଳ। ତେଣୁ ତୁମର ଶୀତଳତର କଳେବରକୁ ଧ୍ୟାନ କରି ଶ୍ରୀରାଧା ତୁମର ପ୍ରତୀକ୍ଷା କରି କୌଣସି ଉପାୟରେ ବଞ୍ଚିଛନ୍ତି।

କ୍ଷଣମପି ବିରହଃ ପୁରା ନ ସେହେ
ନୟନନିମୀଳନଖିନ୍ନୟା ଯୟାତେ।
ଶ୍ୱସିତି କଥମସୌ ରସାଳଶାଖାଂ
ଚିରବିରହେଣ ବିଲୋକ୍ୟ ପୁଷ୍ପିତାଗ୍ରାମ୍ ।୨୦।

ଅର୍ଥ : ହେ ଶ୍ରୀକୃଷ୍ଣ ! ରାଧିକା ତୁମର ବିରହ ଯନ୍ତ୍ରଣାକୁ କ୍ଷଣକ ପାଇଁ ମଧ୍ୟ ସହ୍ୟ କରିପାରନ୍ତି ନାହିଁ। ତୁମକୁ ଦେଖିବାରେ ସେ ଏତେମାତ୍ରାରେ ଆନନ୍ଦ ଅନୁଭବ କରନ୍ତି ଯେ ତୁମକୁ

ଅପଲକ ନୟନରେ କେବଳ ଚାହିଁ ରହନ୍ତି। ଚକ୍ଷୁପଲକ ପଡ଼ିଲେ ତାହାକୁ ସେ ଯୁଗପ୍ରାୟ ମଣୁଥିଲେ। ବର୍ତ୍ତମାନ ଆମ୍ରବୃକ୍ଷରେ ବକୁଳ ଫୁଟିବାର ଦୃଶ୍ୟକୁ ଶ୍ରୀରାଧା ଦେଖିଲେଣି। ଏସବୁ ଦୃଶ୍ୟ ଦେଖି ତୁମ ବିରହରେ ସେ କିପରି ପ୍ରାଣ ଧାରଣ କରିବେ ହେ ମାଧବ?

ବୃଷ୍ଟିବ୍ୟାକୁଳଗୋକୁଳାବନ ରସାଦୁଦ୍ଧୃତ୍ୟ ଗୋବର୍ଦ୍ଧନଂ
ବିଭ୍ରଦ୍‌ବଲ୍ଲବ ବଲ୍ଲଭାଭିରଧିକାନନ୍ଦାଚ୍ଚିରଂ ଚୁମ୍ବିତଃ।
ଦର୍ପେଣୈବ ତଦର୍ପିତାଧରତଟୀସିନ୍ଦୂରମୁଦ୍ରାଙ୍କିତୋ
ବାହୁର୍ଗୋପତନୋସ୍ତନୋତୁଭବତାଂ ଶ୍ରେୟାସିଂ କଂସଦ୍ୱିଷଃ।୨୩।

ଅର୍ଥ : କଂସ ବିନାଶକାରୀ ଶ୍ରୀକୃଷ୍ଣର ଯେଉଁ ବାହୁ ଏକଦା ପ୍ରବଳ ବୃଷ୍ଟିପାତ କାଳରେ ଅତ୍ୟନ୍ତ ବ୍ୟାକୁଳିତ ଗୋକୁଳବାସୀଙ୍କୁ ରକ୍ଷା କରିବା ପାଇଁ ଏବଂ ଦେବରାଜ ଇନ୍ଦ୍ରଙ୍କ ଗର୍ବକୁ ଖର୍ବ କରିବା ପାଇଁ ଗୋବର୍ଦ୍ଧନ ଗିରିକୁ ଊର୍ଦ୍ଧ୍ୱରେ ଧାରଣ କରିଥିଲେ, ଯେଉଁ ବାହୁକୁ ଗୋପସ୍ତ୍ରୀମାନେ ପ୍ରେମ ଓ ଆନନ୍ଦର ପୁଲକରେ ଚୁମ୍ବନଦେବାରୁ ସେମାନଙ୍କର ଅଧରତଟର ଲାଳିମା ବା ଲଲାଟର ସିନ୍ଦୂର ଚିହ୍ନ ସେହି ବାହୁରେ ଅଙ୍କିତ ହୋଇଯାଇଥିଲା, ଭଗବାନ କଂସାରି କୃଷ୍ଣଚନ୍ଦ୍ରଙ୍କର ସେହି କଲ୍ୟାଣକାରୀ ବାହୁ ଭକ୍ତଜନଙ୍କର ଶ୍ରେୟ ବିଧାନ କରନ୍ତୁ।

॥ ଇତିଶ୍ରୀ ଗୀତଗୋବିନ୍ଦ ମହାକାବ୍ୟେ କବିରାଜ ଜୟଦେବକୃତତୌବିରହିଣୀ ବର୍ଣ୍ଣନେ ସ୍ନିଗ୍ଧମଧୁସୂଦନ ନାମ ଚତୁର୍ଥଃ ସର୍ଗଃ ॥

(ପଞ୍ଚମଃ ସର୍ଗଃ)

ସାକାଙ୍‌କ୍ଷପୁଣ୍ଡରୀକାକ୍ଷଃ

ଅହମିହ ନିବସାମିଯାହିରାଧାମନୁନୟ ମଦ୍‌ବଚନେନ ଚାନୟେଥାଃ
ଇତିମଧୁରିପୁଣା ସଖୀ ନିଯୁକ୍ତାସ୍ୱୟମିଦମେତ୍ୟ ପୁନର୍ଜଗାଦରାଧାମ୍।୧।

ଅର୍ଥ : ଶ୍ରୀକୃଷ୍ଣ ସଖୀକୁ କହିଲେ - ଗୋ ପ୍ରିୟ ସହି! ମୁଁ ଏଠାରେ ଶ୍ରୀରାଧାଙ୍କୁ ଚାହିଁ ବସିଛି, ଏକଥା ଯାଇ ତାଙ୍କୁ ଜଣାଇ ଦିଅ। ତାଙ୍କୁ ଚାଟୁବଚନରେ ବୁଝାଇଶୁଝାଇ କହିଦିଅ ଯେ ମୁଁ ତାଙ୍କରି ଦୁଃଖରେ ହିଁ ଅନାଇ ବସିଛି। ମଧୁରିପୁ ଶ୍ରୀକୃଷ୍ଣଙ୍କର ଏକଥା ଶୁଣି ପ୍ରିୟସଖୀ ଶ୍ରୀରାଧାଙ୍କ ନିକଟକୁ ଯାଇ ଅତ୍ୟନ୍ତ ଅନୁନୟ ସହକାରେ କହିବାକୁ ଲାଗିଲେ।

(ଦେଶୀବରାଡ଼ି ରାଗରୂପକତାଳାଭ୍ୟାଂ ଗୀୟତେ)

ବହତିମଳୟସମୀରେ ମଦନମୁପନିଧାୟ

ସ୍ଫୁଟତି କୁସୁମନିକରେ ବିରହିହୃଦୟ ଦଳନାୟ
ତବବିରହେ ବନମାଳୀ ! ସଖି ସୀଦତି ।୨। ଧ୍ରୁବମ୍।

ଅର୍ଥ : ପ୍ରିୟ ସଖୀ ଶ୍ରୀରାଧାଙ୍କ ନିକଟକୁ ଯାଇ କହିଲେ ହେ ପ୍ରିୟ ସହି, (ଦେଖ) ମଳୟ ସମୀରଣ ମନକୁ ମଦନରସରେ ରସଯୁକ୍ତ କରି ପ୍ରବାହିତ ହେଲାଣି। ବିରହୀମାନଙ୍କର ହୃଦୟକୁ ଦଳନ କରିପାରୁଥିବା ବହୁବିଧ କୁସୁମ ଫୁଟିଲେଣି। ଏହି ବସନ୍ତ କାଳରେ ବନମାଳୀ ଶ୍ରୀକୃଷ୍ଣ ତୁମ ବିରହରେ ଅତିଶୟ କନ୍ଦର୍ପ ଦୁଃଖ ପାଉଛନ୍ତି।

ଦହତି ଶିଶିର ମୟୂଖେ ମରଣମନୁକରୋତି
ପତତି ମଦନବିଶିଖେ ବିଲପତି ବିକଲତରୋଽତି ।୩।

ଅର୍ଥ : ହେ ସଖୀ ! ତୁମ ବିରହରେ ଶୀତଳ ଚନ୍ଦ୍ରକିରଣ ଶ୍ରୀକୃଷ୍ଣଙ୍କୁ ଦଗ୍ଧୀଭୂତ କଲାପରି ମରଣାନ୍ତକ ଯନ୍ତ୍ରଣା ଦେଉଛି। ଆହା ! ରସରାଜ ଶ୍ରୀକୃଷ୍ଣ ମଦନ ଶରରେ ଆଘାତପ୍ରାପ୍ତ ହୋଇ ଅତି ବିକଳରେ ବିଳାପ କରୁଛନ୍ତି।

ଧ୍ୱନତି ମଧୁପସମୂହେ ଶ୍ରବଣମପି ଦଧାତି
ମନସି ବଳିତବିରହେ ନିଶିନିଶିରୁଜମୁପୟାତି ।୪।

ଅର୍ଥ : ଭ୍ରମରମାନଙ୍କର ମୃଦୁଗୁଞ୍ଜନ ଶ୍ରୀକୃଷ୍ଣଙ୍କର ବିରହ ସନ୍ତାପକୁ ଅଭିବୃଦ୍ଧି କରୁଥିବାରୁ ବିରହୀ ଶ୍ରୀକୃଷ୍ଣ ଭ୍ରମରମାନଙ୍କର ଗୁଞ୍ଜନ ଶୁଣିବା ମାତ୍ରେ ନିଜର ହସ୍ତଦ୍ୱାରା କର୍ଣ୍ଣଦ୍ୱୟକୁ ବନ୍ଦ କରି ଦେଉଛନ୍ତି। ତୁମ ରୂପମାଧୁରୀକୁ ଧ୍ୟାନ କରି ଗୋବିନ୍ଦ କୁଞ୍ଜବନରେ ବିରହ ତାପରେ ପଡ଼ିଛନ୍ତି। ରଜନୀ ଆଗମନୀକ୍ରମେ ସେ ରତିକେଳି କଥା ସ୍ମରଣ କରି କାମଭାବନାରେ ଜର୍ଜରିତ ହୋଇ ଅତ୍ୟନ୍ତ ବିରହ ବ୍ୟଥାରେ ଅଛନ୍ତି।

ବସତି ବିପିନବିତାନେ ତ୍ୟଜତି ଲଳିତଧାମ
ଲୁଠତି ଧରଣୀଶୟନେ ବହୁବିଲପତି ତବନାମ ।୫

ଅର୍ଥ : ଗୋ ସଖୀ ! ତୋ ବିରହ ତାପରେ ଦଗ୍ଧୀଭୂତ ଶ୍ରୀକୃଷ୍ଣ ଘରକୁ ତେଜ୍ୟାକରି ଘୋର ଅରଣ୍ୟ ଭିତରେ ଅତ୍ୟନ୍ତ ଉଦାସଭାବରେ ବଞ୍ଚୁଛନ୍ତି। ଦାରୁଣ କାମପୀଡ଼ାରେ କଷ୍ଟପାଇ ସେହି ବଂଶୀବଦନ ଭୂମି ଉପରେ ଶୟନ କରି ତୁମ ନାମକୁ ଉଚ୍ଚାରଣ କରି ବିଳାପ କରୁଛନ୍ତି। ମଦନମୋହନ ଆଉ ମଦନ କଷ୍ଟ ସହ୍ୟ କରିପାରୁନାହାନ୍ତି।

ରଣତିପିକସମୁଦାୟେ ପ୍ରତିଦିଶମନୁଯାତି
ହସତିମନୁଜନିଚୟେ ବିରହମପଲପତି ନେତି ।୬।

ଅର୍ଥ : ହେ ସଖୀ ! କୋକିଳମାନେ କୁହୁକୁହୁ ତାନରେ କୂଜନ ସୃଷ୍ଟି କରୁଥିବାବେଳେ ଶ୍ରୀକୃଷ୍ଣ ଥୟଭାବରେ ନ ବସି ଉନ୍ମତ୍ତପରି ଏଣେତେଣେ ଧାଇଁଲାବେଳେ ଲୋକମାନେ

ଦେଖି ହସି ଉପହାସ କରୁଛନ୍ତି, ତେଣୁ ସେ ଅନୋନ୍ୟପାୟ ହୋଇ 'ନା ନା ମୋର କିଛି ହୋଇ ନାହିଁ' ବୋଲି ଉଚ୍ଚସ୍ୱରରେ କହୁଛନ୍ତି ।

ସ୍ଫରତି କଳରବରାବେ ସ୍ମରତିଭଣିତମେବ
ତବରତି ସୁଖବିଭବେ ବହୁଗଣୟତି ଗୁଣମତୀବ ।୭।

ଅର୍ଥ : ହେ ସଖୀ ! ପକ୍ଷୀମାନଙ୍କର ମଧୁର କଳରବ ଶୁଣି ଶ୍ରୀକୃଷ୍ଣ ତୁମର ମଧୁର ବାଣୀକୁ ଝୁରି ହୋଇଥାନ୍ତି । ମନ ମଧ୍ୟରେ ତୁମର ରତିବିଳାସକୁ ସ୍ମରଣକରି ଏବଂ ରତିସୁଖର ଜୟଗାନ କରି ସେହି ମଧୁମଥନ ଦିବସ ଅତିବାହିତ କରୁଛନ୍ତି ।

ତ୍ୱଦଭିଧଶୁଭଦମାସଂ ବଦତି ନରିଶୃଣୋତି
ତମପି ଜପତି ସରସଂ ପରଯୁବତିଷ୍ଣୁ ନ ରତି ମୁପୈତି ।୮।

ଅର୍ଥ : କେହି ଯଦି କେତେବେଳେ ତୋର ଶୁଭନାମ ରାଧା (ବୈଶାଖ) ନାମଟିକୁ ମାସ ଅର୍ଥରେ ସ୍ମରଣ କରୁଥାଏ, ସେତେବେଳେ ତୋର ନାମଟି ତାଙ୍କ ଧ୍ୟାନକୁ ଆସିଥାଏ । ତୋର ପ୍ରାଣଧନ ତୋର ସେହି 'ରାଧା' ନାମକୁ ଅତ୍ୟନ୍ତ ପ୍ରେମଭରେ ଉଚ୍ଚାରଣ କରିଥାନ୍ତି । ପରଯୁବତୀ ପ୍ରତି ସେ ଆଉ ମନଧ୍ୟାନ ଦେଉନାହାନ୍ତି ।

ଭଣତି କବିଜୟଦେବ ଇତି ବିରହବିଳସିତେନ
ମନସି ରଭସବିଭସେ ହରିରୁଦୟତୁସୁକୃତେନ ।୯।

ଅର୍ଥ : କବି ଶ୍ରୀଜୟଦେବଙ୍କ ଦ୍ୱାରା ଭଣିତ ଶ୍ରୀକୃଷ୍ଣଙ୍କର ବିରହଗାଥାରେ ପରିପୂର୍ଣ୍ଣ ଏହି ଗୀତ ଗାନକଲେ ଯେଉଁ ସୁକୃତ ସଞ୍ଚିତ ହୁଏ ଏବଂ ସେହି ସୁକୃତ ଯୋଗୁଁ ଯେଉଁମାନଙ୍କ ମନ କୃଷ୍ଣପ୍ରେମରେ ନିମଗ୍ନ ହୋଇଛି, ସେହି କୃଷ୍ଣପ୍ରାଣଗତ ମନୁଷ୍ୟମାନଙ୍କ ହୃଦୟରେ ଏହି ବାଣୀ ସମୁଦିତ ହେଉ ।

ପୂର୍ବଂ ଯତ୍ର ସମଂ ତ୍ୱୟଂ ରତିପତେରାସାଦିତାଃସିଦ୍ଧୟ
ସ୍ତସ୍ମିନ୍ନେବ ନିକୁଞ୍ଜମନ୍ମଥମହାତୀର୍ଥେପୁନର୍ମାଧବଃ
ଧ୍ୟାୟଂସ୍ତ୍ୱାମନିଶଂ ଜପନ୍ନପିତବୈବାଳାପମନ୍ତ୍ରାବଳୀ
ଭୂୟସ୍ତ୍ୱତ୍‌କୁଚକୁମ୍ଭନିର୍ଭରପରିରମ୍ଭାମୃତଂ ବାଞ୍ଛତି ।୧୦।

ଅର୍ଥ : ହେ ସଖୀ ! ପୂର୍ବେ ଯେଉଁ କୁଞ୍ଜରେ କୁଞ୍ଜବିହାରୀ ଶ୍ରୀକୃଷ୍ଣ ତୋ ପ୍ରେମରେ ମଗ୍ନ ହୋଇଥିଲେ ଏବଂ ଦିବାନିଶି ମଦନମନ୍ତ୍ର ଜପକରି ବ୍ରଜଶଶିରୂପକ ତୋତେ ହିଁ ପ୍ରାପ୍ତ ହୋଇଥିଲେ, ସେହି ସିଦ୍ଧିକୁଞ୍ଜ ତଥା ମଦନତୀର୍ଥରେ ସେ ବସି ତୋତେ ହିଁ ଅପେକ୍ଷା କରିଛନ୍ତି । ତୋ ଅଧରପାନରୂପକ ସିଦ୍ଧିଲାଭ ପାଇଁ ଗୋବିନ୍ଦ ସମସ୍ତ ପ୍ରକାର ଯତ୍ନ କରିଛନ୍ତି । ତୋର ପୂର୍ଣ୍ଣକୁମ୍ଭରୂପୀ ବର୍ତ୍ତୁଳ ଉରଜଦ୍ୱୟକୁ ଆଲିଙ୍ଗନ କରିବା ଆଶାରେ ସେ ଅଭିଳାଷ ପୋଷଣ କରିଛନ୍ତି । ତେଣୁ ହେ ସଖୀ ! ତୁମେ ଶୀଘ୍ର ସେହି କୁଞ୍ଜକୁ ଗମନ କର ।

ଥଗୁର୍ଜରୀରାଗେଣ ଗୀୟତେ(ଏକ ତାଳୀତାଳେନ ଗୀୟତେ)ଧ

ରତିସୁଖସାରେ ଗତମଭିସାରେ
ମଦନମନୋହରବେଶମ୍
ନ କୁରୁ ନିତମ୍ବିନୀଗମନବିଳମ୍ବନମନୁସର
ତଂ ହୃଦୟେଶମ୍ ॥
ଧୀରସମୀରେ ଯମୁନାତୀରେ ବସତିବନେ ବନମାଳୀ
ପୀନପୟୋଧରପରିସର ମର୍ଦ୍ଦନଚଞ୍ଚଳକରଯୁଗଶାଳୀ ।୧୧।(ଧ୍ରୁବମ୍)

ଅର୍ଥ : ହେ ରାଧିକେ ! ପୀନପୟୋଧର ମର୍ଦ୍ଦନ କରିବାରେ ଯାହାଙ୍କର କରଦ୍ୱୟ ଚଞ୍ଚଳ, ସେହି ବନମାଳୀ ଶ୍ରୀକୃଷ୍ଣ ମଳୟ ସମୀରଣ ସେବିତ ଯମୁନା ତଟରେ ତୋତେ ହିଁ ଅପେକ୍ଷା କରିବସିଛନ୍ତି । ସେ ମଦନସେବାର ଉପଯୋଗୀ ମଦନମୋହନର ବେଶ ପରିଧାନ କରି ରତିସୁଖରସାର ଅଭିସାର ରଚନା କରିଛନ୍ତି । ହେ ନିତମ୍ବିନୀ ! ତୁମେ ଆଉ କାଳବିଳମ୍ବ ନକରି ଅଭିସାର ପାଇଁ କୁଞ୍ଜକୁ ଶୀଘ୍ର ଗମନ କର ଓ ଅପାର ମଦନସୁଖ ଭୋଗକର ।

ନାମସମେତଂ କୃତସଙ୍କେତଂ ବାଦୟତେ ମୃଦୁବେଣୁମ୍
ବହୁମନୁତେ ନନୁ ତେ ତନୁସଙ୍ଗତପବନ ଚଳିତମପିରେଣୁମ୍ ।୧୨।

ଅର୍ଥ : ଶ୍ରୀକୃଷ୍ଣ ଅନ୍ୟ ଗୋପୀମାନଙ୍କୁ ପରିତ୍ୟାଗ କରି ବର୍ତ୍ତମାନ ହିଁ କେବଳ ତୁମକୁ ହିଁ ସଙ୍କେତ ପ୍ରଦାନ କରି ତୁମ ନାମରେ ବଂଶୀ ବାଦନ କରୁଛନ୍ତି । ହେ ରାଧିକେ ! ଶ୍ରୀକୃଷ୍ଣ ତୁମପ୍ରତି ଏତେ ଆସକ୍ତ ଯେ ତୁମ ଶରୀରକୁ ସ୍ପର୍ଶ କରି ଯେଉଁ ରେଣୁକଣା ପବନରେ ବନମଧ୍ୟରେ ଉଡ଼ିଯାଉଛନ୍ତି, ସେହି ରେଣୁକଣାର ପରଶରେ ସେ ତୁମର ପ୍ରେମ ଅନୁରାଗକୁ ଅନୁଭବ କରୁଛନ୍ତି ଏବଂ ନିଜକୁ କୃତ୍ୟ କୃତ୍ୟ ମନେ କରୁଛନ୍ତି ।

ପତତି ପତତ୍ରେ ବିଚଳତିପତ୍ରେଶଙ୍କିତଭବଦୁପଯାନମ୍
ରଚୟତିଶୟନଂ ସଚକିତନୟନଂପଶ୍ୟତିତବ ପନ୍ଥାନମ୍ ।୧୩।

ଅର୍ଥ : ହେ ରାଧେ ! କୌଣସି ପକ୍ଷୀ ଗଛଡାଳରୁ ଉଡ଼ିଯିବାର ଶୁଣିଲେ, ବୃକ୍ଷରୁ ପତ୍ର ଝଡ଼ିବାର ଶବ୍ଦ ହେଲେ କିମ୍ବା ପବନରେ ଶୁଖିଲାପତ୍ର ଉଡ଼ିଯିବାର ଶବ୍ଦ ଶୁଣିଲେ ତୁମେ ଆସୁଛ ବୋଲି ମନେକରି ଶ୍ରୀକୃଷ୍ଣ ତରକି ଚାରିଆଡ଼କୁ ଚାହୁଁଛନ୍ତି । ଶୀଘ୍ର ଶଯ୍ୟାପ୍ରସ୍ତୁତ କରି ବସୁଛନ୍ତି । ତୁମ ଆସିବା ପଥକୁ ସେ ଚାହିଁ ବସିଛନ୍ତି ।

ମୁଖରମଧୀରଂ ତ୍ୟଜମଞ୍ଜୀରଂ ରିପୁମିବ କେଳିସୁଲୋଳମ୍
ଚଳସଖି କୁଞ୍ଜଂ ସତିମିରପୁଞ୍ଜଂ ଶୀଳୟନୀଳନିଚୋଳମ୍ ।୧୪।

ଅର୍ଥ : ସଖୀ କହିଲେ – ହେ ରାଧେ ! ତୁମର ପାଦର ନୂପୁର ଚାଲିଲାବେଳେ ଦୋହଲି ରୁଣୁଝୁଣୁ ଶବ୍ଦ ସୃଷ୍ଟି କରୁଛି । ଏହା କେଳି ସମୟରେ ଶବ୍ଦସୃଷ୍ଟି କରି ନିଭୃତ ବିହାରରେ ବାଧା ସୃଷ୍ଟି କରିବ । ଏହା ରତିକେଳି ସମୟରେ ଏହା ଅନୁକୂଳ ନୁହେଁ, ତେଣୁ ତୁମେ ସତ୍ୱର ଏହାକୁ ଶତ୍ରୁ ବୋଲି ବିଚାର କରି ତ୍ୟାଗ କର । ତୁମକୁ ବ୍ରଜସୁନ୍ଦର ପରା ଚାହିଁ ବସିଛନ୍ତି । ତୁମେ ଅତ୍ୟନ୍ତ ସରାଗରେ ନୀଳମେଘୀ ଶାଢ଼ୀ ପରିଧାନ କରି ଅନ୍ଧାର ରଜନୀରେ କୁଞ୍ଜବନକୁ ଅଭିସାର ପାଇଁ ଶୀଘ୍ର ଗମନ କର । ଅନ୍ଧାରରେ ନୀଳମେଘୀ ଶାଢ଼ୀ ପିନ୍ଧିଗଲେ କେହି ଆଉ ଜାଣିପାରିବେ ନାହିଁ ଗୋ ରାଧିକେ !

ଉରସି ମୁରାରେରୁ ପହିତହାରେ ଘନଇବ ତରଳବଲାକେ
ତଡ଼ିଦିବ ପୀତେ ରତିବିପରୀତେ ରାଜସି ସୁକୃତବିପାକେ ।୧୫।

ଅର୍ଥ : ସଖୀ କହିଲେ – ହେ ରାଧେ ! ହେ ପୀତବସନୀ, ଗୌରୀ, ବିମ୍ବାଧରୀ ! ଚଉସରିର ମୁକ୍ତାହାର ପିନ୍ଧି ଅଭିସାର ପାଇଁ ଶୀଘ୍ର ଗମନ କର । ତେଣେ କୁଞ୍ଜରେ ପରା ଶ୍ରୀକୃଷ୍ଣ ତୁମ ସହିତ ରତିଲାଳସାରେ ବସିଛନ୍ତି । ତୁମେ ପୁଣ୍ୟବଳରୁ ଶ୍ରୀକୃଷ୍ଣଙ୍କ ସହିତ ବିପରୀତ ରତିରେ ମଜ୍ଜିଯିବ । ଫଳରେ ଶ୍ରୀକୃଷ୍ଣଙ୍କ ନୀଳବକ୍ଷରେ ତୁମର ମଣିମୟ ହାର ନବୀନ ମେଘମାଳାରେ ଉଡ଼ିଯାଉଥିବା ଶୁଭ୍ର ବକପନ୍ତିପରି ଶୋଭା ପାଇବ । ତୁମର ତପ୍ତକାଞ୍ଚନ ଗୌରତନୁ ସେହି ମେଘମାଳାରେ ବିଜୁଳି ପରି ଶୋଭା ପାଇବ ଗୋ ଶ୍ରୀରାଧେ !

ବିଗଳିତବସନଂ ପରିହୃତରସନଂ ଘଟୟ ଜଘନମପିଧାନମ୍
କିଶଳୟଶୟନେ ପଙ୍କଜନୟନେ ନିଧିମିବ ହର୍ଷନିଧାନମ୍ ।୧୬।

ଅର୍ଥ : ସଖୀ କହିଲେ – ହେ ପଙ୍କଜନୟନି ! କୋମଳ ପଲ୍ଲବଶଯ୍ୟା ସଜାଇ କୁଞ୍ଜ ମଧ୍ୟରେ ଶ୍ରୀକୃଷ୍ଣ ତୋତେ ଅପେକ୍ଷା କରି ଶୋଇଛନ୍ତି । ହେ ଘନଜଘନୀ ! ଶ୍ରୀକୃଷ୍ଣଙ୍କ ଉର ଉପରେ ତୁମେ ବିରାଜମାନ କରିବ । ତୁମ ଜଘନରୁ ବାସ ଆବରଣ ଖୋଲି ଶ୍ରୀହରିଙ୍କୁ ତୁମର ଘନଜଘନକୁ ସମର୍ପିବ । ତାହା ଦେଖି ଶ୍ରୀକୃଷ୍ଣ ଅମୂଲ୍ୟ ନିଧି ପାଇଲା ପରି ବିଶେଷ ଆନନ୍ଦିତ ହେବେ ।

ହରିରଭିମାନୀ ରଜନିରିଦାନୀମିୟମପି ଯାତି ବିରାମମ୍
କୁରୁ ମମ ବଚନଂ ସତ୍ୱରରଚନଂ ପୂରୟ ମଧୁରିପୁକାମମ୍ ।୧୭।

ଅର୍ଥ : ହେ ରାଧେ ! ଶ୍ରୀକୃଷ୍ଣ ବଡ଼ ଅଭିମାନରେ ଅଛନ୍ତି । ଦେଖ, ରାତି ଗଡ଼ିଯାଉଛି ଓ କ୍ଷୀଣ ହେବାକୁ ବସିଲାଣି । ମୋ କଥା ମାନି ତୁମେ ସତ୍ୱର କୁଞ୍ଜକୁ ଗମନ କର ଏବଂ ମଧୁରିପୁ ଶ୍ରୀକୃଷ୍ଣଙ୍କର କାମଅଭିଳାଷକୁ ପୂରଣ କର ।

ଶ୍ରୀଜୟଦେବେ କୃତହରିସେବେ ଭଣତି ପରମରମଣୀୟମ୍
ପ୍ରମୁଦିତହୃଦୟଂ ହରିମତିସଦୟଂ ନମତ ସୁକୃତକମନୀୟମ୍ ।୧୮।

ଅର୍ଥ : ଶ୍ରୀଜୟଦେବ ସର୍ବଦା ଶ୍ରୀକୃଷ୍ଣଙ୍କ ସେବାରେ ବ୍ରତୀ ଅଟନ୍ତି। ହରିପଦସେବୀ ଜୟଦେବ ଏହି ଶ୍ରେଷ୍ଠ ରମଣୀୟ ଗୀତ ରଚନା କଲେ। ଶ୍ରୀହରି ପରମ କ୍ଷମାଶୀଳ ଏବଂ କରୁଣାନିଧାନ ଅଟନ୍ତି। ହେ ଭକ୍ତଗଣ ! ସେହି ପରମାନନ୍ଦସ୍ୱରୂପ ପରମସୁନ୍ଦର ଶ୍ରୀହରିଙ୍କୁ ଭକ୍ତିଭରେ ନମସ୍କାର କର।

ବିକିରତି ମୁହୁଃ ଶ୍ୱାସାନାଶାଃ ପୁରୋମୁହୁରୀକ୍ଷତେ
ପ୍ରବିଶତି ମୁହୁଃ କୁଞ୍ଜଂ ଗୁଞ୍ଜନ୍ମୁହୁର୍ବହୁ ତାମ୍ୟତି।
ରଚୟତି ମୁହୁଃ ଶଯ୍ୟାଂ ପର୍ଯ୍ୟାକୁଳଂ ମୁହୁରୀକ୍ଷତେ
ମଦନକଦନକ୍ଳାନ୍ତଃ କାନ୍ତେ ପ୍ରିୟସ୍ତବ ବର୍ତ୍ତତେ ।୧୯।

ଅର୍ଥ : ହେ ରାଧେ ! ତୁମର ବିରହରେ ଶ୍ରୀକୃଷ୍ଣ ବାରମ୍ବାର ଖର ନିଶ୍ୱାସ ଛାଡୁଛନ୍ତି। ତୁମେ କାଳେ ଆସୁଛ ଭାବି ବାରମ୍ବାର ତୁମ ଗତିପଥକୁ ନିରୀକ୍ଷଣ କରୁଛନ୍ତି। ସେ ଭାବୁଛନ୍ତି ଶ୍ରୀରାଧା ବୋଧହୁଏ ଅନ୍ୟପଥଦେଇ କୁଞ୍ଜ ମଧ୍ୟରେ ପହଞ୍ଚି ଗଲେଣି, ତେଣୁ ସେ ପୁଣି କୁଞ୍ଜରେ ପ୍ରବେଶ କରି ଚାରିଆଡ଼କୁ ଚାହୁଁଛନ୍ତି, ତୁମ ଆଗମନ ପଥକୁ ଚାହିଁ ବ୍ୟାକୁଳ ହେଉଛନ୍ତି। ଆହୁରି ମଧ୍ୟ ସେ କୋମଳପତ୍ର ପକାଇ ଥରକୁ ଥର ଶଯ୍ୟା ପ୍ରସ୍ତୁତ କରୁଛନ୍ତି। ଏହିପରି ତୁମର ପ୍ରାଣପ୍ରିୟ ଶ୍ରୀକୃଷ୍ଣ ମଦନକଷ୍ଟ ଭୋଗ କରି ଅତ୍ୟନ୍ତ ଅଧିର ହେଲେଣି।

ତ୍ୱଦ୍‌ବାଷ୍ପେଣ ସମଂ ସମଗ୍ରମଧୁନା ତିଗ୍ମାଂଶୁରସ୍ତଂଗତୋ
ଗୋବିନ୍ଦସ୍ୟ ମନୋରଥେନ ଚ ସମଂ ପ୍ରାପ୍ତଂ ତମଃ ସାନ୍ଦ୍ରତାମ୍।
କୋକାନାଂ କରୁଣସ୍ୱନେନସଦୃଶୀ ଦୀର୍ଘାମଦଭ୍ୟର୍ଥନା
ତନ୍ମୁଗ୍‌ଧେ ! ବିଫଳଂ ବିଳମ୍ବନମସୌ ରମ୍ୟୋଽଭିସାରକ୍ଷଣଃ ।୨୦।

ଅର୍ଥ : ହେ ରାଧେ ! (ଦେଖ) ତୁମର ବିରହଜ୍ୱାଳାଜନିତ ନିର୍ଗତ ତପ୍ତ ନିଃଶ୍ୱାସ ବାୟୁରେ ବିବ୍ରତ ହୋଇ ସୂର୍ଯ୍ୟ ଅସ୍ତଗଲେଣି। ଗୋବିନ୍ଦଙ୍କର ତୁମ ସହିତ ମିଳିତ ହେବାର ମନୋରଥ ଜାଣିପାରି ରାତ୍ରିର ଅନ୍ଧକାର କ୍ରମେ ନିବିଡ଼ ହେବାକୁ ବସିଲାଣି। କୋକଦମ୍ପତିଙ୍କର କରୁଣ ସ୍ୱନ ପରି ମୁଁ ବହୁ ସମୟ ଧରି ତୁମକୁ ଅନୁନୟ ବିନୟ କରି କହିଲିଣି। ହେ ମୁଗ୍ଧେ ! ବର୍ତ୍ତମାନ ହେଉଛି ଅଭିସାର ପାଇଁ ଅନୁକୂଳ ସମୟ। ତେଣୁ ତୁମେ କାଳ ବିଳମ୍ବ ନ କରି ଅଭିସାର ପାଇଁ କୁଞ୍ଜମଧ୍ୟକୁ ଶୀଘ୍ର ଗମନ କର। ବିଳମ୍ବ କଲେ ହୁଏତ ତୁମର ରମ୍ୟ ଅଭିସାର ଲକ୍ଷ୍ୟ ବିଫଳ ହୋଇପାରେ ଗୋ ଶ୍ରୀରାଧେ !

ଆଶ୍ଳେଷାଦନୁ ଚୁମ୍ବନାଦନୁ ନଖୋଲ୍ଲେଖାଦନୁ ସ୍ୱାନ୍ତଜ -
ପ୍ରୋଦ୍‌ବୋଧାଦନୁ ସମ୍ଭ୍ରମାଦନୁରତାରମ୍ଭାଦନୁ ପ୍ରୀତୟୋଃ।
ଅନ୍ୟାର୍ଥଂ ଗତୟୋର୍ଭମାନ୍ମିଳିତୟୋଃ ସମ୍ଭାଷଣୈର୍ଜାନତୋ
ର୍ଦମ୍ପତ୍ୟୋରିହ କୋ ନ କୋନ ତମସି ବ୍ରୀଡ଼ାବିମିଶ୍ରୋରସଃ ।୨୧।

ଅର୍ଥ : ହେ ରାଧେ! ପ୍ରେମ ବ୍ୟାପାରରେ ପୁରୁଷ ଓ ନାରୀ ଦୁହେଁ ଅନ୍ଧକାର ମଧ୍ୟରେ କୁଞ୍ଜଭିତରେ ପ୍ରଥମେ ପରସ୍ପରକୁ ଖୋଜନ୍ତି। ସେଠାରେ ପରସ୍ପରକୁ ଭେଟି ସମ୍ଭାଷଣ କରି ଚିହ୍ନାଚିହ୍ନି ହୁଅନ୍ତି। ତା'ପରେ କାମତାପକୁ ପ୍ରଶମିତ କରିବା ପାଇଁ ପ୍ରଥମେ ଆଲିଙ୍ଗନ, ପରେ ଚୁମ୍ବଦାନ, କୁଚମର୍ଦ୍ଦନଜନିତ ନଖକ୍ଷତ, ଏବଂ ପରେ ଗାଢ଼ କାମଜ୍ୱାଳାରେ ଲଜ୍ଜା ଓ ସମ୍ଭ୍ରମମିଶ୍ରିତ ରତିକ୍ରୀଡ଼ା କରି ଅନିର୍ବଚନୀୟ ଆନନ୍ଦ ଲାଭ କରନ୍ତି। ତେଣୁ ତୁମେ ଅନ୍ଧକାରରେ ନିକୁଞ୍ଜ ମଧ୍ୟରେ ପ୍ରବେଶ କରି ତୁମର ପ୍ରିୟ ଶ୍ରୀକୃଷ୍ଣଙ୍କ ସହ ମିଳିତ ହୋଇ ଅଭିସାର ରଚନା କର।

ସଭୟଚକିତଂ ବିନ୍ୟସ୍ୟନ୍ତୀ ଦୃଶୌ ତିମିରେ ପଥି
ପ୍ରତିତରୁ ମୁହୁଃ ସ୍ଥିତ୍ୱା ମନ୍ଦଂ ପଦାନି ବିତନ୍ୱତୀମ୍।
କଥମପିରହଃ ପ୍ରାପ୍ତାମଙ୍ଗୈରନଙ୍ଗତରଙ୍ଗିଭିଃ
ସୁମୁଖୀ! ସୁଭଗଃ ପଶ୍ୟନ୍ ସତ୍ୱାମୁପୈତୁ କୃତାର୍ଥତାମ୍ ।୨୨।

ଅର୍ଥ : ସଖୀ କହିଲେ - ହେ ସୁମୁଖୀ! ତୁମର ପ୍ରତ୍ୟେକ ଅଙ୍ଗପ୍ରତ୍ୟଙ୍ଗରେ ଅନଙ୍ଗର ତରଙ୍ଗ କ୍ରୀଡ଼ା କରୁଛି। ତୁମେ ଏହି ଅନ୍ଧକାରମୟ ପଥରେ ଗଲାବେଳେ କାଳେ କିଏ ତୁମକୁ ଦେଖି ପକାଇବ ତେଣୁ ଭୟଚକିତ ଚିତ୍ତରେ ଚାରିଆଡ଼କୁ ଚାହିଁ ଆଗେଇବ। ମଦନଆବେଶରେ ତୁମେ ଭାରାକ୍ରାନ୍ତ ହୋଇଥିବା ଯୋଗୁଁ ଧୀର ଧୀର ପଦପାତରେ ପ୍ରତ୍ୟେକ ବୃକ୍ଷମୂଳରେ ଦଣ୍ଡେ ଲେଖାଏଁ ଛିଡ଼ାହୋଇ ଗମନ କରିବ। ଏହିପରି ତୁମେ ନିର୍ଜନ କୁଞ୍ଜକୁଟୀରରେ ଶ୍ରୀକୃଷ୍ଣଙ୍କ ସହିତ ମିଳିତ ହେବ ଏବଂ ସେହି ସୌଭାଗ୍ୟଶାଳୀ ରସିକନାଗର କୃତ୍ୟକୃତ୍ୟ ହୋଇ ତୁମକୁ ସଙ୍ଖୋଳିନେବେ।

ରାଧାମୁଗ୍ଧ ମୁଖାରବିନ୍ଦ ମଧୁପସ୍ତ୍ରୈଲୋକ୍ୟ ମୌଳିସ୍ଥଳୀ -
ନେପଥ୍ୟୋଚିତ ନୀଳରତ୍ନମବନୀଭାରାବତାରାନ୍ତକଃ
ସ୍ୱଚ୍ଛନ୍ଦଂ ବ୍ରଜସୁନ୍ଦରୀ ଜନମନ ସ୍ତୋଷପ୍ରଦୋଷଶ୍ଚିରଂ
କଂସଧ୍ୱଂସନଧୂମକେତୁରବତୁ ତ୍ୱାଂ ଦେବକୀନନ୍ଦନଃ ।୨୩।

ଅର୍ଥ : ଯେଉଁ ଶ୍ରୀକୃଷ୍ଣ ହେଉଛନ୍ତି ରାଧିକା ମୁଖ ସରୋଜର ପ୍ରେମମଧୁପ, ଯେ ହେଉଛନ୍ତି ତ୍ରୈଲୋକ୍ୟଶିର ନୀଳମଣି, ଯେ ହେଉଛନ୍ତି ପାପୀମାନଙ୍କର ଅନ୍ତକସ୍ୱରୂପ, ଗୋପକାମିନୀ ବ୍ରଜସୁନ୍ଦରୀମାନଙ୍କର ସନ୍ଧ୍ୟାସଦୃଶ, ଯେ ହେଉଛନ୍ତି ପ୍ରବଳପ୍ରତାପୀ କଂସର ଧୂମକେତୁ ସଦୃଶ, ସେହି କଂସସୂଦନ, ଦେବକୀ ନନ୍ଦନ ଶ୍ରୀକୃଷ୍ଣ ତୁମ୍ଭମାନଙ୍କର ସୁରକ୍ଷାବିଧାନ କରନ୍ତୁ।

॥ ଇତିଶ୍ରୀ ଗୀତଗୋବିନ୍ଦେ ମହାକାବ୍ୟେ କବିରାଜ ଜୟଦେବକୃତୌ ଅଭିସାରିକା ବର୍ଣ୍ଣନେ ସାକାଙ୍‌କ୍ଷପୁଣ୍ଡରୀକାକ୍ଷୋ ନାମ ପଞ୍ଚମଃ ସର୍ଗଃ ॥

(ଷଷ୍ଠଃ ସର୍ଗଃ)

ଧୃଷ୍ଟବୈକୁଣ୍ଠଃ

ଅଥତାଂ ଗନ୍ତୁମଶକ୍ତାଂ ଚିରମନୁରକ୍ତାଂ ଲତାଗୃହେ ଦୃଷ୍ଟ୍ୱା ।
ତଚ୍ଚରିତଂ ଗୋବିନ୍ଦେ ମନସିଜମନ୍ଦେ ସଖୀ ପ୍ରାହ ।୧।

ଅର୍ଥ : କୃଷ୍ଣପ୍ରାଣଗତ ଶ୍ରୀରାଧା ଶ୍ରୀକୃଷ୍ଣଙ୍କ ପ୍ରତି ଗଭୀର ଅନୁରକ୍ତା ହୋଇଥିବା ଯୋଗୁଁ ବିରହଜ୍ୱାଳାରେ ଦଗ୍‌ଧିଭୂତ ହୋଇ ଅବସନ୍ନ ହୋଇଥିବାରୁ ଆଉ ନିକୁଞ୍ଜକିଶୋରଙ୍କ ନିକଟକୁ ଯାଇପାରିଲେ ନାହିଁ। ଶ୍ରୀରାଧାଙ୍କର ଏହିପରି ଦଶା ଦେଖି ପ୍ରିୟସଖୀ କୁଞ୍ଜସ୍ଥଳକୁ ଯାଇ ରାଧା ବିରହରେ ଚିରଦୁଃଖୀ ହୋଇଥିବା ଶ୍ରୀକୃଷ୍ଣଙ୍କୁ ଭେଟି ରାଧାଙ୍କର ମନୋବ୍ୟଥାକୁ ବର୍ଣ୍ଣନା କରିବାକୁ ଲାଗିଲେ।

(ଗୀତମ୍)

(ଗୁଣ୍ଡକିରୀରାଗେଣ ରୂପକ ତାଳେନ ଚ ଗୀୟତେ)
ପଶ୍ୟତି ଦିଶିଦିଶି ରହସି ଭବନ୍ତମ୍
ତ୍ୱଦଧରମଧୁରମଧୂନି ପିବନ୍ତମ୍
ନାଥହରେ ! ସୀଦତିରାଧା ବାସଗୃହେ ।୨। ଧ୍ରୁବମ୍ ।

ଅର୍ଥ : ସଖୀ କହିଲେ - ହେ ନାଥ ! ହେ ହରି ! ଶ୍ରୀରାଧା ତୁମର ଅଙ୍ଗସଙ୍ଗ ଲାଭ ନକରି ତାଙ୍କର କୁଞ୍ଜରେ ଅତ୍ୟନ୍ତ ବିଷାଦିତ ମନରେ ବସିଛନ୍ତି। ସେ ଅତ୍ୟନ୍ତ ବିରସ ମନରେ ଯେତେବେଳେ ଦିଗବିଦିଗକୁ ଚାହୁଁଛନ୍ତି, ତାଙ୍କୁ କେବଳ ତୁମର ମନୋହର ରୂପ ଦେଖାଯାଉଛି। ସେ ଭାବୁଛନ୍ତି ସତେଯେପରି ତୁମେ ତାଙ୍କର ଅଧରରୁ ଅମୃତପାନ କରୁଛ।

ତ୍ୱଦଭିସରଣରଭସେନ ବଳନ୍ତୀ
ପତତି ପଦାନି କିୟନ୍ତି ଚଳନ୍ତୀ ।୩।

ଅର୍ଥ : ଶ୍ରୀରାଧା କ୍ଷୀଣା ଓ ଦୁର୍ବଳା ହୋଇଥିଲେ ସୁଦ୍ଧା ସେ ତୁମ ସହିତ ମିଳିତ ହେବା ପାଇଁ ସତେ ଯେପରି ନୂତନ ବଳପାଇ ଚାଲି ଚାଲି ଆସୁଛନ୍ତି। ଶ୍ରୀରାଧା ପାହୁଣ୍ଡପକାଇ ଚାଲି ଆସୁଥିବାବେଳେ ଦୁର୍ବଳବଶତଃ ଭୂମି ଉପରେ ଲୋଟି ପଡୁଛନ୍ତି। ଆହା ! ଶ୍ରୀରାଧାଙ୍କର କି ଦଶା ହେଲା ?

ବିହିତବିଶଦବିସକିଶଳୟ ବଳୟା
ଜୀବତି ପରମିହ ତବ ରତିକଳୟା ।୪।

ଅର୍ଥ: ହେ କେଶବ ! ତୁମର ବିରହତାପରେ ଜର୍ଜରିତା ହୋଇ ଶ୍ରରାଧା ମୃଣାଳପତ୍ର

ଦ୍ୱାରା ବଳୟରୂପେ ପରିବେଷ୍ଟିତ ହୋଇ କୌଣସି ମତେ ବଞ୍ଚି ରହିଛନ୍ତି। କେବଳ ତୁମ ସହିତ ରତିକେଳି କାମନାକରି ଶ୍ରୀରାଧା ପ୍ରାଣ ଧାରଣ କରିଛନ୍ତି।

ମୁହୁରବଲୋକିତମଣ୍ଡନଲୀଳା
ମଧୁରିପୁରହମିତି ଭାବନଶୀଳା ।୫।

ଅର୍ଥ: ହେ ଶ୍ରୀକୃଷ୍ଣ ! ତୁମର ବିରହରେ କାତର ହୋଇ ଶ୍ରୀରାଧା ତାଙ୍କ କୁଞ୍ଜ ମଧ୍ୟରେ ଏକାନ୍ତରେ ତୁମ୍ଭର ଭୂଷଣରେ (ମୟୂରପୁଚ୍ଛାଦି) ମଣ୍ଡିତା ହୋଇ ନିଜକୁ ମଧୁରିପୁ ବା ଶ୍ରୀକୃଷ୍ଣ ବୋଲି ବିଚାର କରି ନିଜ ଶରୀରକୁ ବାରମ୍ବାର ଦେଖୁଛନ୍ତି।

ତ୍ୱରିତମୁପୈତି ନ କଥମଭିସାରମ୍
ହରିରିତି ବଦତି ସଖୀମନୁବାରମ୍ ।୬।

ଅର୍ଥ: ହେ ଶ୍ରୀକୃଷ୍ଣ ! ଶ୍ରୀରାଧା ଯେତେବେଳେ ପ୍ରକୃତିସ୍ଥ ହେଉଛନ୍ତି ସେତେବେଳେ ଅତ୍ୟନ୍ତ ଅଧୀରା ହୋଇ ତୁମେ କାହିଁକି ଅଭିସାର ପାଇଁ ଆସୁନାହିଁ ବୋଲି ସଖୀକି ପଚାରୁଛନ୍ତି।

ଶ୍ଲିଷ୍ୟତି ଚୁମ୍ବତି ଜଳଧରକଳ୍ପମ୍
ହରିରୂପଗତ ଇତି ତିମିରମନଳ୍ପମ୍ ।୭।

ଅର୍ଥ: ହେ ଶ୍ରୀକୃଷ୍ଣ ! ଶ୍ରୀରାଧା ତୁମ ବିରହରେ ପ୍ରଳାପିନୀ ହୋଇ ବେଳେବେଳେ ତୁମେ ଆସିଗଲ ବୋଲି କହି ଘନମେଘ ସଦୃଶ ଘନ ଅନ୍ଧକାରକୁ ଶ୍ରୀହରି ଜ୍ଞାନରେ ଆଲିଙ୍ଗନ କରି ଚୁମ୍ବନ ଦେଉଛନ୍ତି।

ଭବତି ବିଳମ୍ବିନି ବିଗଳିତ ଲଜ୍ଜା
ବିଲପତି ରୋଦିତି ବାସକସଜ୍ଜା ।୮।

ଅର୍ଥ: ହେ ଶ୍ରୀକୃଷ୍ଣ ! ତୁମ ପାଇଁ ବାସରଶେଯ ସଜାଇ ରାଧିକା ତୁମ ଆଗମନକୁ ଅପେକ୍ଷା କରିଛନ୍ତି। ତୁମର ଆସିବାରେ ବିଳମ୍ବ ହେବା ଜାଣି ସମସ୍ତ ଲଜ୍ଜାକୁ ପରିହାର କରି ଶ୍ରୀରାଧା ବାସକସଜ୍ଜା ନାୟିକା ପରି ଉଚ୍ଚସ୍ୱରରେ ବିଳାପ କରୁଛନ୍ତି।

ଶ୍ରୀଜୟଦେବ କବେରିଦମୁଦିତମ୍
ରସିକଜନଂ ତନୁତାମତିମୁଦିତମ୍ ।୯।

ଅର୍ଥ : ଶ୍ରୀଜୟଦେବ କବିଙ୍କ ଦ୍ୱାରା ବିରଚିତ ଏହି ଗୀତ ରସିକଜନଙ୍କର ହୃଦୟରେ ଆନନ୍ଦଉଲ୍ଲାସ ଜାତକରୁ।

ବିପୁଳ ପୁଲକପାଳିଃ ସ୍ଫୀତସୀତ୍କାରମନ୍ତଃ
ଜନିତଜଡ଼ିମକାକୁବ୍ୟାକୁଳଂ ବ୍ୟାହରନ୍ତୀ।
ତବ କିତବ ବିଧାୟାମନ୍ଦକନ୍ଦର୍ପ ଚିନ୍ତାଂ
ରସଜଳଧିନିମଗ୍ନା ଧ୍ୟାନଲଗ୍ନା ମୃଗାକ୍ଷୀ ।୧୦।

ଅର୍ଥ : ହେ ଶଠନାୟକ ! ସେହି ମୃଗନୟନୀ ରାଧିକା ପ୍ରବଳ ମଦନପୀଡ଼ାରେ ତୁମର ପ୍ରେମରସ ପାରାବାରରେ ନିମଗ୍ନା ହୋଇ କେବଳ ତୁମର ମନୋହର ରୂପକୁ ଧ୍ୟାନରୂପ ଆଶ୍ରୟ କରି ବଞ୍ଚିଛନ୍ତି । ସେ କେତେବେଳେ ତୁମରି ପ୍ରେମକଥା ଭାବି ବିପୁଳ ପୁଲକର ଶିହରଣରେ ରୋମାଞ୍ଚିତ ହେଉଛନ୍ତି ତ କେତେବେଳେ ମଦନ ଚିନ୍ତାରେ ଘାରିହୋଇ ଅତ୍ୟନ୍ତ ବ୍ୟାକୁଳଭାବରେ ଅସ୍ପଷ୍ଟ ଶବ୍ଦ ଉଚ୍ଚାରଣ କରି ବିଳାପୁଛନ୍ତି ।

ଅଙ୍ଗେଷ୍ୱାଭରଣଂ କରୋତି ବହୁଶଃ ପତ୍ରେଽପି ସଞ୍ଚାରିଣି
ପ୍ରାପ୍ତଂ ତ୍ୱାଂ ପରିଶଙ୍କତେ ବିତନୁତେ ଶଯ୍ୟାଂ ଚିରଂଧ୍ୟାୟତି ।
ଇତ୍ୟାକଳ୍ପବିକଳ୍ପତଳ୍ପ ରଚନାସଙ୍କଳ୍ପଲୀଳାଶତ -
ବ୍ୟାସକ୍ତାପି ବିନାତ୍ୱୟା ବରତନୁର୍ନୈଷା ନିଶାଂ ନେଷ୍ୟତି ।୧୧।

ଅର୍ଥ : ସଖୀ କହୁଛନ୍ତି - ହେ ଶଠଶେଖର ! ବୃକ୍ଷରୁ ପତ୍ର ପଡ଼ିବାର ଶବ୍ଦ ହେଲେ ବିରହିଣୀ ଶ୍ରୀରାଧା ଅତ୍ୟନ୍ତ ଆନନ୍ଦିତା ହୋଇ ତୁମେ ଆସୁଛ ବୋଲି ଭାବନା କରି ଶ୍ରୀଅଙ୍ଗରେ ନାନା ଅଳଙ୍କାରରେ ମଣ୍ଡିତା ହୋଇଯାନ୍ତି । ତୁମେ ଆସୁଛ ଏହି ଭାବନା କରି ରସନିଧି ଶ୍ରୀରାଧା କୁଞ୍ଜ ମଧ୍ୟରେ ପଲ୍ଲବର ଶଯ୍ୟା ସଜାଇ ଦିଅନ୍ତି । ସେ କେବଳ ଧ୍ୟାନସ୍ଥ ହୋଇ ପ୍ରୀତିପୂଜାରିଣୀ ଭାବରେ ତୁମର ପଥକୁ ଚାହିଁ ବସିଛନ୍ତି । ଶ୍ରୀରାଧାଙ୍କ ପକ୍ଷରେ ଜୀବନଧାରଣ ଅତୀବ ଦୁଃସହ ହେଲାଣି । ହାୟ ! ସେହି କୃଷ୍ଣପ୍ରାଣଗତା ଶ୍ରୀରାଧା ତୁମ ବିନା ଆଉ ରଜନୀ ଯାପନ କରିପାରିବେ ନାହିଁ । ତୁମକୁ ଲାଭ ନକରି ଶ୍ରୀରାଧା କେବଳ ବିନିଦ୍ର ରଜନୀ ଯାପନ କରିବେ ।

॥ ଇତିଶ୍ରୀ ଗୀତଗୋବିନ୍ଦ ମହାକାବ୍ୟେ କବିରାଜ ଜୟଦେବକୃତୌ ବାସକସଜ୍ଜା ବର୍ଣ୍ଣନେ ଧୃଷ୍ଟବୈକୁଣ୍ଠୋ ନାମ ଷଷ୍ଠଃ ସର୍ଗଃ ॥

(ସପ୍ତମଃ ସର୍ଗଃ)

ନାଗରନାରାୟଣଃ

ଅତ୍ରାନ୍ତରେ ଚ କୁଳଟାକୁଳବର୍ତ୍ମପାତ
ସଂଜାତପାତକଇବ ସ୍ଫୁଟଲାଞ୍ଛନଶ୍ରୀଃ
ବୃନ୍ଦାବନାନ୍ତରମଦୀପୟଦଂ ଶୁଜାଲୈ
ଦିକ୍‌ସୁନ୍ଦରୀବଦନଚନ୍ଦନବିନ୍ଦୁରିନ୍ଦୁଃ ।୧।

ଅର୍ଥ : ଏହି ସମୟରେ ପୂର୍ବାକାଶରେ ଦିକ୍‌ସୁନ୍ଦରୀର ଲଲାଟରେ ଚନ୍ଦନବିନ୍ଦୁ

ଶୋଭା ପାଇଲା ପରି ଚନ୍ଦ୍ର ଉଦିତ ହେଲେ ଏବଂ ସ୍ନିଗ୍ଧଶୁଭ୍ର ଜ୍ୟୋତ୍ସ୍ନାରେ ସମଗ୍ର ବୃନ୍ଦାବନ ଉଦ୍‌ଭାସିତ ହେଲା। ଅନ୍ଧକାରରେ କୁଳଟାନାରୀମାନେ ଯେଉଁ ଅଭିସାର କରୁଥିଲେ, ସେହି ଅଭିସାର ମାର୍ଗକୁ ଅବରୋଧ କରିବାରୁ ଚନ୍ଦ୍ର ମହାପାତକ ଅର୍ଜନ କଲେ। ଫଳରେ ସେହି ପାତକରୂପକ କଳଙ୍କକୁ ସେ ଅଗତ୍ୟା ଶରୀରରେ ଧାରଣ କଲେ।

ପ୍ରସରତି ଶଶଧରବିମ୍ବେ ବିହିତବିଳମ୍ବେ ଚ ମାଧବେ ବିଧୁରା
ବିରଚିତବିବିଧବିଳାପଂ ସା ପରିତାପଂ ଚକାରୋଚ୍ଚୈଃ ।୨।

ଅର୍ଥ : ଚାରିଆଡ଼େ ଚନ୍ଦ୍ରକିରଣ ପ୍ରସାରିତ ହେବାକୁ ଲାଗିଲା। ତଥାପି ଶ୍ରୀକୃଷ୍ଣ ଆସିବାରେ ବିଳମ୍ବ ହେଲା। ତେଣୁ ରାଧାଙ୍କର ବିରହ ଆହୁରି ବଢ଼ିବାକୁ ଲାଗିଲା। ସେହି ବିରହବିଧୁରା ଶ୍ରୀରାଧା ମନରେ ନାନା ବିଘ୍ନ ଆଶଙ୍କା କରି ଅତ୍ୟନ୍ତ ଉଚ୍ଚସ୍ୱରରେ ବିଳାପ କରିବାକୁ ଲାଗିଲେ।

(ଗୀତମ୍)

(ମାଳବରାଗେଣ ଯତିତାଳାଭ୍ୟାଂ ଗୀୟତେ)

କଥିତସମୟେଽପି ହରିରହହ ନ ଯଯୌବନମ୍
ମମ ବିଫଳମିଦମମଳରୂପମପି ଯୌବନମ୍
ଯାମି ହେ କମିହ ଶରଣଂ ସଖୀଜନବଚନବଞ୍ଚିତା ।୩। ଧ୍ରୁବମ୍।

ଅର୍ଥ : ଶ୍ରୀରାଧା କହୁଛନ୍ତି - ଆହା ! କଣ୍ଟ ସମୟ ତ ଗଡ଼ିଗଲାଣି। ଏ ପର୍ଯ୍ୟନ୍ତ ଶ୍ରୀକୃଷ୍ଣ କୁଞ୍ଜକୁ ଆସିଲେ ନାହିଁ। ମୋର ରୂପ, ଯୌବନ ଅକାରଣ ହେଲା, ବୃଥା ହେଲା। ଏଣେ ମୋର ପ୍ରିୟସଖୀ ମଧୁର କଥା କହି ମୋତେ ବଂଚନା କଲା। ସଖୀର ବଚନକୁ ସତ ମଣିଲି। କିନ୍ତୁ ହାୟ ! କୃଷ୍ଣ ତ ଆଉ ଆସିଲେ ନାହିଁ। ଏବେ ମୁଁ କାହା ନିକଟରେ ଶରଣ ପଶିବ ?

ଯଦନୁଗମନାୟ ନିଶି ଗହନମପି ଶୀଳିତମ୍
ତେନ ମମ ହୃଦୟମିଦମସମଶର କୀଳିତମ୍ ।୪।

ଅର୍ଥ : ଶ୍ରୀରାଧା ବିଚାରୁଛନ୍ତି - ଯେଉଁ କୃଷ୍ଣଙ୍କ ପାଇଁ ଏହି ନିର୍ଜନ ରାତ୍ରି କାଳରେ ଘୋର ବନ ମଧ୍ୟରେ ଅବସ୍ଥାନ କଲି, କାହିଁ ସେ ତ ଆଉ ଆସିଲେ ନାହିଁ। ବରଂ ସେ ମୋ ପ୍ରତି ନିର୍ଦ୍ଦୟ ହୋଇ ବିଷମ ଶର ପେଷଣ କରି ମୋତେ ମଦନ କଷ୍ଟରେ ଜର୍ଜରିତ କରିଛନ୍ତି। ମୁଁ ଏବେ କାହାର ଆଶ୍ରୟ ନେବି ?

ମମ ମରଣମେବ ବରମତିବିତଥକେତନା
କିମିହ ବିଷହାମି ବିରହାନଳମଚେତନା ।୫।

ଅର୍ଥ : ଶ୍ରୀରାଧା ଭାବୁଛନ୍ତି - ହାୟ ! ମୋ ପକ୍ଷରେ ମରଣ ବରଂ ଶ୍ରେୟସ୍କର। ଆଉ ବଞ୍ଚି ରହିବାରେ କୌଣସି ଲାଭ ନାହିଁ। ମୁଁ ତ ମୋର ଚେତନା ହରାଇ ସାରିଲିଣି। ବିରହାନଳ ମୋତେ ତୀବ୍ର ମରଣଯାତନା ଦେଉଛି।

ମାମହହ ବିଧୁରୟତି ମଧୁରମଧୁଯାମିନୀ
କାପିହରିମନୁଭବତି କୃତ ସୁକୃତକାମିନୀ ।୬।

ଅର୍ଥ : ହାୟ ! ଏହି ମଧୁର ମଧୁଯାମିନୀ ମୋତେ ଅତ୍ୟନ୍ତ ବ୍ୟଥା ପ୍ରଦାନ କରୁଛି। ଏହି ବାସନ୍ତୀରାତି ମୋ ତନୁରେ ପ୍ରଚୁର ତାତି ଭରିଦେଇଛି। କିନ୍ତୁ ଏହି କାଳରେ କୌଣସି କାମିନୀ ନିଜର ସୁକୃତ ବଳରୁ କୃଷ୍ଣଙ୍କୁ ଲାଭ କରି ଏହି ବାସନ୍ତୀ ରାତିରେ ରତିରଙ୍ଗରେ ଆନନ୍ଦ ଲାଭ କରୁଛି।

ଅହହ କଳୟାମି ବଳୟାଦିମଣିଭୂଷଣମ୍
ହରିବିରହଦହନବହନେନ ବହୁଦୂଷଣମ୍ ।୭।

ଅର୍ଥ : ଶ୍ରୀକୃଷ୍ଣ ଆସିବେ ବୋଲି ମୁଁ ବଳୟାଦି ମଣିଭୂଷଣ ସବୁ ଯତ୍ନରେ ଧାରଣ କଲି। କିନ୍ତୁ କୃଷ୍ଣ ତ ଆସିଲେ ନାହିଁ, ବରଂ ଏହି ଉଜ୍ଜ୍ୱଳ ଅଳଙ୍କାରଗୁଡ଼ିକ ବିରହାନଳରେ ମୋତେ ଦହନ କରି ସନ୍ତାପିତ କରୁଛନ୍ତି।

କୁସୁମସୁକୁମାରତନୁମତନୁଶରଲୀଳୟା
ସ୍ରଗପି ହୃଦି ହନ୍ତି ମାମତିବିଷମଶୀଳୟା ।୮।

ଅର୍ଥ : ହାୟ ! ମୋ ହୃଦୟ ପ୍ରଦେଶରେ ଯେଉଁ କୁସୁମମାଳାଟି ଶୋଭା ପାଉଛି, ତାହା ଏବେ ମୋର ସୁକୁମାର ତନୁକୁ ଅତନୁ (କନ୍ଦର୍ପ)ର କୁସୁମଶର ପରି ବିଷମ କଷ୍ଟ ଦେଉଛି।

ଅହମିହ ନିବସାମି ନ ଗଣିତବନବେତସା
ସ୍ମରତି ମଧୁସୂଦନୋ ମାମପି ନ ଚେତସା ।୯।

ଅର୍ଥ : ଶ୍ରୀରାଧାଙ୍କ ଉକ୍ତି - ମୁଁ ଏହି ଭୟଙ୍କର ବେତସକୁଞ୍ଜ ମଧ୍ୟରେ ମୋ ପ୍ରାଣଧନ ମାଧବଙ୍କ ଅପେକ୍ଷାରେ ବସିରହିଛି। ଅଥଚ ଶ୍ରୀମଧୁସୂଦନ ମୋତେ ଥରୁଟିଏ ହେଲେ ମଧ୍ୟ ସ୍ମରଣ କରୁନାହାନ୍ତି।

ହରି ଚରଣେଶରଣ ଜୟଦେବକବିଭାରତୀ
ବସତୁ ହୃଦି ଯୁବତିରିବ କୋମଳ କଳାବତୀ ।୧୦।

ଅର୍ଥ : ଶ୍ରୀଜୟଦେବ କବି କହୁଛନ୍ତି - ଯେପରି କୋମଳାଙ୍ଗୀ କଳାବତୀ ଯୁବତୀ ଯୁବକମାନଙ୍କର ହୃଦୟସ୍ଥଳରେ ସଦା ଅଧିଷ୍ଠିତ, ସେହିପରି ଶ୍ରୀକୃଷ୍ଣଙ୍କର ଚରଣାଶ୍ରିତ ଜୟଦେବ କବିଙ୍କର ଏହି ମଧୁର ଭାରତୀ ଭକ୍ତଜନଙ୍କର ହୃଦୟରେ ସଦା ସ୍ଥାନିତ ହେଉ।

ତତ୍କିଂ କାମପିକାମିନୀ ମଭିସୃତଃ କିଂ ବା କଳାକେଳିଭି
ର୍ବଦ୍ଧୋ ବନ୍ଧୁଭିରନ୍ଧକାରିଣି ବନୋପ୍ରାନ୍ତେ କିମୁଦ୍‌ଭ୍ରାମ୍ୟତି ।
କାନ୍ତଃ କ୍ଲାନ୍ତମନା ମନାଗପି ପଥି ପ୍ରସ୍ଥାତୁମେବାକ୍ଷମଃ
ସଙ୍କେତୀକୃତମଞ୍ଜୁ ବଞ୍ଜୁଳଲତାକୁଞ୍ଜେଽପି ଯନ୍ନାଗତଃ ।୧୧।

ଅର୍ଥ : ଯଥାସମୟରେ ଶ୍ରୀକୃଷ୍ଣ ମଞ୍ଜୁ ବଞ୍ଜୁଳଲତା ଶୋଭିତ କୁଞ୍ଜକୁଟୀରର ସଙ୍କେତ ସ୍ଥଳକୁ ଆଗମନ ନ କରିବାରୁ ଶ୍ରୀରାଧା ଆଶଙ୍କା କରୁଛନ୍ତି ଯେ ଏହି ମନୋହର ସ୍ଥାନକୁ ଶ୍ରୀକୃଷ୍ଣ କାହିଁକି ଆସିଲେ ନାହିଁ? ଅନ୍ୟ କେଉଁ କାମିନୀ ନିକଟକୁ ଅଭିସାର ଲକ୍ଷ୍ୟରେ ଚାଲିଗଲେ କି? କିମ୍ବା ନିଜର ବନ୍ଧୁମାନଙ୍କ ମେଳରେ କ୍ରୀଡ଼ା ଓ ହାସ ପରିହାସରେ ବୁଡ଼ିଯାଇ ମୋତେ ଭୁଲିଗଲେ କି? ଏହା ବି ହୋଇପାରେ ଯେ ମୋ ନିକଟକୁ ଆସୁ ଆସୁ ଏହି ବନମଧ୍ୟରେ ଆନ୍ଧାରରେ ବାଟ ଭୁଲିଗଲେ ଏବଂ ଏଣେତେଣେ ବୁଲୁଛନ୍ତି। ଏହା ହୁଏତ ହୋଇପାରେ କି ଯେ ଶ୍ରୀକୃଷ୍ଣ ମୋ ବିରହରେ କ୍ଲାନ୍ତ ହୋଇ ମଦନଶରରେ ପୀଡ଼ିତ ହୋଇ ଅବଶ ହୋଇ ପଡ଼ିଛନ୍ତି ଏବଂ ମୋ ନିକଟରେ ପହଞ୍ଚି ପାରୁ ନାହାନ୍ତି।

ଅଥାଗତାଂ ମାଧବମନ୍ତରେଣ ସଖୀମିୟଂବୀକ୍ଷ୍ୟ ବିଷାଦମୂକାମ୍‌
ବିଶଙ୍କମାନା ରମିତଂ କୟାପି ଜନାର୍ଦ୍ଦନଂ ଦଷ୍ଟବଦେତଦାହ ।୧୨।

ଅର୍ଥ : ଏହି ସମୟରେ ଶ୍ରୀରାଧା ଯେଉଁ ସଖୀକୁ ଶ୍ରୀକୃଷ୍ଣଙ୍କ ନିକଟକୁ ପ୍ରେରଣ କରିଥିଲେ, ସେହି ସଖୀକୁ ବିଷର୍ଣ୍ଣ ବଦନରେ ଏବଂ ଶ୍ରୀକୃଷ୍ଣଙ୍କୁ ସାଥୀରେ ନ ଆଣିଥିବାର ଦେଖି ଶ୍ରୀରାଧା ମନେ ମନେ ଏହି ଆଶଙ୍କା କରିବାକୁ ଲାଗିଲେ ଯେ ଅନ୍ୟ କୌଣସି ରମଣୀ ସହିତ ନିଶ୍ଚିତ ଭାବରେ ଜନାର୍ଦ୍ଦନ ରମଣକେଳି କରୁଛନ୍ତି। ଶ୍ରୀରାଧା ଏତେ ମାତ୍ରାରେ ଭାବନାସ୍ତରକୁ ଚାଲିଗଲେ ଯେ ତାଙ୍କୁ ଯେପରି ଲାଗିଲା ଜନାର୍ଦ୍ଦନ ଶ୍ରୀକୃଷ୍ଣ ଅନ୍ୟ ଏକ ରମଣୀ ସହିତ ରସକେଳି କରିବାର ଦୃଶ୍ୟ ସେ ସ୍ୱଚକ୍ଷୁରେ ଦେଖୁଛନ୍ତି। ଏଣୁ ଶ୍ରୀରାଧା ପ୍ରିୟସଖୀକୁ କହିବାକୁ ଲାଗିଲେ।

(ଗୀତମ୍‌)

(ବସନ୍ତ ରାଗେଣ ଯତିତାଳାଭ୍ୟାଂ ଗୀୟତେ)

ସ୍ମରସମରୋଚିତବିରଚିତବେଶା
ଗଳିତ କୁସୁମଦଳବିଲୁଳିତକେଶା ।
କାପି ମଧୁରିପୁଣା
ବିଳସତି ଯୁବତିରଧିକଗୁଣା ।୧୩। ଧ୍ରୁବମ୍‌।

ଅର୍ଥ : ହେ ସଖି! ମୋଠାରୁ ଅଧିକ ଗୁଣବତୀ ଜଣେ ଯୁବତୀ କିପରି ଶ୍ରୀକୃଷ୍ଣଙ୍କ

ସହିତ ନିକୁଞ୍ଜ ମଧ୍ୟରେ କେଳି କରୁଛି ଦେଖ । ସେହି ରମଣୀମଣି ସ୍ମରସମର (କାମଯୁଦ୍ଧ) ଅନୁରୂପ ବେଶ ଭୂଷାରେ ଭୂଷିତ ହୋଇଛି । ସେହି ଯୁବତୀ ଶ୍ରୀକୃଷ୍ଣଙ୍କ ସହିତ ମଦନରଣରେ ମାତି ଯାଇଥିବା ହେତୁ ତା'ର କବରୀ ବନ୍ଧନ ମୁକୁଳିତ ହୋଇଯାଇଛି ଏବଂ ସେଥିରେ ଖୋଷାଯାଇଥିବା ପୁଷ୍ପଗୁଡ଼ିକ ବିଚ୍ୟୁତ ହୋଇ ଭୂମିରେ ଖସିପଡ଼ିଲେଣି ।

ହରିପରିରମ୍ଭଣବଳିତବିକାରା
କୁଚକଳଶୋପରି ତରଳିତହାରା ।୧୪।

ଅର୍ଥ : ସେହି ଯୁବତୀ ଶ୍ରୀକୃଷ୍ଣଙ୍କୁ ଗାଢ଼ତର ଭାବରେ ଆଲିଙ୍ଗନ କରିବା ଦ୍ୱାରା ମଦନ ବିକାରରେ ତା'ର ଶରୀର ରୋମାଞ୍ଚିତ ହୋଇଛି । ସେହି ରତିନିମଗ୍ନା ଯୁବତୀର କୁଚକଳସ ଉପରେ ଶୋଭାପାଉଥିବା ହାରଟି କିପରି ଦୋଳାୟିତ ହେଉଛି ଦେଖ ।

ବିଚଳଦଳକଲଳିତାନନଚନ୍ଦ୍ରା
ତଦଧରପାନରଭସକୃତତନ୍ଦ୍ରା ।୧୫।

ଅର୍ଥ : ରମଣନିମଗ୍ନା ସେହି ଯୁବତୀର ଚନ୍ଦ୍ରାନନରେ ଦୋଳାୟମାନ ଅଳକାବଳି କି ସୁନ୍ଦର ଦେଖାଯାଉଛି ! ସେହି ଯୋଷାମଣି ଶ୍ରୀକୃଷ୍ଣଙ୍କର ଅଧରରୁ ମଧୁପାନ କରି କିପରି ଆଖି ବୁଜି ମୁଗ୍ଧା ହୋଇଯାଇଛି, (ଦେଖ) ।

ଚଞ୍ଚଳକୁଣ୍ଡଳ ଦଳିତ କପୋଳା
ମୁଖରିତରସନଜଘନଗତି ଲୋଳା ।୧୬।

ଅର୍ଥ : ସେହି ସୁନ୍ଦରୀର କୁଣ୍ଡଳଦ୍ୱୟ ଚଳଚଞ୍ଚଳ ହୋଇ ଦୋଳାୟିତ ହେବାରୁ ତାହାର ଲଳିତ କପୋଳଦେଶ ବେଶ୍ ଶୋଭନୀୟ ହୋଇଛି । ତାହାର ଜଘନ ଆନ୍ଦୋଳିତ ହେଉଥିବାରୁ ତା'ର କଟି ଦେଶସ୍ଥ ଶୋଭିତ ଚନ୍ଦ୍ର ହାର ସୁମଧୁର ଧ୍ୱନି ସୃଷ୍ଟି କରୁଛି ।

ଦୟିତ ବିଲୋକିତଲଜ୍ଜିତ ହସିତା
ବହୁବିଧକୂଜିତ ରତିରସରସିତା ।୧୭।

ଅର୍ଥ : ସେହି ରସିକିନୀ ରମଣୀ କେତେବେଳେ ଶ୍ରୀକୃଷ୍ଣଙ୍କ ମୁଖକୁ ଚାହିଁ ଲାଜ ମିଶା ହସ ପ୍ରକାଶ କରୁଛି ତ କେତେବେଳେ କାମରସରେ ଭାବବିହ୍ୱଳ ହୋଇ ମଦନ ବିକାର ସୂଚକ ବିବିଧ କୂଜନ ସୃଷ୍ଟି କରୁଛି (ଦେଖ)

ବିପୁଳପୁଳକ ପୃଥୁବେପଥୁଭଙ୍ଗା
ଶ୍ୱସିତନିମୀଲିତବିକସଦନଙ୍ଗା ।୧୮।

ଅର୍ଥ : ସେହି ଯୁବତୀ ଅନଙ୍ଗ ରସରେ ମାତି ଅତ୍ୟନ୍ତ ପୁଲକିତ ହୋଇଥିବା ହେତୁ ରୋମାଞ୍ଚିତ ହୋଇଛି ଏବଂ ପୁଲକ ଭାବରେ କମ୍ପିତ ହୋଇ କାମକ୍ରୀଡ଼ାର ଆନନ୍ଦ

ଉପଭୋଗ କରୁଛି। ମଦନରେ ଆବେଶ ହୋଇ ସେ ଘନ ଘନ ନିଃଶ୍ୱାସ ତ୍ୟାଗ କରୁଛି ଏବଂ ତା'ର ଚକ୍ଷୁ ଅର୍ଦ୍ଧମୁଦ୍ରିତ ହୋଇଯାଉଛି।

ଶ୍ରମଜଲକଣଭରସୁଭଗଶରୀରା
ପରିପତିତୋରସିରତିରଣଧୀରା ।୧୯।

ଅର୍ଥ : ରତିନିମଗ୍ନା ସେ ରମଣୀର ଶରୀରରୁ ଶ୍ରମ ଜନିତ (ବିପରୀତ ରତି ହେତୁ) ସ୍ୱେଦବିନ୍ଦୁ ବାହାରି ଅତି ସୁନ୍ଦର ଦେଖାଯାଉଛି। ସେହି ରତି ପ୍ରବୀଣା ନାରୀ ପ୍ରିୟପୁରୁଷ ଶ୍ରୀକୃଷ୍ଣଙ୍କ ବକ୍ଷ ଉପରେ ପରିତୃପ୍ତିରେ ଶୋଇଯାଇଛି, (ଦେଖ)।

ଶ୍ରୀଜୟଦେବଭଣିତହରିରମିତମ୍
କଲିକଲୁଷଂ ଜନୟତୁ ପରିଶମିତମ୍ ।୨୦।

ଅର୍ଥ : କବି ଶ୍ରୀଜୟଦେବ କହୁଛନ୍ତି – ଶ୍ରୀକୃଷ୍ଣଙ୍କର ଏହି ରତିକେଳିକୁ ନେଇ ଜୟଦେବ କବି ପୁଣ୍ୟଗୀତିକା ରଚନା କରିଛନ୍ତି। ଏହି ପୁଣ୍ୟଗୀତର ଶ୍ରବଣ ଦ୍ୱାରା ସଂସାରର ସମସ୍ତ କଳିକଲ୍ମଷ ବିନାଶ ହେଉ।

ବିରହପାଣ୍ଡୁର ମୁରାରିମୁଖାମ୍ବୁଜ
ଦ୍ୟୁତିରୟଂ ତିରୟନ୍ନପି ଚେତନାମ୍
ବିଧୁରତୀବ ତନୋତି ମନୋଭୁବଃ
ସୁହୃଦୟେ ହୃଦୟେ ମଦନବ୍ୟଥାମ୍ ।୨୧।

ଅର୍ଥ : ହେ ସଖି! ବର୍ତ୍ତମାନ ଚନ୍ଦ୍ର ଅସ୍ତ ହୋଇ ଯାଇଥିବାରୁ ତାହା ପାଣ୍ଡୁର ବର୍ଣ୍ଣ ଧାରଣ କରୁଛି। ଏହି ଚନ୍ଦ୍ର କାମଦେବଙ୍କର ବନ୍ଧୁ। ତେଣୁ ବିରହିଣୀମାନଙ୍କୁ ଅଶେଷ ପୀଡ଼ା ଦେବାରେ ସମର୍ଥ। ବର୍ତ୍ତମାନ ଅସ୍ତଗାମୀ ହୋଇଥିବାରୁ ମୋର ବେଦନା ଉପଶମ ହେଉଛି। ମାତ୍ର ଚନ୍ଦ୍ରର ଏହି ପାଣ୍ଡୁର ବର୍ଣ୍ଣ ଦେଖି ମୋର ଶ୍ରୀକୃଷ୍ଣଙ୍କ ବଦନାମ୍ବୁଜ ମନେ ପଡ଼ିଯାଉଛି। କାରଣ ମୋ ବିନା ଶ୍ରୀକୃଷ୍ଣଙ୍କ ମୁଖଶ୍ରୀ ଏହି ଅସ୍ତଗାମୀ ଚନ୍ଦ୍ରର ପାଣ୍ଡୁର ବର୍ଣ୍ଣପରି ନିଶ୍ଚୟ ପାଣ୍ଡୁର ବର୍ଣ୍ଣଧାରଣ କରିଥିବ। ତେଣୁ ମୋର ସନ୍ତାପ ବଢ଼ିଯାଉଛି।

(ଗୀତମ୍)

(ଗୁର୍ଜରୀରାଗେଣ ଗୀୟତେ)

ସମୁଦିତମଦନେ ରମଣୀବଦନେ ଚୁମ୍ବନବଳିତାଧରେ
ମୃଗମଦତିଲକଂ ଲିଖତି ସପୁଲକଂ ମୃଗମିବରଜନୀକରେ।
ରମତେ ଯମୁନାପୁଲିନବନେବିଜୟୀ ମୁରାରିରଧୁନା ।୨୨। ଧ୍ରୁବମ୍

ଅର୍ଥ : ବର୍ତ୍ତମାନ ରତିରଣରେ ବିଜୟୀ ଶ୍ରୀମୁରାରି ଯମୁନାକୂଳର ବନମଧ୍ୟରେ କେଳି ଆରମ୍ଭ କରିଦେଇଛନ୍ତି। କାମପ୍ରବଣା ସେହି ରମଣୀର ବଦନ ଚନ୍ଦ୍ରମା ତୁଲ୍ୟ ପ୍ରତୀୟମାନ

ହେଉଛି। ଚନ୍ଦ୍ରରେ ମୃଗାଙ୍କ ଶୋଭିତ ହେଲାପରି ଶ୍ରୀକୃଷ୍ଣ ଅତ୍ୟନ୍ତ ପୁଲକିତ ଭାବରେ ସେହି ରମଣୀର ମୁଖଚନ୍ଦ୍ରରେ କସ୍ତୁରୀତିଳକ ଅଙ୍କନ କରିଛନ୍ତି। ତିଳକ ଶୋଭିତ ସେହି ରମଣୀର ମୁଖଶ୍ରୀକୁ ଚୁମ୍ବନ ଦେବାପାଇଁ ଶ୍ରୀକୃଷ୍ଣଙ୍କର ଅଧର ସଜ ହୋଇଛି।

ଘନଚୟରୁଚିରେ ରଚୟତିଚିକୁରେ ତରଳିତତରୁଣାନନେ
କୁରୁବକକୁସୁମଂ ଚପଳାସୁଷମଂ ରତିପତିମୃଗକାନନେ ।୨୩।

ଅର୍ଥ : ସେହି ଯୁବତୀର ଘନମେଘ ସଦୃଶ ରୁଚିର କୁନ୍ତଳରାଶି ତରୁଣମାନଙ୍କ ମନକୁ ଚଞ୍ଚଳ କରିଦେଉଛି। ତାହାର ସେହି କୁନ୍ତଳରାଶି କାମଦେବ ସଦୃଶୀ ମୃଗର ବିହାର କାନନ ସଦୃଶ ସୁନ୍ଦର। ମଦନସୁନ୍ଦର ଶ୍ରୀକୃଷ୍ଣ ତାହାର ସେହି କେଶରାଶିରେ କୁରୁବକ କୁସୁମ ଖଞ୍ଜି ଦେଉଛନ୍ତି। ଫଳରେ ତାହା ମେଘ ଦେହରେ ଚପଳାର ଶୋଭା ସୃଷ୍ଟି କରୁଛି।

ଘଟୟତି ସୁଘନେ କୁଚଯୁଗ ଗଗନେ ମୃଗମଦରୁଚିରୂଷିତେ
ମଣିସରମମଳଂ ତାରକପଟଳଂ ନଖପଦ ଶଶିଭୂଷିତେ ।୨୪।

ଅର୍ଥ : ସେହି ଯୁବତୀର ବିଶାଳ କୁଚଯୁଗଳ ଗଗନ ସଦୃଶ ଦେଖାଯାଉଛି। ତାହା କସ୍ତୁରୀପ୍ରଲେପିତ ହୋଇ ଆହୁରି ସୁଘନ ଦେଖାଯାଉଛି। କୃଷ୍ଣଚନ୍ଦ୍ର ତାହା ଉପରେ ନଖ ଚିହ୍ନ ଆଙ୍କି ଦେବାରୁ ତାହା ଚନ୍ଦ୍ର ଦ୍ୱାରା ଶୋଭିତ ହେଲାପରି ମନେହେଉଛି। ପୁନଶ୍ଚ ସେହି କୁଚଯୁଗଳ ଉପରେ ଶ୍ରୀକୃଷ୍ଣ ମଣିହାର ଖଞ୍ଜି ଦେଇଥିବାରୁ ତାହା ଗଗନରେ ତାରକାମଣ୍ଡଳ ପରି ଶୋଭା ପାଉଛି।

ଜିତବିସଶକଳେ ମୃଦୁଭୁଜଯୁଗଳେ କରତଳନଳିନୀଦଳେ
ମରକତବଳୟଂ ମଧୁକରନିଚୟଂ ବିତରତି ହିମଶୀତଳେ ।୨୫।

ଅର୍ଥ : ସେହି ଯୁବତୀର ଭୁଜଦ୍ୱୟ ମୃଣାଳଠାରୁ ଆହୁରି କୋମଳ। ତାହାର କରତଳ (ପାପୁଲି) ପଦ୍ମପୁଷ୍ପର ପାଖୁଡ଼ା ପରି କମନୀୟ। ସେହି ଯୁବତୀର ଭୁଜଦ୍ୱୟ ଅତ୍ୟନ୍ତ ସୁଶୀତଳ ଅଟେ ଏବଂ ତାହା କାମ ତାପ ପ୍ରଶମିତ କରିବାରେ ସତତ ସକ୍ଷମ। ଶ୍ରୀକୃଷ୍ଣ ସେହି ଭୁଜଦ୍ୱୟରେ ଭ୍ରମରମାଳା ସଦୃଶ ମର୍କତବଳୟ ଖଞ୍ଜି ଦେଉଛନ୍ତି।

ରତିଗୃହଜଘନେ ବିପୁଳାପଘନେ ମନସିଜକନକାସନେ
ମଣିମୟରସନଂ ତୋରଣହସନଂ ବିକିରତି କୃତବାସନେ ।୨୬।

ଅର୍ଥ : ସେହି ରମଣୀର ବିପୁଳ ଘନଜଘନ ରତିର ଗୃହସ୍ୱରୂପ। ସେହି ସୁନ୍ଦରୀର ଅପଘନ (ଶରୀର) ସତେ ଅବା କନ୍ଦର୍ପଙ୍କର ସୁବର୍ଣ୍ଣର ଆସନ। ସେହି ଘନଜଘନା ସୁନ୍ଦରୀକୁ ଦେଖି ଶ୍ରୀକୃଷ୍ଣଙ୍କର ମଦନାନଳ ଆହୁରି ପ୍ରଜ୍ୱଳିତ ହୋଇ ଉଠୁଛି। ଶ୍ରୀକୃଷ୍ଣ ପ୍ରେମାବିଷ୍ଟ ହୋଇ ତାହାର ନିତମ୍ବପ୍ରଦେଶରେ ଚନ୍ଦ୍ରହାରଙ୍କୁ ଖଞ୍ଜି ଦେଉଛନ୍ତି। ସେହି ଯୁବତୀର ମେଖଳା ଶୋଭିତ ଜଘନ ଉତ୍ସବ ବେଳର ପୁଷ୍ପମାଳା ଶୋଭିତ ତୋରଣକୁ ଉପହାସ କରୁଛି।

ଚରଣକିଶଳୟେ କମଳାନିଳୟେ ନଖମଣିଗଣପୂଜିତେ
ବହିରପବରଣଂ ଯାବକଭରଣଂ ଜନୟତି ହୃଦିଯୋଜିତେ ।୨୭।

ଅର୍ଥ : ସେହି ଯୁବତୀର ଚାରୁଚରଣଦ୍ୱୟ ଅତ୍ୟନ୍ତ କୋମଳ ଓ ସୁଷମ ଏବଂ ସତେ ଅବା ଲକ୍ଷ୍ମୀଙ୍କର ବାସସ୍ଥାନ। ସେହି ଚରଣଦ୍ୱୟର ନଖପନ୍ତି ମଣିତୁଲ୍ୟ ଉଜ୍ଜ୍ୱଳରୂପ ଧାରଣ କରି ବେଶ୍ ଶୋଭାବନ ହୋଇପାରିଛି। ଶ୍ରୀକୃଷ୍ଣ ସେହି ଚାରୁଚରଣ ଦ୍ୱୟକୁ ଲକ୍ଷ୍ମୀଙ୍କ ଆବାସ (ଅର୍ଥାତ୍ ଲକ୍ଷ୍ମୀମନ୍ତପାଦ) ବିଚାର କରି ତାହାକୁ ହୃଦୟରେ ଧାରଣ କରିଛନ୍ତି ଏବଂ ସେହି ପାଦଦ୍ୱୟକୁ ଅଳତାରେ ରଂଜିତ କରୁଛନ୍ତି।

ରମୟତି ସୁଭୃଶଂ କାମପି ସୁଦୃଶଂ ଖଲୁହଲଧରସୋଦରେ
କିମଫଳମବସଂ ଚିରମିହ ବିରସଂ ବଦସଖିବିଟପୋଦରେ ।୨୮।

ଅର୍ଥ : ହଳଧରଙ୍କର ସେହି ଖଳ ସୋଦର ଅର୍ଥାତ୍ ଶ୍ରୀକୃଷ୍ଣ କେଉଁ ରମଣୀକୁ ଘେନି କେଳିରସରେ ମାତିଛନ୍ତି। ତେଣୁ ମୁଁ ବା କାହିଁକି ଏ ବନ ମଧ୍ୟରେ ଚିର ବିରସ ମନରେ ତାଙ୍କୁ ପ୍ରତୀକ୍ଷା କରି କି ଫଳ ପାଇବି ?

ଇହରସଭଣନେ କୃତହରିଗୁଣନେ ମଧୁରିପୁପଦସେବକେ
କଳିଯୁଗଚରିତଂ ନ ବସତୁ ଦୂରିତଂ କବିନୃପଜୟଦେବକେ ।୨୯।

ଅର୍ଥ : ଶ୍ରୀମଧୁସୂଦନଙ୍କର ଯେ ହେଉଛନ୍ତି ଚରଣ ସେବାକାରୀ, ସେହି କବିରାଜ ଜୟଦେବ ଶ୍ରୀହରିଙ୍କର ଗୁଣରାଶିକୁ ଚିତ୍ତରେ ଗୁଣି ଏହି ସମ୍ପୂର୍ଣ୍ଣ ଗୀତରଚନା କଲେ। ଏହି ଗୀତ ଗାନ କଲେ ଭକ୍ତ ହୃଦୟକୁ କଳିଯୁଗ ଦୂରିତ ବିନାଶ ଯାଏ ବୋଲି କବି କହୁଛନ୍ତି।

ନାୟାତଃ ସଖି ! ନିର୍ଦ୍ଦୟୋ ଯଦି ଶଠସ୍ତ୍ୱଂ ଦୂତି କିଂ ଦୂୟସେ
ସ୍ୱଚ୍ଛନ୍ଦଂ ବହୁବଲ୍ଲଭଃ ସ ରମତେ କିଂ ତତ୍ର ତେ ଦୂଷଣମ୍।
ପଶ୍ୟାଦ୍ୟ ପ୍ରିୟସଙ୍ଗମାୟ ଦୟିତସ୍ୟାକୃଷ୍ୟମାଣଂ ଗୁଣୈ
ରୁତ୍କଣ୍ଠାର୍ତ୍ତିଭରାଦିବ ସ୍ଫୁଟଦିଦଂ ଚେତଃ ସ୍ୱୟଂ ଯାସ୍ୟତି ।୩୦।

ଅର୍ଥ : ଶ୍ରୀରାଧା କହୁଛନ୍ତି - ହେ ସଖି ! ସେ ନିର୍ଦ୍ଦୟ ଶଠ ନାଗର ଶ୍ରୀକୃଷ୍ଣ ଯଦି କଥା ଦେଇ ଆସିଲେ ନାହିଁ, ସେଥିପାଇଁ ତୁମେ କାହିଁକି ଦୁଃଖ କରୁଛ ? ସେ ତ ବହୁ ନାୟିକାଙ୍କର ବଲ୍ଲଭ। ତେଣୁ ସେ ମୋତେ ପରିତ୍ୟାଗ କରି ସ୍ୱଚ୍ଛନ୍ଦରେ ଅନ୍ୟ ଯୁବତୀମାନଙ୍କୁ ରମଣ କରୁଛନ୍ତି। ସେଥିରେ ତୁମର ବା ଦୋଷ କ'ଣ ? ଯଦିଚ ସେ ମୋ ସହିତ ଏପରି ଆଚରଣ ପ୍ରଦର୍ଶନ କରୁଛନ୍ତି, ତଥାପି ମୋ ମନ ତାଙ୍କ ପ୍ରତି ଆକୃଷ୍ଟ ରହିଛି। ସେ ମୋ ପ୍ରାଣପ୍ରିୟ ଶ୍ରୀକୃଷ୍ଣ ଏବଂ ମୁଁ ତ ତାଙ୍କର ଗୁଣଗାନ କରୁଛି। ତାଙ୍କ ଅଙ୍ଗସଙ୍ଗ ଲାଭ ଆଶାରେ ମୋ ମନ କେବଳ ତାଙ୍କ ନିକଟକୁ ହିଁ ଧାଇଁଛି।

ଗୀତମ୍

(ଦେଶବରାଡ଼ୀରାଗେଣ ରୂପକତାଳାଭ୍ୟାଂ ଗୀୟତେ)

ଅନିଳତରଳକୁବଳୟ ନୟନେନ

ତପତି ନ ସା କିଶଳୟଶୟନେନ

ସଖୀ ! ଯା ରମିତାବନମାଳିନା ।୩୧। ଧ୍ରୁବମ୍

ଅର୍ଥ : ପବନଦ୍ୱାରା ଢଳ ଢଳ ହେଉଥବା ନୀଳକମଳ ସଦୃଶ ଚପଳ ନେତ୍ରଯୁଗଳ ଯାହାଙ୍କର ମୁଖମଣ୍ଡଳରେ ଶୋଭାପାଉଛି, ସେହି ବନମାଳୀଙ୍କ ସହିତ ଯେଉଁ ଯୁବତୀ ରମଣକ୍ରୀଡ଼ା କରିଅଛି ସେ ନିଶ୍ଚୟ କୋମଳ ପଲ୍ଲବ ଶଯ୍ୟାରେ ଶୟନ କଲେ ତା'ର କାମତାପଜନିତ ଦୁଃଖକୁ ଅନୁଭବ କରିବ ନାହିଁ।

ବିକଶିତସରସିଜଲଳିତମୁଖେନ

ସ୍ଫୁଟତିନସା ମନସିଜବିଶିଖେନ ।୩୨।

ଅର୍ଥ : ଶ୍ରୀକୃଷ୍ଣଙ୍କର ମୁଖ ବିକଶିତ ପଦ୍ମଫୁଲ ପରି ଲଳିତ ଓ କୋମଳ । ଏପରି ଶ୍ରୀକୃଷ୍ଣଙ୍କ ସହିତ ଯେଉଁ ଯୁବତୀ କାମକେଳି ନିର୍ବାହ କରିଛି, ତାହାକୁ ଆଉ କନ୍ଦର୍ପ ଶର ନିକ୍ଷେପ କରିପାରିବ ନାହିଁ। ଅର୍ଥାତ୍ ସେହି ରମଣୀକୁ ଆଉ କନ୍ଦର୍ପ ବାଧା ଲାଗିବ ନାହିଁ।

ଅମୃତ ମଧୁର ମୃଦୁତର ବଚନେନ।

ଜ୍ୱଳତି ନସା ମଳୟଜରଚନେନ ।୩୩।

ଅର୍ଥ : ଶ୍ରୀକୃଷ୍ଣଙ୍କର ବଚନ ପୀୟୁଷଠାରୁ ମଧୁର ଓ ମୃଦୁତର। ଏପରି ମଧୁର ଭାଷୀ ଶ୍ରୀକୃଷ୍ଣ ଯେଉଁ ଯୁବତୀର ମନୋବାସନାକୁ ପୂରଣ କରିଛନ୍ତି, ସେହି ଭାଗ୍ୟବତୀ ରମଣୀକୁ ମୃଦୁମଳୟାନିଳ ଆର୍ତ୍ତବିରହଜ୍ୱାଳାରେ ଆଉ ଜର୍ଜରିତ କରିବ ନାହିଁ।

ସ୍ଥଳଜଳରୁହ ରୁଚିକରଚରଣେନ

ଲୁଠତି ନସା ହିମକରକିରଣେନ ।୩୪।

ଅର୍ଥ : ଶ୍ରୀକୃଷ୍ଣଙ୍କର କର ଓ ଚରଣ ସ୍ଥଳକମଳ ସଦୃଶ ସୁଶୀତଳ। ଏପରି ଶ୍ରୀକୃଷ୍ଣଙ୍କ ସହିତ ଯେଉଁ ରମଣୀ ବିହାର କରିଛି, ତାକୁ ପୁନର୍ବାର ସୁଶୀତଳ ଚନ୍ଦ୍ରକିରଣ କାମପୀଡ଼ାରେ ଜର୍ଜରିତ କରିବ ନାହିଁ କିମ୍ବା ସେ ଅସହ୍ୟ କାମପୀଡ଼ାରେ ଭୂମିରେ ଲୁଣ୍ଠିତ ହେବେ ନାହିଁ।

ସଜଳଜଳଦ ସମୁଦୟରୁଚିରେଣ

ଦଳିତ ନସା ହୃଦିଚିରବିରହେଣ ।୩୫।

ଅର୍ଥ : ସଜଳ ଜଳଧର ସଦୃଶ ଯାହାଙ୍କର କଳେବର ସେହି ଘନଶ୍ୟାମ ଶ୍ରୀକୃଷ୍ଣଙ୍କ ସହ ଯେଉଁ ରମଣୀ ରତିକେଳି କ୍ରୀଡ଼ା କରିଅଛି, ସେ କସ୍ମିନକାଳେ ହୃଦୟରେ ବିରହବ୍ୟଥା ଅନୁଭବ କରିବ ନାହିଁ।

କନକ ନିଚୟ ରୁଚିଶୁଚିବସନେନ
ଶ୍ୱସିତି ନସା ପରିଜନହସନେନ ।୩୬।

ଅର୍ଥ : କଷଟି ପଥର ଉପରେ ସୁବର୍ଣ୍ଣ ଦ୍ୱାରା ଅଙ୍କିତ ରେଖା ଯେପରି ରୁଚିର ଓ ମନୋହର, ଶ୍ରୀକୃଷ୍ଣଙ୍କ ଶ୍ୟାମଳ କଟି ତଟରେ ସେହିପରି ପୀତବସନ ଶୋଭା ଓ ମନଲୋଭା ହୋଇ ଦେଖାଯାଏ। ଯେଉଁ ଯୁବତୀ ସେହି ପୀତାମ୍ବରଧାରୀ ଶ୍ରୀକୃଷ୍ଣଙ୍କ ସହିତ ବିହାର କରେ, ତାକୁ ପରିଜନମାନଙ୍କର ଉପହାସ ଦ୍ୱାରା ଦୀର୍ଘଶ୍ୱାସ ଛାଡ଼ିବାକୁ ପଡ଼େନାହିଁ।

ସକଳ ଭୁବନଜନବରତରୁଣେନ
ବହତି ନସାରୁଜମତି କରୁଣେନ ।୩୭।

ଅର୍ଥ : ସକଳ ଭୁବନର ତରୁଣମାନଙ୍କ ମଧ୍ୟରେ ସେ ଯେ ଶ୍ରେଷ୍ଠ ଓ ମନୋହର, ସେହି ସକଳ ଭୁବନ ତରୁଣତିଳକ ଶ୍ରୀକୃଷ୍ଣଙ୍କ ସହିତ ଯେଉଁ କାମିନୀ କାମରସରେ ସମୟ କଟାଇଛି, ସେ କେବେହେଲେ ଅତ୍ୟନ୍ତ କରୁଣ ହୃଦୟରେ ବିରହର ଭାର ବହନ କରିବ ନାହିଁ।

ଶ୍ରୀଜୟଦେବ ଭଣିତବଚନେନ
ପ୍ରବିଶତୁ ହରିରପି ହୃଦୟମନେନ ।୩୮।

ଅର୍ଥ : ଶ୍ରୀଜୟଦେବ କବିଙ୍କ ଦ୍ୱାରା ବିରଚିତ ଏହି ରାଧାବିଳାପ ବାଣୀ ସହିତ ସ୍ୱୟଂ ଶ୍ରୀକୃଷ୍ଣ ଶ୍ରୀହରି ସର୍ବଜନଙ୍କ ହୃଦୟ ଓ ମନରେ ସଦା ବିରାଜମାନ କରୁଥାନ୍ତୁ, ଏହା ହିଁ କବିଙ୍କର ନିବେଦନ।

ମନୋଭବାନନ୍ଦନ ଚନ୍ଦନାନିଳ
ପ୍ରସୀଦରେ ଦକ୍ଷିଣ ମୁଞ୍ଚବାମତାମ୍
କ୍ଷଣଂ ଜଗତପ୍ରାଣ ବିଧାୟମାଧବମ୍
ପୁରୋମମ ପ୍ରାଣହରୋ ଭବିଷ୍ୟସି ।୩୯।

ଅର୍ଥ : ଶ୍ରୀରାଧା କହୁଛନ୍ତି - ହେ ମଳୟାନିଳ ! ତୁମେ କନ୍ଦର୍ପ ଚିତ୍ତ ଉଲ୍ଲାସକାରୀ। ତୁମେ ଦକ୍ଷିଣ ଦିଗରୁ ପ୍ରସରି ଆସ ବୋଲି ତୁମର ଅନ୍ୟନାମ ଦକ୍ଷିଣପବନ। ହେ ଚନ୍ଦନାନିଳ ! ମୋ ପ୍ରତି ସଦୟ ହୁଅ। ତୁମେ ମୋ ପ୍ରତି ବାମତା (ଅର୍ଥାତ୍ ପ୍ରତିକୂଳତା) ପ୍ରଦର୍ଶନ କର ନାହିଁ। ତୁମେ ତ ସକଳ ଜନପ୍ରତି ଅନୁକୂଳ ଥାଅ। ସେହି ନୀତି ଅନୁସାରେ ମୋ ପ୍ରତି ପ୍ରତିକୂଳ ହୁଅନାହିଁ। ତୁମେ ତ ଜଗତପ୍ରାଣ। ଯଦି ମୋ ପ୍ରାଣ ହରଣ କରିବାକୁ ବସିଛ, ତେବେ ତା' ପୂର୍ବରୁ ମୋର ଶ୍ରୀକୃଷ୍ଣଙ୍କୁ ନିମିଷକ ପାଇଁ ମୋ ନିକଟରେ ପହଞ୍ଚାଇ ଦିଅ।

ରିପୁରିବ ସଖୀସମ୍ବାସୋଽୟଂ ଶିଖୀବ ହିମାନିଳୋ
ବିଷମିବ ସୁଧାରଶ୍ମିର୍ଯସ୍ମିନ୍ ଦୁନୋତି ମନୋମମ
ହୃଦୟ ମଦୟେ ତସ୍ମିନ୍ନେବଂ ପୁନର୍ବଳତେ ବଳାତ୍
କୁବଳୟଦୃଶଂ ବାମଃ କାମୋ ନିକାମନିରଙ୍କୁଶଃ ।୪୦।

ଅର୍ଥ : ମୋର ପ୍ରିୟ ସହଚରୀମାନେ ମୋତେ ଶତ୍ରୁ ପରି ବୋଧ ହେଉଛନ୍ତି । ମୋର ବିରହ ବେଦନା ଯୋଗୁଁ ଶୀତଳ ସମୀର ମୋତେ ହୁତାଶନ ପରି ବୋଧ ହେଉଛି, କାରଣ ଏହା ମୋ ହୃଦୟରେ ତାତି ଭରି ଦେଉଛି । ବିରହଜ୍ୱାଳା ଯୋଗୁଁ ଚନ୍ଦ୍ରଙ୍କର ସ୍ନିଗ୍ଧ ସୁଶୀତଳ କିରଣ ମୋତେ ବିଷପରି ମନେ ହେଉଛି । ତଥାପି ମୋର ହୃଦୟ ଶ୍ରୀକୃଷ୍ଣଙ୍କ ଭାବନାରେ ଆକୁଳ ହେଉଛି । କାରଣ ମୋର ମନପ୍ରାଣ ସବୁ କିଛି ତାଙ୍କୁ ହିଁ ସମର୍ପି ଦେଇଛି । ସତରେ କମଳଲୋଚନା ଯୁବତୀମାନଙ୍କୁ କାମଦେବଙ୍କର ନିରଙ୍କୁଶ ପ୍ରଭାବ ଓ ଯନ୍ତ୍ରଣା ଦେବା ସର୍ବକାଳୀକ ଅଟେ ।

ବାଧାଂ ବିଧେହି ମଳୟାନିଳ ପଞ୍ଚବାଣ
ପ୍ରାଣାନ୍‌ଗୃହାଣ ନ ଗୃହଂ ପୁନରାଶ୍ରୟିଷ୍ୟେ
କିଂତେ କୃତାନ୍ତଭଗିନି କ୍ଷମୟା ତରଂଗୈ
ରଂଗାନି ସିଞ୍ଚ ମମ ଶାମ୍ୟତୁ ଦେହଦାହଃ ।୪୧।

ଅର୍ଥ : ହେ ମଳୟାନିଳ, ତୁମେ ଯେତେ ପାର ମୋତେ ସେତେ ପୀଡ଼ା ପ୍ରଦାନ କର । ହେ ପଞ୍ଚବାଣ, ତୁମେ ମୋର ପଞ୍ଚପ୍ରାଣକୁ ହରଣ କର । ହେ ଯମୁନାନଦୀ, ତୁମେ ଯମର ଭଗିନୀ ହୋଇ ମୋତେ କାହିଁକି କ୍ଷମା କରୁଛ ? ତୁମେ ମୋତେ ତୁମର ଜଳଧାରାର ତରଙ୍ଗରେ ସିକ୍ତ କରି ମୋର ଦେହ ଦାହକୁ ସୁଶୀତଳ କରାଅ । ମୁଁ ମୋର ପ୍ରାଣପ୍ରିୟ ଶ୍ରୀକୃଷ୍ଣଙ୍କ ଦ୍ୱାରା ପ୍ରତାରିତା ହୋଇଛି । ମୁଁ ବରଂ ଶ୍ରୀକୃଷ୍ଣଙ୍କ ମୁହଁକୁ ଧ୍ୟାନ କରି ମରିବି ପଛେ ଆଉ ଗୃହକୁ ପ୍ରତ୍ୟାବର୍ତ୍ତନ କରିବି ନାହିଁ ।

ପ୍ରାତର୍ନୀଳନିଚୋଳମଚ୍ୟୁତମୁରଃ ସଂବୀତ ପୀତାଂଶୁକମ୍
ରାଧାୟାଶ୍ଚକିତଂ ବିଲୋକ୍ୟ ହସତିସ୍ୱୈରଂସଖୀମଣ୍ଡଳେ ।
ବ୍ରୀଡ଼ାଚଞ୍ଚଳମଞ୍ଚଳଂ ନୟନୟୋରଧାୟ ଧାରାନନେ
ସ୍ମେରସ୍ମେର ମୁଖୋଽୟମସ୍ତୁ ଜଗଦାନନ୍ଦାୟ ନନ୍ଦାତ୍ମଜଃ ।୪୨।

ଅର୍ଥ : ଏକଦା ଶ୍ରୀକୃଷ୍ଣ ଶ୍ରୀରାଧାଙ୍କ ସହିତ ନିକୁଞ୍ଜ ମଧ୍ୟରେ ରାତ୍ରିଯାପନ କରି ପ୍ରଭାତ ହେବାରୁ ଭ୍ରମବଶତଃ ଶ୍ରୀରାଧାଙ୍କର ନୀଳବସନଟିକୁ ଧାରଣ କରିଥିଲେ । ଶ୍ରୀରାଧା ମଧ୍ୟ ଶ୍ରୀକୃଷ୍ଣଙ୍କର ପୀତବସନ ପରିଧାନ କରିଥିବା ଦେଖି କୁଞ୍ଜନିକଟରେ ଥିବା ସଖୀମାନେ ଆଶ୍ଚର୍ଯ୍ୟ ହେଲେ ଏବଂ ଉଭୟଙ୍କୁ ପରିହାସ ଛଳରେ ହସିବାକୁ ଲାଗିଲେ ।

ଫଳରେ ଶ୍ରୀକୃଷ୍ଣଙ୍କ ମୁଖାରବିନ୍ଦ ଲଜ୍ଜାରେ ଭରିଗଲା । ସେ ଅପାଙ୍ଗଭଙ୍ଗୀରେ ଶ୍ରୀରାଧାଙ୍କ ପ୍ରତି କଟାକ୍ଷପାତ କଲେ । ସେହି ନନ୍ଦନନ୍ଦନ ଜଗଦାନନ୍ଦ ଶ୍ରୀକୃଷ୍ଣ ଜଗତର ଆନନ୍ଦବର୍ଦ୍ଧନ କରନ୍ତୁ ।

॥ ଇତିଶ୍ରୀଗୀତଗୋବିନ୍ଦ ମହାକାବ୍ୟେ କବିରାଜ ଜୟଦେବ କୃତୌ
ବିପ୍ରଲବ୍‌ଧାବର୍ଣ୍ଣନେ ନାଗରନାରାୟଣୋ ନାମ ସପ୍ତମଃ ସର୍ଗଃ ॥

(ଅଷ୍ଟମଃ ସର୍ଗଃ)

ବିଲକ୍ଷ୍ୟଲକ୍ଷ୍ମୀପତିଃ

ଅଥ କଥମପି ଯାମିନୀଂ ବିନୀୟ
ସ୍ମରଶରଜର୍ଜରିତାପି ସା ପ୍ରଭାତେ ।
ଅନୁନୟବଚନଂ ବଦନ୍ତମଗ୍ରେ
ପ୍ରଣତମପିପ୍ରିୟମାହସାଭ୍ୟସୂୟମ୍ ।୧।

ଅର୍ଥ : ଏହାପରେ ବିରହ ବିଧୁରା ଶ୍ରୀରାଧା କୌଣସି ପ୍ରକାରେ ରାତିଟି ବିତାଇଥିଲେ । ପ୍ରଭାତ ହେବାରୁ ଶ୍ରୀକୃଷ୍ଣ ଶ୍ରୀରାଧାଙ୍କ ନିକଟରେ ପହଞ୍ଚି ତାଙ୍କୁ ପ୍ରଣିପାତ ପୂର୍ବକ ଅନୁନୟ ବିନୟ ସହକାରେ ଶ୍ରୀରାଧାଙ୍କ ସହିତ କଥାବାର୍ତ୍ତା ଆରମ୍ଭ କଲେ । କିନ୍ତୁ ଶ୍ରୀରାଧା ପୂର୍ବରାତିରେ ମଦନଜ୍ୱାଳାରେ ଜର୍ଜରିତ ହୋଇ ରାତି ପୁହାଇଥିବାରୁ ଘୋର ଅସୂୟାବଶତଃ ଶ୍ରୀକୃଷ୍ଣଙ୍କୁ ଏହିପରି କହିବାକୁ ଲାଗିଲେ ।

(ଗୀତମ୍)

(ଭୈରବୀରାଗ ଯତିତାଳାଭ୍ୟା ଗୀୟତେ)

ରଜନୀଜନିତଗୁରୁଜାଗରରାଗକଷାୟିତମଳସନିମେଷମ୍
ବହତି ନୟନମନୁରାଗମିବ ସ୍ଫୁଟମୁଦିତରସାଭିନିବେଶମ୍
ହରି ହରି, ଯାହି ମାଧବ ଯାହି କେଶବ
ମା - ବଦ କୈତବବାଦମ୍ ।
ତାମନୁସରସରସୀରୁହ ଲୋଚନ
ଯା ତବ ହରତି ବିଷାଦମ୍ ।୨। ଧ୍ରୁବମ୍ ।

ଅର୍ଥ : ରାଧିକା କହିଲେ - ହେ ମାଧବ, ହେ କେଶବ ! ସାରାରାତି ଉଜାଗର ରହିବା ହେତୁ ତୁମର ଆଖି ବୁଜି ବୁଜି ହୋଇଯାଉଛି ଓ ଆଖି ଦୁଇଟି ଲାଲ ପଡ଼ିଯାଇଛି । ତୁମର ଅର୍ଦ୍ଧନୀମିଳିତ ଆଖିରେ ରସର ଆବେଶ ଦେଖିଲେ ସ୍ପଷ୍ଟ ଜଣାପଡୁଛି ଯେ ତୁମର ଅନ୍ୟ

କୌଣସି ନାୟିକାଠାରେ ଅନୁରାଗ ସୃଷ୍ଟି ହୋଇଛି। ତେଣୁ ହେ ହରି! ତୁମେ ମୋ ନିକଟରେ ଆଉ କପଟ କାକୁତି ମିନତି ବାକ୍ୟ କୁହ ନାହିଁ। ହେ ଅରବିନ୍ଦଲୋଚନ! ଯେଉଁ ଯୁବତୀ ତୁମର ବିଷାଦ ଦୂର କରିପାରିବ, ତୁମେ ଏବେ ତାହା ନିକଟକୁ ଚାଲିଯାଅ। ହେ କମଳନେତ୍ର! ମୋତେ କାହିଁକି ବିମୁଖ କରୁଛ?

କଜ୍ଜ୍ୱଲମଳିନବିଲୋଚନ ଚୁମ୍ବନ ବିରଚିତନୀଳିମରୂପମ୍
ଦଶନବସନମରୁଣଂ ତବ କୃଷ୍ଣ ତନୋତି ତନୋରନୁରୂପମ୍ ।୩।

ଅର୍ଥ : ହେ ଶ୍ରୀକୃଷ୍ଣ! ତୁମର ଶରୀରର କାନ୍ତି ନୀଳବର୍ଣ୍ଣ ହେଲେ ହେଁ ତୁମର ଅଧରଦ୍ୱୟ ଅରୁଣ ବର୍ଣ୍ଣଧାରଣ କରିଛି। କିନ୍ତୁ ତୁମେ ସେହି ଯୁବତୀର ନୟନରେ ଚୁମ୍ବନ ପ୍ରଦାନ କରିଥିବାରୁ ସେହି ରମଣୀ ନୟନର କଜ୍ଜ୍ୱଳର କାଳିମା ତୁମ ଓଷ୍ଠରେ ଲାଗି ତାହା ନୀଳିମ ବର୍ଣ୍ଣଧାରଣ କରିଛି।

ବପୁରନୁ ହରତି ତବ ସ୍ମରସଙ୍ଗରଖରନଖରକ୍ଷତରେଖମ୍
ମରକତଶକଳ କଳିତ କଳଧୌତଲିପେରିବ ରତିଜୟଲେଖମ୍ ।୪।

ଅର୍ଥ : ରତିକ୍ରୀଡ଼ା ସମୟରେ ସେହି ଯୁବତୀ ପ୍ରମୋଦିତ ହୋଇ ତୁମର ନୀଳ ଶରୀରରେ ନଖର କ୍ଷତ ସୃଷ୍ଟି କରିଛି। ମର୍କତ ଶିଳା ଉପରେ ସୁନେଲି ବର୍ଣ୍ଣ କାଳିରେ ଲିଖିତ ହୋଇଥିବା ଅକ୍ଷରମାଳା ପରି ତୁମ ନୀଳଶରୀରରେ ସେହି ନଖକ୍ଷତ ଚିହ୍ନଗୁଡ଼ିକ ସତେ ଅବା କାମଯୁଦ୍ଧରେ ସେହି କାମିନୀର ଜୟପତ୍ର ଘୋଷଣା କରୁଛି।

ଚରଣ କମଳଗଳଦଲକ୍ତକସିକ୍ତମିଦଂ ତବହୃଦୟମୁଦାରମ୍
ଦର୍ଶୟତୀବ ବହିର୍ମଦନଦ୍ରୁମନବକିଶଳୟପରିବାରମ୍ ।୫।

ଅର୍ଥ : ହେ ଶ୍ରୀକୃଷ୍ଣ! ମଦନ କ୍ରୀଡ଼ା ସମୟରେ ସେହି ଯୁବତୀର ଅଲକ୍ତକ ରଞ୍ଜିତ ଚରଣ କମଳଦ୍ୱୟକୁ ତୁମେ ନିଜ ବକ୍ଷରେ ଧାରଣ କରିଛ। କାରଣ ତା'ର ପାଦର ଅଳତାରେ ତୁମ ବକ୍ଷ ରଂଜିତ ହୋଇଛି। ମନେହୁଏ, ସତେ ଯେପରି ତୁମର ବକ୍ଷରେ ସ୍ଥାନିତ ମଦନବୃକ୍ଷ ନବକିଶଳୟ ଧାରଣ କରିଛି।

ଦଶନପଦଂ ଭବଦଧରଗତଂ ମମ ଜନୟତି ଚେତସି ଖେଦମ୍
କଥୟତି କଥମଧୁନାପି ମୟା ସହ ତବବପୁ ରେତଦଭେଦମ୍ ।୬।

ଅର୍ଥ : ହେ ଶ୍ରୀକୃଷ୍ଣ! ତୁମ ଅଧରରେ ସେହି ଯୁବତୀ କାମଭୋଳରେ ଦନ୍ତଘାତ କରିଛି। ସେହି ମଦନ ସଙ୍କେତ ଦେଖି ମୋର ହୃଦୟ ତ କରତି ହୋଇଯାଇଛି। ତୁମେ ପରା ଅନେକ ଥର କହିଛ ଯେ, ତୁମ ଶରୀର ଓ ମୋ ଶରୀର ମଧ୍ୟରେ କୌଣସି ପ୍ରଭେଦ ନାହିଁ। କିନ୍ତୁ ତୁମ ଅଧରରେ ଅନ୍ୟ ନାରୀର ଦନ୍ତଚିହ୍ନ ତ ଦେଖି ମୋ ମନରେ ଗଭୀର ଖେଦ ଜାତ ହେଉଛି। ଏକ ଦେହ ନ ହେଲେ ଏହା କ'ଣ ସମ୍ଭବପର?

ବହିରିବ ମଳିନତରଂ ତବ କୃଷ୍ଣ ମନୋଽପିଭବିଷ୍ୟତି ନୂନମ୍
କଥମଥ ବଞ୍ଚୟସେ ଜନମନୁଗତମସମଶରଜ୍ୱରଦୂନମ୍ ।୭।

ଅର୍ଥ : ହେ ଶ୍ରୀକୃଷ୍ଣ ! ମୁଁ ଏବେ ଜାଣିଲି ଯେ,ତୁମର ଶରୀର ରଙ୍ଗ ଯେପରି ମଳିନ (କୃଷ୍ଣବର୍ଣ୍ଣ), ସେହିପରି ତୁମର ମନ ମଧ୍ୟ ମଳିନତର । ନଚେତ୍ ମୋ ପରି ଜଣେ ଦୁଃଖିନୀକୁ ଏହି ଘୋର ବନ ମଧ୍ୟରେ ପ୍ରତାରଣା କରି ମଦନଜ୍ୱାଳାରେ ପୀଡ଼ିତା କରୁଥାନ୍ତ କି ?

ଭ୍ରମତି ଭବାନବଲାକବଳାୟ ବନେଷୁ କିମତ୍ର ବିଚିତ୍ରମ୍
ପ୍ରଥୟତି ପୂତନିକୈବ ବଧୂବଧନିର୍ଦ୍ଦୟ ବାଳଚରିତ୍ରମ୍ ।୮।

ଅର୍ଥ : ହେ ଶ୍ରୀକୃଷ୍ଣ ! କେବଳ ଅବଳାମାନଙ୍କୁ ବଧ କରିବା ପାଇଁ ମନରେ ପାଞ୍ଚି ଏହି ବନ ମଧ୍ୟରେ ଭ୍ରମଣ କରୁଛ । ଏଥିରେ ଆଶ୍ଚର୍ଯ୍ୟ ହେବାର କିଛି ନାହିଁ । କାରଣ ରମଣୀସଂହାର ତ ତୁମର ପ୍ରକୃତି । ଏହା ତୁମେ ବାଲ୍ୟକାଳରୁ ହିଁ ପ୍ରମାଣ କରିଛ । କାରଣ ତୁମେ ବାଲ୍ୟକାଳରେ ପୁତନାନାମକ ବଧୂକୁ ବଧ କରି ନିର୍ଦ୍ଦୟ ଚରିତ୍ରର ପ୍ରମାଣ ଦେଇସାରିଛ ।

ଶ୍ରୀଜୟଦେବ ଭଣିତରତିବଞ୍ଚିତଖଣ୍ଡିତଯୁବତିବିଳାପମ୍ ।
ଶୃଣୁତସୁଧାମଧୁରଂବିବୁଧା ବିବୁଧାଳୟତୋଽପି ଦୁରାପମ୍ ।୯।

ଅର୍ଥ : ଜୟଦେବ କବି କହୁଛନ୍ତି – ହେ ବିବୁଧବୃନ୍ଦ ! କବି ଶ୍ରୀଜୟଦେବଙ୍କ ଦ୍ୱାରା ରଚିତ ଏହି କୃଷ୍ଣରତିରୁ ବଞ୍ଚିତା, ଖଣ୍ଡିତା ଯୁବତୀ ଶିରୋମଣି ଶ୍ରୀରାଧାଙ୍କର ବିଳାପ ବର୍ଣ୍ଣନା ତୁମ୍ଭେମାନେ ଶ୍ରବଣକର । ଏହା ସୁଧାଠାରୁ ମଧ୍ୟ ମଧୁର । ସୁତରାଂ ସ୍ୱର୍ଗରେ ମଧ୍ୟ ଏହା ଦୁର୍ଲ୍ଲଭ ।

ତଦେବଂ ପଶ୍ୟନ୍ତ୍ୟାଃ ପ୍ରସରଦନୁରାଗଂ ବହିରିବ
ପ୍ରିୟାପାଦାଲକ୍ତଚ୍ଛୁରିତମରୁଣଚ୍ଛାୟହୃଦୟମ୍
ମମାଦ୍ୟ ପ୍ରଖ୍ୟାତପ୍ରଣୟଭରଭଙ୍ଗେନ କିତବ !
ତ୍ୱଦାଲୋକଃ ଶୋକାଦପି କିମପି ଲଜ୍ଜା ଜୟନତି ।୧୦।

ଅର୍ଥ : ହେ ଶଠନାଗର, ଏଥିରୁ ସ୍ପଷ୍ଟ ଜଣାପଡୁଛି ଯେ ଯେଉଁ ବ୍ରଜଯୁବତୀର ଚରଣଦ୍ୱୟର ଅଲକ୍ତକଲାଗି ତୁମର ବକ୍ଷ ରଞ୍ଜିତ ହୋଇଛି, ସେହି ଯୁବତୀପ୍ରତି ତୁମର ଅନ୍ତଃରାଜ୍ୟରେ ଗଭୀର ଅନୁରାଗ ସୃଷ୍ଟି ହୋଇଛି ଏବଂ ତାହା କ୍ରମେ ତୁମ ବକ୍ଷକୁ ଭେଦ କରି ବାହାରକୁ ଦୃଶ୍ୟମାନ ହେଉଛି । ଏହା ସେହି ଯୁବତୀ ପ୍ରତି ଗାଢ଼ ଅନୁରାଗର ପ୍ରମାଣ । ତେଣୁ ମୋ ପ୍ରତି ତୁମର ପ୍ରେମର ଗଭୀରତା ନାହିଁ । ହେ ଶ୍ରୀକୃଷ୍ଣ ! ଆମ ମଧ୍ୟରେ ରହିଥିବା ଅବିନଶ୍ୱର ପ୍ରଣୟଲୀଳାକୁ ତୁମେ ତ ଅବହେଳା ପ୍ରଦର୍ଶନ କଲ । ତେଣୁ ଆମର ଏହି ପ୍ରଣୟର ପରିସମାପ୍ତିରେ ମୋ ମନରେ ଶୋକ ଜାତ ହେବା ଅପେକ୍ଷା ମୋତେ ପ୍ରବଳ ଲଜ୍ଜାବୋଧ ହେଉଛି ।

॥ ଇତିଶ୍ରୀ ଗୀତଗୋବିନ୍ଦ ମହାକାବ୍ୟେ କବିରାଜ ଜୟଦେବ କୃତୌ ଖଣ୍ଡିତାବର୍ଣ୍ଣନେ ବିଲକ୍ଷଲକ୍ଷ୍ମୀପତିର୍ନାମାଷ୍ଟମଃ ସର୍ଗଃ ॥

(ନବମଃ ସର୍ଗଃ)

ମୁଗ୍ଧ - ମୁକୁନ୍ଦଃ

ତାମଥ ମନ୍ମଥଖିନ୍ନାଂ ରତିରସଭିନ୍ନାଂ ବିଷାଦସମ୍ପନ୍ନାମ୍
ଅନୁଚିନ୍ତିତହରିଚରିତାଂ କଳହାନ୍ତରିତାମୁବାଚ ରହଃ ସଖୀ ।୧।

ଅର୍ଥ : ମଦନ କଷ୍ଟରେ ପୀଡ଼ିତା ଏବଂ ରତିସୁଖରୁ ବଞ୍ଚିତା ଶ୍ରୀରାଧା ବିଷାଦିତ ହୋଇ ଅତ୍ୟନ୍ତ କ୍ଷୀଣାଙ୍ଗୀ ହୋଇଯାଇଥିଲେ। ହରିଙ୍କର ଚରିତକୁ ଚିନ୍ତନ କରି ସେ ବିଷର୍ଣ୍ଣମନା ହୋଇଯାଇଥିଲେ। ପୁନଶ୍ଚ କୃଷ୍ଣଙ୍କ ସହିତ କଳହ କରି ତାଙ୍କୁ ନିକଟରୁ ଦୂର କରିଦେଇ ସାରିଲା ପରେ କୃଷ୍ଣଚିନ୍ତାରେ ନିମଗ୍ନା ସେହି କଳହାନ୍ତରିତା ନାୟିକା ଶ୍ରୀରାଧାଙ୍କୁ ସଖୀ କହିଲେ।

(ଗୁର୍ଜରୀ ରାଗେଣ ଗୀୟତେ)(ଯତିତାଲାଭ୍ୟା ଗୀୟତେ)

ହରିରଭିସରତି ବହତି ମୃଦୁପବନେ
କିମପରମଧିକସୁଖଂ ସଖିଭବନେ
ମାଧବେ, ମା କୁରୁ ମାନିନି ! ମାନମୟେ ।୨। ଧ୍ରୁବମ୍

ଅର୍ଥ : ସଖୀ ଶ୍ରୀରାଧାଙ୍କୁ କହିଲେ - ହେ ମାନିନି ! ତୁମେ ବର୍ତ୍ତମାନ ମାଧବଙ୍କଠାରେ ଆଉ ଅଭିମାନ କରନାହିଁ। ତୁମେ ଦେଖ ଯେ ମୃଦୁ ମଳୟ ପବନ ଧୀରେ ଧୀରେ ବହି ଆସୁଛି। ଶ୍ରୀକୃଷ୍ଣ ମଧ୍ୟ ଅଭିସାର ରଚିବା ପାଇଁ ଏଠାକୁ ଆସିଛନ୍ତି। ତାଙ୍କୁ ଉପେକ୍ଷା କରି ତୁମେ ଅବା ଘରକୁ ଗଲେ କେଉଁ ଅଧିକ ସୁଖ ପାଇବ ଯେ ! ଶ୍ରୀକୃଷ୍ଣଙ୍କ ବିନା ତୁମେ ଭବନରେ କୌଣସି ପ୍ରକାର ସୁଖ ପାଇବ ନାହିଁ।

ତାଳଫଳାଦପି ଗୁରୁମତିସରସମ୍
କିଂ ବିଫଳୀ କୁରୁଷେ କୁଚକଳସମ ।୩।

ଅର୍ଥ : ହେ ସଖୀ ! ତୁମର ଏହି ଉନ୍ନତ ଓ ବର୍ତ୍ତୁଳ କୁଚକଳସ ଦ୍ୱୟ ତାଳଫଳଠାରୁ ବିଶାଳ ଓ ସରସ। ସେହି ପୃଥୁଳ, ରସାଳ ତଥା ସୁସଜ୍ଜ କୁଚକଳସ ଦ୍ୱୟକୁ (କୃଷ୍ଣଙ୍କ ବିନା) କାହିଁକି ବିଫଳ କରୁଛ ?

କତିନକଥିତ ମିଦମନୁ ପଦମଚିରମ୍
ମା ପରିହର ହରିମତିଶୟରୁଚିରମ୍ ।୪।

ଅର୍ଥ : ହେ ସଖି! ମୁଁ ତୁମକୁ ଅନେକବାର ବୁଝାଇଛି ଯେ, ସେହି ଶ୍ରୀକୃଷ୍ଣ ଅତିଶୟ ସୁନ୍ଦର ଓ ରମଣୀୟ ପୁରୁଷ। କୁବଚନ କହି ତାଙ୍କୁ ନିକଟରୁ ଦୂରେଇ ଦେଇ ତୁମେ କେବଳ ଅସରନ୍ତି କଷ୍ଟ ପାଇବା ସାର ହେବ। ତେଣୁ ହେ ସଖୀ, ତ୍ରିଭୁବନର ସାର ସେହି ପରମ ସୁନ୍ଦର ଶ୍ରୀକୃଷ୍ଣଙ୍କୁ ଆଦୌ ପରିହାର କରନାହିଁ।

କିମିତି ବିଷୀଦସି ରୋଦିସି ବିକଳା
ବହସତି ଯୁବତିସଭାତବ ସକଳା ।୫।

ଅର୍ଥ : ହେ ସଖୀ; ତୁମେ କାହିଁକି ଏତେ ଦୁଃଖ ଅନୁଭବ କରୁଛ? ତୁମେ କାହିଁକି ଅତ୍ୟନ୍ତ ବିକଳ ହୋଇ ରୋଦନ କରୁଛ? ତୁମର ଏପରି ବ୍ୟାକୁଳତା ଓ ବିଷାଦିତ ଅବସ୍ଥା ଦେଖି ସମସ୍ତସଖୀ କେବଳ ହସୁଛନ୍ତି।

ମୃଦୁଲନଳିନୀଦଳଶୀଳିତଶୟନେ
ହରିମବଲୋକୟ ସଫଳୟନୟନେ ।୬।

ଅର୍ଥ : ହେ ସଖୀ, ମୃଦୁଳ ଓ ସୁଶୀତଳ ନବ କମଳଦଳ ଶଯ୍ୟାରେ ଶ୍ରୀକୃଷ୍ଣ ବିଜେ କରିଛନ୍ତି। ସେହି ମଦନସୁନ୍ଦରଙ୍କ ମୁଖଶ୍ରୀକୁ ଦର୍ଶନ କରି ତୁମ ନୟନ ସାର୍ଥକ କର। ସେହି ପ୍ରିୟତମଙ୍କ ଅଙ୍ଗସଙ୍ଗ ଲାଭ କଲେ ହିଁ ତୁମେ ମଦନପୀଡ଼ାରୁ ମୁକ୍ତି ପାଇବ।

ଜନୟସି ମନସି କିମିତି ଗୁରୁଖେଦମ୍
ଶୃଣୁ ମମ ବଚନ ମନୀହିତ ଭେଦମ୍ ।୭।

ଅର୍ଥ : ହେ ସଖୀ, ମୋର ହିତବାଣୀ ଶ୍ରବଣ କର। କେଉଁ କାରଣରୁ ତୁମେ ବିଷାଦିତ ହୋଇ ବସିଛ? ତୁମେ ତୁମର ଅଭିମାନକୁ ତ୍ୟାଗ କରି ଯଦି ଶ୍ରୀକୃଷ୍ଣଙ୍କ ପ୍ରତି ଅଭିଳାଷିନୀ ହେବ, ତେବେ ତୁମର ଗୁରୁବେଦନା ଅଚିରେ ଘୁଞ୍ଚିଯିବ।

ହରିରୁପଯାତୁ ବଦତୁ ବହୁମଧୁରମ୍
କିମିତି କରୋଷି ହୃଦୟମତିବିଧୁରମ୍ ।୮।

ଅର୍ଥ : ହେ ସଖୀ, ତୁମେ କାହିଁକି ସେ ଦୁସ୍ତର କାମ କଷଣକୁ ସହ୍ୟ କରିବ? ବରଂ ଏହି କଷଣରୁ କିପରି ମୁକୁଳିବ, ସେଥିପାଇଁ ଉପାୟ କର। ଯେଉଁ ଉପାୟ ବଳରେ ହରି ତୁମ ସହିତ କୁଞ୍ଜରେ ମିଳିତ ହେବେ ଏବଂ ତୁମ ସହିତ ରଙ୍ଗ ରସରେ ମାତି ତୁମକୁ ସନ୍ତୋଷ ପ୍ରଦାନ କରିବେ, ତୁମକୁ ମଧୁର ବଚନରେ ସନ୍ତୁଷ୍ଟ କରିବେ ଏବଂ ତୁମର କାମ ଦୁର୍ଗତିକୁ ହରଣ କରିବେ, ସେହି ଉପାୟ କର।

ଶ୍ରୀଜୟଦେବ ଭଣିତମତିଲଳିତମ୍
ସୁଖୟତୁ ରସିକଜନଂ ହରିଚରିତମ୍ ।୯।

ଅର୍ଥ : କବି ଶ୍ରୀଜୟଦେବ କହୁଛନ୍ତି – ଏହି ରମଣୀୟ ଲଳିତ ସରସ ଗୀତ ଜୟଦେବ କବିଙ୍କ ଦ୍ୱାରା ରଚିତ। ଏହି ହରିଚରିତ ରସଗ୍ରାହୀ ଗୁଣୀଜନଙ୍କର ମନକୁ ଆନନ୍ଦିତ କରୁ। ସାଧୁଜନଙ୍କର ସୁଖପ୍ରଦାନକାରୀ ହେଉ। ସେହି ଶ୍ରୀହରିଚରିତ ସମସ୍ତଙ୍କର ଦୁଃଖଯାତନା ବିନାଶ କରୁ।

ସ୍ନିଗ୍‌ଧେ ଯତ୍ ପୁରୁଷାସିଯତ୍ ପ୍ରଣମତି ସ୍ତବ୍‌ଧାସି ଯଦ୍ରାଗିଣି
ଦ୍ୱେଷସ୍ଥାସି ଯଦୁନ୍ମୁଖେ ବିମୁଖତାଂ ଯାତାସି ତସ୍ମିନ୍ ପ୍ରିୟେ।
ତଦ୍‌ଯୁକ୍ତଂ ବିପରୀତକାରିଣି ତମ ଶ୍ରୀଖଣ୍ଡଚର୍ଚ୍ଚାବିଷମ୍
ଶୀତାଂଶୁସ୍ତପନୋହିମଂ ହୁତବହଃ କ୍ରୀଡ଼ାମୁଦୋ ଯାତନାଃ ।୧୦।

ଅର୍ଥ : ସଖୀ ଶ୍ରୀରାଧାଙ୍କୁ କହୁଛନ୍ତି – ହେ ରାଧେ! ତୁମେ ତୁମର ପ୍ରିୟ ପ୍ରେମିକଙ୍କ ଉପରେ ବୃଥା ଅଭିମାନ କରିଛ। ଶ୍ରୀକୃଷ୍ଣ ତୁମକୁ କେତେ ବିନୟ ବଚନ କହି ତୁମର ମନ ତୋଷିବାକୁ ଚେଷ୍ଟା କଲେ। ତୁମକୁ ପ୍ରଣିପାତ କଲେ। ସେ ତୁମପ୍ରତି ତାଙ୍କର ସମସ୍ତ ଅନୁରାଗ ପ୍ରକାଶ କଲେ, କିନ୍ତୁ ତୁମେ ତାଙ୍କ ପ୍ରତି ବିମୁଖଭାବ ପ୍ରଦର୍ଶନ କଲ। ତାଙ୍କ ପ୍ରତି କଟୁବଚନ ପ୍ରୟୋଗ କଲ। ଯେହେତୁ ତୁମେ ଅନୁରାଗୀ ବ୍ୟକ୍ତି ପ୍ରତି ବିରାଗ ଭାବ ପ୍ରଦର୍ଶନ କରିଛ, ତେଣୁ ମଦନ ତାପରେ ଦଗ୍ଧୀଭୂତ ହେଉଛ। ଶ୍ରୀକୃଷ୍ଣଙ୍କ ପ୍ରତି ଏତାଦୃଶ ବିପରୀତ ଆଚରଣ ପ୍ରଦର୍ଶନ କରିଥିବାରୁ ତୁମର ଏହି ବିଷମ ଅବସ୍ଥା ସୃଷ୍ଟି ହୋଇଛି। ହେ ସଖି, ଶ୍ରୀକୃଷ୍ଣଙ୍କ ବିହୁନେ ତୁମର ଏହି ବିପରୀତ ଅବସ୍ଥା ସୃଷ୍ଟି ହୋଇଛି। ତେଣୁ ସୁଶୀତଳ ସୁଗନ୍ଧିତ ଶ୍ରୀଖଣ୍ଡଚନ୍ଦନ ତୁମକୁ ବିଷର ଜ୍ୱାଳା ପରି ଲାଗୁଛି। ଚନ୍ଦ୍ରକିରଣ ଅଂଶୁମାନ ସୂର୍ଯ୍ୟଙ୍କର ତପ୍ତ କିରଣ ପରି ଲାଗୁଛି। ଶୀତଳ ହିମକଣା ହୁତାଶନ ପରିବୋଧ ହେଉଛି ଏବଂ ରତିକ୍ରୀଡ଼ାଜନିତ ଆନନ୍ଦ ଭୀଷଣ ଯାତନା ପରି ବୋଧ ହେଉଛି।

ସାନ୍ଦ୍ରାନନ୍ଦ ପୁରନ୍ଦରାଦିଦିବିଷଦ୍ ବୃନ୍ଦୈରମନ୍ଦାଦରା
ଦାନନ୍ଦୈର୍ମୁକୁଟେନ୍ଦ୍ରନୀଳମଣିଭିଃ ସନ୍ଦର୍ଶିତେନ୍ଦିନ୍ଦିରମ୍।
ସ୍ୱଚ୍ଛନ୍ଦଂ ମକରନ୍ଦସୁନ୍ଦର ଗଳନ୍ମନ୍ଦାକିନୀମେଦୁରମ୍,
ଶ୍ରୀଗୋବିନ୍ଦପଦାରବିନ୍ଦମଶୁଭସ୍କନ୍ଦାୟ ବନ୍ଦାମହେ।୧୧।

ଅର୍ଥ : ଯେଉଁ ଶ୍ରୀକୃଷ୍ଣ ପରମ ବନ୍ଦନୀୟ ହରି ଏବଂ ଯାହାଙ୍କୁ ଇନ୍ଦ୍ରାଦିଦେବଗଣ ପୁଲକିତ ହୃଦୟରେ ସଂଭ୍ରମତାର ସହିତ ତାଙ୍କ ପାଦପଦ୍ମରେ ପ୍ରଣିପାତ କରୁଥିବା ସମୟରେ ସେମାନଙ୍କର ମୁକୁଟର ଅଗ୍ରଭାଗରେ ଶୋଭାପାଉଥିବା ଇନ୍ଦ୍ରନୀଳମଣିଗୁଡ଼ିକ ଶ୍ରୀକୃଷ୍ଣଙ୍କ ପାଦପଦ୍ମରେ ଭ୍ରମରପଂକ୍ତିପରି ଶୋଭାପାଇଥାନ୍ତି ଏବଂ ସେହି ଗୋବିନ୍ଦଙ୍କର ପଦାରବିନ୍ଦରୁ ମନ୍ଦାକିନୀ ନିର୍ଗତ ହୋଇଥିବାରୁ ସେହି ଚରଣଯୁଗଳ ସଦା ସୁଶୀତଳ ଅଟନ୍ତି, ସମସ୍ତ ଅଶୁଭର ନିରାକରଣ ପାଇଁ ଶ୍ରୀଗୋବିନ୍ଦଙ୍କର ସେହିପଦାରବିନ୍ଦକୁ ମୁଁ ବନ୍ଦନା କରୁଅଛି।

॥ ଇତିଶ୍ରୀ ଗୀତଗୋବିନ୍ଦ ମହାକାବ୍ୟେ କବିରାଜ ଜୟଦେବ କୃତୌ କଳହାନ୍ତରିତାବର୍ଣ୍ଣନେ ମୁଗ୍ଧମୁକୁନ୍ଦୋ ନାମ ନବମଃ ସର୍ଗଃ ॥

(ଦଶମଃ ସର୍ଗଃ)

ଚତୁରଚତୁର୍ଭୁଜଃ

ଅତ୍ରାନ୍ତରେ ମସୃଣରୋଷ ବଶାମସୀମ
ନିଃଶ୍ୱାସ ନିଃସହମୁଖୀଂ ସୁମୁପେତ୍ୟରାଧାମ୍
ସବ୍ରୀଡ଼ମୀକ୍ଷିତ ସଖୀବଦନାଂ ଦିନାନ୍ତେ
ସାନନ୍ଦଗଦ୍‌ଗଦପଦଂ ହରିରିତ୍ୟୁବାଚ ।୧।

ଅର୍ଥ : ଶ୍ରୀରାଧାଙ୍କର ରୋଷ ଶାନ୍ତ କିରବା ପାଇଁ ତାଙ୍କର ପ୍ରିୟସଖୀ ବହୁତ ପ୍ରକାରେ ତାଙ୍କୁ କହିଥିଲେ । ସନ୍ଧ୍ୟା ସମୟକୁ ଶ୍ରୀରାଧାଙ୍କର ରୋଷ ସାମାନ୍ୟ ହ୍ରାସ ପାଇଲା । ତେବେ ମଦନପୀଡ଼ାରେ ଜର୍ଜରିତ ଥିବାରୁ ସେ ଘନ ଘନ ପ୍ରଶ୍ୱାସ ନେଉଥାନ୍ତି । ଶ୍ରୀକୃଷ୍ଣଙ୍କ ବିରହ ଯୋଗୁଁ ତାଙ୍କ ମୁଖମଣ୍ଡଳ ମ୍ଳାନ ଦେଖାଯାଉଥିଲା । ସେ ସଖୀଙ୍କ ମୁଖକୁ ଲାଜଲାଜ ହୋଇ ଦୃଷ୍ଟିପାତ କରୁଥାନ୍ତି । ଏହି ସନ୍ଧ୍ୟାକାଳରେ ଶ୍ରୀକୃଷ୍ଣ ଶ୍ରୀରାଧାଙ୍କ ନିକଟରେ ପହଞ୍ଚି ଅତ୍ୟନ୍ତ ଆନନ୍ଦିତ ହୋଇ ଗଦ ଗଦ ଭାବରେ କହିବାକୁ ଲାଗିଲେ ।

(ଦେଶବରାଡ଼ୀରାଗାଷ୍ଟତାଳଭ୍ୟାଂ ଗୀୟତେ)
ବଦସି ଯଦି କିଂଚିଦପି ଦନ୍ତରୁଚିକୌମୁଦୀ
ହରତି ଦରତିମିରମତିଘୋରମ୍
ସ୍ଫୁରଦଧରସୀଧବେ ତବ ବଦନ ଚନ୍ଦ୍ରମା
ରୋଚୟତି ଲୋଚନ - ଚକୋରମ୍ ।
ପ୍ରିୟେ ଚାରୁଶୀଳେ, ମୁଞ୍ଚମୟି ମାନମନିଦାନମ୍
ସପଦି ମଦନାନଳୋଦହତିମମମାନସଂ
ଦେହି ମୁଖକମଳ ମଧୁପାନମ୍ ।୨। ଧ୍ରୁବମ୍

ଅର୍ଥ : ଶ୍ରୀକୃଷ୍ଣ କହିଲେ - ହେ ପ୍ରିୟେ! ହେ ଚାରୁଶୀଳେ! ମୋ ଉପରୁ ସମସ୍ତ ଅଭିମାନ ଦୂର କରି ମୋ ଉପରେ ପ୍ରସନ୍ନା ହୁଅ । ତୁମେ ମୋ ସହିତ କିଛି କଥାବାର୍ତ୍ତା କରି ହାସ୍ୟ ପ୍ରକାଶ କର । ଯାହା ଫଳରେ ତୁମର ଦନ୍ତପଙ୍କ୍ତିର ଜ୍ୟୋତି କୌମୁଦୀ ପରି ମୋର ହୃଦୟ ଭିତରେ ରହିଥିବା କାମତିମିର ରୂପୀ ଘୋର କାଳିମାକୁ ଦୂର କରିପାରିବ । ତୁମର ମୁଖଚନ୍ଦ୍ରର ଅଧରମଧୁ ପାନ କରିବାକୁ ମୋର ନୟନ ଚକୋର ବଡ଼ ଲୋଲୁପ

ହେଲାଣି। ହେ ପ୍ରିୟେ ! ମୋର ଚିତ୍ତକୁ ମଦନଅନଳ ପ୍ରତିମୁହୂର୍ତ୍ତରେ ଦହନ କରୁଛି। ତେଣୁ ଦଗ୍ଧୀଭୂତ ପ୍ରାଣରେ ଅମୃତ ସିଞ୍ଚି ସଂଜୀବିତ କରାଅ। ତୁମର ଅଧରମଧୁ ପାନ କରାଇ ମୋର ହୃଦୟରେ ପ୍ରଜ୍ଜ୍ୱଳିତ ଥିବା ମଦନାନଳକୁ ନିର୍ବାପିତ କରାଇଦିଅ।

ସତ୍ୟମେବାସି ଯଦି ସୁଦତିମୟି କୋପିନୀ
ଦେହି ଖରନୟନଶରଘାତମ୍
ଘଟୟ ଭୁଜବନ୍ଧନଂ ଜନୟରଦଖଣ୍ଡନମ୍
ଯେନ ବା ଭବତି ସୁଖଜାତମ୍ ।୩।

ଅର୍ଥ : ହେ ପ୍ରିୟେ ! ତୁମେ ଯଦି ମୋ ଉପରେ କ୍ରୋଧ ପ୍ରକାଶ କରୁଛ, ତେବେ ମୋ ଉପରେ ନୟନର ତୀକ୍ଷ୍ଣଶର ବର୍ଷଣ କରି ମୋତେ ଆଘାତ କର। ଯଦିଓ ସେଥିରେ ତୁମର କ୍ରୋଧ ଶାନ୍ତ ନ ହୁଏ, ତେବେ ତୁମର ଭୁଜପାଶରେ ମୋତେ ବନ୍ଧନ କରି ତୁମର ଦନ୍ତପନ୍ତିରେ ମୋର ଶରୀରକୁ ଦଂଶନ କର, କିମ୍ବା ଯେଉଁଥିରେ ତୁମକୁ ଆନନ୍ଦ ମିଳିବ ସେହି ପ୍ରକାରେ ମୋ ଉପରେ ଯାହା ଇଚ୍ଛା ତାହା କର।

ତ୍ୱମସି ମମ ଭୂଷଣଂ ତ୍ୱମସି ମମ ଜୀବନମ୍
ତ୍ୱମସି ମମ ଭବଜଳଧିରତ୍ନମ୍
ଭବତୁ ଭବତୀହ ମୟି ସତତ ମନୁରୋଧିନୀ
ତତ୍ର ମମ ହୃଦୟମତି ଯତ୍ନମ୍ ।୪।

ଅର୍ଥ : ଶ୍ରୀକୃଷ୍ଣ କହିଲେ - ହେ ଶ୍ରୀରାଧା ! ତୁମେ ହିଁ ମୋର ଭୂଷଣ, ତୁମେ ହିଁ ମୋର ଜୀବନ। ତୁମେ ହିଁ ମୋର ସଂସାର ରୂପକ ସାଗରର ରତ୍ନତୁଲ୍ୟ ଅଟ। ତୁମର ମୋ ପ୍ରତି କିପରି ଅନୁରାଗ ସୃଷ୍ଟି ହେବ, ଏହି ଚିନ୍ତା ମୋର ଅନ୍ତରରେ ସଦାସର୍ବଦା ପୂରି ରହିଛି। ତୁମେ ସଦାସର୍ବଦା ମୋ ପ୍ରତି କିପରି ଅନୁରାଗିଣୀ ହେବ, ସେଥିପାଇଁ ତ ମୁଁ ହୃଦୟରେ ତ ଯତ୍ନ କରିଅଛି।

ନୀଲ ନଳିନାଭମପି ତନ୍ୱି ତବଲୋଚନମ୍
ଧାରୟତି କୋକନଦରୂପମ୍।
କୁସୁମ - ଶର - ବାଣ - ଭାବେନ ଯଦି ରଞ୍ଜୟସି
କୃଷ୍ଣମିଦମେତଦନୁରୂପମ୍ ।୫।

ଅର୍ଥ : ହେ ତନ୍ୱି ! ନୀଳକମଳ ସଦୃଶ ତୁମର ନୟନଯୁଗଳ ଅତ୍ୟନ୍ତ କ୍ରୋଧଭାବ ହେତୁ ତାହା ରକ୍ତପଦ୍ମପରି ଜଣାପଡୁଛି। ତୁମେ ଯଦି ମୋର ଏହି କୃଷ୍ଣଶରୀର ଉପରେ ତୁମର ଆରକ୍ତ ନୟନର କୁସୁମଶର ବିନ୍ଧିବା ପାଇଁ ଭାବୁଥାଅ, ତେବେ ତୁମର ଚକ୍ଷୁଦ୍ୱୟ ତ ଅନୁରୂପ ରଙ୍ଗ ଧାରଣ କରିଛି।

ସ୍ଫୁରତୁ କୁଚକୁମ୍ଭୟୋରୁପରି ମଣିମଞ୍ଜରୀ
ରଞ୍ଜୟତୁ ତବହୃଦୟଦେଶମ୍
ରସତୁରସନାପି ତବ ଘନଜଘନମଣ୍ଡଳେ
ଘୋଷୟତୁ ମନ୍ମଥନିଦେଶମ୍ ।୬।

ଅର୍ଥ : ହେ ପ୍ରିୟେ ! (ମୋ ସହିତ ରତିକେଳି ଆରମ୍ଭ କଲେ) ତୁମର କୁଚ କୁମ୍ଭ ଉପରେ ମଣିମୟ ହାର ଦୋଳାୟିତ ହୋଇ ତୁମର ବକ୍ଷଦେଶର ଶୋଭାକୁ ବୃଦ୍ଧି କରାଇବ। ସେହିପରି ତୁମର ଘନଜଘନ ମଣ୍ଡଳର ଶୋଭିତ ଚନ୍ଦ୍ରହାର କିଣି କିଣି ନିନାଦରେ ସତେ ଯେପରି କାମଦେବଙ୍କର ଆଦେଶକୁ ଘୋଷଣା କରିବ।

ସ୍ଥଳକମଳଗଞ୍ଜନଂ ମମହୃଦୟ ରଞ୍ଜନଂ
ଜନିତରତିରଙ୍ଗପରଭାଗମ୍
ଭଣ ମସୃଣବାଣି କରବାଣି ଚରଣଦ୍ୱୟଂ
ସରସରସଦଲକ୍ତକରାଗମ୍ ।୭।

ଅର୍ଥ : ହେ ମଧୁରଭାଷିଣି ! ତୁମର ଚାରୁ ଚରଣଯୁଗଳର ସୌନ୍ଦର୍ଯ୍ୟ ସ୍ଥଳକମଳକୁ ପରାଜିତ କରୁଅଛି। ତୁମର ସେହି କମନୀୟ ଚରଣଦ୍ୱୟ ମୋର ହୃଦୟ ଉଲ୍ଲାସକାରୀ ଏବଂ ରତିବିଳାସର ସହାୟକ। ହେ ସୁନ୍ଦରି ! ସେହି ପାଦ ଦୁଇଟିକୁ ଅଳତାରେ ରଙ୍ଗାଇବା ପାଇଁ ମୋର ମନ ହେଉଛି। ତୁମେ ମୋତେ ଆଦେଶ ଦିଅ ମୁଁ ସେହି ପାଦଦୁଇଟିକୁ ଅଳତାରେ ରଞ୍ଜିତ କରିବି।

ସ୍ମରଗରଳଖଣ୍ଡନଂ ମମଶିରସି ମଣ୍ଡନଂ
ଦେହିପଦପଲ୍ଲବମୁଦାରମ୍।
ଜ୍ୱଳତିମୟି ଦାରୁଣୋ ମଦନକଦନାନଳୋ
ହରତୁ ତଦୁ ପାହିତବିକାରମ୍ ।୮।

ଅର୍ଥ : ହେ ପ୍ରିୟେ ! ତୁମର ସେହି ପାଦ ଦୁଇଟି କନ୍ଦର୍ପର କାମରୂପ ବିଷର ଖଣ୍ଡନକାରୀ, ସୁତରାଂ ମୋର ଶିରୋଭୂଷଣ ଅଟେ। ତେଣୁ ସେହି ପଦପଲ୍ଲବକୁ ମୋର ମସ୍ତକରେ ଶିରୋଭୂଷଣ ସ୍ୱରୂପ ବିନ୍ୟସ୍ତ କର। ଯଦ୍ଦ୍ୱାରା କନ୍ଦର୍ପର ଦାରୁଣ ବିଷଜ୍ୱାଳା ରୂପକ ତାପରୁ ମୁଁ ରକ୍ଷା ପାଇବି। କାରଣ ପ୍ରଖର ସୂର୍ଯ୍ୟତାପ ପରି ମଦନତାପ ମୋତେ କଷ୍ଟ ପ୍ରଦାନ କରୁଛି। ହେ ସୁନ୍ଦରି ! ତୁମର ପାଦ ସ୍ପର୍ଶରେ ମୋର ମଦନ ଅନଳ ବିକାର ଦୂରୀଭୂତ ହେବ।

ଇତି ଚଟୁଳଚାଟୁପଟୁଚାରୁମୁରବୈରିଣୋ
ରାଧିକାମଧିବଚନଜାତମ୍।

ଜୟତି ପଦ୍ମାବତୀରମଣଜୟଦେବକବି
ଭାରତୀ ଭଣିତମିତିଗୀତମ୍ ।୯।

ଅର୍ଥ : ଅଭିମାନିନୀ ଶ୍ରୀରାଧାଙ୍କର ମାନ ଭଞ୍ଜନରେ ଶ୍ରୀକୃଷ୍ଣଙ୍କର ଚଟୁଳଚାଟୁ ବଚନ ସମ୍ବଳିତ ପଦ୍ମାବତୀ ରମଣ କବି ଜୟଦେବଙ୍କର ଏହି ରଚନା ଅତ୍ୟନ୍ତ ମଧୁର। ଏହା ରସିକଜନଙ୍କର ମାନସକୁ ଆନନ୍ଦିତ କରୁ। କବିରାଜ ଜୟଦେବଙ୍କର ଏହି ଭାରତୀ ଜୟଯୁକ୍ତ ହେଉ ଓ ଅପାରସୁଖ ପ୍ରଦାନ କରୁ।

ପରିହର କୃତାତଙ୍କେ ଶଙ୍କାତ୍ୱୟା ସତତଂଘନ -
ସ୍ତନଜଘନୟାକ୍ରାନ୍ତେ ସ୍ୱାନ୍ତେ ପରାନବକାଶିନି।
ବିଶତିବିତନୋରନ୍ୟୋ ଧନ୍ୟୋନ କୋଽପିମମାନ୍ତରଂ
ସ୍ତନଭରପରୀରମ୍ଭାରମ୍ଭେ ବିଧେହି ବିଧେୟତମ୍ ।୧୦।

ଅର୍ଥ : ହେ ପ୍ରିୟେ! ମୁଁ ଅନ୍ୟନାୟିକା ପ୍ରତି ଆସକ୍ତ ବୋଲି ତୁମେ ଯେଉଁ ଶଙ୍କା କରୁଛ, ସେହି ବୃଥା ଆଶଙ୍କା ତ୍ୟାଗ କର। ତୁମର ପୀନ ସ୍ତନଯୁଗଳ ଓ ଘନ ଜଘନ ମୋ ହୃଦୟରେ ସ୍ଥାନ ପାଇଛି। ତେଣୁ ସେଠାରେ ଅନ୍ୟ ନାୟିକା ପ୍ରବେଶ କରିବାର ସୁଯୋଗ ନାହିଁ। କେବଳ ତ ଅନଙ୍ଗ ଅଙ୍ଗହୀନ ହୋଇଥିବାରୁ ସେଠାରେ ପ୍ରବେଶ କରିପାରୁଛନ୍ତି। ତେଣୁ ତୁମର ପୀନ ଉରଜରେ ମୋତେ ଆଲିଙ୍ଗନ କର।

ମୁଗ୍ଧେ! ବିଦେହିମୟି ନିର୍ଦ୍ଦୟଦନ୍ତଦଂଶ -
ଦୋର୍ବଲ୍ଲୀ ବନ୍ଧ ନିବିଡ଼ସ୍ତନପୀଡ଼ନାନି।
ଚଣ୍ଡି! ତ୍ୱମେବ ମୁଦମଞ୍ଚୟ ପଞ୍ଚବାଣ
ଚଣ୍ଡାଳକାଣ୍ଡଦଳନାଦସବଃ ପ୍ରୟାନ୍ତୁ ।୧୧।

ଅର୍ଥ : ହେ ମୁଗ୍ଧେ! ତୁମ ଦୃଷ୍ଟିରେ ମୋର ଯଦି ଅପରାଧ ହୋଇଛି, ତେବେ ତୁମେ ନିର୍ଦ୍ଦୟ ଭାବରେ ମୋତେ ଦଣ୍ଡବିଧାନ କର। ତୁମର ଦନ୍ତଦ୍ୱାରା ମୋତେ ଦଶନାଘାତ କର। ତୁମର ଭୁଜବଲ୍ଲୀରେ ମୋତେ ଗାଢ଼ତର ଭାବରେ ବାନ୍ଧିପକାଅ। ତୁମର ପୀନସ୍ତନ ଦ୍ୱାରା ମୋତେ ପୀଡ଼ନକର। ମୋତେ ଏହିପରି ଦଣ୍ଡବିଧାନ କରି ତୁମେ ସୁଖ ଅର୍ଜନ କର। ହେ ଚଣ୍ଡିକେ! ସେହି ଚଣ୍ଡାଳ କାମଦେବଙ୍କର କାମଶରରେ ମୁଁ ଯେପରି ଧ୍ୱଂସ ନଯାଏ, ତୁମେ ସେହିପରି ପ୍ରତିବିଧାନ କର।

ଶଶିମୁଖି! ତବଭାତି ଭଙ୍ଗୁରଭ୍ରୂ-
ର୍ଯୁବଜନମୋହକରାଳକାଳସର୍ପୀ।
ତଦୁଦିତଭୟ ଭଞ୍ଜନାୟ ଯୂନାଂ
ତ୍ୱଦଧରସୀଧୁସୁଧୈବ ସିଦ୍ଧମନ୍ତ୍ରଃ ।୧୨।

ଅର୍ଥ : ହେ ଚନ୍ଦ୍ରବଦନେ, ତୁମର ଭ୍ରୂଲତା ସଙ୍କୁଚିତ ହେଲେ କୁଟିଳତର ହୋଇ ଯୁବାଜନମାନଙ୍କୁ କାଳସର୍ପ ପରି ପ୍ରତୀୟମାନ ହୋଇ ଭୟଭୀତ କରିଦିଏ। ସେହି କାଳସର୍ପ ଦର୍ଶନରୁ ରକ୍ଷା ପାଇବାର ଏକମାତ୍ର ସିଦ୍ଧମନ୍ତ୍ର ହେଉଛି ତୁମ ଅଧରରୁ ଝରୁଥିବା ମଧୁସୁଧା। ଏଥିପାଇଁ ଅନ୍ୟ ଔଷଧ ନାହିଁ। ତୁମର ସେହି ଅଧର ପାନ ଦ୍ୱାରା କରାଳ କାଳସର୍ପ ଦଂଶନରୁ ରକ୍ଷା ମିଳିବ।

ବ୍ୟଥୟତି ବୃଥା ମୌନଂତନ୍ୱି ! ପ୍ରପଞ୍ଚୟ ପଞ୍ଚମଂ
ତରୁଣି ! ମଧୁରାଳାପୈସ୍ତାପଂ ବିନୋଦୟ ଦୃଷ୍ଟିଭିଃ।
ସୁମୁଖି ! ବିମୁଖୀଭାବଂ ତାବଦ୍ ବିମୁଞ୍ଚ ନ ମୁଞ୍ଚମାଂ
ସ୍ୱୟମତିଶୟ ସ୍ନିଗ୍ଧୋ ମୁଗ୍ଧେ ! ପ୍ରିୟୋଽହମୁପସ୍ଥିତଃ ।୧୩।

ଅର୍ଥ : ହେ ସୁମୁଖି ! ତୁମର ବୃଥା ମୌନତା ମୋତେ ଗଭୀର ବ୍ୟଥା ଦେଉଛି । ତୁମେ ମୋ ସହିତ ମଧୁରାଳାପ କରି ମୋର ହୃଦୟତାପକୁ ପ୍ରଶମିତ କରାଅ। ହେ ସୁନ୍ଦରି ! ତୁମେ ମଧୁରବାଣୀରେ ମୋର ସନ୍ତାପକୁ ଦୂର କର। ତୁମେ ବିମୁଖ ଭାବ ପରିହାର କରି ମୋ ମନରୁ ଖେଦ ଦୂରୀଭୂତ କର। ଦେଖ, ତୁମେ ମୋତେ ପରିତ୍ୟାଗ କରିଥିଲେ ମଧ୍ୟ ମୁଁ ତୁମର ସେହି ପ୍ରିୟ ଶ୍ରୀକୃଷ୍ଣ। ମୁଁ ତ ନିଜେ ଆସି ତୁମ ନିକଟରେ ଉପସ୍ଥିତ ହୋଇଛି। ହେ ପ୍ରେୟସୀ, ମୋତେ ଆଉ ପରିତ୍ୟାଗ କରନାହିଁ।

ବନ୍ଧୁକଦ୍ୟୁତି ବାନ୍ଧବୋଽୟମଧରଃ ସ୍ନିଗ୍ଧୋମଧୂକଚ୍ଛବି
ର୍ଗଣ୍ଡଶ୍ଚଣ୍ଡି ! ଚକାସ୍ତିନୀଳନଳିନଶ୍ରୀମୋଚନଂ ଲୋଚନମ୍।
ନାସାନ୍ୱେତି ତିଳପ୍ରସୂନପଦବିଂ କୁନ୍ଦାଭଦନ୍ତି ! ପ୍ରିୟେ !
ପ୍ରାୟସ୍ତ୍ୱନ୍ମୁଖ ସେବୟା ବିଜୟତେ ବିଶ୍ୱଂ ସ ପୁଷ୍ପାୟୁଧଃ ।୧୪।

ଅର୍ଥ : ହେ ଚଣ୍ଡି ! ତୁମର ଅଧର ବନ୍ଧୂଲୀ ପୁଷ୍ପପରି ସୁନ୍ଦର ଓ ମନୋହର। ତୁମର ଗଣ୍ଡଯୁଗଳ ମଧୂକ (ଅଶୋକ) ପୁଷ୍ପପରି ପାଣ୍ଡୁର ବର୍ଣ୍ଣ ଧାରଣ କରିଛି। ତୁମର ନୟନଯୁଗଳ ନୀଳକମଳକୁ ତିରସ୍କାର କରୁଛି। ତୁମର ନାସାପାଶରେ ତିଳଫୁଲ ଶରଣ ପଶିଛି। ତୁମର ଦନ୍ତପନ୍ତି କୁନ୍ଦପୁଷ୍ପ ସଦୃଶ ଶୋଭାପାଉଛି। ଅନଙ୍ଗଙ୍କର ଏହି ପଞ୍ଚକୁସୁମ ତୁମର ମୁଖରେ ଶୋଭା ପାଉଛି। ହେ ପ୍ରିୟେ, ଅନଙ୍ଗଦେବତା କେବଳ ତୁମ ବଦନ କମଳର ସେବା କରି ସେହି ପଞ୍ଚପୁଷ୍ପବାଣ ପ୍ରାପ୍ତ ହୋଇଛନ୍ତି ଏବଂ ସେଥିରେ ଜଗତକୁ ଜୟ କରିଛନ୍ତି।

ଦୃଶୌତବ ମଦାଳସେ ! ବଦନମିନ୍ଦୁ ସନ୍ଦୀପନଂ
ଗତିର୍ଜନମନୋରମା ବିଜିତରମ୍ଭମୂରୁଦ୍ୱୟମ୍।

ରତିସ୍ତବ କଳାବତୀ ରୁଚିରଚିତ୍ରଲେଖେ ଭ୍ରୁବା
ବହୋବିବୁଧଯୌବତଂ ବହସି ତନ୍ୱି ! ପୃଥ୍ୱୀଗତା ।୧୫।

ଅର୍ଥ : ହେ ତନ୍ୱୀ ! ତୁମେ ପୃଥିବୀରେ ଅବତୀର୍ଣ୍ଣା ହୋଇଛ । ତଥାପି ସ୍ୱର୍ଗର ବିଦ୍ୟାଧରୀ ତୁମ ନିକଟରେ ଆଶ୍ରିତା । ତୁମର ମଦାଳସ ନୟନଯୁଗରେ ମଦାଳସା ନାମ୍ନୀ ଦୁଇଜଣ ସ୍ୱର୍ଗକନ୍ୟା ରହିଛନ୍ତି । ତୁମର ବଦନରେ ଇନ୍ଦୁସନ୍ଦିପନୀ ଆଶ୍ରୟ ନେଇଛନ୍ତି । ତୁମର ମନୋରମ ଗତିରେ ମନୋରମା ନାମ୍ନୀ ସ୍ୱର୍ଗକନ୍ୟା ବିରାଜିତ । ରମ୍ଭାବୃକ୍ଷକୁ ତିରସ୍କାର କରୁଥିବା ତୁମର ଉରୁ ଦ୍ୱୟରେ ଦୁଇ ସୁରକନ୍ୟା ରମ୍ଭା ଆଶ୍ରିତା । ତୁମର ରତିକୌଶଳରେ ସ୍ୱର୍ଗକନ୍ୟା କଳାବତୀ ବିରାଜିତା, ଚିତ୍ର ଲେଖାପରି ତୁମର ଭ୍ରୂରୁଯୁଗଳରେ ଦୁଇଜଣ ସ୍ୱର୍ଗକନ୍ୟା ଚିତ୍ରଲେଖା ଆଶ୍ରିତା । ଏହିପରି ଦେବକନ୍ୟାମାନେ ତୁମଠାରେ ଆଶ୍ରୟ ନେଇଛନ୍ତି । ତେଣୁ ତୁମେ ସୁରନାରୀ ଶ୍ରେଷ୍ଠ ।

ପ୍ରୀତିଂବସ୍ତନୁତାଂ ହରିଃ କୁବଳୟାପୀଡ଼େନ ସାର୍ଦ୍ଧଂରଣେ
ରାଧାପୀନପୟୋଧର ସ୍ମରଣ କୃତ୍ କୁମ୍ଭେନ ସମ୍ଭେଦବାନ୍ ।
ଯତ୍ର ସ୍ୱିଦ୍ୟତି ମୀଳତି କ୍ଷଣମଥ କ୍ଷିପ୍ତେ ଦ୍ୱିପେ ତତ୍‌କ୍ଷଣାତ୍
କଂସସ୍ୟାଳମଭୂଜ୍ଜିତଂ ଜିତମିତି ବ୍ୟାମୋହକୋଳାହଳଃ ।୧୬।

ଅର୍ଥ : ଶ୍ରୀକୃଷ୍ଣ ସର୍ବଦା ଶ୍ରୀରାଧାଙ୍କର ପୀନ ପୟୋଧର ଚିନ୍ତନର ଆନନ୍ଦରେ ବ୍ୟାପୃତ ଥିଲେ । ଯେତେବେଳେ ମଥୁରାପୁରରେ କଂସଦ୍ୱାରା ଆୟୋଜିତ ଧନୁଯାତ୍ରା ଦେଖିବାକୁ ଗଲାବେଳେ ତୋରଣ ନିକଟରେ କୁବଳୟା ହସ୍ତୀନାମକ ହସ୍ତୀର ମାହୁନ୍ତ ଶ୍ରୀକୃଷ୍ଣଙ୍କ ଆଗକୁ ହସ୍ତୀ ଚଳାଇନେଲା, ସେହି ହସ୍ତୀ ସହ ଯୁଦ୍ଧ କରିବା ସମୟରେ ହସ୍ତୀ ମସ୍ତକର ଉତ୍ତୁଙ୍ଗ କୁମ୍ଭଦ୍ୱୟକୁ ଦେଖି ଶ୍ରୀକୃଷ୍ଣଙ୍କର ପ୍ରାଣପ୍ରିୟା ଶ୍ରୀରାଧାଙ୍କର ପୀନ ପୟୋଧର କଥା ମନେ ପଡ଼ିଗଲା । ତେଣୁ ହସ୍ତୀକୁ ସ୍ପର୍ଶ କରିବା ମାତ୍ରେ ତାଙ୍କର ଶରୀର ସ୍ୱେଦସିକ୍ତ ହୋଇଗଲା ଏବଂ ନୟନଯୁଗଳ ମୁଦ୍ରିତ ହୋଇଗଲା । କିନ୍ତୁ କ୍ଷଣକପରେ ସେ ମତ୍ତହସ୍ତୀକୁ ବହୁ ଦୂରକୁ ଫିଙ୍ଗି ଦେଇଥିଲେ । ଏହା ଦେଖି ସମସ୍ତେ ବିଜୟୋଲ୍ଲାସରେ ଶ୍ରୀକୃଷ୍ଣଙ୍କର ଜୟଧ୍ୱନି କଲେ, ଯାହାକି ଥିଲା କଂସପ୍ରତି ଘୋର ପ୍ରମାଦ । ଶ୍ରୀକୃଷ୍ଣଙ୍କର ସେହି କାମମୋହନ ରୂପ ତୁମ୍ଭମାନଙ୍କର ସର୍ବଦା ଆନନ୍ଦବର୍ଦ୍ଧନ କରୁ ।

॥ ଇତିଶ୍ରୀ ଗୀତଗୋବିନ୍ଦ ମହାକାବ୍ୟେ କବିରାଜ ଜୟଦେବ କୃତୌ ମାନିନୀ ବର୍ଣ୍ଣନେ (ମୁଗ୍ଧମାଧବେ) ଚତୁର ଚତୁର୍ଭୁଜୋ ନାମ ଦଶମଃ ସର୍ଗଃ ॥

(ଏକାଦଶଃ ସର୍ଗଃ)

ସାନନ୍ଦଦାମୋଦରଃ

ସୁଚିରମନୁନୟେନ ପ୍ରୀଣୟିତ୍ୱା ମୃଗାକ୍ଷୀଂ
ଗତବତି କୃତବେଶେ କେଶବେକୁଞ୍ଜଶଯ୍ୟାମ୍
ରଚିତରୁଚିରଭୂଷାଂ ଦୃଷ୍ଟିମୋଷେପ୍ରଦୋଷେ
ସ୍ଫୁରତି ନିରବସାଦାଂ କାପି ରାଧାଂ ଜଗାଦ ।୧।

ଅର୍ଥ : ନାୟକ ଶିରୋମଣି ଶ୍ରୀକୃଷ୍ଣ ମୃଗନୟନୀ ଶ୍ରୀରାଧାଙ୍କୁ ଏହିପରି ବହୁ ଅନନୁୟ କରି କହିବା ପରେ ଶ୍ରୀରାଧା ପ୍ରସନ୍ନା ହେଲେ। ତେଣୁ ଶ୍ରୀକୃଷ୍ଣ ମୋହନ ବେଶରେ ସଜ୍ଜିତ ହୋଇ ନିକୁଞ୍ଜକୁ ଗମନ କଲେ ଏବଂ କୁଞ୍ଜ ଶଯ୍ୟାରେ ଅପେକ୍ଷା କରି ରହିଲେ। ଏଣେ ସନ୍ଧ୍ୟା ଉପଗତ ହେବାରୁ ଏବଂ ଶ୍ରୀହରି ନିଜ କୁଞ୍ଜକୁ ଚାଲିଯିବା ପରେ କୃଷ୍ଣପ୍ରାପ୍ତି ଇଚ୍ଛା କରି ଶ୍ରୀରାଧାଙ୍କର ସମସ୍ତ ଅବସାଦ ଦୂରୀଭୂତ ହେଲା। ଶ୍ରୀରାଧାଙ୍କୁ ମନୋହର ଶୃଙ୍ଗାର ବେଶରେ ସଜାଇ ସଖୀ ଶ୍ରୀରାଧାଙ୍କୁ କହିବାକୁ ଲାଗିଲେ।

(ବସନ୍ତରାଗେଣ ଗୀୟତେ / ଯତିତାଲାଭ୍ୟାଂ ଗୀୟତେ)

ବିରଚିତଚାଟୁବଚନରଚନଂ ଚରଣେ ରଚିତ ପ୍ରଣିପାତମ୍।
ସଂପ୍ରତି ମଞ୍ଜୁଲବଞ୍ଜୁଲସୀମନି କେଲିଶୟନମନୁଯାତମ୍।
ମୁଗ୍ଧେ ! ମଧୁମଥନମନୁଗତ ମନୁସରରାଧିକେ ।୨। ଧ୍ରୁବମ୍

ଅର୍ଥ: ହେ ସଖି, ଶ୍ରୀକୃଷ୍ଣ ବିବିଧ ଚାଟୁବାକ୍ୟରେ ଅନୁନୟବିନୟ କରି ମାନ ଭାଙ୍ଗିବା ପାଇଁ ତୁମ ଚରଣରେ ପ୍ରଣିପାତ କଲେ। ସେ ବର୍ତ୍ତମାନ ମଞ୍ଜୁଳ ବେତସ କୁଞ୍ଜରେ କେଳି ଶଯ୍ୟାରେ ଶୟନ କରି ତୁମକୁ ଅପେକ୍ଷା କରିଛନ୍ତି। ହେ ମୁଗ୍ଧେ ! ଯେଉଁ ଶ୍ରୀକୃଷ୍ଣ ମଧୁଦୈତ୍ୟକୁ ମଥନ କରିଥିଲେ, ସେ ବର୍ତ୍ତମାନ ତୁମର ଏକାନ୍ତ ଅନୁଗତ। ହେ ରାଧିକେ ! ସେହି ଶରଣାଗତ ଶ୍ରୀକୃଷ୍ଣଙ୍କର ଅନୁଗାମୀ ହୋଇ ତୁମେ ତାଙ୍କ ସମୀପକୁ ଗମନ କର।

ଘନଜଘନସ୍ତନଭାରଭରେ ଦରମନ୍ଥରଚରଣବିହାରମ୍
ମୁଖରିତମଣିମଞ୍ଜୀରମୁପୈହି ବିଧେହି ମରାଳବିକାରମ୍ ।୩।

ଅର୍ଥ : ହେ ରାଧିକେ, ତୁମେ ଘନ ଜଘନ ଓ ପୃଥୁଳ ସ୍ତନଭାରରେ ଆନତ ହୋଇ ଧୀରମନ୍ଥର ଗତିରେ ପାଦ ପକାଇ ଏବଂ ମଣିମୟ ନୂପୁରର ନିକ୍ୱଣ ସୃଷ୍ଟି କରି ମରାଳଗତିକୁ ପରାହତ କରି ଶ୍ରୀକୃଷ୍ଣଙ୍କ ନିକଟକୁ ଯାଅ।

ଶୃଣୁରମଣୀୟତରଂ ତରୁଣୀଜନମୋହନଧୁରିପୁରାବମ୍
କୁସୁମଶରାସନଶାସନବନ୍ଦିନି ପିକନିକରେ ଭଜ ଭାବମ୍ ।୪।

ଅର୍ଥ : ହେ ସଖି, ଶ୍ରୀକୃଷ୍ଣଙ୍କର ସେହି ରମଣୀୟ ତରୁଣୀ ମନମୋହନ ମଧୁର ବାଣୀକୁ ଶ୍ରବଣ କର। କାମଦେବଙ୍କର ସ୍ତୁତିଗାନ କରୁଥିବା କୋକିଳମାନେ ପୁଷ୍ପଧନୁର ଶାସନରେ ବନ୍ଦିନୀ ଭାବରେ ଥିବା ଯୁବତୀମାନଙ୍କ ପାଇଁ ମଦନର ସେହି ଆଜ୍ଞା ପ୍ରଚାର କରୁଛନ୍ତି। ତେଣୁ ତୋର ପ୍ରିୟଙ୍କୁ ସେହି କାମବିମୋହନ କୋକିଳ ବାଣୀ ଶୁଣାଇ ସନ୍ତୁଷ୍ଟ କରିବୁ।

ଅନିଳତରଳକିଶଳୟନିକରେଣ କରେଣ ଲତାନିକୁରମ୍ୱମ୍
ପ୍ରେରଣମିବ କରଭୋରୁ କରୋତି ଗତିଂ ପ୍ରତିମୁଞ୍ଚ ବିଳମ୍ୱମ୍ ।୫।

ଅର୍ଥ : ହେ (କରଭୋରୁ) ସଖୀ, ଅଦୂରରେ ଥିବା ଲତିକା କୁଞ୍ଜକୁ ଦେଖ, କିପରି ପବନରେ ଆନ୍ଦୋଳିତ ହୋଇ ଲତାସମୂହର ପତ୍ରଗୁଡ଼ିକ ଦୋହଲି ସତେ ଯେପରି ଶ୍ରୀକୃଷ୍ଣଙ୍କ ନିକଟକୁ ଯିବା ପାଇଁ ତୁମକୁ ପଲ୍ଲବରୂପକ କରରେ ପ୍ରେରଣା ଦେଉଛନ୍ତି। ଅର୍ଥାତ୍ ହାତଠାରି ଯିବା ପାଇଁ ସଙ୍କେତ ଦେଉଛନ୍ତି। ତେଣୁ ତୁମେ ବିଳମ୍ୱ ନକରି ପାହୁଣ୍ଡ ପକାଇ ନିକୁଞ୍ଜକୁ ଗମନ କର।

ସ୍ଫୁରିତମନଙ୍ଗତରଙ୍ଗବଶାଦିବ ସୂଚିତହରିପରିରମ୍ଭମ୍
ପୃଚ୍ଛମନୋହରହାରବିମଳ ଜଳଧାରମମୁଂ କୁଚକୁମ୍ଭମ୍ ।୬।

ଅର୍ଥ : ହେ ସଖୀ, ମୋ କଥାରେ ଯଦି ତୁମର ବିଶ୍ୱାସ ହେଉନାହିଁ, ତେବେ ନିର୍ମଳ ଜଳଧାରା ସଦୃଶ ମନୋହର ହାରରେ ପରିଶୋଭିତ ତୁମ୍ଭର କୁଚକୁମ୍ଭକୁ ପଚାର। ତୁମର କୁଚକୁମ୍ଭ ଉପରେ ମୁକ୍ତାହାର ପ୍ରବାହମାନ ଜଳଧାର ପରି ପ୍ରକମ୍ପିତ ହେଉଛି। କାରଣ ଅନଙ୍ଗର ତରଙ୍ଗ ଘାତ ହେତୁ ତୁମ୍ଭର କୁଚଯୁଗଳ ସ୍ଫୁରିତ ହେଉଛି। ତେଣୁ ମନୋହର ହାର ପ୍ରକମ୍ପିତ ହେଉଛି। ପ୍ରିୟପୁରୁଷଙ୍କର ଆଶ୍ଳେଷ ଲାଭ କରିବା ପାଇଁ ତୁମ୍ଭର କୁଚଦ୍ୱୟ ସ୍ଫୁରିତ ହେଲାଣି ନିଶ୍ଚୟ।

ଅଧିଗତମଖିଳସଖୀଭିରିଦଂ ତବବପୁରପି ରତିରଣସଜ୍ଜମ୍।
ଚଣ୍ଡୀ ରସିତରସନାରବଡ଼ିଣ୍ଡିମମଭିସର ସରସମଲଜ୍ଜମ୍ ।୭।

ଅର୍ଥ : ହେ ସଖି, ତୁମର ଏହି ଶରୀର ରତିରଣଲାଗି ଉତ୍ସୁକ ହେବାର ଜାଣି ସଖୀମାନେ ତୁମକୁ ରତିରଣୋଚିତ ବେଶରେ ସଜାଇ ଦେଇଛନ୍ତି। ତେଣୁ ତୁମର ବା ଆଉ ଭୟ କାହିଁକି ? ହେ ଚଣ୍ଡି ! ତୁମେ ଲାଜସରମ ପରିତ୍ୟାଗ କରି ତୁମର ଘନଜଘନ ଦେଶରେ ବେଷ୍ଟିତ ହୋଇଥିବା ଚନ୍ଦ୍ରହାରର ଡିଣ୍ଡିମ ଧ୍ୱନିକୁ ବଜାଇ ଏବେ ପରମ ଉତ୍ସାହରେ ପ୍ରିୟତମଙ୍କ କୁଞ୍ଜକୁ ଅଭିସାର ପାଇଁ ଗମନ କର।

ସ୍ମରଶରସୁଭଗନଖେନ ସଖୀମବଲମ୍ବ୍ୟ କରେଣ ସଲୀଳମ୍।
ଚଳ ବଳୟ କ୍ୱଣିତୈରବବୋଧୟ ହରିମପି ନିଜଗତିଶୀଳମ୍ ।୮।

ଅର୍ଥ : ହେ ସଖୀ, ତୁମର ହସ୍ତରେ ରହିଥିବା ପଞ୍ଚନଖ ହେଉଛି କାମଦେବଙ୍କ ପଞ୍ଚଶର ପରି ସୁନ୍ଦର ଓ ମନୋରମ। ତୁମେ ବର୍ତ୍ତମାନ ସେହି କନ୍ଦର୍ପର ପଞ୍ଚବାଣ ସଦୃଶ ସୁଦୃଶ୍ୟ ନଖଯୁକ୍ତ କରରେ ସଖୀଙ୍କ ହାତକୁ ଧରି କୁଞ୍ଜକୁ ଶୀଘ୍ର ଗମନ କର। ଫଳରେ ତୁମ ହସ୍ତରେ ଥିବା ବଳୟର ନିକ୍ୱଣ ଶୁଣି କାମମୋହନ ଶ୍ରୀକୃଷ୍ଣ ଶୀଘ୍ର ଅବଗତ ହେବେ ଯେ ତୁମେ ଏବେ କୁଞ୍ଜ ନିକଟରେ ଅଭିସାର ପାଇଁ ଉପସ୍ଥିତ ହେଲଣି।

ଶ୍ରୀଜୟଦେବଭଣିତମଧରୀକୃତହାରମୁଦାସିତବାମମ୍।
ହରିବିନିହିତମନସମାଧିତିଷ୍ଠତୁ କଣ୍ଠତଟୀମବିରାମମ୍ ।୯।

ଅର୍ଥ : ଶ୍ରୀଜୟଦେବଙ୍କ ଦ୍ୱାରା ବିରଚିତ ଏହି କେଳିବର୍ଣ୍ଣନ ଗୀତ ରତ୍ନହାରଠାରୁ ମଧ୍ୟ ଶ୍ରେଷ୍ଠ। ଏହାକୁ ଗାନ ଓ ଶ୍ରବଣ କରିବା ସମୟରେ ମନମୋହିନୀ ରମଣୀ ମଧ୍ୟ ମନରେ ସ୍ଥାନ ପାଏନାହିଁ। ଯେଉଁମାନଙ୍କର ମନ ଶ୍ରୀକୃଷ୍ଣଙ୍କଠାରେ ସମର୍ପିତ ହୋଇଛି, ସେହି ଭକ୍ତଜନଙ୍କର କଣ୍ଠତଟରେ ଏହି ଗୀତ ଅବିରତ ବିରାଜିତ ହେଉ।

ସା ମାଂ ଦ୍ରକ୍ଷ୍ୟତି ବକ୍ଷ୍ୟତି ସ୍ମରକଥାଂ ପ୍ରତ୍ୟଙ୍ଗମାଲିଙ୍ଗନୈଃ
ପ୍ରୀତିଂ ଯାସ୍ୟତି ରଂସ୍ୟତେ ସଖୀ ସମାଗତ୍ୟେତି ଚିନ୍ତାକୁଳଃ
ସ ତ୍ୱାଂ ପଶ୍ୟତି ବେପତେ ପୁଲକୟତ୍ୟାନନ୍ଦତି ସ୍ୱିଦ୍ୟତି
ପ୍ରତ୍ୟୁଦ୍‌ଗଚ୍ଛତି ମୂର୍ଚ୍ଛତି ସ୍ଥିରତମଃ ପୁଞ୍ଜେ ନକୁଞ୍ଜେ ପ୍ରିୟଃ ।୧୦।

ଅର୍ଥ : (ହେ ରାଧିକେ) ତୁମର ପ୍ରିୟ ଶ୍ରୀକୃଷ୍ଣ ବର୍ତ୍ତମାନ ଏହି ସଞ୍ଜ ଅନ୍ଧାରରେ କୁଞ୍ଜ ମଧ୍ୟରେ ଏକାକୀ ଭାବରେ ଥାଇ ତୁମ କଥା ହିଁ ଭାବୁଛନ୍ତି। ସେ ଭାବୁଛନ୍ତି ଯେ ତୁମେ ଧୀରେ ଧୀରେ କୁଞ୍ଜ କୁଟୀରକୁ ଆସି ତାଙ୍କୁ ଅନୁରାଗଭରା ଚାହାଣୀରେ ଚାହିଁବ, ତାଙ୍କୁ ମଦନରସ ସୂଚକ ବାଣୀରେ ତାଙ୍କ ମନକୁ ମୋହିବ ଏବଂ ତାଙ୍କର ଶ୍ରୀଅଙ୍ଗକୁ ସ୍ପର୍ଶ କରିବ, ଫଳରେ ତାଙ୍କ ଦେହରେ ବେପଥୁ ସୃଷ୍ଟି ହେବ। ତୁମେ ତାଙ୍କ ସହିତ ରତିକେଳିରେ ବୁଡ଼ିଯିବ - ଏହି କଥା ଚିନ୍ତା କରି ନବୀନ ପୁଲକରେ ତାଙ୍କର ଶରୀର କଣ୍ଟକିତ ହୋଇଛି। ତୁମେ ଆସୁଛ ବୋଲି ସେ ଚିନ୍ତା କରି ରସାବେଶରେ କମ୍ପୁଛନ୍ତି, କୁଞ୍ଜଦ୍ୱାରକୁ ଆସି ବାରମ୍ବାର ଉଠି ଦେଖୁଛନ୍ତି। ଅତିଶୟ ପୁଲକହେତୁ ତାଙ୍କ ଶରୀର ସ୍ୱେଦସିକ୍ତ ହେଉଛି ଏବଂ ସେ ମୂର୍ଚ୍ଛିତ ହୋଇଯାଉଛନ୍ତି।

ଅକ୍ଷ୍ଣୋର୍ନିକ୍ଷିପଦଞ୍ଜନଂ ଶ୍ରବଣୟୋସ୍ତା ପିଞ୍ଛଗୁଚ୍ଛାବଳୀଂ
ମୂର୍ଦ୍ଧ୍ନି ଶ୍ୟାମସରୋଜଦାମ କୁଚୟୋଃ କସ୍ତୂରିକାପତ୍ରକମ୍
ଧୂର୍ତ୍ତାନାମଭିସାରସମ୍ଭ୍ରମଜୁଷାଂ ବିଷ୍ୱଙ୍‌ନିକୁଞ୍ଜେ ସଖି !
ଧ୍ୱାନ୍ତଂ ନୀଳନିଚୋଳଚାରୁ ସୁଦୃଶାଂ ପ୍ରତ୍ୟଙ୍ଗମାଲିଙ୍ଗତି ।୧୧।

ଅର୍ଥ : ହେ ସଖି, ବର୍ତ୍ତମାନ ଚତୁର୍ଦ୍ଦିଗରେ ଘନ ଅନ୍ଧକାର ଘୋଟି ସାରିଲାଣି। ଏହି ଘନ ଅନ୍ଧକାର ସମୟ ଧୂର୍ତ୍ତା ନାୟିକାମାନଙ୍କର ଅଭିସାର ପାଇଁ ଅନୁକୂଳ ସମୟ। ସେହି ଧୂର୍ତ୍ତା ନାୟିକାମାନେ ଆଖିରେ କଜ୍ଜ୍ୱଳ, କର୍ଣ୍ଣଯୁଗଳରେ ତମାଳପତ୍ରର ଗୁଚ୍ଛ, ଶିରରେ ନୀଳକମଳର ମାଳା, କୁଚମଣ୍ଡଳରେ କସ୍ତୁରୀ ପତ୍ରାବଳି ରଚନା କରି ଅଭିସାର ପାଇଁ ବାହାରି ପଡ଼ନ୍ତି। ଗାଢ଼ ଅନ୍ଧକାର ନୀଳବସନ ପରି ଚତୁର୍ଦ୍ଦିଗରେ ଘେରି ରହିଥିବାରୁ ସେମାନଙ୍କୁ ଅଭିସାରରେ ଆସିବା ପାଇଁ ସୁବିଧା ହୁଏ। ତେଣୁ ତୁମେ ଏହିପରି ଭାବରେ ସଜ୍ଜିତା ହୋଇ ଶୀଘ୍ର ନିକୁଞ୍ଜକୁ ଯିବା ପାଇଁ ବାହାରିପଡ଼େ।

କାଶ୍ମୀରଗୌରବପୁଷାମଭିସାରିକାଣା
ମାବଦ୍ଧରେଖମଭିତୋ ରୁଚିମଞ୍ଜରୀଭିଃ
ଏତତ୍ତମାଳଦଳନୀଳତମଂତମିସ୍ରଂ
ତତ୍ପ୍ରେମହେମ ନିକଷୋପଲତାଂ ତନୋତି ।୧୨।

ଅର୍ଥ : କୁଙ୍କୁମସଦୃଶ ଗୌରାଙ୍ଗମାନେ ଅଭିସାର ପାଇଁ ମଣିମଞ୍ଜରୀରେ ପରିବ୍ୟାପ୍ତ ହୋଇ ଚଳପ୍ରଚଳ ହେଲାବେଳେ ସେମାନଙ୍କର ଶରୀର ଉଜ୍ଜ୍ୱଳକାନ୍ତି ଘୋର ଅନ୍ଧାର ମଧ୍ୟରେ ସୁବର୍ଣ୍ଣରେଖାପରି ଜଣାପଡ଼େ। ତମାଳପତ୍ର ସଦୃଶ ଘନ ଅନ୍ଧକାର ମଧ୍ୟରେ ଗୌରାଙ୍ଗୀମାନଙ୍କର କାନ୍ତି ସତେଯେପରି କୃଷ୍ଣବର୍ଣ୍ଣର କଷଟିପଥରରେ ସୁବର୍ଣ୍ଣକୁ ପରଖିବା ପାଇଁ ଟାଣି ଦେଇଥିବା ସ୍ୱର୍ଣ୍ଣରେଖା ପରି ସୁନ୍ଦର ଦେଖାଯାଇଥାଏ।

ହାରାବଳୀତରଳକାଞ୍ଚନକାଞ୍ଚିଦାମ
କେୟୂରକଙ୍କଣମଣିଦ୍ୟୁତିଦୀପିତସ୍ୟ
ଦ୍ୱାରେ ନିକୁଞ୍ଜନିଳୟସ୍ୟହରିଂ ନିରୀକ୍ଷ୍ୟ
ବୀଡ଼ାବତୀମଥ ସଖୀ ନିଜଗାଦ ରାଧାମ୍ ।୧୩।

ଅର୍ଥ : ସଖୀମାନେ ଏହିପରି ଭାବରେ କହିବାରୁ ଶ୍ରୀରାଧା ନିକୁଞ୍ଜକୁ ଗମନ କଲେ। ତାଙ୍କର ହାର, ସୁବର୍ଣ୍ଣର କାଞ୍ଚିଦାମ, ନୂପୁର ଓ କଙ୍କଣରେ ଥିବା ମଣିର ଜ୍ୟୋତିରେ ଅନ୍ଧାରମୟ ନିକୁଞ୍ଜକୁଟୀର ଆଲୋକିତ ହେଲା। ନିକୁଞ୍ଜ ଦ୍ୱାରରେ ଶ୍ରୀକୃଷ୍ଣ ବିଜେ ହୋଇ ଥିବାର ଦେଖି ଶ୍ରୀରାଧା ହାସ୍ୟମିଶାଲାଜରେ ମୁଖ ଅବନତ କଲେ। ସେତେବେଳେ ସଖୀ ଶ୍ରୀରାଧାଙ୍କୁ ଏହିପରି କହିଥିଲେ।

(ଦେଶବରାଡ଼ୀରାଗେଣ ଗୀୟତେ)(ରୂପକତାଳାଭ୍ୟାଂ ଗୀୟତେ)

ମଞ୍ଜୁତରକୁଞ୍ଜତଳକେଳିସଦନେ
ପ୍ରବିଶ ରାଧେ ! ମାଧପସମୀପମିହ
ବିଳସ ରତିରଭସହସିତବଦନେ। ଧ୍ରୁବମ୍ ।୧।

ଅର୍ଥ : ହେ ରାଧେ, ଅତ୍ୟନ୍ତ ମଞ୍ଜୁଳ, କେଳିକୁଞ୍ଜ କୁଟୀରକୁ ତୁମେ ପ୍ରବେଶ କର। ଏହି ନିକୁଞ୍ଜ କୁଟୀର ମଧ୍ୟରେ ମାଧବ ବିଜେ ହୋଇଛନ୍ତି। ଦେଖ, ଏଇ କେଳିକୁଞ୍ଜ କି ସୁନ୍ଦର ଦେଖାଯାଉଛି। ତୁମର ବଦନ ତ ବେଶ୍ ରତିରସ ପାଇଁ ବେଶ୍ ଉଜ୍ଜ୍ୱଳ ଓ ହାସ୍ୟମୟ ହୋଇଛି। ତୁମେ ମାଧବଙ୍କ ନିକଟକୁ ଯାଇ ତାଙ୍କ ସହିତ ବିଳାସ କର।

ନବ ଭବଦଶୋକଦଳ ଶୟନସାରେ
ପ୍ରବିଶ ରାଧେ, ମାଧବ ସମୀପ ମିହ
ବିଲସକୁଚ କଳଶତରଳହାରେ ।୨।

ଅର୍ଥ : ହେ ରାଧେ, ଏହି କେଳିଗୃହରେ ନବୀନ କୋମଳ ଅଶୋକପତ୍ରର ଶଯ୍ୟା ପ୍ରସ୍ତୁତ ହୋଇଛି। ପ୍ରିୟସଙ୍ଗମ ହେବାର ଜାଣି ତୁମର କୁଚକଳଶ ସ୍ଫୁରିତ ହେବାରୁ ତହିଁପରେ ଶୋଭିତ ମଣିମୟ ତରଳହାର ମଧ୍ୟ ଥରି ଉଠୁଛି। ତୁମେ କେଳିକୁଞ୍ଜରେ ମାଧବଙ୍କ ସମୀପକୁ ଯାଅ ଓ ରତିବିଳାସରେ ମାତିଯାଅ।

କୁସୁମଚୟରଚିତଶୁଚିବାସଗେହେ
ପ୍ରବିଶ ରାଧେ ମାଧବସମୀପମିହ
ବିଲସ କୁସୁମ ସୁକୁମାର ଦେହେ ।୩।

ଅର୍ଥ : ତୁମର ଶରୀର ଫୁଲଠାରୁ ମଧ୍ୟ ସୁକୁମାର। ସେଥିପାଇଁ ଏହି କୁଞ୍ଜ କୁଟୀରରେ ରତିକେଳି ନିମିତ୍ତ ପୁଷ୍ପଶଯ୍ୟା ସଜେଇ ଦିଆଯାଇଛି। ହେ ରାଧେ ! ତୁମେ କୁଞ୍ଜକୁଟୀରରେ ପ୍ରବେଶ କରି ମାଧବଙ୍କ ନିକଟକୁ ଯାଅ ଏବଂ ରତି ବିଳାସରେ ମାତିଯାଅ।

ଚଳମଳୟବନପବନ ସୁରଭିଶୀତେ
ପ୍ରବିଶରାଧେ ମାଧବସମୀପମିହ
ବିଲସରସରସିତଲଳିତଗୀତେ ।୪।

ଅର୍ଥ : ଶୃଙ୍ଗାର ଭାବନାରେ ମସ୍‌ଗୁଲ ହୋଇ ତୁମେ ଲଳିତମଧୁର ଗୀତ ଗାନ କରୁଛ। ଏହି କେଳିକୁଞ୍ଜରେ ସୁରଭିତ ସୁଶୀତଳ ମଳୟ ସମୀର ସଞ୍ଚାରିତ ହେଉଛି। ହେ ରାଧେ ! ତୁମେ କଳିଗୃହରେ ପ୍ରବେଶ କରି ମାଧବଙ୍କ ନିକଟକୁ ଯାଅ ଏବଂ ତାଙ୍କ ସହିତ ରତିରସରେ ବିଳାସ କର।

ବିତତବହୁବଲ୍ଲୀ ନବପଲ୍ଲବଘନେ
ପ୍ରବିଶରାଧେ ମାଧବସମୀପମିହ
ବିଲସଚିରତମଳସପୀନଜଘନେ ।୫।

ଅର୍ଥ : ଏହି କୁଞ୍ଜକୁଟୀର ବିଭିନ୍ନ ଲତାମାନଙ୍କର ନବପଲ୍ଲବ ଦ୍ୱାରା ବିସ୍ତୃତ ଭାବରେ ଏବଂ ବହଳ ଭାବରେ ଆଚ୍ଛାଦିତ ହୋଇଛି। ତୁମର ଘନ ଜଘନ ପୁଣି ଆଳସ୍ୟ ହେତୁ

ଶିଥିଳ ହେଲାଣି। ତେଣୁ ତୁମେ କେଳିକୁଞ୍ଜରେ ପ୍ରବେଶ କରି ମାଧବଙ୍କ ନିକଟକୁ ଯାଅ ଏବଂ ତାଙ୍କ ସହିତ ବିଳାସ କର।

ମଧୁମୁଦିତ ମଧୁପକୁଳକଳିତରାବେ
ପ୍ରବିଶରାଧେ ମାଧବ ସମୀପମିହ
ବିଳସ ମଦନଶରସରସ ଭାବେ ।୬।

ଅର୍ଥ : ବର୍ତ୍ତମାନ ଏହି କୁଞ୍ଜକୁଟୀର ମଧୁପମାନଙ୍କର କଳନାଦରେ ଗୁଣୁଗୁଣୁ ନିନାଦିତ ହେଉଛି। ତୁମର ମନ ମଧ୍ୟ ମଦନରସରେ ସରସ ହୋଇଯାଇଛି। ତେଣୁ ତୁମେ କୁଞ୍ଜ ମଧ୍ୟରେ ଅପେକ୍ଷାରତ ମାଧବଙ୍କ ନିକଟକୁ ଯାଅ ଏବଂ ତାଙ୍କ ସହିତ ରସବିଳାସରେ ମଜ୍ଜିଯାଅ।

ମଧୁରତରପିକନିକରନିନଦମୁଖରେ
ପ୍ରବିଶରାଧେ ମାଧବ ସମୀପ ମିହ
ବିଳସ ଦଶନରୁଚିରୁଚିରଶିଖରେ ।୭।

ଅର୍ଥ : ହେ ରାଧେ ! ମାଧବଙ୍କ କୁଞ୍ଜ କୋକିଳମାନଙ୍କର କୁଜନରେ ଗୁଞ୍ଜରିତ ହେଉଛି। ତୁମର ଶୁଭ୍ର ଦନ୍ତପନ୍ତି ପକ୍ୱ ଦାଡ଼ିମଫଳର ମଣିପରି (ଶୁଭ୍ର ଚକ୍‌ଚକ୍) ଦେଖାଯାଉଛି। ହେ ଦାଡ଼ିମଦଶନା ! ତୁମେ କେଳିକୁଞ୍ଜରେ ପ୍ରବେଶ କରି ମାଧବଙ୍କ ନିକଟକୁ ଯାଅ ଏବଂ ତାଙ୍କ ସହିତ ରସବିଳାସ କର।

ବିହିତ ପଦ୍ମାବତୀ ସୁଖସମାଜେ
କୁରୁ ମୁରାରେ ମଙ୍ଗଳଶତାନି
ଭଣତି ଜୟଦେବକବିରାଜରାଜେ ।୮।

ଅର୍ଥ : କବିମାନଙ୍କ ମଧ୍ୟରେ ଯେ ଶ୍ରେଷ୍ଠ, ସେହି ଜୟଦେବ କବି ପଦ୍ମାବତୀଙ୍କର ସୁଖ ବା ଆନନ୍ଦ ବର୍ଦ୍ଧନ ପାଇଁ ଏହି ଗୀତଗୋବିନ୍ଦ ରଚନା କରୁଛନ୍ତି। ହେ ଯଦୁକୁଳ କଳାକର, ସେହି ଜୟଦେବ କବିଙ୍କର ଅଶେଷମଙ୍ଗଳ ବିଧାନ କର।

ତ୍ୱାଂ ଚିତ୍ତେନଚିରଂବହନ୍ନୟମତିଶ୍ରାନ୍ତୋ ଭୃଶଂ ତାପିତଃ
କନ୍ଦର୍ପେଣ ଚ ପାତୁମିଚ୍ଛତି ସୁଧାସମ୍ବାଧବିମ୍ବାଧରମ୍।
ଅସ୍ୟାଙ୍କଂ ତଦଳଂକୁରୁ କ୍ଷଣମିହ ଭ୍ରୂକ୍ଷେପଲକ୍ଷ୍ମୀଲବ-
କ୍ରୀତେ ଦାସ ଇବୋପସେବିତପଦାମ୍ଭୋଜେ କୁତଃ ସମ୍ଭ୍ରମଃ ।୯

ଅର୍ଥ : ହେ ରାଧିକେ ! ଶ୍ରୀକୃଷ୍ଣ ତୁମକୁ ତାଙ୍କ ଚିତ୍ତ ମଧ୍ୟରେ ଚିନ୍ତା କରି କ୍ଳାନ୍ତ ହୋଇପଡ଼ିଛନ୍ତି। ମଦନ ତାପରେ ଅତିଶୟ ତାପିତ ହୋଇ ସେ ତୁମର ଅଧରସୁଧା ପାନ କରିବାକୁ ଏକାନ୍ତ ଆଶାୟୀ। ତୁମେ ଆଉ ବିଳମ୍ବ ନକରି ତାଙ୍କର କୋଳମଣ୍ଡନ

କରି ତୁମର ଅଧରସୁଧା ପାନ କରିବାର ଇଚ୍ଛାକୁ ପୂରଣ କର । ତୁମର କଟାକ୍ଷପାତରେ ତୁମେ ତାଙ୍କୁ କିଣି ନେଇଛ । ତୁମର ଇଙ୍ଗିତ ପାଇବା ମାତ୍ରେ ସେ ତୁମର କ୍ରୀତଦାସ ପରି ପଦସେବା କରିବାକୁ ପ୍ରସ୍ତୁତ । ତାଙ୍କୁ ଦେଖି ତୁମେ ଏତେ ସଙ୍କୋଚ ଦେଖାଉଛ କାହିଁକି ?

ସା ସସାଧ୍ୱସସାନନ୍ଦେ ଗୋବିନ୍ଦେ ଲୋଲଲୋଚନା
ସିଞ୍ଜାନମଞ୍ଜୁମଞ୍ଜୀରଂ ପ୍ରବିବେଶ ନିବେଶନମ୍ ।୧୦।

ଅର୍ଥ : ସଖୀମୁଖରୁ ଏହିପରି ଉତ୍ସାହଜନକ ବାଣୀ ଶୁଣି ଶ୍ରୀରାଧା ଆନନ୍ଦରେ ଅଧୀରା ହେଲେ ଏବଂ ସ୍ନେହ ଓ ଲାଜରେ ଶ୍ରୀକୃଷ୍ଣଙ୍କୁ ସତୃଷ୍ଣ ନୟନରେ ଚାହିଁ ଚାହିଁ ମଣିମୟ ନୂପୁରର ମଧୁର ଧ୍ୱନି ସୃଷ୍ଟି କରି ଅଭିସାରିକା ରାଧାରାଣୀ ନିକୁଞ୍ଜ ଗୃହରେ ପ୍ରବେଶ କଲେ ।

(ବରାଡୀରାଗେଣ ଗୀୟତେ / ଯତିତାଳାଭ୍ୟାଂ ଗୀୟତେ)
ରାଧାବଦନବିଲୋକନବିକସିତ ବିବିଧବିକାରବିଭଙ୍ଗମ୍
ଜଳନିଧିମିବ ବିଧୁମଣ୍ଡଳଦର୍ଶନତରଳିତତୁଙ୍ଗତରଙ୍ଗମ୍ ।
ହରିମେକରସଂ ବିରମଭିଲଷିତ ବିଲାସମ୍ ।
ସାଦଦର୍ଶ ଗୁରୁହର୍ଷବଶମ୍ବଦବଦନମନଙ୍ଗନିକାଶମ୍ ।୧୧। ଧ୍ରୁବମ୍ ।

ଅର୍ଥ : ଶ୍ରୀକୃଷ୍ଣ ସ୍ୱୟଂ କାମରସର ସମୁଦ୍ର । ପୂର୍ଣ୍ଣିମା ତିଥିରେ ଚନ୍ଦ୍ରର ଉଦୟ ଘଟିଲେ ସମୁଦ୍ରରେ ଉତ୍ତାଳ ତରଙ୍ଗରାଜି ସୃଷ୍ଟି ହୁଏ । ସେହିପରି ଶ୍ରୀରାଧାଙ୍କର ମୁଖଚନ୍ଦ୍ର ଦର୍ଶନ କଲାମାତ୍ରେ ଶ୍ରୀକୃଷ୍ଣଙ୍କର ଶ୍ରୀଅଙ୍ଗରେ କାମରସର ଉତ୍ତାଳ ତରଙ୍ଗ ସୃଷ୍ଟି ହେଲା । ଅର୍ଥାତ୍ ଶ୍ରୀକୃଷ୍ଣ ଶୃଙ୍ଗାର ରସର ମୂର୍ତ୍ତିମନ୍ତ ପ୍ରତୀକ ରୂପେ ଜଣାପଡୁଥିଲେ । ଶ୍ରୀକୃଷ୍ଣ ବହୁକାଳରୁ ଶ୍ରୀରାଧାଙ୍କ ସହିତ ବିଳାସ କରିବା ପାଇଁ ଅଭିଳାଷ କରିଥିବାରୁ ଆଜି ଶ୍ରୀରାଧାଙ୍କୁ ଦେଖି ତାଙ୍କ ଶରୀରରେ ନାନା ମଦନବିକାର ପ୍ରକାଶିତ ହେଲା ।

ହାରମମଳତରତାରମୁରସି ଦଧତଂ ପରିଲମ୍ବ୍ୟ ବିଦୂରମ୍
ସ୍ଫୁଟତରଫେନକଦମ୍ବକରମ୍ବିତମିବ ଯମୁନାଜଳପୂରମ୍ ।୧୨।

ଅର୍ଥ : ଶ୍ରୀରାଧା ଦେଖିଲେ - ଶ୍ରୀକୃଷ୍ଣଙ୍କ ବକ୍ଷରେ ମୁକ୍ତାଖଚିତ ପ୍ରଲମ୍ବିତ ଶୁଭ୍ରହାର ଦୋଦୁଲ୍ୟମାନ ହୋଇ ଶୋଭା ପାଉଥିଲା । ତାହା ଦେଖି ଶ୍ରୀରାଧାଙ୍କୁ ପ୍ରତୀୟମାନ ହେଲା ସତେ ଯେପରି ବହିଯାଉଥିବା କୃଷ୍ଣବର୍ଣ୍ଣ ଯମୁନା ଜଳଧାରରେ ଅତି ଧଳା ଫେନରାଶି ଭାସମାନ ଅବସ୍ଥାରେ ଶୋଭା ପାଉଛି ।

ଶ୍ୟାମଳମୃଦୁଳକଳେବରମଣ୍ଡଳ ମଧିଗତଗୌରଦୁକୂଳମ୍
ନୀଳନଳିନମିବ ପୀତପରାଗପଟଳଭରବଳୟିତମୂଳମ୍ ।୧୩।

ଅର୍ଥ : ଶ୍ରୀକୃଷ୍ଣ ନିଜର ଶ୍ୟାମଳ କୋମଳ କଳେବରରେ ପୀତାମ୍ବର ଧାରଣ କରିଥିଲେ ।

ଏହିପରି ପୀତବସନଧାରୀ ଶ୍ରୀକୃଷ୍ଣଙ୍କୁ ଦେଖି ରାଧାରାଣୀଙ୍କର ମନେହେଲା ସତେ ଯେପରି ନୀଳକମଳ ମୂଳରେ ପୀତବର୍ଣ୍ଣ ପୁଷ୍ପରେଣୁର ଗୋଟିଏ ବଳୟ ସୃଷ୍ଟି ହୋଇ ଅପୂର୍ବ ଶୋଭା ଧାରଣ କରିଛି।

ତରଳ ଦୃଗଞ୍ଚଳଚଳନମନୋହରବଦନଜନିତରତିରାଗମ୍
ସ୍ଫୁଟକମଳୋଦରଖେଳିତଖଞ୍ଜନ ଯୁଗମିବ ଶରଦି ତଡ଼ାଗମ୍ ।୧୪।

ଅର୍ଥ : ଶ୍ରୀକୃଷ୍ଣଙ୍କର ନୟନଯୁଗଳର ମନୋହରଚାହାଣି ଶ୍ରୀରାଧାଙ୍କର ମଦନାନୁରାଗକୁ ଉଦ୍ଦୀପିତ କରୁଥିଲା। ସେହି କମନୀୟ ନୟନଯୁଗଳର ଚଞ୍ଚଳତା ଦେଖି ଶ୍ରୀରାଧାଙ୍କର ମନେହେଲା ସତେ ଯେପରି ଶରଦ ଋତୁରେ ପୁଷ୍କରିଣୀର ସ୍ୱଚ୍ଛ ଜଳ ମଧ୍ୟରେ ପଦ୍ମ ବିକଶିତ ହେଲା ପରି ଶ୍ରୀକୃଷ୍ଣଙ୍କ ମନୋହର ଶ୍ରୀଅଙ୍ଗରେ ନୀଳକମଳ ସଦୃଶ ବଦନକମଳ ଶୋଭାପାଉଛି ଏବଂ ନୟନଯୁଗଳ ଖଞ୍ଜନ ପକ୍ଷୀ ପରି କ୍ରୀଡ଼ା କରୁଛନ୍ତି।

ବଦନକମଳପରିଶୀଳନମିଳିତ ମିହିରସମକୁଣ୍ଡଳଶୋଭମ୍
ସ୍ମିତରୁଚିରୁଚିରସମୁଲ୍ଲସିତାଧରପଲ୍ଲବକୃତରତିଲୋଭମ୍ ।୧୫।

ଅର୍ଥ : ଶ୍ରୀକୃଷ୍ଣଙ୍କ କର୍ଣ୍ଣଯୁଗଳରେ ଶୋଭିତ ସୂର୍ଯ୍ୟତେଜ ସଦୃଶ ମଣିମୟ କୁଣ୍ଡଳର ତେଜରେ ତାଙ୍କର ବଦନ କମଳ ଆହୁରି ତେଜୋମୟ ହୋଇ ସୁନ୍ଦର ଦେଖାଯାଉଥିଲା। ତାଙ୍କର ଅଧର ପଲ୍ଲବର ରୁଚିର ସ୍ମିତହାସ୍ୟ ତାଙ୍କ ମୁଖଶ୍ରୀକୁ ଆହୁରି ସୁନ୍ଦରତର କରୁଥିଲା। ଏହି ସ୍ମିତହାସ୍ୟକୁ ଦେଖିବାକୁ ଶ୍ରୀରାଧା ଅତ୍ୟନ୍ତ ପ୍ରୀତି ଲାଳସୀ ହୋଇପଡ଼ିଥିଲେ।

ଶଶିକିରଣ-ଛୁରିତୋଦର-ଜଳଧର-ସୁନ୍ଦର-କୁସୁମସୁକେଶ
ତିମିରୋଦିତ-ବିଧୁମଣ୍ଡଳ-ନିର୍ମଳ-ମଳୟଜ-ତିଳକ ନିବେଶମ୍ ।୧୬।

ଅର୍ଥ : ଶ୍ରୀକୃଷ୍ଣଙ୍କର ନବଘନସ୍ୱରୂପୀ କେଶପାଶରେ ବିଭିନ୍ନ କୁସୁମ ସଜ୍ଜିତ ହୋଇଥିବାରୁ ଜଣାପଡୁଥିଲା ଘନ ନୀଳବର୍ଣ୍ଣ ମେଘମାଳାରେ ଚନ୍ଦ୍ରକିରଣ ବିଚ୍ଛୁରିତ ହୋଇଛି କି? ଆହୁରି ମଧ୍ୟ ତାଙ୍କର ଶ୍ୟାମଳ ଲଲାଟରେ ମଳୟଜ ଚନ୍ଦନର ଶୁଭ୍ର ତିଳକ ଗାଢ଼ ଅନ୍ଧକାର ମଧ୍ୟରେ ଉଦିତ ଚନ୍ଦ୍ର ପରି ଶୋଭା ପାଉଥିଲା।

ବିପୁଳପୁଲକଭରଦନ୍ତୁରିତଂ ରତିକେଳିକଳାଭିରଧୀରମ୍
ମଣିଗଣକିରଣ ସମୂହ ସମୁଜ୍ଜ୍ୱଳଭୂଷଣସୁଭଗଶରୀରମ୍ ।୧୭।

ଅର୍ଥ : ଶ୍ରୀରାଧା ଜାଣିପାରିଲେ ଯେ ଶ୍ରୀକୃଷ୍ଣ ନିଜର ପ୍ରାଣପ୍ରିୟାଙ୍କର ଆଗମନ ଦେଖି ବିଶେଷ ଭାବରେ ପୁଲକିତ ହୋଇଛନ୍ତି। ପ୍ରିୟାଙ୍କ ସହିତ ରତିକେଳି କଥା ଭାବି ସେ ଆନନ୍ଦରେ ଅଧୀର ହୋଇପଡ଼ିଛନ୍ତି। ଶ୍ରୀରାଧା ଦେଖିଲେ ଯେ ଶ୍ରୀକୃଷ୍ଣଙ୍କ ଶରୀର ବିଭିନ୍ନ ମଣିମାଣିକ୍ୟରେ ବିଭୂଷିତ ହୋଇଥିବାରୁ ତାଙ୍କର ଶରୀର ଆହୁରି ଦୀପ୍ତିମୟ ଦେଖାଯାଉଛି। ଏପରି ମନୋହର ଶ୍ରୀକୃଷ୍ଣଙ୍କୁ ଦେଖି ଶ୍ରୀରାଧାଙ୍କର ସନ୍ତାପ ଦୂର ହେଲା।

ଶ୍ରୀଜୟଦେବଭଣିତବିଭବଦ୍ୱିଗୁଣୀକୃତଭୂଷଣଭାରମ୍
ପ୍ରଣମତ ହୃଦିବିନିଧାୟ ହରିଂ ସୁଚିରଂ ସୁକୃତୋଦୟସାରମ୍ ।୧୮।

ଅର୍ଥ : ଶ୍ରୀଜୟଦେବଙ୍କ କୃତ ଏହି ରଚନାରେ ଯାହାଙ୍କର ଅଙ୍ଗଭୂଷଣ ଅଳଙ୍କାରଗୁଡ଼ିକର ଶୋଭା ଦ୍ୱିଗୁଣିତ ହୋଇଛି, ସେହି ପରମସୁନ୍ଦର ଶ୍ରୀକୃଷ୍ଣଙ୍କୁ ହୃଦୟରେ ଧାରଣ କଲେ ଏବଂ ତାଙ୍କୁ ପ୍ରଣାମ କଲେ ସୁକୃତ ଉଦୟ ହେବ।

ଅତିକ୍ରମ୍ୟାପାଙ୍ଗଂ ଶ୍ରବଣପଥପର୍ଯ୍ୟନ୍ତ ଗମନ
ପ୍ରୟାସେନେବାକ୍ଷ୍ଣୋରମଳତରତାରଂ ପତିତୟୋଃ ।
ଇଦାନୀଂ ରାଧାୟାଃ ପ୍ରିୟତମସମାଲୋକସମୟେ
ପପାତ ସ୍ୱେଦାମ୍ବୁପ୍ରସର ଇବ ହର୍ଷାଶ୍ରୁନିକରଃ ।୧୯।

ଅର୍ଥ : ପ୍ରିୟତମ ଶ୍ରୀକୃଷ୍ଣଙ୍କୁ ଦେଖିବା ସମୟରେ ଶ୍ରୀରାଧାଙ୍କର ମନେହେଲା ସତେ ଯେପରି ଶ୍ରୀକୃଷ୍ଣଙ୍କୁ ଦେଖିବା ପାଇଁ ତାଙ୍କର ଏହି ଚକ୍ଷୁ ଦୁଇଟି ଯଥେଷ୍ଟ ନୁହେଁ। ତେଣୁ ତାଙ୍କର ଚକ୍ଷୁ ବିସ୍ତାରିତ ହୋଇଗଲା। ଅପାଙ୍ଗକୁ ଲଂଘି ଶ୍ରୁତିମୂଳ ପର୍ଯ୍ୟନ୍ତ ଲମ୍ବିଗଲା। ତାଙ୍କୁ ବୋଧହେଲା ନୟନର ତାରକା ଦୁଇଟି ବିସ୍ତାରିତ ହୋଇ ତରଳିଯିବା ପରି ଜଣାପଡୁଛନ୍ତି। ସେଥିପାଇଁ ପରିଶ୍ରମ ଜନିତ ସ୍ୱେଦଧାରା ପରି ତାଙ୍କର ନୟନରୁ କେବଳ ଅଶ୍ରୁଧାରା ବହିବାକୁ ଲାଗିଲା।

ଭଜନ୍ତ୍ୟାସ୍ତଳ୍ପାନ୍ତଂ କୃତକପଟ କଣ୍ଡୂତି-ପିହିତ-
ସ୍ମିତଂଯାତେ ଗେହାଦ୍‌ବହିରବହିତାଳୀ ପରିଜନେ
ପ୍ରିୟାସ୍ୟଂ ପ୍ରଶ୍ୟାନ୍ତ୍ୟାଃସ୍ମରଶରସମାହୂତସୁଭଗଂ
ସଲଜ୍ଜା ଲଜ୍ଜାପି ବ୍ୟଗମଦିବ ଦୂରଂ ମୃଗଦୃଶଃ ।୨୦।

ଅର୍ଥ : ଏହାପରେ ମୃଗନୟନୀ ଶ୍ରୀରାଧା କେଳିଗୃହର କୁସୁମଶଯ୍ୟାକୁ ଯିବାରୁ ସଖୀମାନେ କାନ କୁଣ୍ଡାଇବାର ଛଳନା କରି ଓ ମୃଦୁହାସ୍ୟ ପ୍ରକଟ କରି କୁଞ୍ଜ ବାହାରକୁ ଚାଲିଗଲେ। ଶ୍ରୀରାଧା ମଦନଶରରେ ପ୍ରପୀଡିତ ହୋଇ ପରମସୁନ୍ଦର ଶ୍ରୀକୃଷ୍ଣଙ୍କର ମୁଖଶ୍ରୀକୁ ଚାହିଁଲେ। ଏହାପରେ ଶ୍ରୀରାଧାଙ୍କଠାରେ ରହିଥିବା ସମସ୍ତ ଲଜ୍ଜା ସତେ ଯେପିର ନିଜେ ଲଜ୍ଜିତା ହୋଇ ଦୂରକୁ ପଳାୟନ କଲା। ଅର୍ଥାତ୍, ଶ୍ରୀରାଧା ଲଜ୍ଜାକୁ ତ୍ୟାଗ କଲେ।

ଜୟଶ୍ରୀବିନ୍ୟସ୍ତୈର୍ମହିତ ଇବ ମନ୍ଦାରକୁସୁମୈଃ
ସ୍ୱୟଂ ସିନ୍ଦୂରେଣ ଦ୍ୱିପରମୁଦା ମୁଦ୍ରିତଇବ ।
ଭୁଜାପୀଡ଼କ୍ରୀଡ଼ାହତକୁବଳୟାପୀଡ଼କରିଣଃ
ପ୍ରକୀର୍ଣାସୃଗବିନ୍ଦୁଜୟତି ଭୁଜଦଣ୍ଡୋ ମୁରଜିତଃ ।୨୧।

ଅର୍ଥ : ଶ୍ରୀକୃଷ୍ଣ ମଲ୍ଲଯୁଦ୍ଧରେ ଯେଉଁ ବାହୁଦ୍ୱାରା କୁବଳୟାପୀଡ଼ ହସ୍ତୀକୁ ନିଧନ କରିଥିଲେ, ସେତେବେଳେ ତାଙ୍କର ବାହୁଯୁଗଳ ରୁଧିରସିକ୍ତ ହୋଇ ଜୟଶ୍ରୀରେ ମଣ୍ଡିତ ହୋଇ ମନ୍ଦାର କୁସୁମରେ ଶୋଭିତ ହେଲା ପରି ଜଣାପଡୁଥିଲା। ହସ୍ତୀସହିତ ରଣୋଲ୍ଲାସରେ ଶ୍ରୀକୃଷ୍ଣ ସ୍ୱୟଂ ବାହୁଦ୍ୱୟକୁ ସିନ୍ଦୂର ରଂଜିତ କରିଥିଲେ। ଶ୍ରୀହରିଙ୍କର ସେହି ବିଶାଳ ଭୁଜଦଣ୍ଡର ଜୟ ହେଉ।

॥ ଇତିଶ୍ରୀ ଗୀତଗୋବିନ୍ଦ ମହାକାବ୍ୟେ କବିରାଜ ଜୟଦେବ କୃତୌ
ଅଭିସାରିକାବର୍ଣ୍ଣନେ ସାନନ୍ଦଗୋବିନ୍ଦୋ ନାମ ଏକାଦଶଃ ସର୍ଗଃ ॥

(ଦ୍ୱାଦଶଃ ସର୍ଗଃ)

ସୁପ୍ରୀତପୀତାମ୍ବରଃ

ଗତବତି ସଖୀବୃନ୍ଦେଽମନ୍ଦତ୍ରପାଭରନିର୍ଭର-
ସ୍ମରଶରବଶାକୂତସ୍ଫୀତସ୍ମିତସ୍ନପିତାଧରମ୍।
ସରସମନସଂ ଦୃଷ୍ଟ୍ୱା ରାଧାଂ ମୁହୁର୍ନବପଲ୍ଲବ-
ପ୍ରସରଶୟନେ ନିକ୍ଷିପ୍ତାକ୍ଷୀମୁବାଚ ହରିଃ ପ୍ରିୟାମ୍ ।୧।

ଅର୍ଥ : ସଖୀଗଣ ନିକୁଞ୍ଜରୁ ବାହାରକୁ ବାହାରିଯିବା ପରେ ଶ୍ରୀରାଧା ଲଜ୍ଜାବଶତଃ କୁଞ୍ଜ ମଧ୍ୟରେ ଅଧୋମୁଖୀ ହୋଇ ରହିଲେ। କିନ୍ତୁ ଶ୍ରୀକୃଷ୍ଣଙ୍କ ପ୍ରତି ତାଙ୍କର ପ୍ରଣୟ ଅନୁରାଗ ଥିବାରୁ ସେ ପ୍ରସନ୍ନବଦନା ଥିଲେ। କୁଞ୍ଜ ମଧ୍ୟରେ ଥିବା କୁସୁମ ଶଯ୍ୟାକୁ ସେ ବାରମ୍ବାର ଦୃଷ୍ଟିପାତ କରୁଥିଲେ ଏବଂ ତାଙ୍କର ଅଧରପୁଟରେ ହାସ୍ୟ ପ୍ରକାଶିତ ହେଉଥିଲା। ଶ୍ରୀକୃଷ୍ଣ ମଧ୍ୟ ଶ୍ରୀରାଧାଙ୍କର ଲାଜମିଶା ହସ ଓ ପଲ୍ଲବ ଶଯ୍ୟାଆଡ଼କୁ ବାରମ୍ବାର ଦୃକ୍‌ପାତ ଦୃଶ୍ୟକୁ ଦେଖି ଶ୍ରୀରାଧାଙ୍କର ବଶୀଭୂତ ହୋଇଗଲେ ଏବଂ ତାଙ୍କୁ କହିବାକୁ ଲାଗିଲେ।

(ଗୀତମ୍)

(ବିଭାସରାଗୈକତାଳୀତାଳାଭ୍ୟାଂ ଗୀୟତେ)

କିଶଳୟ ଶୟନତଳେ କୁରୁକାମିନି ଚରଣନଳିନ ବିନିବେଶମ୍
ତବପଦ ପଲ୍ଲବବୈରିପରାଭବମିଦମନୁଭବତୁ ସୁବେଶମ୍।
କ୍ଷଣମଧୁନା ନାରାୟଣମନୁଗତ ମନୁସର ରାଧିକେ ।୨। ଧ୍ରୁବମ୍

ଅର୍ଥ: ହେ ରାଧିକେ! ଏହି ନବପଲ୍ଲବ ଶଯ୍ୟା ଉପରେ ତୁମେ ତୁମର ପଦଯୁଗଳକୁ ସ୍ଥାପନ କରି ବିଜେ ହୁଅ। ସେହି ନବୀନ କିଶଳୟଗୁଡ଼ିକ ତୁମର ପଦଯୁଗଳ ସହିତ କୋମଳତାରେ ସମାନ ହେବା ପାଇଁ ଗୁମାନ କରିଛନ୍ତି। ତୁମେ ସେମାନଙ୍କର ଏହି

ଗୁମାନକୁ ଭାଙ୍ଗିଦିଅ ଯେପରି ସେମାନେ ପରାଜିତ ହୋଇ ପରାଭବର ଗ୍ଲାନି ଲାଭ କରିବେ। ହେ ପ୍ରିୟେ, ତୁମେ କିଞ୍ଚିତ କ୍ଷଣ ପାଇଁ ମୋତେ ତୁମର ହୃଦୟରେ ସ୍ଥାନ ଦିଅ। ମୁଁ ତୁମର ସଦାନୁଗତ ସେହି ପ୍ରିୟ ଶ୍ରୀକୃଷ୍ଣ।

କର କମଲେନ କରୋମି ଚରଣମହମାଗମିତାସି ବିଦୂରମ୍
କ୍ଷଣମୁପକୁରୁ ଶୟନୋପରି ମାମିବନୂପୁରମନୁଗତଶୂରମ୍ ।୩।

ଅର୍ଥ : ହେ ରାଧିକେ ! ତୁମେ ବହୁଦୂର ବନପଥ ଅତିକ୍ରମ କରି ଚାଲି ଚାଲି ଏଠାକୁ ଆସିଛ। ତୁମର ଚରଣକମଳ ସତରେ ପଥ ପ୍ରାନ୍ତରେ କ୍ଳାନ୍ତ ହୋଇଯିବଣି। ମୋତେ ସେହି ପଦଯୁଗଳ ଦେଖାଅ, ମୁଁ ମୋର କରକମଳରେ ତୁମର ଚରଣ ସେବା କରିବି। ତୁମ୍ଭ ନିକଟରେ ଶୂରପଣ ଦେଖାଇ ଆସିଥିବା ନୂପୁରକୁ ଶେଯ ଉପରେ ଖୋଲି ରଖିଦିଅ। ନୂପୁର ଯେପରି ତୁମର ଏକାନ୍ତ ଅନୁଗତ, ମୁଁ ମଧ୍ୟ ତୁମର ଏକାନ୍ତ ଅନୁଗତ। ତେଣୁ ତୁମର ଆଶ୍ରିତ ନୂପୁର ପରି ମୋତେ ତୁମେ ଆଶ୍ଲେଷି ନିଅ।

ବଦନସୁଧାନିଧିଗଳିତମମୃତମିବ ରଚୟ ବଚନମନୁକୂଳମ୍
ବିରହମିବାପନୟାମି ପୟୋଧରରୋଧକମୁରସି ଦୁକୂଳମ୍ ।୪।

ଅର୍ଥ : ହେ ରାଧିକେ ! ମୋ ନିକଟରେ ତୁମର ନୀରବତା ଆଉ ଶ୍ରେୟ ନୁହେଁ। ତୁମର ସୁନ୍ଦର ମୁଖମଣ୍ଡଳ ସୁଧାକର ତୁଲ୍ୟ ସ୍ନିଗ୍ଧ ଓ ମନୋହର। ତୁମର ମୁଖରୁ ଅମୃତ ସମ ମଧୁର ବଚନ ଝରିପଡୁ। ହେ ସୁନ୍ଦରୀ ! ତୁମର ବକ୍ଷ ଦେଶରେ ସୁନ୍ଦର ପୟୋଧରକୁ ଆଚ୍ଛାଦିତ କରି ରଖିଥିବା ବସନକୁ ମୁଁ ଖୋଲି ଦେଉଛି। ଫଳରେ ତୁମର ବକ୍ଷୋଜର ସାନ୍ନିଧ ପାଇ ମୋର ବିରହ ବାଧା ପ୍ରଶମିତ ହେବ।

ପ୍ରିୟପରିରମ୍ଭଣରଭସବଳିତମିବ ପୁଲକିତମତିଦୁରବାପମ୍
ମଦୁରସି କୁଚକଳଶଂ ବିନିବେଶୟ ଶୋଷୟ ମନସିଜତାପମ୍ ।୫।

ଅର୍ଥ : ହେ ରାଧିକେ ! ତୁମର କୁଚକଳଶଦ୍ୱୟ ମୋର ଆଲିଙ୍ଗନ ଆଶାରେ ଅତ୍ୟନ୍ତ ପୁଲକିତ ଓ ରୋମାଞ୍ଚିତ ହେଲେଣି। ତୁମର ସେହି ପୁଲକିତ ଓ ସୁଦୁର୍ଲଭ କୁଚଯୁଗଳକୁ ମୋର ବକ୍ଷରେ ନିବେଶ କରାଅ। ଫଳରେ ତୁମର ସେହି କୋମଳ କୁଚକଳଶର ଦୁର୍ଲଭ ସ୍ପର୍ଶରେ ମୋର ବହୁଦିନର ବିରହ ସନ୍ତାପ ଲାଘବ ହେବ।

ଅଧରସୁଧାରସମୁପନୟ ଭାବିନି ! ଜୀବୟ ମୃତମିବ ଦାସମ୍
ତ୍ୱୟି ବିନିହିତମନସଂ ବିରହାନଳଦଗ୍ଧବପୁଷମବିଳାସମ୍ ।୬।

ଅର୍ଥ : ହେ ଭାବିନି ! ତୁମର ବିରହରେ ଏଇ ଦାସ ମୃତ୍ୟୁତୁଲ୍ୟ ହେଲାଣି। ତୁମଠାରେ ମୋର ମନ ଏକାନ୍ତ ଭାବରେ ରହିଛି। ତୁମର ବିରହଜ୍ୱାଳାରେ ମୋର ତନୁ ଦଗ୍ଧ ହୋଇଲାଣି। ତେଣୁ ହେ ରାଧିକେ ! ତୁମର ଏଇ କିଣାକିଙ୍କରକୁ ଅଧରସୁଧା ପାନ

କରାଇ ନୂଆ ଜୀବନ ଦିଅ। ତୁମର ଅଧରସୁଧା ପାନକଲେ ମୃତପ୍ରାୟ ଏହି ଦାସ ପୁନଃ ଜୀବନ ଲାଭ କରିବ।

ଶଶିମୁଖି - ମୁଖରୟ ମଣିରସନା ଗୁଣମନୁଗୁଣକଣ୍ଠନିନାଦମ୍
ଶ୍ରୁତିଯୁଗଳେପିକରୁତବିକଳେ ମମଶମୟ ଚିରାଦବସାଦମ୍ ।୭।

ଅର୍ଥ : ହେ ରାଧିକେ ! ତୁମ ବିରହରେ ରହିଥିବାବେଳେ କୋକିଳର କୁହୁରବ ମୋର କର୍ଣ୍ଣଯୁଗଳରେ ପ୍ରବେଶ କରି ମୋର ସେହି କର୍ଣ୍ଣଗହ୍ୱରକୁ ବିକଳ କରି ଦେଇଛି ଏବଂ ମୋତେ ଚିର ବିଷାଦିତ କରିଛି। ହେ ଶଶିମୁଖୀ ! ତୁମେ ତୁମର ମଧୁର କଣ୍ଠ ଉଚ୍ଚାରଣ ସହିତ ସମତାଳରେ ତୁମର କଟିବନ୍ଧରେ ଶୋଭିତ ମଣି କିଙ୍କିଣିର ନିକ୍ୱଣ ସୃଷ୍ଟି କରି ମୋର କର୍ଣ୍ଣର ବ୍ୟାକୁଳତାକୁ ଦୂର କର ଓ ମୋର ମନର ଅବସାଦକୁ ଦୂରେଇ ଦିଅ।

ମାମତିବିଫଳରୁଷା ବିକଳୀକୃତମବଲୋକିତମଧୁନେଦମ୍
ମୀଳିତଲଜ୍ଜିତମିବ ନୟନଂ ତବ ବିରମବିସୃଜ ରତିଖେଦମ୍ ।୮।

ଅର୍ଥ : ଶ୍ରୀକୃଷ୍ଣ କହିଲେ - ହେ ସଖୀ ! ତୁମେ ମୋ ଉପରେ ବୃଥାରେ ରୋଷ ବହି ମୋତେ ବିକଳ କରୁଛ। ମୁଁ ଦେଖି ପାରୁଛି, ତୁମେ ଯେତେବେଳେ ମୋ ଆଡ଼େ ଚାହୁଁଛ, ବୋଧେ ଲଜ୍ଜାବଶତଃ ତୁମର ଚକ୍ଷୁ ମୁଦ୍ରିତ ହୋଇଯାଉଛି। ହେ ସଜନି ! କ୍ଷଣେ ବିଶ୍ରମି ମୋତେ ଚାହଁ, ମୋର ରତି ଜନିତ ଖେଦ ଦୂର ହୋଇଯାଉ। ମୋ ପ୍ରତି ବିମୁଖ ନ ହୋଇ ମୋତେ ନିଜର କରିନିଅ।

ଶ୍ରୀଜୟଦେବ ଭଣିତମିଦମନୁପଦନିଗଦିତମଧୁରିପୁମୋଦମ୍
ଜନୟତୁ ରସିକଜନେଷୁ ମନୋରମରତିରସଭାବ ବିନୋଦମ୍ ।୯।

ଅର୍ଥ : ଶ୍ରୀଜୟଦେବ କବିଙ୍କ ଦ୍ୱାରା ବିରଚିତ ଶ୍ରୀକୃଷ୍ଣଙ୍କ ଏହି କାମକେଳି ଗୀତ ଅତ୍ୟନ୍ତ ଆନନ୍ଦଦାୟକ। ଏହି ରସକେଳି ଗୀତ ରସିକ ଜନମାନଙ୍କୁ ପ୍ରମୋଦିତ କରୁ। ରସିକଜନଙ୍କ ମନରେ ମନୋରମ ରସଭାବ ସୃଷ୍ଟି କରୁ। କୃଷ୍ଣଭକ୍ତଜନଙ୍କର ସର୍ବଦା ଆନନ୍ଦ ବିଧାନ କରୁ।

ପ୍ରତ୍ୟୂହଃ ପୁଲକାଙ୍କୁରେଣ ନିବିଡ଼ାଶ୍ଳେଷେ ନିମେଷେଣ ଚ
କ୍ରୀଡ଼ାକୃତବିଲୋକିତେଽଧର ସୁଧାପାନେ କଥାନର୍ମଭିଃ।
ଆନନ୍ଦାଧିଗମେନ ମନ୍ମଥକଳାଯୁଦ୍ଧେଽପି ଯସ୍ମିନ୍ନଭୂ-
ଦୁଦ୍‌ଭୂତଃ ସ ତୟୋର୍ବଭୁବ ସୁରତାରମ୍ଭଃ ପ୍ରିୟଂ ଭାବୁକଃ ।୧୦।

ଅର୍ଥ : ଗାଢ଼ ଆଲିଙ୍ଗନ ସମୟରେ ଶରୀର ରୋମାଞ୍ଚ ବ୍ୟାଘାତ ସୃଷ୍ଟି କଲା। ସେହିପରି ରତିକ୍ରୀଡ଼ା ସମୟରେ ଦୁହେଁ ଦୁହିଁଙ୍କୁ ଚାହିଁବା ଦ୍ୱାରା ଚକ୍ଷୁର ପଲକ ବାଧା ସୃଷ୍ଟି କଲା। ଉଭୟେ ଅଧରପାନରେ ମାତିଥିବା ସମୟରେ ସେମାନଙ୍କର ରସକଥାମାନ ମଧ୍ୟ

ବ୍ୟାଘାତ ସୃଷ୍ଟି କଲା। ରତି ଲୀଳା ରୂପକ ସମର ଅତ୍ୟନ୍ତ ଆନନ୍ଦାତିଶଯ୍ୟରେ ସଂଘଟିତ ହେଲା, ପରିଣାମରେ ଉଭୟଙ୍କୁ ପରମ ଆନନ୍ଦ ପ୍ରଦାନ କରିଥିଲା।

ଦୋର୍ଭ୍ୟାଂ ସଂଯମିତଃ ପୟୋଧରଭରେଣାପୀଡ଼ିତଃ ପାଣିଜୈ-
ରାବିଦ୍ଧୋ ଦଶନୈଃ କ୍ଷତାଧରପୁଟଃ ଶ୍ରେଣୀତଟେନାହତଃ।
ହସ୍ତେନାନମିତଃ କଚେଽଧରମଧୁସ୍ୟନ୍ଦେନ ସମ୍ମୋହିତଃ
କାନ୍ତଃ କାମପି ତୃପ୍ତିମାପ ତଦହୋ କାମସ୍ୟ ବାମାଗତିଃ ।୧୧।

ଅର୍ଥ : ଶ୍ରୀକୃଷ୍ଣ ଶ୍ରୀରାଧାଙ୍କର ବାହୁପାଶରେ ବନ୍ଦୀ ହୋଇ, ତାଙ୍କର କୁଚଭାରରେ ଚାପି ହୋଇ ପୀଡ଼ିତ ହୋଇ, ନଖଘାତରେ କ୍ଷତବିକ୍ଷତ ହୋଇ ଦନ୍ତଦ୍ୱାରା ଅଧର ପୁଟ କ୍ଷତବିକ୍ଷତ ଏବଂ ନିତମ୍ବ ତାଡ଼ନରେ ଆହତ ହୋଇ, ରାଧାଙ୍କ ଦ୍ୱାରା କେଶ ଆକର୍ଷଣରେ ବିବ୍ରତ ହୋଇ ତଥା ଅଧର ସୁଧାପାନରେ ମୋହିତ ହୋଇଗଲେ, ତଥାପି ଏସବୁ ସତ୍ତ୍ୱେ ସେ ପରମ ତୃପ୍ତିଲାଭ କଲେ। ସୁତରାଂ କାମର ଏ କି ବିଚିତ୍ର ଗତି ! ସତରେ ଏଥିରେ ସମସ୍ତ ଆଘାତ ସତ୍ତ୍ୱେ ପରମ ଆହ୍ଲାଦ ମିଳିଥାଏ।

ମାରାଙ୍କେ ରତିକେଳିସଙ୍କୁଳରଣାରମ୍ଭେ ତୟାସାହସ
ପ୍ରାୟଂ କାନ୍ତଜୟାୟ କିଞ୍ଚିଦୁପରି ପ୍ରାରମ୍ଭି ଯତ୍ ସମ୍ଭ୍ରମାତ୍।
ନିଷ୍ପନ୍ଦାଜଘନସ୍ଥଳୀ ଶିଥିଳିତା ଦୋର୍ବଲ୍ଲିରୁତ୍କମ୍ପିତଂ
ବକ୍ଷୋମିଳିତମକ୍ଷି ପୌରୁଷରସଃ ସ୍ତ୍ରୀଣାଂ କୁତଃ ସିଦ୍ଧ୍ୟତି ।୧୨।

ଅର୍ଥ : କାମଜ୍ୱାଳାରେ ଜର୍ଜରିତା ହୋଇ ଶ୍ରୀରାଧା ବିପରୀତ ରତିକ୍ରିୟା ଆରମ୍ଭ କଲେ। ସେ ଏହି ମଦନଯୁଦ୍ଧରେ ଶ୍ରୀକୃଷ୍ଣଙ୍କୁ ପରାଜିତ କରିବାର ମନ ନେଇ ଶ୍ରୀକୃଷ୍ଣ ଉପରେ ଆରୋହଣ କରି କିଛି ସମୟ ରତିକ୍ରିୟା ସମ୍ପାଦନ କଲେ। କିନ୍ତୁ ଅଳ୍ପ ସମୟ ପରେ ତାଙ୍କର ଜଘନସ୍ଥଳୀ ନିଷ୍ପନ୍ଦ ହୋଇ ଶିଥିଳ ହୋଇଗଲା। ସୁତରାଂ ବିପରୀତ ରତିକ୍ରିୟାରେ ଶ୍ରୀରାଧା ଥକି ପଡ଼ିଲେ। ଏଣୁ ଏହା ପ୍ରମାଣିତ କରେ ଯେ ସ୍ତ୍ରୀମାନେ କ'ଣ କେବେ ପୌରୁଷ ରସରେ ସିଦ୍ଧିଲାଭ କରି ସଫଳ ହେବା ସମ୍ଭବ କି ?

ତସ୍ୟାଃ ପାଟଳପାଣିଜାଙ୍କିତମୁରୋ ନିଦ୍ରାକଷାୟେ ଦୃଶୌ
ନିର୍ଦ୍ଧୌତୋଽଧରଶୋଣିମା ବିଲୁଳିତାଃ ସ୍ରସ୍ତସ୍ରଜୋମୂର୍ଦ୍ଧଜାଃ।
କାଞ୍ଚୀଦାମଦରଶ୍ଳଥାଞ୍ଚଳମିତି ପ୍ରାତର୍ନିଖାତୈର୍ଦୃଶୋ
ରେଭିଃ କାମଶରୈସ୍ତଦଦ୍‌ଭୁତମଭୂତ୍ ପତ୍ୟୁମନଃ କୀଳିତମ୍ ।୧୩।

ଅର୍ଥ : ଶ୍ରୀମତୀଙ୍କର ବକ୍ଷଦେଶ ଶ୍ରୀକୃଷ୍ଣଙ୍କର ନଖ ଘାତରେ ପାଟଳବର୍ଣ୍ଣ ଧାରଣ କରିଥିଲା। ନୟନଯୁଗଳ ନିଦ୍ରା ଆବେଶ ଯୋଗୁଁ କଷାୟିତ ଦେଖାଯାଉଥିଲା, ଅଧରପୁଟର ରକ୍ତିମ ଆଭା ବାରମ୍ବାର ଚୁମ୍ବନ ଯୋଗୁଁ ଫିକା ଦେଖାଯାଉଥିଲା, ମସ୍ତକର କେଶରାଶି

ଆଲୁଳାୟିତ ହୋଇଥିଲା। କେଶରେ ଖଞ୍ଜା ଯାଇଥିବା ଫୁଲଗୁଡିକ ଝଡ଼ି ପଡ଼ିଥିଲା, କାଞ୍ଚିଦାମ ମଧ୍ୟ ଶିଥିଳ ହୋଇଯାଇଥିଲା। କିନ୍ତୁ ଆଶ୍ଚର୍ଯ୍ୟ କଥା ଏହି ଯେ ପ୍ରଭାତକାଳରେ ଏହି ପାଞ୍ଚ ଲକ୍ଷଣ ପାଞ୍ଚଶର ପ୍ରାୟ ଶ୍ରୀକୃଷ୍ଣଙ୍କ ହୃଦୟକୁ ତୀବ୍ର ଭାବରେ ବିଦ୍ଧ କରିଦେଲା।

ଅଥକାନ୍ତଂ ରତିଶ୍ରାନ୍ତଂ ପୁନର୍ମଣ୍ଡନବାଞ୍ଛୟା
ନିଜଗାଦ ନିରାବାଧା ରାଧା ସ୍ୱାଧୀନଭର୍ତ୍ତୃକା ।୧୪।

ଅର୍ଥ : ରତିକ୍ରୀଡ଼ାରେ ବିପୁଳ ଭାବରେ ମାତି କ୍ଳାନ୍ତ ଓ ଅବଶ ହୋଇପଡ଼ିଥିବା ଶ୍ରୀକୃଷ୍ଣଙ୍କୁ ସେହି ସ୍ୱାଧୀନଭର୍ତ୍ତୃକା ଶ୍ରୀରାଧା ପୁଣି ପୂର୍ବପରି ବେଶଭୂଷାରେ ମଣ୍ଡିତ ହେବାର ଅଭିଳାଷ କରି ନିର୍ବିବାଦଭାବରେ କହିବାକୁ ଲାଗିଲେ।

(ରାଗ - ରାମକିରୀ)

କୁରୁଯଦୁନନ୍ଦନ ! ଚନ୍ଦନ ଶିଶିରତରେଣ କରେଣ ପୟୋଧରେ।
ମୃଗମଦପତ୍ରକମତ୍ର ମନୋଭବମଙ୍ଗଳକଳଶସହୋଦରେ।
ନିଜଗାଦସାଯଦୁନନ୍ଦନେ, କ୍ରୀଡ଼ତି ହୃଦୟାନନ୍ଦନେ। ଧ୍ରୁବମ୍ ।୧।

ଅର୍ଥ : ହେ ଯଦୁନନ୍ଦନ ! ତୁମେ ଦେଖ ମୋର କୁଳକଳଶ ଦ୍ୱୟ ମଦନର ମଙ୍ଗଳ ଘଟ ସଦୃଶ ଅଟେ। ତୁମର ଶ୍ରୀକର ମଳୟ ଚନ୍ଦନ ସମ ଶୀତଳ ଓ ସୁଖପ୍ରଦ। ତୁମେ ସେହି କରପଲ୍ଲବ ଦ୍ୱାରା ମୋର କୁଚକଳଶ ଦ୍ୱୟରେ କସ୍ତୁରୀ ପତ୍ର ଅଙ୍କନ କରିଦିଅ। ହେ ଯଦୁନନ୍ଦନ, ଏଥିପାଇଁ ମୋର ମନ ବଳିଅଛି।

ଅଳିକୁଳଗଞ୍ଜନମଞ୍ଜନକଂ ରତିନାୟକ ଶାୟକମୋଚନେ
ତ୍ୱଦଧରଚୁମ୍ବନଲମ୍ବିତକଜ୍ଜଳମୁଜ୍ଜ୍ୱଳୟ ପ୍ରିୟଲୋଚନେ।୨।

ଅର୍ଥ : ହେ ଶ୍ରୀକୃଷ୍ଣ ! ମୋର ନୟନଯୁଗଳକୁ ଦେଖ, ତାହା ରତିପତିଙ୍କର ତୀକ୍ଷ୍ଣ ଶର ସଦୃଶ କଟାକ୍ଷ ନିକ୍ଷେପରେ ସମର୍ଥ। ସେହି ନୟନ ଯୁଗଳରେ ରଂଜିତ ହୋଇଥିବା କୃଷ୍ଣବର୍ଣ୍ଣର ଭ୍ରମରକୁଳକୁ ଗଞ୍ଜିତ କରୁଥିବା କଜ୍ଜଳ ତୁମର ବାରମ୍ବାର ଚୁମ୍ବନଦାନରେ ଲିଭିଯାଇଛି। ତୁମେ ତୁମର ସ୍ୱହସ୍ତରେ ତୁମର ସେହି ପ୍ରିୟଲୋଚନରେ ଆହୁରି ବହଳ କରି କଜ୍ଜଳ ଲଗାଇ ଦିଅ।

ନୟନକୁରଙ୍ଗ ତରଙ୍ଗବିକାଶନିରାଶକରେ ଶ୍ରୁତିମଣ୍ଡଳେ
ମନସିଜପାଶବିଳାସଧରେ ଶୁଭବେଶ ନିବେଶୟ କୁଣ୍ଡଳେ ।୩।

ଅର୍ଥ : ହେ ପ୍ରିୟ ! ମୋର ନୟନଯୁଗଳ କୁରଙ୍ଗ ଅର୍ଥାତ୍ ମୃଗସଦୃଶ ଚଞ୍ଚଳ ଓ ତରଙ୍ଗାୟିତ ହୋଇ ମୋର କର୍ଣ୍ଣପର୍ଯ୍ୟନ୍ତ ବିକଶିତ ହୋଇ ଖେଳିଥାଏ। ମୋର କୁରଙ୍ଗରୂପୀ ନୟନଯୁଗଳର ବିକାଶରେ ଯେ ବାଧକ, ସେହି କର୍ଣ୍ଣଯୁଗଳରେ କାମଦେବଙ୍କ ପାଶ ସଦୃଶ କୁଣ୍ଡଳ ପିନ୍ଧାଇ ଦିଅ।

ଭ୍ରମରଚୟଂ ରଚୟନ୍ତମୁପରି ରୁଚିରଂ ସୁଚିରଂ ମମସମ୍ମୁଖେ
ଜିତକମଳେ ବିମଳେ ପରିକର୍ମୟ ନର୍ମଜନକମଳକଂ ମୁଖେ ।୪।

ଅର୍ଥ : ହେ ଶ୍ରୀକୃଷ୍ଣ ! ମୋର ମୁଖମଣ୍ଡଳ ବିକଶିତ ପଦ୍ମଫୁଲଠାରୁ ଅଧିକ ମନୋହର ଓ ସୁନ୍ଦର। ବର୍ତ୍ତମାନ ତାହା ଉପରେ ଚୂର୍ଣ୍ଣକୁନ୍ତଳ ସମୂହ କୃଷ୍ଣକାନ୍ତ ଭ୍ରମର ପରି ଆଲୁଳାୟିତ ହୋଇ ରହିଛନ୍ତି। ହେ ପ୍ରିୟ ! ତୁମେ ସେହି ଆଲୁଳାୟିତ ଚୂର୍ଣ୍ଣକୁନ୍ତଳଗୁଡ଼ିକୁ ଯଥାସ୍ଥାନରେ ସଜାଇ ଦିଅ।

ମୃଗମଦରସବଳିତଂଲଳିତଂ କୁରୁତିଳକମଳକରଜନୀକରେ
ବିହିତକଳଙ୍କକଳଂ କମଳାନନ ବିଶ୍ରମିତଶ୍ରମଶୀକରେ ।୫।

ଅର୍ଥ : ହେ କମଳାନନ ! ତୁମେ ବର୍ତ୍ତମାନ ଦେଖ ଯେ, ରତିଶ୍ରମଜନିତ ସ୍ୱେଦବିନ୍ଦୁସବୁ ମୋର ଭାଲପଟରେ ଲାଗିରହିଛି। ତୁମେ ତାକୁ ପୋଛି ଦେଇ ଚନ୍ଦ୍ରମା ପରି ମୋର ଲଲାଟ ପଟରେ ମୃଗନାଭି କସ୍ତୁରୀକୁ ଗୋଳି ସୁନ୍ଦର ତିଳକ ଆଙ୍କିଦିଅ। ଫଳରେ ତାହା ଚନ୍ଦ୍ରମାରେ କଳଙ୍କ ଚିହ୍ନ ଶୋଭାପାଇଲା ପରି ଦେଖାଯିବ।

ମମରୁଚିରେ ଚିକୁରେ କୁରୁମାନଦ ! ମନସିଜଧ୍ୱଜଚାମରେ
ରତିଗଳିତେ ଲଳିତେ କୁସୁମାନିଶିଖଣ୍ଡିଖଣ୍ଡକଡ଼ାମରେ ।୬।

ଅର୍ଥ : ହେ ମାନଦ ! ମୋର ସୁନୀଳ ଗହଳ କେଶରାଶିରେ ମୁଁ କୁସୁମମାନ ଖଞ୍ଜିଥିଲି। ତାହା ମୟୂରପୁଚ୍ଛ ପରି ଚିତ୍ରଳ ଓ ଶୋଭାଶାଳୀ ଥିଲା। କନ୍ଦର୍ପଙ୍କର ଧ୍ୱଜା ଏବଂ ଚାମର ସଦୃଶ ମୋର ସେହି ଘନକେଶରାଶି ସୁରତି କାଳରେ ଫିଟିଯାଇ ପିଠିରେ ଲୋଟୁଛି। ତୁମେ ସୁସଜ୍ଜରେ ମୋର ଗଭା ସଜାଡ଼ିଦିଅ।

ସରସଘନେ ଜଘନେ ମମ ଶମ୍ବରଦାରଣବାରଣକନ୍ଦରେ
ମଣିରସନାବସନା ଭରଣାନି ଶୁଭାଶୟ ବାସୟ ସୁନ୍ଦରେ ।୭।

ଅର୍ଥ : ହେ ଶୁଭାଶୟ ! ମୋର ସରସ ଓ ସୁନ୍ଦର ଘନଜଘନ ଶମ୍ବରାସୁର ବିଦାରଣକାରୀ ହସ୍ତୀ ତୁଲ୍ୟ ଅର୍ଥାତ୍ ମୋର ଘନ ଜଘନ ହେଉଛି କାମକରୀର କନ୍ଦର ସଦୃଶ। ମୋର ସେହି ମନୋହର ଜଘନରେ ତୁମେ ମଣିମୟମେଖଳା ଏବଂ ଅନ୍ୟାନ୍ୟ ଭୂଷଣ ବସନ ଇତ୍ୟାଦି ସଜାଇ ଦିଅ। (କାରଣ ରତିବିଳାସ ସମୟରେ ଏସବୁ ଖସିଯାଇଛି)

ଶ୍ରୀଜୟଦେବ ବଚସି ଶୁଭଦେ ହୃଦୟଂ ସଦୟଂ କୁରୁମଣ୍ଡନେ
ହରିଚରଣସ୍ମରଣାମୃତକୃତ କଳିକଲୁଷଜ୍ୱରଖଣ୍ଡନେ ।୮।

ଅର୍ଥ : ଶ୍ରୀଜୟଦେବ କବିଙ୍କ ଦ୍ୱାରା ବିରଚିତ ଏହି ଗୀତ କଳିକଲୁଷ ନାଶନ ଏବଂ କଳିଯୁଗର ପାପସମୂହ ଜନିତ ଜ୍ୱରର ବିନାଶକାରୀ। ଜୟଦେବ କବିଙ୍କର ଏହି ବଚନ ଅତ୍ୟନ୍ତ ଶୁଭଙ୍କର। ଏହା ସନ୍ଥଜନମାନଙ୍କର ହୃଦୟର ହାର ସ୍ୱରୂପ ହେଉ। ଭଗବାନ ଶ୍ରୀକୃଷ୍ଣଚନ୍ଦ୍ର ସଦୟ ହୃଦୟରେ ଭକ୍ତଜନଙ୍କୁ ଅଭୟ ପ୍ରଦାନ କରନ୍ତୁ!!

ରଚୟକୁଚୟୋଃ ପତ୍ରଂ ଚିତ୍ରଂ କୁରୁଷ୍ୱ କପୋଲୟୋଃ
ଘଟୟ ଜଘନେ କାଞ୍ଚିମଞ୍ଚ ସ୍ରଜା-କବରୀଭରମ୍।
କଳୟ ବଳୟଶ୍ରେଣୀଂ ପାଣୌପଦେ କୁରୁନୂପୁରା
ବିତି ନିଗଦିତଃ ପ୍ରୀତଃ ପୀତାମ୍ବରୋଽପି ତଥାକରୋତ୍ ।୯।

ଅର୍ଥ : ହେ ପୀତାମ୍ବର ! ମୋର ପୟୋଧରରେ ପତ୍ରାବଳି ଅଙ୍କନ କରିଦିଅ। ଗଣ୍ଡଦେଶରେ ମଣ୍ଡକସ୍ତୁରୀରେ ଚିତ୍ର ଆଙ୍କିଦିଅ। ଜଘନରେ କାଞ୍ଚି ଚନ୍ଦ୍ରହାର ପିନ୍ଧାଇ ଦିଅ। କବରୀରେ କୁସୁମ ସଜାଡ଼ି ଦିଅ। ହସ୍ତଦ୍ୱୟରେ ବଳୟ ଏବଂ ପାଦଦ୍ୱୟରେ ନୂପୁର ଖଞ୍ଜି ଦିଅ। ରାଧାଙ୍କର ଏହି ବଚନ ଶୁଣି ପୀତବସନ ବନମାଳୀ ଅତ୍ୟନ୍ତ ପ୍ରୀତ ହୋଇ ଏହିସବୁ କାର୍ଯ୍ୟ ତତ୍କ୍ଷଣାତ୍ ସେହିପରି କରିଥିଲେ।

ତ୍ୱାମପ୍ରାପ୍ୟମୟି ସ୍ୱୟମ୍ବରପରାଂକ୍ଷୀରୋଦନୀରୋଦରେ
ଶଙ୍କେ ସୁନ୍ଦରି କାଳକୂଟ ମପିବନ୍ ମୂଢ଼ୋ ମୃଡ଼ାନୀପତିଃ।
ଇତ୍ଥଂ ପୂର୍ବ କଥାଭିରନ୍ୟମନସୋନିକ୍ଷିପ୍ୟ ବକ୍ଷୋଽଞ୍ଚଳଂ
ରାଧାୟାଃ ସ୍ତନକାରକୋପରି ମିଳନ୍ନେତ୍ରୋ ହରିଃପାତୁ ବଃ ।୧୦।

ଅର୍ଥ : ଏହି ସମୟରେ ଶ୍ରୀକୃଷ୍ଣ ଶ୍ରୀରାଧାଙ୍କୁ କହିଲେ- ହେ ସୁନ୍ଦରି ! ପୂର୍ବକାଳରେ ସମୁଦ୍ରମନ୍ଥନ କାଳରେ ତୁମେ ସମୁଦ୍ର ଗର୍ଭରୁ ଲକ୍ଷ୍ମୀରୂପେ ଆବିର୍ଭୂତା ହୋଇ ସ୍ୱଇଚ୍ଛାରେ ମୋତେ ସ୍ୱାମୀରୂପେ ସ୍ୱୀକାର କରିଥିଲ, ସେତେବେଳେ ବୋଧହୁଏ ମୃଡ଼ାନୀପତି ସ୍ୱୟଂ ସଦାଶିବ ତୁମକୁ ପ୍ରାପ୍ତ ନ ହୋଇ ମନଦୁଃଖରେ କାଳକୂଟବିଷ ପାନ କରିଥିଲେ। ଏହି ପୂର୍ବକଥା ମନେପଡ଼ିବାରୁ ଶ୍ରୀରାଧା ଟିକିଏ ଅନ୍ୟମନସ୍କା ହୋଇପଡ଼ିଲେ। ଏହି ସୁଯୋଗରେ ରସିକଶିରୋମଣି ଶ୍ରୀକୃଷ୍ଣ ଶ୍ରୀରାଧାଙ୍କ ବକ୍ଷସ୍ଥଳ ଅଞ୍ଚଳକୁ ଅପସାରଣ କରି ପଦ୍ମକୋରକ ସଦୃଶ ତାଙ୍କର ପ୍ରୟୋଧର ଯୁଗଳକୁ ଦୃଷ୍ଟିପାତ କରିବାକୁ ଲାଗିଲେ। ସେହି ଶ୍ରୀକୃଷ୍ଣ ତୁମ୍ଭମାନଙ୍କର ମଙ୍ଗଳ ବିଧାନ କରନ୍ତୁ।

ଯଦ୍‌ଗାନ୍ଧର୍ବକଳାସୁ କୌଶଳମନୁଧ୍ୟାନଂ ଚ ଯଦ୍ ବୈଷ୍ଣବଂ
ଯଚ୍ଛୃଙ୍ଗାରବିବେକତତ୍ତ୍ୱମପି ଯତ୍ କାବ୍ୟେଷୁଲୀଳାୟିତମ୍
ତତ୍ସର୍ବଂ ଜୟଦେବପଣ୍ଡିତକବେଃ କୃଷ୍ଣୈକତାନାତ୍ମନଃ
ସାନନ୍ଦାଃ ପରିଶୋଧୟନ୍ତୁ ସୁଧିୟଃ ଶ୍ରୀଗୀତଗୋବିନ୍ଦତଃ ।୧୧।

ଅର୍ଥ : ଶ୍ରୀଜୟଦେବଙ୍କ ବିରଚିତ ଶ୍ରୀଗୀତଗୋବିନ୍ଦ ରସରାଜ ଶ୍ରୀକୃଷ୍ଣଙ୍କର ଦିବ୍ୟ ଲୀଳାକୁ ଆଧାର କରି ରଚିତ ହୋଇଥିବାରୁ ଏଥିରେ ଗାନ୍ଧର୍ବକଳା ଅର୍ଥାତ୍ ଗୀତ, କାବ୍ୟ ଓ ନୃତ୍ୟକଳା ଶାସ୍ତ୍ରୋକ୍ତ ରୀତିରେ ପରିପୂର୍ଣ୍ଣ ରହିଛି। ସୁତରାଂ ଗୀତଗୋବିନ୍ଦକୁ ସଙ୍ଗୀତ ଶାସ୍ତ୍ରୋକ୍ତ ରାଗତାଳାଦିରେ ଗାନ କରିବାର କୌଶଳ ନିହିତ। ବିଷ୍ଣୁଲୀଳାବିଳାସୀ

ବୈଷ୍ଣବ ଭକ୍ତମାନଙ୍କ ପାଇଁ ଏହି ଗ୍ରନ୍ଥରେ ଶୃଙ୍ଗାର ରସ ତତ୍ତ୍ୱର ବିଚାର ମଧ୍ୟ ରହିଛି। ତେଣୁ ଏହି ଗ୍ରନ୍ଥ ଶୃଙ୍ଗାରରସ ଭିତ୍ତିକ। ପୁନଶ୍ଚ କବି କହୁଛନ୍ତି ସକଳ କାବ୍ୟଗୁଣରେ ଏ ଗ୍ରନ୍ଥ ଲୀଳାୟିତ। ସୁତରାଂ ପଣ୍ଡିତ କବି ଜୟଦେବ ଶ୍ରୀକୃଷ୍ଣଙ୍କ ପ୍ରତି ଭକ୍ତିଭାବନା ଓ ସମର୍ପିତ ମନ ନେଇ ଏହି ଆନନ୍ଦକନ୍ଦ ଗ୍ରନ୍ଥ ଗୀତଗୋବିନ୍ଦ ରଚନା କରିଛନ୍ତି। ତେଣୁ ଗୀତଗୋବିନ୍ଦ ଗ୍ରନ୍ଥ ପାଠ କରି ଆନନ୍ଦ ଲାଭ କର।

ସାଧ୍ୱୀମାଧ୍ୱିକଚିନ୍ତା ନଭବତି ଭବତଃ ଶର୍କରେ କର୍କରାସି
ଦ୍ରାକ୍ଷେ ଦ୍ରକ୍ଷ୍ୟନ୍ତି କେ ତ୍ୱାମମୃତମୃତମସି କ୍ଷୀରନୀରଂ ରସସ୍ତେ।
ମାକନ୍ଦ କ୍ରନ୍ଦ କାନ୍ତାଧର ଧରଣୀତଳଂ ଗଚ୍ଛ ଯଚ୍ଛନ୍ତି ଯାବଦ୍
ଭାବଂ ଶୃଙ୍ଗାରସାରସ୍ୱତମିହ ଜୟଦେବସ୍ୟ ବିଷ୍ୱଗ୍‌ବଚାଂସି ।୧୨।

ଅର୍ଥ : କବି ଜୟଦେବଙ୍କ ବିରଚିତ ଏହି ରସସାର ଶୃଙ୍ଗାରର ପରିପୂର୍ଣ୍ଣ କାବ୍ୟ ଯେତେ ଦିନଯାଏ ସଂସାରରେ ରହିଥିବ, ସେତେଦିନ ପର୍ଯ୍ୟନ୍ତ ଲୋକେ ଅନ୍ୟ ଗ୍ରନ୍ଥ ପଢ଼ିବା ପାଇଁ ମନ ନ ବଳାଇ ଗୀତଗୋବିନ୍ଦରେ ମନକୁ ମଜାଇ ପାଠ କରୁଥିବେ। ସେତେଦିନ ପର୍ଯ୍ୟନ୍ତ ହେ ମଧୁ, ତୁମକୁ ଚିନ୍ତା କରିବାରେ ଆଉ ମଧୁରତା ରହିବ ନାହିଁ। ହେ ଶର୍କରା, ତୁମେ ଏହି କାବ୍ୟର ରସ ତୁଳନାରେ ଅତି କର୍କଶ ନିଶ୍ଚୟ। ହେ ଦ୍ରାକ୍ଷା, ତୁମେ ଅମୃତମୟ ଫଳ ରୂପେ ଗଣା ହେଉଥିଲ। ଗୀତଗୋବିନ୍ଦ ପାଠ କଲାପରେ ତୁମ ଆଡ଼କୁ କିଏ ବା ଚାହିଁବ? ହେ ଅମୃତ, ଗୀତଗୋବିନ୍ଦ ତୁଳନାରେ ତୁମେ ମୃତ ତୁଲ୍ୟ। ହେ କ୍ଷୀର, ତୁମେ ମଧ୍ୟ ନୀର ସଦୃଶ ସ୍ୱାଦୁହୀନ ଜଣାପଡୁଛ। ହେ ପକ୍ୱ ରସାଳ ଫଳ, ତୁମେ ଆଉ କ୍ରନ୍ଦନ କର ନାହିଁ । ତୁମେ ଯେତେ କାନ୍ଦିଲେ ବି ଗୀତଗୋବିନ୍ଦର ସମକକ୍ଷ ହୋଇପାରିବ ନାହିଁ । ହେ ପ୍ରଣୟିନୀର ଅଧର, ଗୀତଗୋବିନ୍ଦରୁ ଅମୃତ ସ୍ୱାଦ ଗ୍ରହଣ କଲାପରେ ତୁମକୁ ବା କିଏ କାହିଁକି ମୁଗ୍ଧ ଦୃଷ୍ଟିରେ ଚାହିଁବ? ତେଣୁ ତୁମେ ପାତାଳଗାମୀ ହୁଅ। ସୁତରାଂ ଗୀତଗୋବିନ୍ଦର ତୁଳନା ନାହିଁ। ତେଣୁ ହେ ସୁଜ୍ଞଜନ! ନିର୍ମଳ ଚିତ୍ତରେ ଏହି ଗ୍ରନ୍ଥକୁ ପାଠ କର।

ଶ୍ରୀ ଭୋଜଦେବ ପ୍ରଭବସ୍ୟ ରାଧାଦେବୀସୁତଶ୍ରୀଜୟଦେବକସ୍ୟ
ପରାଶରାଦି ପ୍ରିୟବର୍ଗକଣ୍ଠେ ଶ୍ରୀଗୀତଗୋବିନ୍ଦକବିତ୍ୱମସ୍ତୁ।

ଅର୍ଥ : ଶ୍ରୀ ଭୋଜଦେବଙ୍କ ଔରସରୁ ଏବଂ ରାଧାଦେବୀଙ୍କ ଗର୍ଭରୁ ଯେଉଁ ପୁତ୍ର ଜାତ ହୋଇଥିଲେ, ସେହି ଶ୍ରୀଜୟଦେବ କବିଙ୍କ ଦ୍ୱାରା ବିରଚିତ ଶ୍ରୀ ଶ୍ରୀଗୀତଗୋବିନ୍ଦ କାବ୍ୟଗ୍ରନ୍ଥଟି ପରାଶର ପ୍ରଭୃତି କବିଙ୍କର ପ୍ରିୟ ପରିଜନଙ୍କର କଣ୍ଠରେ ଗାନ ହୋଇ ଏହା ମହୀମଣ୍ଡଳରେ ପ୍ରସାର ଲାଭ କରୁ ଏବଂ ଜୟଦେବଙ୍କର କବିତ୍ୱର ପ୍ରତିଷ୍ଠା ହେଉ।

।। ଇତିଶ୍ରୀ ଗୀତଗୋବିନ୍ଦ ମହାକାବ୍ୟେ କବିରାଜ ଜୟଦେବ କୃତୌ
ସୁପ୍ରୀତପୀତାମ୍ବରୋ ନାମ ଦ୍ୱାଦଶଃ ସର୍ଗଃ

ସହାୟକ ଗ୍ରନ୍ଥସୂଚୀ

୧. ଶ୍ରୀଗୀତଗୋବିନ୍ଦ - ପ୍ରକାଶକ: ମୋତିଲାଲ ବନାରସୀ ଦାସ
୨. ଶ୍ରୀଗୀତଗୋବିନ୍ଦ - ସଂ. ଯୁଗଳ କିଶୋର ଶତପଥୀ
୩. ଶ୍ରୀଗୀତଗୋବିନ୍ଦ ଓ ମହାକବି ଶ୍ରୀଜୟଦେବ - ପ୍ରଫେସର ପ୍ରେମାନନ୍ଦ ମହାପାତ୍ର
୪. କୋଟି କୈବଲ୍ୟନାଥ ମହାପ୍ରଭୁ ଶ୍ରୀଜଗନ୍ନାଥ - ପ୍ରଫେସର ପ୍ରେମାନନ୍ଦ ମହାପାତ୍ର
୫. ଓଡ଼ିଆ ସାହିତ୍ୟର ଇତିହାସ - ପ୍ରଫେସର ପ୍ରେମାନନ୍ଦ ମହାପାତ୍ର
୬. ସଂସ୍କୃତ ସାହିତ୍ୟର ଇତିହାସ - ପ୍ରଫେସର ହରେକୃଷ୍ଣ ଶତପଥୀ
୭. ସଂସ୍କୃତ ସାହିତ୍ୟର ଇତିହାସ - ଡ. ଗୋପିନାଥ ମହାପାତ୍ର
୮. ବିଦଗ୍ଧ ଚିନ୍ତାମଣି - ଅଭିମନ୍ୟୁ ସାମନ୍ତସିଂହାର
୯. ବୈଷ୍ଣବ ଲୀଳାମୃତ - ମାଧବ ପଟ୍ଟନାୟକ
୧୦. ଦାର୍ଢ୍ୟତା ଭକ୍ତି - ରାମଦାସ
୧୧. ଓଡ଼ିଆ ଭାଗବତ - ଜଗନ୍ନାଥ ଦାସ
୧୨. ଶ୍ରୀମତ୍ ଭଗବତ ଗୀତା - ସଂସ୍କୃତ

ଇଂରାଜୀ

1. The wonder that was India - Prof. A.L.Basham
2. Ancient India - Provatansu Maity
3. Contribution of Orissa to Sanskrit - Dr. P.K.Panda
4. Indian Culture and Cult of Jagannath - Pandit Binayak Mishra
5. Life Sketch of famous Few - Prof. P.N.Mohapatra
6. The Homeland of Jayadev, Orissa (Essay) - Prof. Banamali Rath
7. Historical Perspective (Essay) - Haris Chandra Das

BLACK EAGLE BOOKS

www.blackeaglebooks.org
info@blackeaglebooks.org

Black Eagle Books, an independent publisher, was founded as a nonprofit organization in April, 2019. It is our mission to connect and engage the Indian diaspora and the world at large with the best of works of world literature published on a collaborative platform, with special emphasis on foregrounding Contemporary Classics and New Writing.

www.ingramcontent.com/pod-product-compliance
Lightning Source LLC
Chambersburg PA
CBHW020531080526
44583CB00013B/820
* 9 7 8 1 6 4 5 6 0 4 3 8 9 *